GILLIAN BRADSHAW
Säulen im Sand

Buch
Man schreibt das Jahr 264 vor Christus – es ist die Zeit des Ersten Punischen Krieges. Dem Expansionsstreben der Römer setzen die Griechen unter Führung des weisen, alternden Königs Hieron erbitterten Widerstand entgegen. Aber vor allem Syrakus wird brutal belagert, und die Nachrichten aus der Stadt werden immer dramatischer.
Entschlossen verläßt der junge Archimedes die wissenschaftliche Hochburg Alexandria, in der er bisher ungestört seinen mathematischen Studien nachgehen konnte, und eilt in seine Heimatstadt Syrakus, um seine Familie zu unterstützen. Ein edles Vorhaben, doch wie ist es in die Tat umzusetzen? Zum Soldaten eignet sich der etwas weltfremde junge Mann kaum; doch zum Glück gibt es da seine ungewöhnlichen Erfindungen, die er zum Wohl seiner Heimat einzusetzen weiß...

Autorin
Gillian Bradshaw wurde in Church Falls, Virginia, geboren, wuchs in Chile auf und studierte in Michigan und Cambridge englische Literatur. Mit ihrer Artus-Trilogie gelang ihr auf Anhieb der internationale Durchbruch. Gillian Bradshaw lebt heute in England.

Außerdem von Gillian Bradshaw bei Goldmann:

Die Artus-Trilogie:
Der Falke des Lichts. Roman. 1. Band (24682)
Das Königreich des Sommers. Roman. 2. Band (24683)
Die Krone von Camelot. Roman. 3. Band (24684)

Das Lied des Wolfes. Roman (41609)
Der Leuchtturm von Alexandria. Roman (41285)
Die Reiter der Sarmaten. Roman (42429)
Die Seidenweberin. Roman (41372)
Die Tochter des Bärenzähmers. Roman (41019)
Himmelsreiter. Roman (42601)

GILLIAN BRADSHAW
Säulen im Sand

Roman

Deutsch von Eva L. Wahser

GOLDMANN

Der Originaltitel lautet »The Sand-reckoner«

Die Zitate auf S. 124 und S. 333 entstammen Sappho, in:
»Griechische Lyrik«, und Homer, »Odyssee«.

Umwelthinweis:
Alle bedruckten Materialien dieses Taschenbuches
sind chlorfrei und umweltschonend.

Der Goldmann Verlag
ist ein Unternehmen der Verlagsgruppe Bertelsmann

Deutsche Erstveröffentlichung 12/97
Copyright © 1996 by Gillian Bradshaw
Copyright © der deutschsprachigen Erstveröffentlichung 1997
by Wilhelm Goldmann Verlag, München
Umschlaggestaltung: Design Team München
Umschlagmotiv: Iwan Aiwasowski
Satz: Uhl + Massopust, Aalen
Druck und Bindung:
Graphischer Großbetrieb Pößneck GmbH
Verlagsnummer: 41594
Redaktion: Ilse Wagner
CN · Herstellung: Heidrun Nawrot
Made in Germany
ISBN 3-442-41594-2

1 3 5 7 9 10 8 6 4 2

Anmerkung zur Geschichte

Archimedes von Syrakus gilt allgemein als der größte Mathematiker und Erfinder der Antike, über den zahlreiche Anekdoten im Umlauf sind, aber nur wenig beweisbare Fakten. Üblicherweise wird das Jahr 287 v. Chr. als sein Geburtsjahr angesetzt. Der Grund dafür ist die Behauptung, er wäre zum Zeitpunkt seines Todes im Jahre 212 fünfundsiebzig gewesen. Daß sein Vater ein Astronom namens Phidias war, wissen wir von Archimedes selbst, der sich in seiner Monographie »Der Sandrechner« auf eine der Berechnungen seines Vaters bezieht. Cicero berichtet, Archimedes habe aus einfachen Verhältnissen gestammt, dagegen bezeichnet ihn Plutarch als Verwandten von König Hieron. Es ist nicht bekannt, mit wem Archimedes verheiratet war, aber aller Wahrscheinlichkeit nach war er tatsächlich mit einer Frau verheiratet. Denn nach der Eroberung von Syrakus durch die Römer wurde sein »Haushalt« von dem römischen General Marcellus gut behandelt. Die alten Griechen haben in ihren Werken dem Thema Frau und Familie nur wenig Platz eingeräumt, ja, es galt sogar als respektlos, wenn man über eine anständige Ehefrau auch nur sprach. Kein Wunder also, daß wir über das Privatleben von Archimedes nichts wissen. Zugegeben, seine Ehe mit einer Verwandten von König Hieron klingt sehr nach schriftstellerischer Phantasie, aber ganz von der Hand zu weisen ist sie wiederum auch nicht.

Für alle, die sich ein wenig in antiker Geschichte auskennen, möchte ich betonen, daß dieses Buch während des Ersten Punischen Krieges spielt, also 264 v. Chr., und nicht während der weitaus berühmteren Belagerung von Syrakus im Zweiten Punischen Krieg 212. Zum damaligen Zeitpunkt verfügte Rom über keine Flotte und stand noch am Anfang seiner Expansionszüge außerhalb von Italien. Trotzdem wurde es immer mehr als ernsthafte Großmacht in Betracht gezogen.

Ich habe mich nicht an der üblichen – römischen – Darstellung des Krieges orientiert, wie sie bei Polybios steht. Denn selbst Polybios weist klar darauf hin, daß es eine griechische Gegendarstellung gab, in der die Römer wesentlich weniger heroisch ausfielen und auch Niederlagen einstecken mußten. Meistens versuchen moderne Historiker, die sich auf diese Epoche spezialisiert haben, bei der Rekonstruktion der damaligen Ereignisse beide Versionen des Geschehens zu berücksichtigen. Diesem Vorgehen habe ich mich angeschlossen.

Leider bin ich keine Mathematikerin. Bei meinen Recherchen zu diesem Buch habe ich mich mühsam durch einige Werke von Archimedes gekämpft, aber meistens hatte ich nicht den leisesten Schimmer, wovon der Mann eigentlich sprach. Trotzdem habe ich mich bemüht, die Art von Berechnungen nachzuvollziehen, die ihn fasziniert haben. Darüber hinaus habe ich versucht, alles, womit sich die griechischen Ingenieure der damaligen Zeit beschäftigt haben, exakt wiederzugeben. Alle Maschinen, die in diesem Buch vorkommen, hat es tatsächlich gegeben. Die Hydraulis oder Wasserorgel wurde zum Namensgeber für die Wissenschaft der Hydraulik. Ihr Erfinder, Ktesibios von Alexandria, hat auch noch die Pneumatik begründet. Die griechische Artillerie war tatsächlich so wirksam und damit für die Kriegsführung bedeutend, wie ich es geschildert habe. Weil die Menschen in jeder Epoche zur Übertreibung neigen, ist mir diesbezüglich sogar ein Fehler unterlaufen. Ich habe die Dimension der großen Katapulte noch viel zu vorsichtig eingeschätzt. Auch die Geschichte, wie Archimedes das Schiff bewegt hat, habe ich mit äußerster Vorsicht wiedergegeben. Allein aus der Antike werden dazu drei Versionen überliefert: In der ersten verwendet er eine Art Hebel, in der anderen eine Maschine namens *barulkos*, bei der Winden und Zahnräder eine Rolle spielen. Die dritte Version mit einem Verbundsystem aus Flaschenzügen fand ich am glaubhaftesten. Allerdings ist in allen drei Versionen von einem weitaus größeren Schiff die Rede – »das größte Handelsschiff der königlichen Flotte« –, und außerdem wird es auch noch mit voller Ladung an Land gezogen. Das kam mir dann doch ein wenig unwahrscheinlich vor, obwohl ich Archimedes fast alles zutraue. Schließlich hat dieser Mensch eine Art von Integralrechnung erfunden, die nur deshalb keine Auswirkung auf den Verlauf der Welt genommen hat, weil sie ihrer Zeit zweitausend Jahre voraus war.

Manche Leser finden vielleicht, König Hieron sei ein bißchen zu gut weggekommen, um wahr zu sein. Diese Meinung haben schon antike Historiker vertreten. Ich habe mich an den ziemlich ehrfürchtigen Bericht von Polybios gehalten, der ihn als Musterbeispiel jenes guten Herrschers auswählte, auf den ein Historiker sein Augenmerk richten muß. Vierundfünfzig Jahre herrschte Hieron über Syrakus und bescherte dabei seinem Stadtstaat eine einzigartige Periode von dauerhaftem Frieden und Wohlstand. 215 starb er im Alter von einundneunzig Jahren. Lange Zeit gab es eine friedliche Doppelherrschaft zusammen mit seinem Sohn Gelon, der leider vor ihm sterben mußte. Unglückseligerweise beschloß sein Enkel und Nachfolger Hieronymos, ein leicht reizbarer junger Mann, das gesamte Bündnisnetz seines Großvaters auf den Kopf zu stellen und riß so seine Stadt in einen fatalen Krieg mit Rom hinein. Während dieses Krieges wurde das uneinnehmbare Syrakus so lange belagert und blockiert, bis der Hunger einige Bürger dazu trieb, die Stadttore zu öffnen. Die Stadt wurde total geplündert. Währenddessen war Archimedes gerade wieder einmal in eine neue Berechnung vertieft. Als nun ein römischer Soldat versuchte, ihn zu verhaften, schrie er den Mann an, er solle gefälligst seine Kreise in Ruhe lassen. Der Römer hat ihn getötet, sehr zum Kummer des römischen Generals Marcellus. Als gebildeter Mann hatte er Archimedes unbedingt verschonen wollen.

1

Die Schatulle war voll Sand, voll feinem, durchsichtigem, fast weißem Sand. Man hatte ihn angefeuchtet, gepreßt und glatt gestrichen, bis seine Oberfläche so ebenmäßig und stabil wie feinstes Pergament war. Nur hier und da ließen die schräg einfallenden Strahlen der Nachmittagssonne die Ränder einzelner Körner aufleuchten und brachen sich an winzigen Facetten, die kein Auge wahrnehmen konnte. Unzählige Facetten sozusagen, und doch bildete jede für sich einen leuchtenden Punkt. Über diesem Anblick ertappte sich der junge Mann plötzlich bei der Überlegung, ob es möglich wäre, die Sandkörner zu zählen.

Es war eine alte Schatulle. Der Olivenholzrahmen hatte Schrammen und Dellen, und die bronzenen Eckbeschläge waren angelaufen. Nur an den Kratzern schimmerte das Metall wie früher glänzend durch. Der junge Mann legte seine Hand an eine verkratzte Ecke und rechnete: Die Schatulle selbst maß in der Höhe vier Fingerbreiten. Dabei mußte man aber noch eine Rille für den Deckel berücksichtigen und außerdem war sie nur halbvoll mit Sand gefüllt. Breite und Tiefe mußte er nicht mehr nachmessen. Schon vor langer Zeit hatte er am Rand entlang Markierungen im Abstand von einer Fingerbreite angebracht. Vierundzwanzig auf der einen Seite und sechzehn auf der anderen. Bewußt hatte er die Schatulle auf dem Hinterdeck plaziert, dem ruhigsten Teil des Schiffes, außerhalb der Reichweite der Seeleute. Nun kauerte er sich über die Schatulle, nahm ein Zirkelbein in die Hand und begann, Rechnungen in den Sand zu ritzen. Mal angenommen, zehn Sandkörner würden in ein einziges Mohnsamenkorn passen und auf einer Fingerbreite hätten fünfundzwanzig Mohnkörner Platz, dann befänden sich in dieser Schatulle sechstausend mal viertausend mal fünfhundert Körner Sand. Sechstausend mal viertausend ergab zweitausendvierhundert Myriaden, und diese Zahl mit fünfhundert multipliziert...

Er runzelte die Stirn und blinzelte. Seine Hände fielen leblos zur Seite, wobei ihm die Zirkelspitze das Schienbein zerkratzte. Geistesabwesend rieb er über die Wunde, dann steckte er sich den Zirkel in den Mund und lutschte am Gelenk herum. Noch immer starrte er in die Luft. Das war nun *wirklich* ein interessantes Problem: Die Menge der Sandkörner in der Schatulle umfaßte eine größere Zahl, als er ausdrücken konnte. Die größte Zahl für die seine Sprache eine Bezeichnung hatte, war eine Myriade, also zehntausend. Außerdem verfügte sein Zeichensystem über kein Symbol für die unendlich erweiterbare Null. Damit gab es auch keine Möglichkeit, eine Zahl aufzuschreiben, die größer war als eine Myriade Myriaden. Welchen Ausdruck könnte er dann für etwas finden, was sich nicht in Worte fassen ließ?

Er mußte von etwas Bekanntem ausgehen. Die größtmögliche, benennbare Zahl war eine Myriade Myriaden. Na schön, dann war eben das eine neue Einheit. Myriade wurde als M geschrieben, also könnte dies ein unterstrichenes M sein: $\underline{M}$. Aber wie viele davon brauchte er?

Plötzlich fiel ein Schatten über die leere, weiße Fläche vor ihm, und von hinten tönte es verdrießlich: »Archimedes?«

Der junge Mann nahm seinen Zirkel aus dem Mund und drehte sich mit einem strahlenden Lächeln um. Mit seiner schmalen, eckigen Figur und den schlaksigen Armen und Beinen sah er aus wie ein Grashüpfer kurz vor dem Sprung. »Das macht zusammen einhundertzwanzig Myriaden von Myriaden!« rief er triumphierend, strich eine zerzauste, braune Haarsträhne zurück und musterte den Störenfried aus glänzend braunen Augen.

Der Mann hinter ihm – er war ein wenig älter und kräftig gebaut, hatte schwarze Haare und eine gebrochene Nase – stieß einen Stoßseufzer aus. »Herr«, meinte er, »wir laufen schon in den Hafen ein.«

Aber Archimedes hörte gar nicht hin, er hatte sich bereits wieder der Sandschatulle zugewandt. Also gab es keine Zahl, die so groß war, daß man sie nicht mehr benennen konnte! Und wenn schon eine Myriade Myriaden eine Einheit bilden konnten, warum sollte man damit aufhören? Sobald eine Myriade Myriaden Myriaden Myriaden erreicht war, konnte man das ja als ganz neue Einheit bezeichnen und von da aus weitermachen! Siegreich schwebte sein Verstand über dem erregenden Gebiet der Unendlichkeit. Er schob sich den Zirkel wieder in den Mund und biß begeistert darauf herum. »Marcus«, meinte er erwartungsvoll, »was ist die größte Zahl, die du dir vorstellen kannst? Die Anzahl der Sandkörner in Ägypten – nein, auf der ganzen Welt! Nein! Wie viele Sandkörner bräuchte man, um das Universum zu füllen?«

»Keine Ahnung«, tönte es kurz angebunden zurück. »Herr, wir sind in Syrakus, im großen Hafen, wo wir von Bord gehen. Weißt du noch? Ich muß den Abakus einpacken.«

Schützend breitete Archimedes seine Hände über das Sandtablett, das genauso hieß wie die wesentlich bekanntere Rechenmaschine, und schaute sich bestürzt um. Als er aufs Hinterdeck geklettert war, hatte das Schiff gerade die Spitze von Plemmyrion passiert, und Marcus hatte zu packen begonnen. Damals war Syrakus lediglich ein rotgoldener Fleck auf grünen Hügeln gewesen. Inzwischen schien eine geraume Zeitspanne im Sand verronnen zu sein. Rings um ihn lag Syrakus. Vom Hafen aus betrachtet schien die Stadt – die reichste und mächtigste aller Griechenstädte auf Sizilien – nur aus Mauern zu bestehen. Zu seiner Rechten ragte auf einem Felsenkap bedrohlich die ringsum zinnenbewehrte Zitadelle von Ortygia auf. Vor ihm machte die dem Meer zugewandte, graue Mauer eine langgestreckte Kurve und ging schließlich in die mit Türmen besetzten Wälle jener Festung über, die nach Süden hin den Zugang zum Marschland beherrschte. An den Flottenkais lagen zwei einsatzbereite Penteren, die Flanken mit dreifach gestaffelten, eingelegten Ruderriemen wie mit weißen Federn geschmückt.

Archimedes warf einen sehnsüchtigen Blick auf das klare Wasser in der Hafeneinfahrt hinter dem Schiff. Leuchtend blau dehnte sich das Mittelmeer unter der strahlenden Junisonne nach allen Seiten bis zum dunstigen Horizont aus, grenzenlos, bis an die Küste Afrikas. »Warum im großen Hafen?« fragte er unglücklich. Er war in Syrakus geboren, die Gepflogenheiten der Stadt waren für ihn so selbstverständlich wie ihr Dialekt. Normalerweise wurde einem Handelsschiff wie das, auf dem er und Marcus Passagiere waren, ein Platz im kleinen Hafen von Syrakus angewiesen, also auf der gegenüberliegenden Seite von Kap Ortygia. Der große Hafen blieb der Flotte vorbehalten.

»Herr, wir haben Krieg«, erklärte Marcus geduldig, hockte sich neben Archimedes und streckte die Hand nach der Sandschatulle aus.

Traurig musterte Archimedes die zwölf Billionen glitzernder Sandkörner und seine eingeritzten Berechnungen. Natürlich, Syrakus befand sich im Krieg. Deshalb wurde auch der kleine Hafen abgeriegelt und der gesamte Schiffsverkehr zwangsweise in den großen Hafen umgeleitet, wo die Flotte ein Auge darauf haben konnte. Der Krieg war nichts Neues für ihn, schließlich war das ein Grund von vielen, warum er nach Hause gekommen war. Der kleine Bauernhof, der seiner Familie gehörte, lag im Norden der Stadt und damit ganz bestimmt außerhalb jeder Verteidigungslinie. Aller Wahrscheinlichkeit nach würde er in diesem Jahr nichts zum Familieneinkommen beitragen. Sein Vater war krank und konnte nicht wie gewohnt seiner Lehrtätigkeit nachgehen. Archimedes war der einzige Sohn des Hauses, und die Kriegszeit würde vermutlich schlimm werden. Also war nun er für den Unterhalt und den Schutz der Familie verantwortlich. Höchste Zeit, daß er mit den mathematischen Spielereien Schluß machte und sich nach einer handfesten Beschäftigung umsah. Alles Mauern, dachte er unglücklich, uneinnehmbare Mauern. Gefängnismauern.

Langsam nahm er die Hände vom eingekerbten Rand des Abakus. Marcus hob ihn auf, fand den Deckel und verschloß die Rechenschatulle. Dann schob er sie in den Segeltuchsack und marschierte damit fort. Seufzend setzte sich Archimedes zurück und ließ die Hände über die Knie herunterbaumeln. Der Zirkel rutschte ihm aus den leblosen Fingern und bohrte sich in die Deckplanken. Einen Augenblick starrte er ihn verständnislos an, dann zog er einen Fuß des Instruments heraus, drehte es um seine eigene Achse und ritzte einen Kreis in das rauhe Holz. Mal angenommen, die Kreisfläche wäre K – nein. Er klappte den Zirkel zu und preßte das kühle Doppelgestänge gegen die Stirn. Keine Spielereien mehr.

Drunten in der Kabine schob Marcus rasch den Abakus an seinen Platz in der Reisetruhe, den er dafür ausgespart hatte, dann preßte er mit Gewalt den Deckel darauf. Einhundertzwanzig Myriaden von Myriaden, dachte er, während er die Truhe geschickt mit einem Seil verschnürte. War das wirklich noch eine Zahl?

Mit Sicherheit keine vernünftige. Trotzdem hielt er einen Augenblick inne und dachte darüber nach, als ob es sich um ein dubioses Schnäppchen handelte, das ihm irgendein unzuverlässiger Ladenbesitzer angeboten hatte. Einhundertzwanzig Myriaden von Myriaden! War das die Antwort auf diese andere, neue, unmögliche Frage, »wie viele Sandkörner bräuchte man, um das Universum zu füllen?«

Niemand außer Archimedes würde eine derart aberwitzige Frage stellen. Und keiner käme mit einer derart unbegreiflichen Antwort daher. Seit der junge Herr neun Jahre alt gewesen war, war Marcus als Sklave im Haushalt dieses Mannes gewesen, trotzdem war er sich bis heute nicht sicher, ob man eine derartige Rechenaufgabe bewundern oder verachten sollte. Vermutlich beides. Vielleicht hatte es doch sein Gutes, wenn der junge Träumer in Zukunft mit solchen Fragen aufhören und seinen Verstand auf eher praktische Dinge konzentrieren mußte…

Marcus unterbrach seine Gedanken und konzentrierte sich wieder auf die Truhe. Plötzlich schnürte ihm eine dunkle Vorahnung die Kehle zu. Um sie zu verdrängen, zerrte er an einem Knoten herum. Praktische Dinge, zum Beispiel der Krieg. Drei Jahre waren er und Archimedes von Syrakus fort gewesen. Davon hatte er geschlagene zwei seinen Herrn immer wieder gedrängt, er solle doch nach Hause gehen. Jetzt waren sie also im Hafen, und nun wünschte er sich, daß sie irgendwoanders wären. Syrakus befand sich mit der römischen Republik im Krieg, und Marcus sah für sich keinen Ausweg mehr. Die Zukunft konnte ihm nur noch Leid bringen.

In den Docks deutete nicht viel auf Krieg hin, alles war nur etwas stiller als gewöhnlich. Die Zerstörung lag noch in weiter Ferne und konzentrierte sich auf Armeen, die weit weg operierten. Ein alles vernichtender Sturm war im Anrollen. Furchtsam behielt man ihn aus gebührender Distanz im Auge. Trotzdem hatte man als Zugeständnis an die Bedrohung dem in Friedenszeiten üblichen Zollbeamten am Pier zwei Soldaten zugesellt. Über der linken Schulter trugen sie Rundschilde, auf denen ein purpurrotes Sigmazeichen aufgemalt war, Syrakuser also. Trotzdem erkannte Archimedes keinen von ihnen. Die Stadt Syrakus war zwar so groß, daß er höchstens einen Bruchteil seiner Mitbürger kennen konnte, aber dennoch beobachtete er die Männer mit Sorge. Möglicherweise handelte es sich um fremdländische Söldner, und mit Söldnern mußte man vorsichtiger umgehen als mit lebenden Skorpionen. Darüber war sich jeder Bürger im klaren. Unter der früheren Herrschaft hätte jeder Bürger Prügel bezogen, von dessen Miene sie sich beleidigt fühlten. Inzwischen hatte sich die Situation unter dem gegenwärtigen Regenten sehr gebessert, aber nur ein Narr würde daraus schließen, daß sich auch der Grundcharakter dieser Brut verändert hatte. Anscheinend handelte es sich bei den Männern wenigstens um Griechen und nicht um irgendwelche unberechenbaren Barbaren. Beide trugen die typisch griechische Standardrüstung: einen Brustharnisch, bei dem mehrere, zusammengeklebte Stofflagen einen steifen Panzer bildeten, der von der Hüfte an in eine Reihe von metallbeschlagenen Streifen auslief. Auch die Helme, die sie nach hinten geschoben hatten, hatten die populäre attisch-griechische Form mit den beweglichen Backenklappen und dem ausgesparten Nasenschutz. Leider konnte man anhand ihrer Sprache keine konkreteren Rückschlüsse auf ihre Herkunft ziehen, denn sie standen nur stumm da, lehnten sich gegen ihre Speere und schauten mit gelangweilter Miene zu, wie der ältere Zollbeamte seiner Tätigkeit nachging.

Zuerst befragte der Zollbeamte den Kapitän des Schiffes. Inzwischen wartete neben dem Landungssteg dicht aneinandergedrängt ein Dutzend Passagiere. »Kommst wohl von Alexandria?« wollte der Beamte wissen. *Er* konnte seine Herkunft nicht verleugnen. Sein gedehnter dorischer Dialekt war typisch für die Stadt. Der Klang dieser Töne entlockte Archimedes ein Lächeln. Das einzige, was ihn in Alexandria wirklich gestört hatte, war die Art und Weise gewesen, wie sich jeder über seine Aussprache lustig gemacht hatte. Also hatte das Zuhausesein wenigstens doch ein paar gute Seiten, aber das allerbeste war das Wiedersehen mit seiner Familie. Er versuchte, seine Ungeduld zu zügeln, und schlang die Arme um sich. Leider hatte er es nicht mehr geschafft, seiner Familie mitzuteilen, mit welchem Schiff er segeln und wann er vermutlich ankommen würde. Deshalb wollte er sie nun unbedingt überraschen.

Der Kapitän bestätigte, daß das Schiff über Cyrene von Alexandria gekommen war und Leinen, Glaswaren sowie einige Gewürze transportierte. Er zog den Frachtschein hervor, den der Zollbeamte Punkt für Punkt überprüfte. Archimedes wurde abgelenkt. Neben dem Schiff trieb ein toter Fisch im Wasser. Er lag auf der Seite, sein Schwanz ragte leicht nach oben. Lebende Fische schwammen mit dem Bauch nach unten. Warum trieben die toten dann immer auf der Seite? In Gedanken stellte er sich ein Stück Holz vor, dessen Länge und Breite ungefähr der Größe des Fisches entsprach. Auch dieses würde auf der Seite dahertreiben. Wie aber wäre das mit einem breiteren Holzstück, zum Beispiel mit einer Art Schachtel? Würde die auch mit der Schmalseite nach unten treiben oder mit der Breitseite?

Der Zollbeamte hatte angefangen, mit dem Kapitän zu plaudern. Offensichtlich würde das freudige Wiedersehen noch geraume Zeit auf sich warten lassen müssen. Archimedes rieb mit der Sandale über den schmutzigen Stein am Kai, dann ging er in die Hocke und zog seine Zirkelgarnitur aus dem Gürtel. Zum Glück hatte er vergessen, sie Marcus zum Einpacken zu geben.

Er war völlig in das Gleichgewicht von halbregelmäßigen Körpern vertieft, als ihm eine Hand auf die Schulter tippte und jemand mit lauter Stimme ein »Nun?« von sich gab. Als er von seinen Zeichnungen aufblickte, begriff er, daß der Zollbeamte ihn meinte. Die zwei Soldaten starrten ihn grinsend an, und auch die Sonne stand inzwischen merklich tiefer. Alle anderen Passagiere waren fort, nur Marcus saß noch geduldig am Ende des Landungssteges auf der Reisetruhe.

Verlegen sprang Archimedes mit hochrotem Kopf auf die Füße. »Was hast du gesagt?« fragte er, wobei er sich mit Gewalt bemühte, die halbregelmäßigen Körper aus seinem Kopf zu verbannen, die noch immer dort herumschwirrten.

»Ich habe dich nach deinem Namen gefragt!« wiederholte der Zollbeamte verärgert.

»Entschuldigung. Archimedes, Sohn des Phidias. Ich bin Bürger von Syrakus.« Andeutungsweise wedelte er mit der Hand in Richtung Marcus. »Und das sind mein Sklave und meine Habseligkeiten.«

Als der Beamte merkte, daß er es mit einem Mitbürger zu tun hatte, wurde er freundlicher. Archimedes – ein seltener Name, noch dazu in einer Stadt, in der die Hälfte der männlichen Bevölkerung nach den großen Regenten der Vergangenheit Hieron, Gelon oder Dionysios hieß. Der Name Phidias kam ihm irgendwie bekannt vor, allerdings nur auf Grund einiger Geschichten über einen intellektuellen Exzentriker, die dem Beamten zu Ohren gekommen waren. »Dein Vater ist der bekannte Astronom, stimmt's?« fragte er. »Ich habe von ihm gehört.« Dann fiel sein Blick auf die geometrischen Figuren, die über den ganzen Kai verteilt waren. Er schnaubte verächtlich. »Scheint, als wäre der Apfel nicht weit vom Stamm gefallen. Was hast du denn in Alexandria getrieben?«

»Studiert«, sagte Archimedes und schluckte irritiert. Es war keine Beleidigung, wenn ihm einer erklärte, er sei durch und durch ein Sohn seines Vaters. »Mathematik.«

Jetzt stieß der eine Soldat den anderen an und flüsterte ihm etwas zu. Der zweite lachte. Der Beamte ignorierte alle beide. »Du bist wegen dem Krieg nach Hause gekommen?« meinte er anerkennend, und als Archimedes nickte, fuhr er mit noch mehr Anerkennung fort: »So ist's recht, ein tapferer junger Kerl, der heimkommt, um für seine Stadt zu kämpfen!«

Archimedes lächelte ihn schief an. Wie es sich gehörte, stand er loyal zu seiner Stadt, allerdings hatte er keinesfalls vor, sich zur Armee zu melden, falls es sich irgendwie vermeiden ließ. Er war felsenfest überzeugt, daß er als Konstrukteur von Kriegsmaschinen Syrakus wesentlich mehr nützen konnte. Außerdem hatte er schon während der Schulzeit die übliche Militärausbildung genossen und – gründlichst verabscheut: Drill, Speerwurf, Ringen, Wettlauf in voller Rüstung, die totale Erschöpfung samt Blasen an den Händen, draußen die Demütigung durch die tollen Sieger und danach die noch demütigenderen sexuellen Annäherungsversuche im Badehaus. Als das Haus mit dem Speer, der Staatseigentum war, endlich vorüber war, hatte er die gemeine Waffe in Stücke gehackt und aus den Einzelteilen ein Vermessungsinstrument gebastelt. Er hatte nicht vor, jetzt einen neuen Speer zu kaufen. Dennoch war er klug genug, sich nicht mit einem Zollbeamten anzulegen.

Ahnungslos lächelte der Zollbeamte zurück und ging zu Marcus hinüber, um ihn und das Gepäck zu inspizieren. »Dieser Sklave gehört dir?« rief er fragend über die Schulter zurück. Höflich glitt Marcus von der Truhe.

»Ja«, antwortete Archimedes und entspannte sich. »Mein Vater hat ihn vor Jahren hier in der Stadt gekauft und dann mir überlassen, als ich nach Alexandria ging.«

»Dann mußt du dafür auch keinen Zoll bezahlen. Und die Sachen da, die gehören dir? Zum Privatgebrauch? Nichts, was du verkaufen möchtest?« Prüfend wanderte der geschulte Blick des Beamten darüber: eine große, sargförmige, stark mitgenommene Truhe aus Holz und Leder, an die man mit Stricken einen neuen Weidenkorb gebunden hatte. Zweifelsohne hatte die Truhe das gesamte Hab und Gut ihres Besitzers nach Ägypten befördert. Zur Zeit der Rückreise hatte man gemerkt, daß sich inzwischen mehr angesammelt hatte, also hatte man den Korb gekauft. »Was ist in dem Korb?«

»Eine, hm, Maschine«, meinte Archimedes betreten.

Der Beamte zog die Augenbrauen hoch und warf ihm einen schrägen Blick zu. Zum ersten Mal zeigten auch die beiden Soldaten etwas Interesse an der Sache. In diesen Tagen verstand man unter dem Wort »Maschine« in erster Linie eine »Kriegsmaschine«. »Welche Art von Maschine?« wollte der Beamte wissen.

»Zum Wasserschöpfen«, sagte Archimedes, woraufhin die Soldaten jedes Interesse verloren. Wieder flüsterte der Stupser etwas, aber diesmal verstand Archimedes seinen Kommentar: »Die Nichtmathematiker sagen Eimer dazu!« Er lief rot an.

»Hast du vor, sie zu verkaufen?«

»Nun, hm, *die* da nicht. Das ist nur ein Prototyp, ein Modell. Ich habe sie mitgebracht, um den Leuten zeigen zu können, wie sie funktioniert. Falls jemand so etwas möchte, werde ich eine größere bauen.« Er breitete die Arme aus, um die Größe der richtigen Maschine anzudeuten. Jetzt hatte sie keinerlei Ähnlichkeit mit einem Eimer mehr.

Der Zollbeamte dachte über das Konzept eines Prototyps nach, konnte sich aber nicht erinnern, jemals mit so etwas in Berührung gekommen zu sein. »Ist nicht zollpflichtig«, entschied er, »also mußt du dir darüber auch nicht den Kopf zerbrechen. Du kannst gehen.« Damit deutete er mit dem Kinn aufs nächste Stadttor.

Marcus ging ans untere Ende der Reisetruhe und hob es hoch. Archimedes schaute sich nach einem Träger um, sah keinen und ging dann selbst hinüber, um das andere Ende aufzunehmen. Genau im selben Moment hatte Marcus das Warten satt und setzte seine Seite ab. Wieder stießen sich die Soldaten gegenseitig an und lachten. Archimedes lief erneut knallrot an. »Marcus!« rief er gereizt, während er die schwere Truhe mit dem Knie abstützte.

Beim Klang dieses Namens hörten die Soldaten ganz plötzlich zu lachen auf. »Marcus?« wiederholte der eine scharf. Archimedes hielt ihn für den Lacher und nicht für den Flüsterer. Mit großen Schritten kam er herüber und starrte den Sklaven über die Reisetruhe hinweg an.

Marcus hielt die Hände ruhig gesenkt und erwiderte unbeteiligt den Blick. »So nennt man mich«, meinte er gelassen.

»Das ist doch ein Römername«, sagte der Soldat, und es klang wie eine Anklage.

In Archimedes keimte eine Mischung aus Unruhe und Empörung. Er setzte seinen Teil der Truhe ab und runzelte die Stirn. Soviel stand fest: Selbst als Sklave durfte kein Römer nach Belieben in der Stadt herumlaufen. Andererseits würde kein vernünftiger Mensch allen Ernstes einen Römer im Sklavenstand erwarten. Schließlich war die Sklaverei das Schicksal, das die Römer den anderen auferlegten. »Marcus ist kein Römer«, erklärte er, »sondern ein anderer Italiener von irgendwo aus dem Norden.«

»Warum hat er dann einen römischen Namen?« erwiderte der Soldat. Archimedes wurde noch unruhiger, und auch sein Abscheu steigerte sich, denn diesen Akzent kannte er bestens: Es war dorisch, aber nicht so, wie man es auf Sizilien sprach. Diese Art, die Wortendungen zu verschlucken, war typisch für Tarentum, jene Stadt, die früher einmal Taras hieß und die stolzeste aller Griechenstädte in Süditalien gewesen war. Ein Taraser im Dienste von Syrakus – wahrscheinlich hatte er seiner Heimatstadt nach der Eroberung durch die Römer den Rücken gekehrt. Garantiert haßte er alles, was mit Rom zu tun hatte. Dieser Soldat schien ganz wild darauf zu sein, Marcus als Römer zu entlarven, denn dann könnte er ihn züchtigen.

»Kann nichts für meinen Namen«, meinte Marcus brav. »'ne Menge Italiener hat heutzutage latinische Namen. Kommt von den römischen Eroberungen.«

Der Soldat musterte ihn aus zusammengekniffenen Augen. »Wenn du schon kein Römer bist, was dann?«

»Samnite«, gab Marcus geschwind zurück. Drei Kriege hatten die Samniten mit Rom ausgefochten, aber trotz einer dreifach vernichtenden Niederlage, trotz totaler Unterwerfung hielt sich hartnäckig das Gerücht, sie würden noch immer auf eine Gelegenheit zum vierten Krieg hoffen. Gegen einen Samniten konnte nicht einmal ein Taraser etwas einzuwenden haben.

Leider stellte sich heraus, daß dieser Taraser nicht nur nachtragend, sondern auch bestens informiert war. »Wenn du Samnite wärst, würdest du dich Mamertus nennen«, argumentierte er. »Warum also die latinische Form, wo du doch Oskisch sprichst?«

Tatsächlich hatte die Frage nach der früheren Nationalität von Marcus auch für Archimedes eindeutig proteische Züge (Proteus, antike Meeresgottheit, die sich nach Belieben verwandeln kann; A. d. Ü.). Der Sklavenhändler, der ihn verkauft hatte, hatte ihn zwar als Latiner ausgegeben, dagegen hatte sich Marcus selbst manchmal als Sabiner und dann wieder als Marser bezeichnet. Archimedes hatte keine Ahnung, welche Version die richtige war, dafür wußte er aber, daß Latiner, Sabiner und Marser samt und sonders dem römischen Bündnissystem angehörten. Inzwischen hatte in ihm die Alarmstimmung über den Abscheu gesiegt. Gut möglich, daß Marcus für die Dauer des Krieges in die staatlichen Steinbrüche wandern würde. Und in Anbetracht der Bedingungen, unter denen die Steinbruchsklaven gehalten wurden, müßte er schon sehr viel Glück haben, um dort wieder lebendig herauszukommen. »Marcus ist *tatsächlich* Samnite«, bekräftigte er. »Außerdem gehört er seit Jahren zu unserer Familie. Mein Vater hat ihn gekauft, als ich neun war. Glaubst du tatsächlich, ich würde einen Feind in meine Heimatstadt einschmuggeln? Falls du irgendwelche Beschuldigungen gegen mich erheben möchtest, dann tu das vor einem Friedensrichter.«

Der Taraser warf Archimedes einen bitterbösen Blick zu, dann taxierte er wieder Marcus abschätzig. Marcus starrte ihn genauso gelassen und unbeteiligt an, wie er es sich von vornherein angewöhnt hatte. Der Soldat nahm seinen Speer fester in die Hand und befahl: »Sag: Mögen die Götter Rom vernichten!«

Zuerst zögerte Marcus, dann streckte er die Hände zum Himmel und rief laut: »Mögen die Götter Karthago vernichten und dem herrlichen Syrakus den Sieg schenken!«

Da riß der Soldat seinen Speer hoch und wirbelte ihn blitzschnell herum. Ein pfeifendes Geräusch ertönte, dann traf der Schaft Marcus unter den erhobenen Armen. Er fiel seitlings direkt in Archimedes hinein. Archimedes schrie auf. Beinahe wäre er vom Kai gestürzt. Während er sich mit Händen und Füßen abstützte, schürfte er sich auf den Steinen die Knie auf. Mit einem Grunzen fiel Marcus über ihn.

Als sich Archimedes wieder mühsam aufrappeln wollte, fiel ihm eine bleierne Stille auf. Er spürte, wie Marcus über ihm zitterte. Ob aus Wut oder Angst hätte er nicht sagen können. Endlich verlagerte der Sklave sein Gewicht und rutschte herunter. Während Archimedes hochkletterte, kniete Marcus weiter am Kai und preßte die rechte Hand gegen die Stelle an seiner linken Seite, wo ihn der Speerschaft getroffen hatte. Archimedes spürte, wie ihm das Blut langsam übers Schienbein lief. Einen Augenblick lang war er so wütend, daß er den Soldaten am liebsten verdroschen hätte. Mit welchem Recht schlug ihn dieser *Ausländer* in den Docks seiner Heimatstadt nieder? Dann holte er tief Luft und rief sich ins Gedächtnis, daß dieser Soldat in der Tat ein ausländischer Söldner war, den man mit größter Vorsicht behandeln mußte. Der Soldat war bewaffnet, er nicht, und außerdem wollte er Marcus nicht in Schwierigkeiten bringen. »Warum hast du das getan?« fragte er, wobei er sich bemühte, seine Wut hinunterzuschlucken. »Auch wenn er nicht genau das gesagt hat, was du ihm angeschafft hast, so hat er doch für einen Sieg dieser Stadt gebetet!«

»Er hat um die Zerstörung Karthagos gebetet«, meinte der Taraser, der inzwischen einen roten Kopf bekommen hatte und ein wenig außer Atem war. Er hatte seine Grenzen überschritten. Einen Sklaven zu schlagen, war eine Sache, aber wenn man einen freien Bürger umstieß, dann lag die Geschichte schon ganz anders. Verächtlich starrten ihn sein Kamerad und der Zollbeamte an.

»Tun wir das denn nicht alle?« fragte Archimedes. Seit der Gründung von Syrakus vor beinahe fünfhundert Jahren war Karthago der Feind der Stadt.

»Karthago ist unser Verbündeter«, sagte der Soldat.

Archimedes war so verblüfft, daß er jede Vorsicht im Umgang mit Söldnern außer acht ließ. »*Karthago?*« wiederholte er ungläubig.

Der zweite Soldat und der Beamte zogen ein betretenes Gesicht. »Das hast du nicht gewußt?« meinte der Beamte.

Wie betäubt schüttelte Archimedes den Kopf. Wahrscheinlich handelte es sich gewissermaßen um eine natürliche Entwicklung, denn Karthago und Syrakus hatten lange Zeit um den Besitz von Sizilien gekämpft. Und zweifelsohne waren Karthager wie Syrakuser gleichermaßen bestürzt, als Rom aufgrund seiner ständig wachsenden Macht die Insel überfallen hatte. Vielleicht war es ja sinnvoll, wenn sich zwei alte Feinde gegen eine neue Bedrohung verbündeten, die ihnen beiden galt. Aber – ausgerechnet *Karthago*! Ein Karthago, das alle männlichen Bewohner der Stadt Himera zu Tode gefoltert hatte. Ein Karthago, das Götter verehrte, die von ihm forderten, die eigenen Kinder bei lebendigem Leibe zu verbrennen. Das mörderische, hinterhältige Karthago, der Erzfeind der Griechen! »Hat *unser* Tyrann tatsächlich ein heiliges Bündnis mit *Karthago* geschlossen?« fragte er.

»Unser *König*«, korrigierte ihn der Taraser rasch. »Er nennt sich jetzt König.«

Archimedes konnte nur noch die Augen aufreißen. Für einen Syrakuser war der Begriff »Tyrann« für einen absoluten Herrscher selbstverständlich und hatte nichts Abwertendes an sich. Wenn sich nun der derzeitige Tyrann von Syrakus unbedingt König nennen wollte, dann war das sein gutes Recht, aber nicht sehr sinnvoll.

»König Hieron hat kein heiliges Bündnis abgeschlossen«, wehrte der Beamte ab.

»Er ist schließlich kein Narr«, fügte der zweite Soldat hinzu, zum ersten Mal nicht im Flüsterton. Damit war auch sein Akzent klar: ein gutturaler Tonfall, wie er in den Hinterhöfen von Syrakus typisch war. Archimedes war erleichtert. »Wenn Karthago unsere ruhmreiche Stadt gegen Rom unterstützen möchte, soll's das mal machen, aber König Hieron traut diesem Diebsgesindel sicher nicht über den Weg. Und dazu kann ich nur bravo sagen! Er hat lediglich einer gemeinsamen Militärstrategie gegen die Römer zugestimmt, sonst nichts.« Er warf dem Taraser einen abschätzigen Blick zu. Eines stand fest: Er war strikt dagegen, ein Gebet für die Zerstörung Karthagos mit einem solchen Hieb zu vergelten.

Marcus grunzte. Auch Archimedes fiel wieder ein, was von ihm erwartet wurde. »Über diese Allianz ist uns in Ägypten nicht das geringste zu Ohren gekommen«, sagte er förmlich. »Wenn dich Marcus beleidigt haben sollte, dann tut es mir leid, aber er hat im guten Glauben für einen syrakusischen Sieg gebetet.«

Der Beamte und der Soldat aus Syrakus akzeptierten diese Erklärung mit einem Kopfnicken. Sie waren erleichtert, daß Archimedes stillschweigend beschlossen hatte, den Hieb zu vergessen. Nur der Taraser zog weiterhin ein finsteres Gesicht. Na schön, Marcus hatte vielleicht für einen Sieg der Syrakuser gebetet, aber eben doch nicht für die Zerstörung Roms. Wieder richteten sich die dunklen Augen des Mannes auf den Sklaven, der noch immer mit gesenktem Kopf am Kai kniete und seine Prellung rieb. Hinter der bösen Miene flackerte noch etwas anderes auf: das Bedürfnis, zu verletzten und zu demütigen.

Auch Archimedes war sich der ausweichenden Haltung seines Sklaven wohl bewußt. Er räusperte sich. »Mir ist zwar schleierhaft, wie du zu der Annahme kommst, daß ein Römer ein Sklave ist. Solltest du aber Marcus tatsächlich für einen Römer halten, dann können wir uns gerne an jemanden wenden, der für derartige Entscheidungen zuständig ist«, bot er an. »Andererseits...«, er fingerte in seinem Geldbeutel herum und zog zwei Stater heraus, zwei Drachmenmünzen, von denen jede mehr als der Tageslohn eines Söldners wert war. »...wird es schon spät, und ich möchte lieber nach Hause zu meiner Familie, statt mich vor Gericht herumzutreiben.« Damit hielt er dem Taraser die Münzen hin. Frischgeprägtes Silber mit dem Kopf des ägyptischen Königs Ptolemaios glänzte in seiner Hand.

Der Taraser starrte es nur an, aber der Soldat aus Syrakus kam schnell herüber und steckte grinsend die Münzen ein. Auch der Zollbeamte lief schnell herbei und sog die Luft zwischen den Zähnen ein. Fragend schaute er den Syrakuser an, aber der grinste nur noch mal und meinte leichthin: »Wir teilen's gleichmäßig durch drei.«

Der Taraser starrte Archimedes düster an, aber da die beiden anderen nur allzugern das Geld einschoben und die ganze Geschichte mit Marcus vergessen wollten, wagte er nicht, sich über sie hinwegzusetzen. »Man kann nicht zwei Stater durch drei teilen!« meinte er statt dessen bissig.

Archimedes zwang sich angestrengt zu einem Lächeln, obwohl es ihm fast die Kehle zuschnürte. »Natürlich kann man das«, sagte er. »In dem Fall wären das drei Oboloi für jeden von euch, aber hier.« Er holte noch eine Münze heraus, die den beiden ersten ähnelte wie ein Ei dem anderen. »Viel Glück den Verteidigern der Stadt!«

Mit einem unglaublich haßerfüllten Blick schnappte der Taraser die Münze und trollte sich zum nächsten Stadttor davon. Sein Kamerad zuckte die Schultern, warf Archimedes einen entschuldigenden Blick zu und drehte sich mit den beiden anderen Stateren zum Zollbeamten um. Archimedes humpelte zu Marcus hinüber.

»Bist du verletzt?« fragte er.

Marcus rieb noch einmal über die Prellung, dann schüttelte er den Kopf und stand mit finsterer Miene langsam auf. »Mögen die Götter diesen tarasischen Abschaum aufs Schlimmste strafen!« stieß er zornig hervor. »Drei Stater in die Gosse geschmissen!«

Da zog ihm Archimedes die Hand quer übers Gesicht. Wut und Erleichterung verstärkten den Schlag noch. »Du wertloser Trampel!« stieß er im Flüsterton hervor. »Du hättest genausogut im Steinbruch enden können! Warum hast du nicht gesagt, was er dir befohlen hat?«

Marcus schaute weg. Jetzt rieb er sich das Gesicht. »Ich bin nicht *sein* Sklave«, erklärte er.

»Manchmal wünschte ich mir, du wärst auch nicht meiner!«

»Ich manchmal auch!« gab Marcus zurück und schaute seinem Herrn wieder in die Augen.

Zischend atmete Archimedes aus. »Nun, beinahe hättest du's ja geschafft, von mir wegzukommen, stimmt's? Dieser Kerl hätte dich am liebsten bis Kriegsende in Ketten legen und Steine schneiden lassen, ganz egal, aus welchem gottverdammten Volk du stammst. Und du hast auch noch hundertprozentig alles getan, um ihn darin zu bestärken. Beim Herakles! Ich hätte ihn gewähren lassen sollen! Warum konntest du ihn nicht wie jeder gute Sklave mit Herr anreden und die Augen senken, wenn er mit dir sprach?«

»Ich bin frei geboren«, meinte Marcus mürrisch. »Vor deinem Vater und dir bin ich nie zu Kreuze gekrochen, warum sollte ich es dann vor so einem dahergelaufenen Taraser ohne Rang und Namen tun?«

»Du und deine freie Geburt!« rief Archimedes empört aus. »Ich bin frei geboren und obendrein ein Bürger, aber *ich* lege mich nicht mit Söldnern an.« Er wollte schon hinzufügen: »Jedenfalls weiß ich nicht, weshalb ich dir deine freie Geburt abnehmen soll, wenn du dich nicht entscheiden kannst, ob es sich um eine freie Sabinergeburt handelt oder um eine samnitische!« Da merkte er, daß sich noch immer einer der Soldaten in der Nähe aufhielt und lauschte. Nur der Zollbeamte ging gerade fort. Er schluckte seine Worte hinunter, sie waren sowieso sinnlos. Kein geborener Sklave wäre derart starrsinnig, stur und stolz wie Marcus.

»Wären wir zuerst an der Reihe gewesen, hätte es gar kein Problem gegeben«, knurrte Marcus zu seiner Rechtfertigung. »Dann hätten sie keine Zeit dafür gehabt. Und wir wären auch als erste drangewesen, wenn du aufgepaßt hättest, statt dich mit Kreiszeichnungen zu beschäftigen.« Nach einem schiefen Blick auf den abgewetzten, verkratzten Kai korrigierte er sich: »Mit Würfelzeichnungen.«

»Kuboide«, erwiderte Archimedes erschöpft. Sein glasiger Blick nahm die halbverwischten Zeichnungen nur noch schemenhaft wahr. Plötzlich zuckte er zusammen, faßte sich an den Gürtel und rief laut: »Ich habe meinen Zirkel verloren!«

Nach einem kurzen Blick in die Runde hob Marcus das gesuchte Stück neben dem Gepäck vom Boden auf. Dankbar nahm es Archimedes in Empfang und prüfte, ob es beschädigt war.

»Das Ding sieht ja ziemlich scharf aus«, meinte der Soldat aus Syrakus, der in dem Moment herüberkam. »Dein Glück, daß du's fallen hast lassen. Wenn das noch in deinem Gürtel gesteckt hätte, als dich Philonides umstieß, hättest du dich damit aufgespießt. Alles in Ordnung mit dem Bein?«

Archimedes musterte sein Knie. Es hatte zu bluten aufgehört. »Ja«, sagte er und schob sich den Zirkel in den Gürtel.

Der Soldat kommentierte diese Narretei mit einem Schnauben, trotzdem bot er sich an, beim Gepäck zu helfen. Archimedes fiel auf, daß der Wachposten ungefähr gleich alt war wie er. Ein breitschultriger Mann mit einem kurzgeschnittenen, lockigen Bart und einem pfiffig-freundlichen Gesicht. Trotz der Scherze, die er vorher seinem Kameraden zugeflüstert hatte, hatte er sich inzwischen offensichtlich zu einer freundlichen Haltung entschlossen. Archimedes nahm das Angebot an.

Während Marcus das eine Truhenende unterfaßte und sich der Soldat mit der anderen Seite abschleppte, versuchte Archimedes ziemlich wirkungslos, die Mitte abzustützen. So marschierten sie auf das Tor zu. »Danke für das Geld«, sagte der Soldat. »Übrigens, ich heiße Straton, der Sohn des Metrodoros. Wenn du dich zum Militär meldest, beruf dich auf mich, dann werde ich dafür sorgen, daß du gut behandelt wirst.«

Erneut blinzelte Archimedes verdutzt, aber dann fiel es ihm wieder ein: Der Zollbeamte hatte gemeint, er wäre zurückgekommen, um für seine Stadt zu kämpfen. Einen Augenblick lang schwieg er. Er hatte ganz und gar nicht vor, sich einschreiben zu lassen. Andererseits war ein guter Rat aus wohlgesonnener Quelle innerhalb der Stadtgarnison nicht zu verachten. »Ich, hm, hatte eigentlich nicht vor, mich einzuschreiben, jedenfalls nicht so direkt«, sagte er zögernd. »Ich, hm, dachte, der König bräuchte Ingenieure. Hast du eine Ahnung, wie ich mich um eine solche Stelle bewerben sollte?«

Verstohlen warf Straton einen Blick auf den Weidenkorb an der Truhe – der große Eimer! Er lächelte in sich hinein. »Verstehst du was von Katapulten und Belagerungsmaschinen?« erkundigte er sich.

»Tja, nun«, meinte Archimedes, »ich habe so etwas noch nie *gebaut*, aber ich weiß, wie's geht.«

Wieder lächelte Straton. »Nun, selbstverständlich kannst du mit dem König darüber reden«, sagte er. »Vielleicht sucht er ja Leute. Ich weiß es nicht.«

Marcus lachte. Das Lächeln verschwand aus dem Gesicht des Soldaten, aber er sagte nichts.

»Ist König Hieron zur Zeit in der Stadt?« erkundigte sich Archimedes ernsthaft.

Straton klärte ihn auf. König Hieron befand sich beim Heer, bei der Belagerung der Stadt Messana. Sein Stellvertreter hier in Syrakus war Leptines, der Schwiegervater des Königs. Straton wußte nicht so recht, ob Archimedes an Leptides herantreten oder ob er sich besser nach Norden, nach Messana, aufmachen sollte, um mit dem König persönlich zu sprechen. Jedenfalls würde er sich mal umhören. Hätte Archimedes Lust, sich mit ihm am nächsten Abend auf einen Schluck zu treffen? Er müßte zwar wieder den ganzen Tag am Kai Wache schieben, aber seine Schicht ginge nur bis Sonnenuntergang, und dann könnten sie sich am Tor treffen. Archimedes bedankte sich bei ihm und nahm die Einladung an.

Inzwischen hatten sie das Tor passiert. Kurz dahinter setzten sie die schwere Truhe in einer schmalen, schmutzigen Straße ab. »Wohin geht ihr?« fragte Straton.

»Zur anderen Seite der Achradina«, gab Archimedes bereitwillig Auskunft, »in der Nähe des Löwenbrunnens.«

»Ihr wollt doch wohl nicht dieses Ding den ganzen Weg schleppen«, meinte Straton befehlsgewohnt. »Weiter unten in der Straße wohnt der Bäcker Gelon, der hat einen Esel, den er euch für ein paar Kupferstücke leihen wird.«

Mit einem Dankeschön machte sich Archimedes auf den Weg,

um den Esel herbeizuschaffen. Marcus wollte sich schon auf die Truhe setzen, da packte ihn Straton am Arm. »Nur eine Minute!« sagte er scharf.

Der Sklave verzog keine Miene. Stocksteif blieb er stehen, ohne den Griff des anderen mit der kleinsten Bewegung abzuschütteln. Beide Männer waren ungefähr gleich groß und schauten einander direkt in die Augen. Allmählich wurde es dunkel, und hinter ihnen schloß die neue Wachschicht das Seetor von Syrakus.

»Ich bin nicht Philonides«, sagte der Soldat ruhig, »und schlage auch nicht anderer Leute Sklaven, aber du hast eine Tracht Prügel verdient. Mir ist egal, was für eine Art Italiener du bist, aber momentan hat diese Stadt für keinen von euch viel übrig. Wenn wir zum Friedensrichter gegangen wären, hättest du mindestens eine Peitschenstrafe bekommen. Dein Herr hat dich aus einem ganz schön üblen Schlamassel herausgeholt, und zum Dank dafür warst du auch noch frech zu ihm. Ich sehe es gar nicht gern, wenn sich ein Sklave über seinen Herrn lustig macht, und 'ner Menge anderer Leute geht's genauso. Und einige verhalten sich dann tatsächlich so wie Philonides.«

Da begriff Marcus, daß er mehr wegen seines Benehmens Ärger hatte als wegen seiner Nationalität. Er entspannte sich. »Wann habe ich mich über meinen Herrn lustig gemacht?« erkundigte er sich sanft.

Straton packte den Sklaven noch fester am Arm. »Als er gesagt hat, daß er Ingenieur beim Heer werden will.«

»Ach, das!« antwortete Marcus seelenruhig. »Da habe ich doch über dich gelacht – Herr.«

Verblüfft starrte ihn Straton an. Jetzt war er beleidigt. Im Mundwinkel des Sklaven zuckte es. Allmählich genoß er die Situation. »*Du* hast ihn doch vom ersten Augenblick an ausgelacht«, sagte er. »Und als er sagte, er hätte noch nie ein Katapult gebaut, hast du daraus geschlossen, daß er keine Ahnung davon hat. Stimmt's? Eines laß dir gesagt sein: Wenn Archimedes Katapulte baut und wenn König Hieron nur halb so gescheit ist, wie er sein sollte, dann ist derjenige, der bisher die Katapulte für den König gebaut hat, im selben Moment seine Stelle los. Wettest du?«

»Manchmal«, sagte Straton. Jetzt stand er vor einem Rätsel.

»Dann biete ich dir darauf eine Wette an. Zehn Drachmen gegen den Stater, den er dir gegeben hat – nein, erhöhen wir's auf zwanzig! Und so lautet meine Wette: Falls mein Herr Ingenieur des Königs wird, wird derjenige, dessen Posten dafür in Frage kommt, innerhalb von sechs Monaten degradiert oder arbeitslos sein, egal, um welche Stelle es sich handelt. Und diese Stelle wird man anschließend Archimedes anbieten.«

»Hast du denn überhaupt zwanzig Drachmen?«

»Sicher. Willst du wissen, wie ich dazu gekommen bin, bevor du dich zur Wette entschließt?«

Einen Augenblick starrte ihn Straton mißtrauisch an, dann stieß er zum Zeichen seines Einverständnisses hörbar die Luft aus. »Gut.« Er ließ den Arm des Sklaven los.

Marcus lehnte sich rücklings gegen die Truhe. »Vor drei Jahren sind wir nach Alexandria aufgebrochen. Phidias, der Vater meines Herrn, hatte einen Weinberg verkauft, um die Reise bezahlen zu können. Er war selbst als junger Mann in Alexandria gewesen und wollte, daß sein Sohn dieselbe Chance genießen konnte. Und wie es Archimedes genossen hat – beim Herakles, und wie! Die haben da in Alexandria diesen Riesentempel, der den Musen geweiht ist, mit einer Bibliothek...«

»Ich habe von diesem Museion schon mal was gehört«, warf Straton interessiert ein. »Bei mir selbst reicht's ja gerade zum Lesen, und das auch noch schlecht, aber die Gelehrten im Museion von Alexandria sollen die klügsten Menschen auf Erden sein.«

»Das reinste Narrenhaus«, erwiderte Marcus abschätzig. »Jede Menge Griechen, die sich an Logik berauschen. Mein Herr ist zu ihnen hineingestürzt wie ein verlorenes Lamm, das endlich seine Herde gefunden hat. Hat 'ne Menge Freunde gewonnen und sich den ganzen Tag mit Geometrie beschäftigt. Dann hat er sich die Nächte um die Ohren geschlagen und getrunken und geredet und geredet und geredet. Heim nach Syrakus kam für ihn nicht mehr in Frage. Und da willst du mir allen Ernstes erklären, ich hätte für die Art und Weise, wie ich mit meinem Herrn rede, Prügel verdient. Eines will ich dir mal sagen: Ich kann mit ihm reden, wie ich will, und dieses Recht habe ich mir redlich erworben! Ich hätte ihm alles bis aufs kleinste Kupferstück stehlen und mich davonmachen können, jederzeit, und erst drei Tage später hätte er es überhaupt gemerkt. Statt dessen habe ich mich um ihn gekümmert und versucht, aus einer Drachme zwei zu machen. Phidias hatte uns Geld für ein Jahr gegeben, aber bei den Wucherpreisen in Alexandria hätte das nie gereicht. Zuerst haben wir dieses Geld ausgegeben und dann den Betrag für die Rückreise, bis wir nur noch tauschen, borgen und Stück für Stück verkaufen konnten. Nach zwei Jahren in der Stadt waren wir total pleite und hoch verschuldet. Ich habe Archimedes so lange bearbeitet, bis er endlich hingehört hat und bereit war, irgendwelche Maschinen zu bauen.«

Marcus hielt inne. »Bis auf die Sache mit der Geometrie hört sich's wie die übliche Geschichte an, nicht wahr? Ein junger Mann ist zum ersten Mal von zu Hause fort und gerät in einer fremden Großstadt völlig außer Rand und Band, während sein getreuer Sklave klagend die Hände wringt: ›Ach Herr, denk doch an deinen armen, alten Vater und fahr nach Hause!‹ Na schön, aber von jetzt an läuft die Sache ganz anders als gewohnt. Mein Herr baut Maschinen, keine stinknormalen, sondern so raffinierte, geniale Maschinen, wie man sie nirgendwo zu sehen bekommt, selbst wenn einer vom einen Ende der Welt bis zum anderen reisen würde. Und so haben wir es zwei Jahre lang in Alexandria ausgehalten: Immer wenn wir knapp bei Kasse waren, hat er irgend etwas zusammengebastelt, das ich dann verkauft habe. An *dem da* hat er auch 'ne ganze Weile herumgespielt«, Marcus deutete mit einer ruckartigen Kopfbewegung auf den Weidenkorb hinter ihm, »aber leider kam er nie dazu, sich darum zu kümmern, ob irgend jemand eines in Originalgröße haben wollte. Doch dann hat er das Ding zu einem reichen Bekannten von uns geschleppt, der erst kürzlich ein Landgut im Nildelta erworben hatte und nun unbedingt seinen Boden verbessern wollte. Ein Blick – und schon hatte sich Zenodotos in die Wasserschnecke verliebt. Ein kluger Mann, denn die Wasserschnecke ist die erstaunlichste Maschine, die Archimedes je gebaut hat, die erstaunlichste Maschine, die ich je in meinem Leben gesehen habe. Zenodotos hat sofort acht von den Dingern zu dreißig Drachmen pro Stück bestellt. Außerdem hat er uns nicht nur das gesamte Material und die Arbeitskräfte zur Verfügung gestellt, sondern auch während der Bauzeit unseren Lebensunterhalt sowie sämtliche Reisekosten bezahlt, die auf dem Weg von und zu seinem Landgut anfielen.

Also haben wir uns zu seinem Landsitz hinaufbegeben und an die Arbeit gemacht. Kaum waren wir mit der ersten Wasserschnecke fertig, kamen die Leute vorbei, um sie anzuschauen. Nun muß man wissen, daß in Ägypten seit der Erschaffung der Welt bewässert wird. Also meinen die Leute, sie wüßten alles, was mit dem Wasserschöpfen zusammenhängt. Aber eine Wasserschnecke – so etwas hatte bisher noch keiner gesehen. Und jeder – ich sag's dir, *jeder* –, der auch nur einen Flecken Land im Delta besaß, wollte unbedingt eine haben. Ich habe den Preis auf vierzig Drachmen erhöht, dann auf sechzig und schließlich auf achtzig. Alles umsonst, die Leute sind noch immer Schlange gestanden und wollten kaufen. Und dann hatten natürlich die reichen Männer das Warten satt. Einer nach dem anderen kam zu mir nach vorne, steckte mir verstohlen eine Drachme zu und meinte: ›Sieh zu, daß dein Herr meine Bestellung zuerst erledigt.‹ *Daher* stammt mein Geld, vom Verkauf der Abfallprodukte des genialen Archimedes.«

»Wenn das tatsächlich so einträglich war, warum baut ihr dann nicht noch immer Wasserschnecken?« fragte Straton skeptisch.

»Archimedes wurde es langweilig«, antwortete Marcus ohne Zögern. »Sobald seine Maschinen funktionieren, verliert er jedesmal das Interesse daran. Da verbringt er lieber seine Zeit mit Kreiszeichnungen, entschuldige, mit Kuboiden. Natürlich haben auch andere angefangen, Wasserschnecken zu bauen, und sie, so gut es ging, von den unseren abgeschaut. Aber trotzdem war allen klar, daß Archimedes der Erfinder war, und so kamen sie immer erst mal zu uns. Wir hätten ein Vermögen machen können, jawohl, das hätten wir! Statt dessen hat mein Herr die erstbeste Gelegenheit genutzt, um sich wieder der Geometrie zu widmen. Hat sich einen geschäftstüchtigen Kerl gesucht, der bereit war, für den Konstruktionsplan hundert Drachmen zu bezahlen, hat ihm unser Auftragsbuch in die Hand gedrückt und ist nach Alexandria zurück, um Kreise zu zeichnen. Ich sag dir was, schon beim bloßen Gedanken daran könnte ich heulen. Und nun paß mal auf! Das ist also das letzte Mal passiert, als sich Archimedes als Maschinenbauer betätigt hat. Und jetzt wird er's wieder so machen. Ich setze auf ihn, gegen jeden Ingenieur, der König Hieron je zu Ohren gekommen ist. Nimmst du die Wette an?«

»Kann ich diese Wasserschnecke mal sehen?«

Marcus grinste. »Sicher.« Als sich der Soldat dem Weidenkorb näherte, fügte er hinzu: »Aber für eine Vorführung verlange ich zwei Oboloi.«

Straton hatte schon die Hand an der Korbverschnürung. Ärgerlich hielt er inne. »Und das erlaubt dir dein Herr?«

»Er überläßt mir sämtliche Geldgeschäfte«, meinte Marcus kühl. »Hast du nicht hingehört?«

Einen kurzen Augenblick musterte Straton den Sklaven, dann lachte er. »Na schön!« rief er aus. »Tut mir leid, daß ich über deinen Herrn gelacht und damit deine Loyalität beleidigt habe. Du bist ein guter Sklave.«

»Bin ich nicht!« erklärte Marcus mit Nachdruck. »Ich bin frei geboren und noch lange nicht genug Sklave, um das zu vergessen. Aber ehrlich bin ich! Nimmst du nun die Wette an oder nicht?«

»Zwanzig Drachmen gegen einen Stater? Daß deinem Herr innerhalb von sechs Monaten der Posten seines Vorgängers angeboten wird?«

»So ist's.«

Straton dachte nach. Die Wette war interessant, und trotz allem, was der Sklave erzählt hatte, glaubte er an seinen Gewinn.

Schließlich stand der Sklave loyal zu seinem Herrn, und der hatte auf Straton keinen so besonders großen Eindruck gemacht. Eine Chance von zehn zu eins war in Ordnung. »Na schön«, stimmte er zu, »ich nehme an.«

Gerade als sie das Ganze durch einen Handschlag besiegelten, tauchte Archimedes höchstpersönlich mit einer Fackel in der Hand auf, die in der wachsenden Dunkelheit ein flackernd helles Licht verbreitete. Hinter ihm führte ein kleiner Junge einen Esel am Strick. Straton warf seiner neuen Bekanntschaft einen prüfenden Blick zu, der sonst für Rennpferde gedacht war. Er war beruhigt. Nein, dieser lange, junge Kerl in der schmutzigen Leinentunika und dem schäbigen Umhang sah nicht gerade wie ein gigantisches Genie aus. Was der dringend brauchte, war ein Haarschnitt, eine Rasur und ein Bad. Ein Knie war blutverkrustet, das andere dreckig, und sein Gesicht hatte einen geistesabwesenden, leeren Ausdruck. Der ägyptische Stater, dachte Straton, war ziemlich sicher.

Sie packten die Truhe auf den Esel, der darüber sichtlich unglücklich war, und beteuerten, daß sie sich morgen treffen würden. Dann drückte Archimedes Marcus die Fackel in die Hand, und der kleine Troß klapperte die Straße hinunter.

»Weshalb habt ihr euch die Hände geschüttelt?« fragte Archimedes seinen Sklaven, während sie den Hügel zur gegenüberliegenden Seite der Achradina hinaufkletterten.

Marcus lächelte ihn selbstzufrieden an. »Ich habe mit diesem Soldaten eine Wette abgeschlossen. Um den Stater zurückzuholen, den du ihm gegeben hast.«

Besorgt schaute ihn Archimedes an. »Hoffentlich verlierst du nicht dein Geld.«

»Zerbrich dir nicht den Kopf«, meinte Marcus. »Das werde ich nicht.«

2

Die Achradina war ein alter Stadtteil. Die erste griechische Kolonie von Syrakus hatte sich auf dem Kap Ortygia angesiedelt, und noch immer war die Ortygia – ein prächtiger, ringsum befestigter Bezirk aus Tempeln und öffentlichen Bauten mit einer eigenen Garnison – der Sitz des Regenten. Auch die Achradina war schon früh entstanden, als die Häuser und Läden der ständig wachsenden Stadt den Rahmen der dichtbevölkerten Zitadelle sprengten und sich wild an der Küste entlang ausbreiteten. Als die Stadt dann noch reicher und mächtiger wurde, hatte man zum Landesinneren hin für die Reichen die Neapolis angelegt, während das Tychaviertel, ein ungeordnetes Häusergewirr entlang der nördlichen Ausfallstraße, zum Siedlungsgebiet der Armen wurde. Die Achradina gehörte der alten Mittelschicht. Mit ihren schmalen, schmutzigen Straßen, begrenzt von den Mauern, die Syrakus gegen einen Angriff vom Meer her schützten, war sie das wahre Herz von Syrakus – dunkel, verwinkelt und voll köstlicher Geheimnisse.

Fröhlich spazierte Archimedes hindurch. Normalerweise ruft ein Stadtstaat bei seinen Bürgern einen ungewöhnlich intensiven, leidenschaftlichen Sinn für Patriotismus und Bürgerstolz hervor. Selbst bei Archimedes, der in seiner eigenen Stadt immer eine Art Außenseiter gewesen war. Jede staubige Kreuzung kam ihm wie der Inbegriff des ruhmreichen Syrakus vor. Und außerdem brachte ihn jeder Schritt näher nach Hause. Eifrig registrierte er alle vertrauten Punkte: den kleinen Park mit seinen ungepflegten Platanen, den Bäckerladen um die nächste Ecke, wo seine Familie ihr Brot kaufte, den öffentlichen Brunnen mit der Löwenstatue, der den Haushalt mit Wasser versorgte. Aus der Garküche weiter unten in der Straße drang ein Duft nach Kräutern und gebratenem

Fleisch herüber. Wie oft hatte er dort das Abendessen geholt, wenn zu Hause aus irgendeinem Grund keines gekocht worden war. Das Haus von Nikomachos, der Laden vom Metzger Euphanes mit der Wohnung darüber, dann – endlich – tauchte es auf. Archimedes blieb mitten auf der Straße stehen und starrte stumm die schlichte Ziegelfassade mit ihrer verwitterten, schmalen Haustür an. Da wurde es ihm in der Brust zu eng, und seine Augen brannten. Dieses Haus hatte einst den Inbegriff des Wortes Haus verkörpert. Es war das einzig wichtige Haus gewesen, der Mittelpunkt des Universums, der alles enthielt, was für seine kleine Welt wichtig war. Und eines stand noch immer fest: Hinter dieser Tür wohnten all die Menschen, die er am meisten liebte.

Er wünschte sich, sie würden in Alexandria leben.

Marcus hob die Fackel und starrte ebenfalls das Haus an. In Gedanken war er wieder bei seiner ersten Begegnung mit diesem Haus, als ihn Phidias in Ketten vom Sklavenmarkt hierhergebracht hatte. *Kein Zuhause*, redete er sich verbissen ein, *nur das Haus, wo ich Sklave bin.* Einen Augenblick mußte er an sein eigenes Zuhause in den Hügeln von Mittelitalien denken und an seine Eltern, aber dann verbannte er diese Bilder rasch aus dem Kopf. Vermutlich waren sie inzwischen sowieso schon tot. Ihm fiel auf, daß einige Ziegel am Haus von Phidias bröckelten und das Dach neu gedeckt werden mußte. Kein Wunder, schließlich war er der einzige Mann im Haushalt gewesen. Natürlich gab's da noch, wenn man so wollte, den Herrn, aber wenn's ums Dachdecken ging, konnte man mit ihm nicht rechnen. Das Anwesen mußte ganz schön heruntergekommen sein. Viel Arbeit wartete auf ihn.

Gelon, der Sohn des Bäckers, war mitgekommen, um auf den Esel seines Vaters aufzupassen. Jetzt scharrte er verlegen mit den Füßen und fragte: »Ist es das?«

Sie luden den Esel ab und stellten die Truhe auf den Boden, dann schickten sie den Bäckerssohn zusammen mit seines Vaters Tier nach Hause und gaben dem Kind zur besseren Sicht noch die Fackel mit auf den Weg. Archimedes atmete tief die laue Sommernachtsluft ein und klopfte an die Tür.

Lange Zeit rührte sich nichts, bis Archimedes noch einmal klopfte. Endlich ging die Tür einen Spalt weit auf, und eine Frau lugte ängstlich heraus. Das Licht der Lampe, die sie in der Hand hielt, zeichnete tiefe Schatten auf ihr müdes Gesicht. »Sosibia!« rief Archimedes und strahlte übers ganze Gesicht. Die Wirtschafterin sperrte den Mund auf, dann schrie sie: »Medion!« Drei Jahre hatte er diesen vertrauten Kosenamen nicht mehr gehört, der aus der Verkleinerungsform seiner letzten Namenssilbe bestand.

Das Wiedersehen verlief genauso stürmisch und fröhlich, wie es sich Archimedes ausgemalt hatte. Seine Mutter Arata lief herbei und schlang die Arme um ihn, und anschließend drückte ihn seine Schwester Philyra fest an sich. »Du bist aber groß geworden!« stellte er fest, während er sie mit ausgestreckten Armen bewundernd von sich weg hielt. Bei seiner Abreise war sie dreizehn gewesen, jetzt war sie eine sechzehnjährige, junge Frau, die sich trotzdem wenig verändert hatte: schmal, hochgewachsen, schlaksig und mit strahlenden Augen. Ihre ungebärdige, braune Mähne hatte sie am Hinterkopf zu einem Knoten zusammengebunden. Sie stieß seine Hände weg, um ihn umarmen zu können. »Du hast dich ganz und gar nicht verändert!« gab sie zurück. »Schaust immer noch so schlampig aus wie eh und je!« Sosibia und ihre beiden Kinder trieben sich grinsend im Hintergrund herum und gaben ihre Kommentare ab. Einer allerdings fehlte. »Wo ist Papa?« fragte Archimedes. Der Lärm verstummte.

»Er ist so krank, daß er nicht mehr stehen kann«, sagte Philyra in die plötzliche Stille hinein. »Schon monatelang hat er nicht mehr aus seinem Bett aufstehen können.« Schwere Vorwürfe schwangen in ihrer Stimme mit. Seit Monaten pflegte sie ihren Vater und mußte zusehen, wie er immer schwächer wurde, während sich Archimedes, der Augenstern und einzige Sohn, in Alexandria herumtrieb.

Betroffen starrte Archimedes sie an. Er hatte gewußt, daß sein Vater krank war. Schon einige Monate spukte diese düstere Erkenntnis in seinem Hinterkopf herum und überschattete sorgenvoll sämtliche Vorbereitungen für die Heimreise. Aber trotz allem hatte er erwartet, er würde seinen Vater mehr oder weniger im selben Zustand wie bei der Abreise vorfinden. Dauerhusten, ein böser Rücken oder chronische Magenverstimmung – mit solchen Krankheiten hatte er gerechnet, aber nicht mit einem grausamen Schreckgespenst, das sich im Haus eingenistet und seinen Vater ans Bett gefesselt hatte.

»Tut mir leid, mein Schatz«, sagte seine Mutter Arata liebevoll, die seit jeher die Friedensstifterin in der Familie gewesen war, die ruhige Stimme der Vernunft. Sie war kleiner als ihre Kinder, hatte breite Hüften und kräftige Augenbrauen. Ihr Sohn konnte sich nicht erinnern, daß ihre Haare so grau gewesen waren. »Ich fürchte, es wird ein großer Schock für dich sein, wenn du ihn siehst. Du kannst nicht gewußt haben, wie krank er wirklich ist. Trotzdem danke ich den Göttern, daß du endlich sicher zu Hause bist.«

»Wo ist er?« flüsterte Archimedes heiser.

Man hatte Phidias und sein Krankenbett in jenes Zimmer gestellt, das Archimedes von früher als Arbeitszimmer seiner Mutter gekannt hatte. Es lag am entgegengesetzten Ende des kleinen Innenhofes, der sich zur Straße hin öffnete und das Zentrum des Hauses bildete. Die Treppe zu den Schlafräumen im Oberstock war steil und eng, schon deshalb war ein ebenerdiges Zimmer für einen Schwerkranken viel bequemer. Als Archimedes zu dem früheren Arbeitszimmer hinüberging, sah er, daß man eine Lampe angezündet hatte. Sein Vater hatte sich aufgesetzt und schaute erwartungsvoll zur Tür. Der Lärm war bis zu ihm gedrungen, und jetzt wartete er ungeduldig auf das Erscheinen seines Sohnes. An der Türschwelle stockte Archimedes. Phidias war immer ein großer, schmaler Mann gewesen, aber jetzt war er nur noch ein Skelett. Seine weißen Augäpfel hatten sich gelb verfärbt und starrten ihn aus tiefen Höhlen an. Auch seine zerknitterte, trockene Haut hatte eine gelblichen Ton. Ein Großteil seiner Haare war ausgefallen und der klägliche Rest ganz weiß. Als er die Arme nach seinem Sohn ausstreckte, zitterten seine Hände.

Da stürzte Archimedes durch die Tür, sank neben dem Bett auf die Knie und schlang die Arme um den ausgemergelten Körper seines Vaters. »Es tut mir ja so leid!« stieß er erstickt hervor. »Ich habe nicht... wenn ich gewußt hätte...«

»Mein Archimedion!« rief Phidias und legte die zerbrechlichen Arme um seinen Sohn. »Du bist zu Hause, den Göttern sei Dank!«

»Ach, Papa!« schluchzte Archimedes und brach in Tränen aus.

Draußen im Hof zerrte inzwischen Marcus das Gepäck von der Straße herein und schloß die Tür. Als er sich wieder zum Haus umdrehte, nahm ihn Sosibia bei den Schultern und gab ihm einen leichten Kuß auf die Wange. »Auch dir ein herzliches Willkommen daheim!« sagte sie leise. »Ich wünschte, es wäre ein glücklicheres Haus.«

Verblüfft schaute er sie an. Gegen seinen Willen war er gerührt, denn er und Sosibia waren nie Freunde gewesen. Schon bei der ersten Begegnung hatte sie ihm rundheraus erklärt, daß sie nicht die geringste Absicht hatte, ihm den Platz des verstorbenen Hausdieners in ihrem Bett einzuräumen, auch wenn man ihn vielleicht als Ersatz dafür gekauft hatte. Zuerst hatte Marcus kein Wort verstanden. Damals war er erst achtzehn gewesen, frisch aus Italien, und hatte fast kein Griechisch verstanden. Aber als ihm dann endlich ein Licht aufging, stellte er seinerseits ein für allemal klar, daß ihm schon beim Gedanken daran schlecht wurde, er müsse mit einer biederen, gut vierzigjährigen Hausklavin schlafen. Verständlicherweise hatte diese einstimmige Abwehrreaktion bezüglich der Schlafregelung keinerlei wohlwollende Gefühle zur Folge. Das Ergebnis war eine jahrelange Fehde, in der Sosibia höhnisch über den rohen Barbaren Marcus herzog und Marcus Sosibia als altes Sklavenweib verachtete. Und jetzt hieß sie ihn willkommen. »Nun«, meinte er barsch, »es tut gut, hier zu sein.«

Dann trat Stille ein. Schließlich nickte er den beiden Kindern zu, die hinter ihrer Mutter standen und zuschauten: Chrestos, ein fünfzehnjähriger Junge und die dreizehnjährige Agatha. »Ihr zwei seid gewachsen«, bemerkte er und dachte im stillen: Noch ein Grund, nicht willkommen zu sein. Vier erwachsene Sklaven – das war zuviel für einen Haushalt der Mittelschicht. Gut möglich, daß man Chrestos verkaufen würde, jetzt wo Marcus wieder da war. Aber weil Sosibia diese unbequeme Aussicht verdrängt hatte, kümmerte auch er sich nicht weiter darum. Statt dessen sagte er: »Als wir zum Haus kamen, habe ich mir im stillen gedacht, daß eine Menge Arbeit auf mich wartet. Dabei hatte ich ganz vergessen, daß es inzwischen noch einen anderen Mann gibt.«

Chrestos grinste. »Willkommen daheim, Marcus«, sagte er. »Wenn du willst, kannst du gern meine Arbeit übernehmen!« Seine kleine Schwester lachte. Plötzlich schlich sie nach vorne, küßte Marcus verlegen auf die Wange und flüsterte: »Willkommen daheim!«

Nicht daheim, sagte sich Marcus vor, aber teilweise war er trotzdem froh. Das erste Jahr seiner Sklaverei war ein einziger Alptraum gewesen. Schon beim Gedanken daran brach ihm noch immer der Schweiß aus. Aber hier in diesem Haus hatte der Alptraum ein Ende gefunden, und beim Erwachen hatte er sich in einer Welt wiedergefunden, in der vernünftige Regeln galten. »Tut gut, wieder dazusein«, erwiderte er barsch.

Wieder herrschte Stille. Schließlich deutete Marcus fragend mit dem Kopf zur Tür auf der anderen Seite des kleinen Innenhofes hinüber. »Stirbt der alte Mann?«

Sosibia zögerte, dann machte sie ein Zeichen gegen das Böse und nickte. »Gelbsucht«, antwortete sie resigniert. »Der arme Mann, jetzt kann er nicht mal mehr essen. Lebt nur noch von Gerstenbrühe und ein bißchen Honigwein. Lang wird's nicht mehr gehen.«

Marcus dachte über Phidias nach: ein liebenswürdiger Mensch, ein ehrlicher, hart arbeitender Bürger, ein liebevoller Ehemann und Vater. Ein guter Herr, auch wenn er dem Mann diese Tatsache übelnahm. Trotzdem war Phidias nicht an seinem Sklavendasein schuld. »Tut mir leid«, sagte er aufrichtig, dann fügte er mit rauher Stimme hinzu: »Die Götter haben uns sterblich gemacht. Es wird uns alle treffen.«

»Er hat ein gutes Leben gehabt«, sagte Sosibia. »Ich bete, daß ihn die Erde freundlich aufnimmt.«

Eine halbe Stunde blieb Archimedes bei seinem Vater. Erst als der Sterbende eingeschlafen war, zog er sich zurück. In jener Nacht hatte er keinen Kopf mehr für etwas anderes. Sosibia und seine Mutter richteten ihm in seinem alten Zimmer ein Bett her, er legte sich hin und versuchte, im Schlaf zu vergessen.

Am nächsten Morgen wachte er früh auf. Er blieb noch eine Zeitlang liegen und betrachtete die Muster, die die aufgehende Sonne auf die Wand neben seinem Bett zeichnete. Der Fensterladen bestand aus kreuzweise verflochtenen Weideruten, die sich auf dem gekalkten Verputz als orangefarbene Stäbe und Dreiecke abzeichneten. Als die Sonne höher stieg, wurde das Licht blasser, und die Dreiecke verschoben und erweiterten sich. Schließlich rutschten sie von der Wand auf sein Bett und breiteten sich in einem leuchtenden, unregelmäßigen Muster über die Decke aus. Das Ganze erinnerte an frische Elfenbeinplättchen.

Seine Augen brannten. In Alexandria hatte er für seinen Vater ein Spiel gekauft, eine Serie aus rechteckigen und dreieckigen Elfenbeinplättchen. Man konnte sie zu einem großen Rechteck zusammenbauen oder daraus ein Schiff, ein Schwert, einen Baum und Hunderte von anderen Figuren formen. So ein Puzzle begeisterte jeden Mathematiker, auch ihn. Deshalb war er überzeugt gewesen, daß es auch seinem Vater gefallen würde. Aber jetzt war jedes Geschenk für seinen Vater fürs Grab bestimmt. Diese unverrückbare Tatsache wirkte sich derart zerstörerisch aus, daß er sich fühlte, als ob man ihm die Hälfte seiner Seele geraubt hätte.

Phidias war der einzige Mensch gewesen, der den Heranwachsenden wirklich *verstanden* hatte. Oft hatte Archimedes das Gefühl gehabt, alle anderen hätten mitten im Kopf einen blinden Fleck. Sie konnten zwar ein Dreieck, einen Kreis oder einen Würfel anschauen, aber *sehen* konnten sie sie nicht. Und wenn man's ihnen erklärte, dann begriffen sie es nicht. Und wenn man dann die Erklärung erklärte, starrten sie einen nur an und wunderten sich auch noch lautstark darüber, wie einem *so etwas* wie ein großes Wunder vorkommen konnte. Und doch war es ein unaussprechliches Wunder. Da gab es tatsächlich eine ganze Welt, eine

Welt jenseits der stofflichen Existenz, eine strahlend helle Welt aus reinster Logik, und doch konnten sie sie nicht sehen! Nur Phidias hatte sie gesehen. Er hatte sie Archimedes gezeigt und ihm ihre Gesetze und Regeln beigebracht und seine erstaunten Äußerungen begleitet. Und als Archimedes älter wurde, hatten sie sich gemeinsam an die Eroberung dieser Gegenwelt gemacht. Wie zwei Verschworene hatten sie gemeinsam über einem Abakus gelacht und über Axiome und Beweise diskutiert. An klaren Nächten waren sie zusammen auf die Hügel spaziert, um das Auf- und Untergehen der Sterne zu beobachten und die einzelnen Mondphasen zu studieren. Von allen Syrakusern waren nur sie beide in dieser unsichtbaren Welt zu Hause gewesen. Die anderen – selbst die engsten und liebsten Mitmenschen – blieben für immer Außenseiter.

Phidias war es gewesen, der Archimedes die Reise nach Alexandria vorgeschlagen hatte. »Auch ich bin damals in deinem Alter gegangen«, sagte er, »und habe noch Euclid persönlich gehört. Du *mußt* gehen.« Er hatte einen Weinberg verkauft, auf den er eigentlich nicht verzichten konnte, und sich von einem Sklaven getrennt, ohne den er nur mühsam zurechtkam, nur damit sein Sohn am geistigen Mittelpunkt der Welt Mathematik studieren konnte. Und Alexandria war genauso gewesen, wie es Phidias versprochen hatte – und noch viel, viel mehr. Zum ersten Mal war Archimedes auf *andere Menschen* gestoßen, die verstanden hatten. Einige davon waren sogar junge Männer in seinem Alter. Zum ersten Mal in seinem Leben hatte er sich nicht wie eine Mißgeburt gefühlt. Zum ersten Mal hatte er es gewagt, sich außerhalb seines eigenen Hauses mental zu öffnen. So weit hatte er seinen Verstand geöffnet, bis er den Himmel umarmen konnte, und dann waren die Ideen herangestürmt. Scharenweise hatten sie sich aufgedrängt. Eine gegen alle, alle gegen einen. Was war das für ein brodelnder Kriegstanz gewesen! Eine Befreiung, berauschender als in seinen kühnsten Träumen.

Am Ende des ersten Jahres waren allmählich Briefe von Phidias mit der Frage eingetroffen: »Wann kommst du heim?« Aber Archimedes hatte keine Antwort darauf gewußt. Statt dessen hatte er seinem Vater lange Briefe geschrieben: über die Hypothese des Ariastarchos, daß sich die Erde um die Sonne dreht, über die Ekliptikerkenntnisse von Conon, über das delische Problem (mathematisch-geometrische Diskussion der Würfelverdoppelung, A. d. Ü.) und die Versuche, mit denen verschiedene Mathematiker die Quadratur des Kreises zu bewerkstelligen suchten. Und Phidias hatte jeden Brief auf seine Art beantwortet: mal erstaunt, mal enthusiastisch und dann wieder voller Argumente und Beweise. Aber irgendwo tauchte in allen Briefen dieselbe Frage auf: »Wann kommst Du heim?« Archimedes hatte gewußt – o ja, und das nur allzu deutlich! –, wie sehr ihn sein Vater vermißte. Denn jetzt hatte Phidias niemanden mehr, mit dem er seine Ideen teilen konnte, niemanden, der *ihn* verstand. Trotzdem hatte er nicht nach Hause gewollt.

Anfang des Frühjahrs war dann der letzte Brief von Phidias eingetroffen: »Es ist zum Krieg mit Rom gekommen, und mir geht es nicht gut. Ich habe den Unterricht einstellen müssen. Liebster Archimedion, Du mußt nach Hause kommen, Deine Mutter und Deine Schwester brauchen Dich.« *Deine Mutter und Deine Schwester.* Für sich selbst hatte Phidias nichts gefordert, obwohl er Archimedes schon längst gebraucht hätte. Nur eine einzige Bitte, eine Frage hatte er gestellt, und immer wieder war sie verhallt.

Diesmal war aus der Frage ein Befehl geworden, den man nicht länger ignorieren konnte. Langsam und widerwillig hatte sich Archimedes darangemacht, seine Möbel zu verkaufen, die er in Alexandria erworben hatte. Er suchte einen Nachmieter für seine Räume, veräußerte ein paar seiner Maschinen, die er gebaut hatte, und einiges von dem Werkzeug, das er dafür gekauft hatte. Dabei war ihm jeder Aufschub willkommen gewesen. Als das Schiff schließlich unter vollen Segeln nach Syrakus aufbrach, hatte er beim Anblick des immer kleiner werdenden Alexandria geweint. Aber inzwischen kamen ihm diese Tränen oberflächlich vor. Der Schmerz, der vor ihm lag, würde viel, viel tiefer gehen.

Die Tür zu seinem Zimmer öffnete sich, und Philyra steckte den Kopf herein. Als sie sah, daß er schon wach war, kam sie herein.

Philyra war fast sieben Jahre jünger als ihr Bruder, trotzdem benahm sie sich meistens so, als ob sie sieben Jahre älter wäre. Sie war ein selbstbewußtes, nüchternes Mädchen, das kein Blatt vor den Mund nahm. An ihrer Schule war sie beliebt gewesen, und auch die Nachbarn hielten große Stücke auf sie. Trotz ihrer großen Zuneigung zu ihrem Bruder hielt sie ihn für einen hoffnungslosen Traumtänzer, der dringend eine feste Hand brauchte. Jetzt steuerte sie entschlossen auf ihn zu. Über dem Arm trug sie ein zusammengefaltetes, gelbes Stück Tuch, von dem er sich nicht sicher war, ob es sich um ein Handtuch, eine Decke oder ein Kleidungsstück handelte. Er setzte sich im Bett auf und zog seine langen Beine an, um ihr Platz zu machen. Sie setzte sich. Unter ihren kritischen Blicken wurde er sich einiger höchst unangenehmer Dinge bewußt: Erstens hatte er unter der Decke nichts an, zweitens war seine nackte Haut mit Flohstichen übersät, drittens kräuselte sich an Kinn und Nacken ein unrasierter Bart, und zu allem Überfluß waren auch noch seine Haare ganz stumpf vor Schmutz. Beim Tageslicht fiel ihm aber auch viel deutlicher auf, wie sehr sie sich seit ihrer letzten Begegnung verändert hatte. Sie war voller geworden, und ihr Körper hatte deutlich weibliche Rundungen angenommen. Innerhalb des Hauses trug sie nur eine leichte Leinentunika, unter der sich ihre Brüste verräterisch abzeichneten. Plötzlich fühlte er sich vor ihr verlegen.

»Wann hast du das letzte Mal gebadet?« fragte Philyra naserümpfend.

»Auf Schiffen kann man nicht baden«, verteidigte er sich.

Philyra seufzte. »Nun, dann wirst du dich gleich nach dem Frühstück ins Badehaus in der Neapolis begeben müssen. Du siehst einfach despektierlich aus! Hast du noch saubere Kleidung?«

Unglücklich räusperte er sich, gab aber sonst keine Antwort. »Ich habe mir nicht vorstellen können, daß es Papa so schlechtgeht«, sagte er statt dessen. »Wie lange ...«

»Seit Oktober«, erwiderte sie kühl. »Er hat dir ja damals geschrieben, aber vermutlich hast du den Brief erst nach dem Winter bekommen.«

Zwischen Oktober und April ruhte der Schiffsverkehr auf dem Mittelmeer. Selbst wenn Archimedes den Brief seines Vaters noch im Spätherbst bekommen hätte, hätte es für ihn keine Möglichkeit gegeben, nach Hause zu kommen, bis die Schiffslinien wieder verkehrten. Trotzdem entsetzte ihn die Vorstellung, daß er sich in Alexandria vergnügt hatte, während Phidias den *ganzen Winter* über krank gewesen war.

»Ich habe ihn erst Ende April bekommen«, sagte er unglücklich. »Aber selbst dann dachte ich, ich hätte noch genug Zeit, um meine Geschäfte in Alexandria abzuwickeln. Schließlich hatte er nur geschrieben: ›Ein Krieg ist ausgebrochen, und mir geht's nicht gut.‹ Meiner Meinung nach hieß das nur, daß er mich zu Hause als Hilfe bei seinen Schülern haben wollte, bis es ihm wieder besserging.«

»Er dachte, er würde wieder gesund«, sagte Philyra, der plötzlich Tränen in den Augen standen. »Er hatte Fieber und Gelbsucht, aber die hatte Mama auch, und ihr ging's wieder besser. Da glaubten wir, auch bei ihm würde es bergaufgehen, aber es kam anders, und im Frühjahr –«

Archimedes streckte die Hand aus und berührte ihre Schulter. Da war es mit der Beherrschung vorbei, sie ließ das Bündel fallen, warf sich in seine Arme und weinte. »Es war *fürchterlich!*« rief sie bewegt. »Es ging ihm immer schlechter und schlechter, und wir konnten nichts dagegen tun!«

»Es tut mir so leid«, sagte er hilflos, »wäre ich doch nur hier gewesen.«

»Er wollte dich unbedingt sehen«, schluchzte Philyra. »Ständig hat er Chrestos zum Hafen hinuntergeschickt, er solle nachschauen, ob irgendwelche Schiffe aus Alexandria angekommen wären. Und manchmal war es auch so, aber du warst nie darauf. Dann hat er manchmal gemeint, du wärst sicher tot, dein Schiff wäre gesunken oder du in Alexandria gestorben. Und dann hat er um dich geweint und uns alle Trauerkleidung tragen lassen. Das war immer das Schlimmste. Warum bist du nicht schon letztes Jahr zurückgekommen?«

»Es tut mir leid!« wiederholte er kläglich, während auch ihm die Tränen kamen. »Philyra, wenn ich's gewußt hätte, wäre ich gekommen. Ich schwör's.«

»Ich weiß«, sagte sie und schluckte ihr Schluchzen hinunter. »Ich weiß.« Sie tätschelte seinen Rücken, als ob er zusammengebrochen wäre, dann zog sie sich zurück und wischte die Tränen ab. Gegen den Tod gab es kein Mittel, und sie war entschlossen, diesen Kummer mit aller Würde zu tragen, die sie aufbieten konnte. Sie hob das Bündel wieder auf und breitete es auf dem Bett aus. Es entpuppte sich als neuer Mantel aus feiner, gelber Wolle samt einer Leinentunika mit einem gelben Spiralenmuster an beiden Seiten. »Die habe ich letztes Jahr für dich gemacht«, sagte Philyra. »Du hast doch bestimmt *keine* saubere Kleidung, oder?«

»Wahrscheinlich nicht«, gestand er, wobei er mit einem Finger langsam das Muster nachzeichnete. Es bestand aus einer schnurgeraden Reihe von Doppelspiralen, von den Schultern bis zum Knie. Von jedem Spiralenzentrum führte eine Linie in Kreisbewegungen nach außen, drehte um und mündete in den Mittelpunkt der nächsten Spirale. Ein *interessantes* Muster. Wenn man Spirale A und Spirale B mit einer Tangente verband, dann...

Philyra schob seine Hand mit Nachdruck vom Muster. Er schaute auf und blinzelte sie verdutzt an. »Das ist zum *Anziehen* da«, erklärte sie ihm, »und nicht für geometrische Versuche.«

»Oh«, sagte er. »Ja.« Kurz darauf fiel ihm wieder ein, daß die Kleidungsstücke ein Geschenk waren, und er fügte hinzu: »Danke, sie gefallen mir sehr gut.«

In gespielter Verzweiflung schüttelte sie den Kopf. »Ai, Medion! Du hast dich kein bißchen verändert!«

Er wußte nicht so recht, was er davon halten sollte, aber als sie seine Verwirrung bemerkte, lächelte sie noch einmal und strich ihm eine widerspenstige, schmutzige Haarlocke zurück. »Und jetzt«, fuhr sie geschäftsmäßig und hoffnungsvoll fort, »hast du

Geld? Wir sind pleite. Wir mußten schon einige Decken und Töpfe verkaufen, um den Arzt bezahlen zu können.«

Archimedes zuckte die Schultern. Der Gewinn aus der Wasserschnecke hatte sich großteils in Alexandria verflüchtigt, aber ein bißchen was war noch da und noch etwas von den Kleinigkeiten, die er beim Verlassen der Stadt verkauft hatte. »Ich habe etwas«, sagte er, »so hundert Drachmen, schätze ich – Marcus weiß das genau.«

»Hundert Drachmen!« rief sie begeistert. »Das ist gut! Und ich hatte schon Angst, wir müßten sofort bei Papas alten Schülern die Runde machen und sie bitten, wieder Mathematikstunden zu nehmen. Aber mit hundert Drachmen haben wir ein paar Monate Frist gewonnen.«

Archimedes räusperte sich und rutschte nervös umher. »Ich werde nicht unterrichten«, erklärte er.

Verzweifelt starrte sie ihn an. »Medion, du kannst dich nicht von Geometrie ernähren!«

»Das *weiß* ich!« protestierte er. »Ich werde mich um eine Stelle als Heeresingenieur bewerben.« Und dann stürzte er sich sofort in die Argumente, die er von langer Hand sorgfältig vorbereitet hatte. »In Anbetracht des Krieges müßte die Stadt einen Bedarf an Katapulten haben, und auch der Tyrann müßte bereit sein, dafür zu zahlen. Mit Maschinen ist mehr Geld zu machen als mit Unterrichten, und mit Maschinen kenne ich mich wirklich aus, das weißt du genau. Mit dem Bewässerungsgerät, das ich letzten Sommer gebaut habe, habe ich innerhalb von zwei Monaten mehr verdient als Papa in einem ganzen Jahr. Außerdem ist es doch meine Pflicht, wenn möglich bei der Verteidigung der Stadt zu helfen, oder? Ich werde mich heute abend mit jemandem treffen, und dann werden wir mal sehen.«

Daraufhin lächelte sie, allerdings mehr, weil sie ihm Mut machen wollte, als aus echter Überzeugung. Aus seinen Briefen nach Hause kannte sie zwar die Wasserschnecke vom Hörensagen, trotzdem zweifelte sie sehr, ob sie auch erfolgreich war, wie er behauptete. Und was die Sache mit den Katapulten betraf – nun, der König hatte längst seine Ingenieure, die so etwas bauen konnten, warum sollte er da einen neuen, völlig unerprobten Mann wollen? Und selbst wenn es so wäre, schien es ziemlich unwahrscheinlich, daß man davon reich werden konnte. Während ihrer gemeinsamen Kindheit hatte ihr Bruder jede Menge Maschinen gebaut, von denen viele nicht funktioniert hatten. Im Vergleich zum Mathematikunterricht schien ihr der Maschinenbau die wesentlich weniger verläßliche Einnahmequelle zu sein. Und trotzdem mochte sie seine Maschinen. Als kleines Mädchen war sie immer still dagesessen, hatte ihm beim Bauen zugeschaut und aufmerksam seinen Erklärungen gelauscht. Für sie persönlich waren die Konstruktionen ihres Bruders das allerschönste Spielzeug, egal, ob sie funktionierten oder nicht. Wenn er davon leben könnte, wäre sie hoch erfreut. Einen Versuch war es jedenfalls wert – und inzwischen verfügte der Haushalt über hundert Drachmen und hatte einige Monate Frist, bis das Geld aufgebraucht war.

Archimedes merkte, daß sie seinen Plan akzeptiert hatte. Seltsamerweise tat es ihm weh, so als ob sich wieder ein Tor in den Mauern, die ihn umgaben, geschlossen hätte. In einem der seltenen Momente praktischer Vorausplanung hatte er beschlossen, daß er drei Dinge wirklich konnte: reine Mathematik, Maschinenbau und Flötespielen. Für seinen Lebensunterhalt mußte er die eine oder andere Begabung in die Tat umsetzen. Musik war etwas Persönliches, etwas, das er für sich und seine Freunde tat. Auf Befehl zu spielen, kam ihm wie eine Entweihung vor. Und was die reine Mathematik anbetraf, da hatte Philyra wirklich recht: von der Beschäftigung mit Geometrie konnte man nicht leben. Und als Lehrer kam er nicht in Frage. In der Vergangenheit hatte ihn sein Vater gelegentlich zur Unterstützung herangezogen. Das Bewußtsein, dabei versagt zu haben, war für ihn alles andere als angenehm. Alles, was ihm sonnenklar schien, hatten die Studenten nie begriffen, und seine ungeduldigen Erklärungen hatten sie noch mehr verwirrt. Also blieb nur eines übrig: Maschinen bauen.

Er fürchtete sich davor. Es machte Spaß, eine *neue* Maschine zu bauen. Er liebte es, mitanzusehen, wenn ein Problem so exakt wie ein mathematischer Lehrsatz aufgeschlüsselt wurde und er sich anschließend einen Apparat ausdenken konnte, der diesem Problem voll und ganz gerecht wurde. Er genoß es, sich völlig in diese Aufgabe zu vertiefen, die komplexe Koordination zwischen Kopf und Händen und schließlich die unbestreitbar handfeste Realität der endgültigen Lösung. Aber wenn man nach dem Bau einer Maschine *noch eine* vom selben Typ bauen mußte und noch eine und noch eine und noch eine – das war langweilig, nein, noch schlimmer. Das war ein bedrückendes Gefängnis, in dem die Seelenflügel schrumpften und abstarben. Reine Mathematik – das war Licht und Luft und köstliche Freiheit, und er liebte sie mehr als alles andere auf der Welt. Aber leider war er kein Adeliger, der es sich leisten konnte, sich ausschließlich der reinen Mathematik zu verschreiben, ohne auch nur den geringsten Gedanken an das unfeine Thema Geld zu verschwenden. Er mußte eine Familie ernähren. Die unsichtbare Welt konnte nicht länger seine Heimat sein, sondern nur ein Ort, den er ab und zu besuchen konnte.

Und bei diesen Besuchen hätte er auch keinen Begleiter mehr, keinen einzigen. Er würde allein sein, so wie es sein Vater während der letzten drei Jahre gewesen war. Ein neuer Schmerz ließ ihn zusammenzucken. Vermutlich war das Schicksal eben doch gerecht.

Doch dann fiel ihm wieder der Krieg ein. In Alexandria hatte man nur schwer daran glauben können, aber hier in Syrakus nahm er schon größere und bedrohlichere Ausmaße an. Zeilen eines alten Liedes gingen ihm durch den Kopf:

»Kein Sterblicher mag jemals sagen,
was dem Morgen das Schicksal gebiert,
und daß Zufriedenheit bleibet
dem Menschen, der glücklich sich fühlt.
Denn rasch wie Libellengeschwirr,
ja schneller noch, nahet Veränderung.«

»Du ziehst dich an«, befahl Philyra und tätschelte ihm die Hand. »Ich werde mit Marcus reden, damit deine übrigen Sachen gewaschen werden.«

Marcus nahm gerade ein Bad, als ihn Philyra fand. Privathäuser hatten im allgemeinen keine Bäder, und zur damaligen Zeit waren die Badehäuser nur den Bürgern vorbehalten. Also wusch sich Marcus draußen im Hof mit einem Schwamm und einem Eimer. Selbst die freien Männer eines Haushaltes liefen drinnen nackt herum, daran war nichts ungewöhnlich, und über einen nackten Sklaven zerbrach sich sowieso niemand den Kopf. Trotzdem zögerte Philyra verlegen und wartete am Fuß der Treppe, bis Marcus fertig war. Sie wußte nicht so recht, wie sie sich ihm gegenüber verhalten sollte, denn auch ihr war klar, daß sie vermutlich einen Hausklaven verkaufen mußten. Sie hoffte, es träfe Marcus. Während der Hausfehde hatte sie sich immer auf die Seite von Sosibia geschlagen und Marcus als linkischen Barbaren betrachtet. Außerdem kam er ihr nach dreijähriger Abwesenheit wie ein Fremder vor. Seinen Verkauf konnte sie sich durchaus vorstellen, während ihr schon der bloße Gedanke unerträglich war, dieses Schicksal einem der anderen anzutun. Und noch etwas fiel ihr auf: Obwohl Marcus auf der linken Seite eine heftige Prellung und genauso viele Flohstiche hatte wie ihr Bruder, wirkte er gesund und gepflegt. Das hieß also, er würde einen guten Preis erzielen. Trotzdem kniff sie die Lippen mißbilligend zusammen. Man hatte Marcus mit dem Auftrag nach Alexandria geschickt, sich um Archimedes zu kümmern. Statt dessen war er kerngesund zurückgekehrt, während die Rippen seines Herrn mehr Ähnlichkeit mit einem Waschbrett hatten.

Leider erinnerte sie ihre Fairneß unpassenderweise daran, daß Archimedes schon immer dünn gewesen war und Marcus untersetzt. Und wenn Archimedes in seine Mathematik vertieft war, vergaß er zu essen, es sei denn, man servierte ihm seine Mahlzeiten auf einem Abakus. Und selbst dann schob er sie einfach beiseite und rechnete weiter. Wahrscheinlich war es unfair, Marcus allzusehr die Schuld zu geben, in welchem Zustand sein Herr heimgekommen war.

Marcus goß sich das restliche Wasser aus dem Eimer über den Kopf, schüttelte sich und hob seine Tunika auf. Philyra stieß sich

von der Türschwelle ab und trat in den sonnigen Hof hinaus.
»Marcus!« sagte sie scharf. »Wo ist das Gepäck meines Bruders?«

Marcus zuckte zusammen und zog sich hastig die Tunika über den Kopf, bevor er antwortete. Er fühlte sich in Philyras Nähe genauso linkisch wie umgekehrt auch sie. Als er das Haus verlassen hatte, war sie noch ein Schulmädchen gewesen, aber jetzt war sie eine junge Frau. »Da«, sagte er und deutete auf die Truhe in der Hofecke. »Aber ich würde das nicht aufmachen, Herrin.«

»Warum nicht?« wollte sie wissen. »Ich kann mir nicht vorstellen, daß die Sachen darin sauber sind! Und heute wird ein guter Tag zum Wäschetrocknen.« In der Tat war es schon heiß. Jede Wäsche wäre bis zum Abend vollständig trocken.

Er zuckte die Schultern. »Da sind Geschenke drin«, sagte er, »und eines ist für dich.« Sein Blick blieb einen Augenblick länger an der Vorderseite ihrer Tunika hängen. Sie merkte plötzlich, wie sehr der Stoff an ihrem Körper klebte, und zog ihn hoch. Sie war rot geworden.

»Aber ich habe ihm doch eben erst gesagt, daß ich mich um seine Sachen kümmern werde!« protestierte sie. »Und von Geschenken hat er keinen Ton gesagt.«

Marcus schnaubte. »Erwartest du wirklich, daß *er* an so etwas denkt?«

Nein, das tat sie nicht. Wahrscheinlich erinnerte sich Archimedes an die Geschenke und wußte auch genau, daß sie sich in derselben Truhe befanden wie seine Kleidung. Trotzdem würde er nie zwei und zwei zusammenzählen und deshalb wissen, wie sehr ihr die Überraschung verdorben wäre, wenn sie die Truhe aufmachte. Sie gab einen verzweifelten Laut von sich, Marcus grinste, und damit war irgendwie das Gleichgewicht zwischen ihnen wiederhergestellt. Schließlich waren sie beide Mitglieder desselben Haushaltes und kannten nur allzugut die Vorlieben und Eigenheiten derselben kleinen Menschengruppe. »Ist doch nicht so eilig, oder?« fragte er.

War es auch nicht, jedenfalls nicht so sehr. Sie wollte nur alles wieder *in Ordnung* haben: ihr Bruder ohne Wenn und Aber wieder zu Hause und dort, wo er sein sollte, nämlich in seinem eigenen Zimmer, und die Reisetruhe wieder in eine Kleidertruhe verwandelt. Sie ging zum Gepäck hinüber und starrte es mißmutig an. »Und was ist in dem Korb?« fragte sie.

»Die berühmte Wasserschnecke«, antwortete Marcus, der schon wieder grinste. »Die können wir auspacken, wenn du willst.« Er ging zur Truhe hinüber und knotete die Stricke auf.

»Will er mir das nicht persönlich zeigen?« Ihre Frage klang zweifelnd.

»Nein«, antwortete Marcus und löste einen weiteren Knoten. Plötzlich wollte er ihr unbedingt die Wasserschnecke zeigen, um ihr zu imponieren. »In Ägypten haben wir zweiunddreißig von diesen Dingern gebaut, und jetzt kann er sie nicht mehr sehen. Trotzdem ist es eine wahre Wundermaschine. Hier, ich zeig sie dir!« Er zog das Seil vom Korb und beförderte die Enden unter die Truhe. Philyra lehnte sich mit verschränkten Armen gegen die Hofmauer und versuchte, uninteressant zu wirken, obwohl sie in Wahrheit absolut neugierig war. Aufgrund ihrer Haltung zeichnete sich eine ihrer schmalen Hüften wie ein verhülltes Relief unter dem Leinenstoff ab. Marcus merkte es wohl, redete sich aber ein, daß sie viel zu dünn war, genau wie ihr Vater und ihr Bruder. Trotzdem war sie irgendwie hübscher, als man es bei einem so eckig gebauten Mädchen erwarten konnte. Vielleicht lag es an ihren strahlenden Augen. Nicht daß das irgendeinen Einfluß auf ihn hatte. Schließlich war er genauso das Eigentum ihres Bruders wie die Maschine, die er gerade auspackte. Trotzdem, was war schon dabei, wenn man einem hübschen Mädchen eine Maschine zeigte?

Er löste den Knoten, der den Truhendeckel sicherte, öffnete den Korb und hob aus einem Strohnest einen Holzzylinder heraus. Er maß ungefähr eine Elle, das heißt, den Abstand vom Ellbogen eines Menschen bis zu seinen Fingerspitzen. Die äußere Schicht bestand aus Holzdauben, die wie bei einem Faß durch Eisenringe zusammengehalten wurden. Im Inneren verbarg sich ein kompliziertes Gebilde, das mit Pech verschmiert war. Am Kernstück des

Zylinders war mit einem Bolzen ein Griff befestigt, damit man das Ganze wie ein Rad drehen konnte.

»Normalerweise schöpfen die Ägypter das Wasser mit einer sogenannten Wassertrommel«, sagte Marcus und drehte dabei den Zylinder in den Händen herum. »Eine Art Rad mit acht Eimern daran. Eine große Wassertrommel kann eine Menge Wasser bewegen, ist aber sehr schwer zu drehen. Dafür braucht man mehrere Männer. Mit so etwas hat dein Bruder angefangen, und das ist am Ende dabei herausgekommen. Die richtigen Maschinen, die wir gebaut haben, waren natürlich größer, ungefähr so lang wie ein Mensch, aber sonst waren sie genau wie die hier. Wie du siehst, sind's auch hier immer noch acht Zuleitungen«, er deutete auf die acht Öffnungen am Zylinderboden, »aber keine Eimer, sondern Röhren.« Er steckte einen Finger hinein, und sie sah, daß es wirklich eine Art Röhre war, die sich um die Spindel herum in die Höhe schraubte. »Diese Röhren winden sich mehrmals im Zylinderinneren herum und kommen hier wieder heraus, an der Oberseite.« Er schlug mit der flachen Hand auf das obere Zylinderende, das genauso aussah wie der Boden. »Jede Einzelröhre erinnert ein bißchen an ein Schneckenhaus, und deshalb heißt das Ding ja auch Schnecke. Sie bestehen aus Weidenstreifen, die mit Pech an die Spindel geklebt und dann ringsum mit Dauben verschlossen werden. Keine Ahnung, wie er den richtigen Spiralwinkel gefunden hat, aber das ist äußerst wichtig. Eine Menge Leute haben versucht, es nachzumachen, und haben's verpatzt, und dann hat das Ding nicht funktioniert. Also, um es in Gang zu setzen, mußt du...« Marcus sah sich um. Sein Blick fiel auf eine große Wasseramphore in einer Hofecke. Mit der Wasserschnecke unter dem Arm rannte er hinüber, setzte die Maschine auf den Boden, holte den Eimer, den er für sein Bad verwendet hatte, und goß etwas Wasser aus der Amphore in den Eimer. Dann stellte er den Eimer in eine Vertiefung im Hof, sicherte ihn mit Hilfe von ein paar losen Steinen so ab, daß er schräg stand, und stellte dann ein Waschbrett wie eine Plattform davor auf. »Das Ganze muß in einen bestimmten Winkel gebracht werden«, erklärte er Philyra.

»Der exakte Winkel spielt eine wichtige Rolle. Auch das haben die Leute, die es kopiert haben, verpatzt. Wenn der Griff gerade steht, stimmt auch der Winkel.« Er setzte den Fuß der Wasserschnecke in den Wassereimer und das Oberteil auf die Plattform. »Jetzt mußt du nur noch drehen.« Er winkte sie zu sich.

Philyra schob den Saum ihrer Tunika über die Füße zurück und kauerte sich neben ihn. Sie legte eine Hand auf den Zylinder und begann, langsam zu drehen. Das Ding glitt mühelos um seine Spindel. Wasser lief in die Röhren am Fuß der Schnecke. Sie drehte weiter, und auf einmal lief das Wasser zum Kopf der Schnecke heraus. Sachte hielt sie die Maschine in Bewegung und schaute dabei genau zu: Wasser lief hinein, die Röhren hinunter und…

»Es läuft ja bergauf!« rief sie schockiert und riß die Hand von der Maschine, als ob sie sich verbrannt hätte.

Marcus grinste. »Ganz schön schnell!« meinte er. »Die meisten Leute brauchen ein bißchen länger, bis sie's merken. Einige muß man sogar mit der Nase darauf stoßen. Dabei tut es das gar nicht – nicht wirklich. Schau noch besser hin.«

Wieder drehte Philyra die Maschine. Wasser lief in eine Röhre, und als die Röhre in die Höhe stieg, lief das Wasser hinunter, in die Spirale hinein und mit ihr zusammen nach oben. Sie lachte begeistert.

Marcus grinste. »Den ganzen Weg nach oben läuft es nach unten«, sagte er.

»Manchmal«, sagte Philyra, »kommt mir mein Bruder wie ein Fehler der Natur vor. Er hätte gar nicht als menschliches Wesen geboren werden dürfen. Er sollte sich als dienstbarer Geist in den Werkstätten der Götter herumtreiben. Schätzungsweise ist so eine Wasserschnecke im großen viel leichter zu drehen als eine Wassertrommel, oder?«

»Natürlich«, pflichtete Marcus bei. »Dazu braucht's keine zwei Männer, ja nicht einmal einen. Das kann ein Kind betreiben, denn man muß ja nur die Schnecke drehen. Das Wasser läuft von selbst bergab.« Mit einem liebevollen Blick auf die Maschine hockte er sich auf die Fersen zurück. »Die Leute sind Schlange gestanden, um sie zu kaufen«, erzählte er. »Wir hätten ein Vermögen machen können!«

»Ich dachte, das habt ihr!« sagte Philyra überrascht. »Innerhalb von zwei Monaten mehr als der Bauernhof meines Vaters in einem Jahr einbringt, hat mein Bruder geasgt.«

Traurig schüttelte Marcus den Kopf. »Achtzehnhundertundachtzig Drachmen. Genug, um unsere Schulden zu zahlen und ein Jahr angenehm in Alexandria zu leben. Aber wir hatten noch Bestellungen für weitere dreißig Maschinen – achtzig Drachmen das Stück! – und beste Aussichten auf noch viel mehr. Aber er zog es vor, Mathematik zu betreiben.«

Philyra starrte auf die Wasserschnecke und schluckte. Achtzehnhundertundachtzig Drachmen auf einem Haufen – das überstieg ihre Vorstellung, aber noch weniger konnte sie sich vorstellen, wie man so eine Summe ausgeben konnte. Die Pacht aus dem kleinen Bauernhof der Familie brachte jährlich dreihundert Drachmen ein, inzwischen sogar weniger, weil der Weinberg verkauft worden war. Und Phidias hatte mit seinem Unterricht vielleicht noch einmal soviel verdient. Diese Wasserschlange hatte nicht nur mehr als das Gehalt ihres Vaters verdient, sondern insgesamt dreimal soviel wie das jährliche Einkommen des ganzen Haushaltes. Und das alles hatte Archimedes ausgegeben, bis auf hundert Drachmen.

Marcus verstand, warum sie plötzlich schwieg, und wünschte sich, er hätte den Mund gehalten. Verlegen rutschte er hin und her. »Alexandria ist teuer«, entschuldigte er sich, »und außerdem waren da noch die Schulden und die Kosten für die Rückreise.« Es hatte auch noch eine Frau gegeben, auf deren Konto ein schöner Batzen dieses Geldes gegangen war, aber er hatte nicht die geringste Absicht, der Schwester von Archimedes so etwas zu erzählen. »Dein Bruder war nicht so extravagant, wie's aussieht«, fügte er statt dessen hinzu. Wenn man die Preise von Alexandria berücksichtigte, ganz zu schweigen vom Preis der besagten Frau, stimmte das auch. »Außerdem sind noch hundertsechzig Drachmen übrig.«

»Hundertsechzig?« fragte Philyra argwöhnisch. »Er hat von hundert gesprochen.«

Marcus zuckte die Schultern und grinste wieder. »Erwartest du wirklich, daß er in Geldsachen auf dem laufenden ist?«

Diesmal lächelte sie nicht, sondern starrte ihn nur kühl und prüfend an. »Das hast du doch für ihn getan, oder?«

Einen Augenblick begriff er nichts, aber dann zog er ein finsteres Gesicht. »Kein einziges Kupferstück habe ich genommen!« erklärte er empört. »Du kannst ihn fragen.«

Während Philyra seine Miene beobachtete, sah sie, wie der Ärger plötzlich in sich zusammenfiel und einer mürrischen Gleichgültigkeit wich. Es war, als ob damit noch etwas anderes versickert wäre – ein Gefühl von Freiheit, ein eigenes Ich. Plötzlich bedauerte sie ihren Argwohn. Und doch – achtzehnhundertundachtzig Drachmen! Sie konnte nicht begreifen, wie sich eine derart riesige Summe einfach in Luft auflösen konnte. Ihr tagträumerischer Bruder war ein leichtes Opfer für jede Art von Betrug.

»Nicht ein Kupferstück habe ich von seinem Geld genommen, nie«, wiederholte Marcus wütend. »Du kannst ihn fragen.«

Verbittert fiel ihm wieder ein, wie er und sein Herr vom Wasserschneckenbau im Delta nach Alexandria zurückgekehrt waren. Kaum hatte das Flußschiff angelegt, war Archimedes heruntergehüpft und hatte sich sofort Richtung Museion getrollt. Es blieb Marcus überlassen, das Gepäck in ihre Unterkunft zu schaffen. Das Gepäck – und die Schatulle mit den achtzehnhundertundachtzig Drachmen. Eine Menge Geld. Davon hätte sich Marcus gut eine Schiffspassage zurück nach Italien leisten können und dort dann obendrein noch ein Paar Ochsen, einige Schafe und ein Jahr Pacht für einen kleinen Bauernhof. Wie er so mit der schweren Truhe dahingetrottet war, war ihm schmerzhaft bewußt geworden, wie einfach eine Flucht wäre. Und dabei hätte er seinen Herrn nicht einmal mittellos zurückgelassen, denn Archimedes hätte jederzeit zurückgehen und noch ein paar Wasserschnecken bauen können. Letztendlich hatte ihn aber nicht seine Ehrlichkeit zurückgehalten, auf die er sich immer soviel eingebildet hatte, sondern pure Verzweiflung. Die Ereignisse, die ihn zum Sklaven gemacht hatten – die verlorene Schlacht, die toten Männer –, waren immer noch lebendig und ließen sich nie mehr auslöschen. Er konnte nicht mehr nach Hause, und irgendwoanders hinzugehen, schien ihm wenig sinnvoll. Bis zu diesem Zeitpunkt hatte er seine Sklaverei immer als einen Zustand betrachtet, der ihm gegen seine wahre Natur auferlegt worden war, aber nun zeigte sie plötzlich ihr wahres Gesicht: die unausweichliche Bedingung, an die er sein Leben geknüpft hatte.

Inzwischen merkte er, daß er sich mit einer typischen Sklavenverteidigung gegen das Mädchen wehrte: *Mein Herr hat sich nicht beklagt, also hast auch du kein Recht dazu.* Ärgerlich stand er auf, riß die Wasserschnecke hoch und trug sie zu ihrem Korb zurück. Philyra folgte ihm mit einer Miene, in der sich Argwohn und Entschuldigung mischten. »Vielleicht werde ich ihn fragen«, sagte sie.

»Tu das ruhig«, knurrte Marcus, während er den letzten Wasserrest aus der Schnecke auf den ungepflasterten Hof kippte.

»Inzwischen«, sagte Philyra und richtete sich kerzengerade auf, »hol alle schmutzigen Sachen aus der Truhe und leg sie zum Waschen hin. Den Rest kannst du drinnen lassen, den kann dann mein Bruder aussortieren.«

»Jawohl, Herrin«, sagte Marcus verbittert, drehte ihr den Rücken zu und begann demonstrativ, die Schnecke wegzupacken. Trotzdem spürte er, wie sie wegging, und drehte sich um, um ihr nachzusehen. Mit steifen Schritten, durchgedrücktem Kreuz und hocherhobenem Kopf ging sie schnurstracks zum Sterbezimmer ihres Vaters am Ende des Innenhofes hinüber. Sein Ärger verflog, zurück blieb nur noch Traurigkeit. Ihr Vater war krank, und ihre Mutter war aus Sorge um ihn sicher völlig außer sich. Tapfer versuchte sie eine kluge, einfühlsame Hüterin des Hauses zu sein und nicht noch eine zusätzliche Last. Wenn er ein freier Mann gewesen wäre, hätte er ihr dafür Beifall gespendet. Sie war jung und unwissend und trug keine Schuld daran, daß er ein Sklave war.

Wenige Minuten danach stolperte Archimedes die Treppe herunter. Ohne Gürtel und schief angezogen, schaffte er es, daß seine neue Tunika fast genauso unansehnlich wirkte wie diejenige, die er am Tag zuvor ausgezogen hatte. Beim Anblick des schmutzigen Wäscheberges neben der Truhe blinzelte er, als ob es sich um die Überreste eines zerbrochenen Gegenstandes handelte, den er erraten müßte.

»Ich habe deiner Schwester gesagt, sie soll die Truhe nicht selbst auspacken, weil Geschenke drin sind«, sagte Marcus rasch. »Die Geschenke sind immer noch da.«

»Ach«, erwiderte Archimedes, aber es klang, als ob die Worte nicht zu ihm durchgedrungen waren.

Für Marcus sah er noch zerstreuter und gedankenverlorener aus als üblich. »Möchtest du die Geschenke herausholen und deiner Familie geben?« schlug er unverblümt vor. »Deine Schwester möchte die Truhe so schnell wie möglich wegschaffen.«

»Ach«, sagte Archimedes nur wieder, kam herüber und starrte in die Truhe. Marcus hatte die Geschenke schon in einer Ecke zusammengestellt: einen Krug Myrrhe für Arata, eine Laute für Philyra und eine Schatulle voller Elfenbeinplättchen für Phidias.

Archimedes beugte sich vor und hob die Schatulle hoch, die wie ihr Inhalt aus Elfenbein bestand. Sie war mit einer feinen, roten Zeichnung verziert, die den Gott Apollon und die neun Musen darstellte. Er wußte noch genau, wie er sie damals im Geschäft betrachtet und die Puzzleteile zusammengesetzt hatte. Als er sich vorstellte, wie sein Vater begeistert dasselbe tun würde, hatte er lächeln müssen. Aber jetzt würde Phidias nicht mit dem Puzzle spielen, dazu war er viel zu müde, zu krank und aufs Sterben konzentriert. Ein weiteres, ungelöstes Puzzle, dabei hatte es so viele, viele andere gegeben, die Phidias im Laufe seines Lebens nicht hatte lösen können, weil er zu beschäftigt oder zu müde war. Er hatte Geld für den Haushalt und Brot für die Kinder verdienen müssen. Er hatte Bürger, Ehemann und Vater sein müssen, erst dann konnte er Mathematiker und Astronom sein. Archimedes hatte davon profitiert. Nun betrachtete er wie betäubt die leere Hälfte in seinem Inneren. Eine Schuld war weitergegeben worden – uneinlösbar.

Sorgenvoll bemerkte Marcus, wie sein Gesicht zusammensackte und ausdruckslos wurde wie bei einem Idioten. Er berührte seinen Herrn am Ellbogen. »Du kannst es ihm immer noch geben, Herr«, sagte er, »es ist ein gutes Geschenk für einen Kranken.«

Archimedes fing lautlos zu weinen an, hob den Kopf und starrte Marcus wie blind an. »Er stirbt.«

»Das hat man mir gesagt«, gab Marcus ruhig zur Antwort.

»Ich hätte letztes Jahr zurückkommen sollen.«

Genau das hatte ihm Marcus damals immer gesagt, aber jetzt zuckte er nur die Schultern und meinte: »Jetzt bist du aber zurück. Herr, er stirbt nach einem guten Leben, im Kreise seiner ganzen Familie. Kein Mensch kann von den Göttern mehr verlangen.«

»Sein ganzes Leben hat er sich mit Resten begnügt!« antwortete Archimedes heftig. »Bruchstücke, hier und da eine gestohlene Stunde, nichts! Ach Apollon! Pegasus an einen Pflug gefesselt! Warum hat die Seele Flügel, wenn sie doch nie fliegen darf?«

Für Marcus ergab das alles keinen rechten Sinn. »Herr!« sagte er scharf. »Trag es wie ein Mann!«

Archimedes warf ihm einen erstaunten Blick zu, als ob ihn Marcus in irgendeiner unidentifizierbaren, fremden Sprache angesprochen hätte. Er hatte nichts begriffen. Trotzdem hörte er zu weinen auf und strich sich mit dem nackten Arm übers Gesicht. Verstohlen warf er einen Blick auf die Tür am entgegengesetzten Ende des Hofes, dann ging er seufzend mit der Schatulle in der Hand darauf zu. Marcus hob den Parfümkrug und die Laute auf und folgte ihm.

Arata und Philyra waren gemeinsam im Krankenzimmer, um den Kranken für den Tag herzurichten. Gerade hatten sie die letzten Handgriffe verrichtet. Als Philyra die Laute in den Händen von Marcus sah, wurde ihr Gesicht reglos, nur ihre Augen erwachten plötzlich zu einem intensiven Eigenleben. Mit einer Kopfbewegung schaute sich Archimedes nach seinem Sklaven um. Daraufhin reichte Marcus Arata mit einer Verbeugung den Myrrhekrug, verbeugte sich zum zweiten Mal und streckte Philyra die Laute hin. Als sie sie nahm, wurde sie rot. Mit einer zärtlichen und doch eindeutig besitzergreifenden Geste umarmten ihre Hände den Resonanzboden. Halb protestierend, halb bewundernd schaute sie ihren Bruder an und hauchte: »Medion!« Aber Archimedes hatte keine Augen für sie.

Phidias hatte sich langsam in eine sitzende Position gestemmt, um sein Geschenk entgegenzunehmen. Er hielt die Elfenbeinschatulle in seinen zittrigen Händen und betrachtete ganz genau das Bild auf dem Deckel. »Apollon und die lieblichen Musen«, stellte er mit weicher Stimme fest. »Welche ist Urania?«

Stumm deutete Archimedes darauf. Urania, die Muse der Astronomie, stand neben Apollons Ellbogen und deutete auf etwas, das vor dem Gott auf einem flachen Tisch lag – vermutlich das Puzzle. Sie trug dasselbe durchsichtige Gewand wie ihre acht Schwestern, nur ihre Sternenkrone unterschied sie von ihnen.

Phidias lächelte. »Direkt neben dem Gott«, sagte er leise. »Genau wo sie sein muß.« Er blickte zu seinem Sohn auf, in seinen gelblichen Augen lag noch immer ein strahlendes Lächeln. Sein Blick zeugte von der köstlichen Zuversicht, daß er hier endlich Verständnis finden würde. »Sie ist wunderschön, stimmt's?« fragte er.

»Ja«, flüsterte Archimedes. Das Verständnis, das von ihm erwartet wurde, ging ihm durch und durch wie ein warmer Strom. »Ja, das ist sie.«

Als sich ihre Augen trafen, herrschte plötzlicher tiefer Friede.

3

Archimedes hielt seine Verabredung mit dem Wachsoldaten Straton ein und traf sich mit ihm am selben Abend am Flottenkai.

Die restliche Familie hatte seine Entscheidung, nicht denselben Beruf wie sein Vater zu ergreifen, genauso ruhig aufgenommen wie Philyra. Arata war sogar erleichtert, als sie merkte, daß er nach einer anderen Arbeit suchte. Sie hatte schon befürchtet, er könnte vielleicht kein Verständnis dafür aufbringen, wie notwendig Geldverdienen sei. Um sicherzugehen, daß er auch wie ein zukünftiger königlicher Ingenieur aussah, zupfte sie an ihm herum und schickte ihn schließlich frisch gebadet, rasiert und mit seiner neuen Tunika samt Mantel fort. Er versuchte es ohne Mantel – für Juni viel zu heiß! –, aber seine Mutter legte ihn ihm nachdrücklich elegant über die Schultern. »Das sieht vornehm aus«, erklärte sie ihm, »schließlich mußt du auf diesen Mann unbedingt Eindruck machen.«

»Ist doch nur ein Soldat!« protestierte Archimedes. »Er will mir doch nur erzählen, an wen ich mich wirklich wenden soll!«

»Um so mehr!« entschied Arata. »Wenn er beeindruckt ist, wird er das seinem Vorgesetzten weitergeben.«

Sie wollte ihm auch noch Marcus mitgeben, denn ein vornehmer Herr sollte sich von einem Sklaven bedienen lassen. Aber Archimedes fürchtete, sie könnten wieder auf den tarasischen Söldner Philonides treffen. Er erklärte seiner Mutter und Schwester, was im Hafen vorgefallen war.

Philyra hörte sich den Bericht mit empörtem Staunen an. Sie mußte wieder an die Prellung denken. Mit einem Seitenblick auf die unbeteiligte Miene von Marcus rief sie wütend aus: »Das ist empörend! Wir haben ein Recht, unseren eigenen Sklaven zu halten! Du hättest diesen dummen Söldner *unbedingt* vor einen Friedensrichter schleppen und dich beschweren sollen.«

Archimedes zuckte nur die Schultern. »Mit einem Söldner lege ich mich lieber nicht an!« sagte er mit Nachdruck. »Und bei Gericht ist alles dem Zufall überlassen, besonders in Kriegszeiten. Außerdem, ich weiß nicht, was für eine Sorte Italiener Marcus ist – du vielleicht?«

Wieder warf Philyra Marcus einen verstohlenen Blick zu, aber diesmal ganz verblüfft. Noch nie hatte sie ihn mit der neuen Großmacht im Norden in Verbindung gebracht. Sicher hatte sie gewußt, daß er Italiener war, aber in Italien hatte es immer Kriege gegeben, aus denen jedesmal einige Gefangene auf dem Sklavenmarkt von Syrakus geendet hatten. Es hatte immer genügt, sie einfach als »Italiener« zu bezeichnen, in der Annahme, daß die Sklaverei alle Unterschiede zwischen ihnen ausgelöscht hatte.

»Nun, was für eine Sorte Italiener *bist* du denn?« platzte sie heraus.

Marcus war vorsichtig, aus seiner Miene ließ sich nichts ablesen. »Ich bin kein Römer«, murmelte er, »römische Bürger sind nie Sklaven.« Dann fügte er verlegen hinzu: »Herrin.«

»Ist doch egal, zu welcher Sorte er gehört«, meinte Arata resigniert. »Wenn diese Frage vor Gericht aufgetaucht wäre, hätten wir endlos Schwierigkeiten bekommen, um überhaupt etwas beweisen zu können. Gerichte sollte man, wenn's geht, meiden.« Sie klatschte in die Hände und nickte Marcus zu, der sich erleichtert ins Haus zurückzog.

Archimedes war schon auf dem Weg zur Tür, aber noch bevor er sie erreicht hatte, packte ihn Arata am Arm und zog ihn beiseite. So leise, daß es die Sklaven nicht hören konnten, sagte sie: »Mein Lieber, hast du schon mal darüber nachgedacht, ob wir Marcus verkaufen sollten?«

»Nein, natürlich nicht!« sagte Archimedes überrascht. »Wir müssen ihn doch nicht verkaufen, nur weil er Italiener ist!«

»Nicht deswegen«, flüsterte Arata und bedeutete ihm, nicht so laut zu sprechen. »Wir brauchen keine vier Sklaven, besonders seit dein Vater den Weinberg verkauft hat, und außerdem können wir es uns nicht leisten, sie durchzufüttern. Wenn wir Marcus nicht verkaufen, dann wird es Chrestos sein müssen. Sosibia können wir nicht verkaufen, nicht nach all den Jahren, und die kleine Agatha – das wäre einfach nicht richtig, mein Lieber.«

Archimedes ließ unglücklich die Schultern hängen. Jetzt begriff er. Seine Mutter wollte, daß er sich auf der Stelle nach einem guten Käufer für einen der Sklaven umsah. Die Entscheidung, wer wohin verkauft werden sollte, lag allein bei ihm. Es wäre einfach nicht richtig, solch eine Entscheidung seinem Vater aufzubürden, nicht unter diesen Umständen, und Frauen waren nicht rechtsfähig.

Im Grunde genommen wollte er niemanden verkaufen. Marcus würde es hassen, dachte er geistesabwesend. Er würde es wirklich *hassen*, egal, wer der Käufer wäre. Er mochte Marcus und verließ sich auf ihn. Eine solche Demütigung konnte er ihm unmöglich antun. Aber Chrestos – er wußte noch genau, wie er Chrestos als neugeborenes Baby im Arm gehalten hatte. Wie konnte er für ein Mitglied seiner Familie Geld nehmen? Das war das ganze Geld nicht wert. Er haßte es, sich zur schönsten Zeit den Kopf über Geld zu zerbrechen.

»Das eilt doch nicht!« protestierte er schließlich. »Das Geld, das ich aus Alexandria mitgebracht habe, wird uns ein bis zwei Monate reichen, und danach kann alles passieren. Im Maschinenbau steckt eine Menge Geld. Wir könnten alle reich werden! Es wäre dumm, Leute zu verkaufen, wenn wir's nicht müssen.«

Arata seufzte. Vielleicht wurden ja einige Leute vom Maschinenbau reich, aber nicht ihr Sohn, das glaubte sie einfach nicht. Dazu war er viel zu weltfremd und weichherzig. Genau wie sein Vater. Und sie konnte sich nicht einmal darüber beklagen, denn schließlich war es eine Eigenschaft, die sie an ihnen liebte. Trotzdem mochte sie harte Entscheidungen nicht aufschieben, schon gar nicht in so unsicheren Zeiten. »Wenn wir warten, bis wir hungrig sind«, belehrte sie ihn gelassen, »müssen wir den erstbesten Käufer nehmen. Aber wenn wir jetzt verkaufen, können wir ihnen ein gutes Zuhause suchen.«

Archimedes rutschte unbehaglich hin und her. »Können wir nicht wenigstens abwarten, ob ich diese Arbeit bekomme?« bat er.

Wieder seufzte seine Mutter, aber diesmal resigniert. Auch sie wollte ja im Grunde keinen der Haussklaven verkaufen, und außerdem hatten sie wirklich noch ein paar Monate Gnadenfrist. Sie nickte. Erleichtert seufzte ihr Sohn auf.

Philyra war auf der Schwelle stehengeblieben und hatte dem Gespräch zugehört. Jetzt ging sie in den Innenhof des Hauses zurück, wo Marcus gerade die Wäsche seines Herrn abnahm. Eine Minute lang musterte ihn Philyra und fragte sich dabei zum ersten Mal verwundert, was er vor seiner Sklavenzeit gewesen war. An die Zeit ohne ihn im Haushalt hatte sie keine klare Erinnerung. Er war schon immer dagewesen.

Früher am Tag hatte sie ihrem Bruder gegenüber tatsächlich ihre Vermutungen über ihn geäußert, aber Archimedes hatte sie sofort zerstreut. »Marcus?« hatte er gemeint. »Oh, nein! Er findet, diebische Sklaven verdienen die Peitsche und nicht nur Stockhiebe. Er ist doch so stolz auf seine Ehrlichkeit. Nein, nein, Marcus kann ich ein Vermögen anvertrauen.« Jetzt hatte er dieses Vertrauen noch unterstrichen, indem er sich weigerte, über einen Verkauf des Sklaven auch nur nachzudenken.

Aber das Problem blieb: Er *hatte* Marcus ein Vermögen anvertraut, und sie konnte sich noch immer nicht vorstellen, wie sich ein solches Vermögen innerhalb eines Jahres ohne Betrügerei in Luft auflösen konnte. *Irgend jemand* mußte schuld daran sein. Dank Archimedes und seinem Vertrauen hatte sie jetzt auch noch Schuldgefühle wegen ihrer eigenen Verdächtigungen.

Der Sklave spürte ihre Blicke auf sich und drehte sich mit sanft fragendem Gesicht mit dem Arm voller Wäsche zu ihr um. Wie zum ersten Mal fiel ihr dabei die schiefe Einkerbung auf, wo er sich die Nase gebrochen hatte. Sie überlegte, wie und wann das passiert war. »Was für eine Sorte Italiener bist du?« fragte sie ihn wieder.

Er atmete tief und lange aus und wandte den Blick ab. »Herrin...«, setzte er an, dann riß er hilflos die Hand hoch und schlug auf das Leinen. »Herrin, ich bin ein Sklave, der Sklave deines Bruders. Das ist die Wahrheit, das *weißt* du. Alles, was ich sonst gesagt habe, könnte gelogen sein.«

Nüchtern starrte sie ihn an. »Wann hast du dir die Nase gebrochen?«

Vorsichtig legte er die Wäsche auf einem umgedrehten Waschzuber ab, dann wandte er sich zu ihr um und beantwortete ihre letzte Frage: »Vor langer Zeit, Herrin. Bevor ich nach Sizilien kam.«

Ein Soldat hatte sie ihm im ersten Jahr seiner Sklaverei gebrochen. Er hatte sich gewehrt, als ihn der Mann vergewaltigen wollte, und war dafür bewußtlos geprügelt worden. Als er wieder aufgewacht war, hatte er sich zu Füßen des Soldaten und jenes kampanischen Sklavenhändlers wiedergefunden, der ihn an den Soldaten verkauft hatte. Soldat und Sklavenhändler hatten miteinander gestritten, ob der Soldat sein Geld zurückbekommen mußte. »Schau, was du mit seinem Gesicht angerichtet hast!« hatte der Sklavenhändler gejammert. »Wer wird ihn jetzt noch wollen?« Und Marcus war mit dem Mund voller Blut und Schmerzen am ganzen Leib dagelegen und hatte nur gehofft, daß ihn jetzt niemand mehr haben wollte. Er konnte sich nicht vorstellen, daß er noch einmal in der Lage wäre, so heftig Widerstand zu leisten. Das nächste Mal würde er nachgeben und sich selbst zur Hure machen. Damals war er siebzehn gewesen.

»Ist es in der Schlacht passiert?« fragte Philyra.

Marcus schüttelte den Kopf, faltete die letzte Tunika zusammen, legte sie oben auf die anderen und hob den ganzen Stapel auf. »Nur eine Rauferei.«

»Aber du hast doch gekämpft. Schließlich bist du nach einer Schlacht versklavt worden.«

»Ja«, bestätigte er, wobei sich ihre Augen trafen. »Ich war bei einer Schlacht dabei. Wir haben verloren.«

Einen Augenblick hing Philyra stumm ihren Gedanken nach. Gedanken über den Krieg im Norden und die ungewisse Freiheit von Syrakus. Sie schüttelte den Kopf, was Marcus als Zeichen dafür deutete, daß er entlassen war. Mit einem Kopfnicken kletterte er mit seinem sauberen und trockenen Wäscheberg die Treppe hinauf.

Es war schon dämmerig, als Archimedes am Seetor ankam. Selbst wenn der Taraser mit Straton Wache geschoben haben sollte, so hatte er sich inzwischen getrollt, denn Straton lehnte allein an der Innenseite der Stadtmauer. Er hatte sich den Schild halb über die Brust gezwängt, ein Bein gegen den schräggestellten Speer gestützt. Beim Anblick von Archimedes richtete er sich auf und schob den Schild wieder auf den Rücken. »Da bist du ja!« sagte er erleichtert. »Als ich mit deiner Frage die Runde machte, zeigte sich mein Hauptmann interessiert. Seiner Meinung nach werden mehr Ingenieure gebraucht, sowohl bei der Armee wie für die Stadt. Er möchte unbedingt mit dir reden und erwartet uns in der *Arethusa*. Einverstanden?«

Archimedes blinzelte und dankte innerlich seiner Mutter, daß sie auf dem Mantel bestanden hatte. »F-fein!« stotterte er hastig. Vermutlich hatte Stratons Hauptmann während der Abwesenheit des restlichen Heeres den Oberbefehl über die Garnison von Syrakus. Wenn er wollte, konnte er dafür garantieren, daß man Archimedes eine Stelle anbot.

Die *Arethusa* entpuppte sich als Wirtshaus auf dem Kap Ortygia ganz in der Nähe der gleichnamigen Süßwasserquelle. Archimedes kannte es nicht. Er hatte sich nur selten auf die Zitadelle gewagt. Aber beim Näherkommen fiel ihm auf, daß es ein ordentliches Wirtshaus war, ein großes Gebäude mit einer Steinfassade, vermutlich ein ehemaliges Wohnhaus der Oberschicht. Sein Aushängeschild verriet künstlerische Ambitionen und stellte die Nymphe Arethusa dar, den Schutzgeist der Quelle und Patronin der Stadt. Anmutig ruhte sie im Schilf mit der Zitadelle Orthygia als Hintergrund. Ein prüfender Blick auf ihre wohlgeformten Rundungen genügte, und Archimedes wußte Bescheid: Dieses Wirtshaus verkaufte nicht nur Essen, sondern sorgte gegen Entgelt auch für weibliche Gesellschaft. Resigniert betastete er die

Münzen in seinem Geldbeutel. Dieser Abend würde ganz bestimmt nicht billig werden, und er wußte genau, daß die Rechnung an ihm hängenblieb. Trotzdem durfte er nicht jammern: Nach einem kostenlosen, vergnüglichen Abend würde sich Stratons Hauptmann ihm verpflichtet fühlen.

Mit dem Speer über der Schulter stapfte Straton ins große Wirtszimmer und rief einem unterwürfigen Kellner seinen Namen zu. Nach einem prüfenden Blick auf das Wandgemälde mit dem Kentaurengelage und die ziselierten, silbernen Hängelampen erhöhte Archimedes die zu erwartende Rechnung um drei weitere Oboloi. Mit süffisantem Lächeln dienerte sie der Kellner in eines der separaten Eßzimmer des Wirtshauses. Die einzige Liege hatte bereits ein kleiner, drahtiger Mann Anfang Dreißig in Beschlag genommen, der sich von einem Teller Oliven bediente. Als Archimedes und Straton auftauchten, stand er höflich auf. Straton salutierte, Archimedes streckte seine Hand aus.

Lächelnd schüttelte sie der Hauptmann. »Du bist also der Ingenieur?« fragte er. »Ich bin Dionysios, der Sohn des Chairephon und Hauptmann der Garnison in der Ortygia. Ich habe schon bestellt. Ist dir doch hoffentlich recht?«

Dionysios war unbewaffnet, nur ein roter Offiziersmantel hing über der Rückenlehne der Liege und am Arm ein Schwert in der Scheide. Als Straton verlegen im Türrahmen stehenblieb, grinste ihn sein Vorgesetzter an. »Mann, wir sind doch beide außer Dienst«, sagte er. »Mach's dir bequem.«

Mit einem erleichterten Seufzer stellte Straton seinen Speer samt Schild an die Wand neben der Tür, ließ sich aufs freie Ende der Liege fallen und löste seinen schweren Brustgürtel. Wieder grinste Dionysios, aber diesmal aus Mitgefühl. Er kannte die langen Stunden des Wachestehens und ihre Folgen nur allzugut: wunde Füßen, steifer Rücken und Langeweile.

Für Archimedes blieb nur noch der unbequemste Platz in der Mitte der Liege zwischen den beiden Soldaten. Er kam sich wie das fünfte Rad am Wagen vor. Mit vielen Verbeugungen nahm der Kellner unterwürfig die Bestellungen auf, dann zog er sich zurück.

»Straton hat mir erzählt, daß du gerade aus Alexandria zurückgekommen bist und dich während des Krieges in die Dienste der Stadt stellen möchtest«, sagte Dionysios.

Archimedes nickte. »Aber«, fügte er verlegen hinzu, »ich habe gemerkt, daß ich nicht einfach nach Messana hinauf kann, um mich der Armee anzuschließen. Als ich heimkam – das heißt, mein Vater liegt im Sterben. Ich kann Syrakus nicht verlassen, bis – du verstehst schon, was ich meine. Wenn es etwas gibt, was ich hier in der Stadt tun könnte…« Unsicher brach er ab, obwohl er sich gar nicht so fühlte. Bisher hatte er seinen Vater die Krankheit allein tragen lassen, aber jetzt würde er bei ihm bleiben, bis zum Ende.

»Aha«, sagte Dionysios, »das tut mir leid.«

»Üble Sache, wenn man so heimkommt«, meinte Straton mitfühlend. »Das und dann noch der Krieg.«

Archimedes gab ein undefinierbares Geräusch von sich, das als Zeichen seiner Zustimmung gedacht war.

Nach einer angemessenen Pause erkundigte sich der Hauptmann nach Alexandria.

Während der Vorspeise unterhielten sie sich über die Stadt: das Museion, die Gelehrten, die Tempel und über die Schönheit der Kurtisanen. Zuerst sagte Straton keinen Ton, die Gegenwart seines kommandierenden Offiziers machte ihn nervös. Aber Dionysios war fröhlich und entspannt, und der Wein floß so reichlich, daß alle drei in kürzester Zeit munter miteinander plauderten. Dionysios schwenkte den duftenden Rotwein in seiner breiten Trinkschale und ließ Ägypten hochleben. »Das Haus der Aphrodite«, sagte er, »so nennt man doch Alexandria, oder? Man sagt, dort findest du alles, was es auf der Welt gibt. Alles, was du dir nur wünschen kannst – Geld, Macht, angenehme Atmosphäre, Ruhm, Wissen, Philosophie, Tempel, einen guten König und Frauen, so schön wie die Göttinnen, die einst zu Paris, dem Sohn des Priamos, kamen, um sich von ihm beurteilen zu lassen. Was gäbe ich, wenn ich dort sein könnte!«

»Es ist das Haus der Musen«, pflichtete Archimedes begeistert bei. »Wie der Stein des Herakles das Eisen anzieht, so zieht diese Stadt die klügsten Köpfe der Welt an. Ich wollte gar nicht wieder fort.«

»Aber du bist nach Syrakus zurückgekehrt. Wegen des Krieges?«

Er nickte. »Und weil mein Vater krank war.«

Wieder herrschte einen Moment lang Stille, aber diesmal war Archimedes klar, daß das mehr am Wort Krieg lag als am Taktgefühl seinem kranken Vater gegenüber. Der Krieg war ein Thema, das die beiden Soldaten schwer beschäftigte, ohne daß sie aber darüber sprechen wollten. Vor zwölf Jahren hatte die römische Republik eine Allianz aus allen Griechenstädten Italiens, einem halben Dutzend aufrührerischer italischer Volksstämme und der königlichen Armee von Epirus jenseits der Adria besiegt. Die Streitkräfte hatten unter dem Kommando des brillanten und kühnen epirischen Königs Pyrrhus gestanden, der als der beste General seiner Zeit galt. Wie sollte Syrakus etwas im Alleingang erreichen, woran eine derartige Allianz gescheitert war? Die einzige Hoffnung auf Sieg lag in einem Bündnis mit Karthago – aber Karthago hatte schon immer nach der Zerstörung von Syrakus regiert. Wie sollte man über diesen Krieg diskutieren? Was gab es noch über einen Konflikt zu sagen, bei dem man seine Feinde den eigenen Verbündeten vorziehen mußte?

Der Kellner kam mit dem Hauptgang: ein Gericht aus gegrilltem Aal in Roter-Rüben-Soße. Dann schenkte er Wein nach und verschwand wieder. Dionysios nahm sich etwas Fisch. »Hast du eine Ahnung von Katapulten?« fragte er, womit er endlich zum eigentlichen Geschäft kam, das sie hierhergeführt hatte.

Das anfängliche Unbehagen war bei Archimedes wie weggeblasen. Gesellschaft und Gespräche waren fast so ungezwungen wie in Alexandria, und das Essen sogar noch besser. Schon immer hatte die sizilianische Küche in der ganzen griechischen Welt als Gipfel der Delikatesse gegolten. Er kratzte ein bißchen Fisch auf sein Stück Brot, biß ab und antwortete so, wie es ihm in den Sinn kam. »Das wirklich Interessante daran ist«, verkündete er mit vollem Munde, »wie man die Dinger vergrößern kann. Der kritische Punkt ist der Durchmesser der Bohrung im Peritret. Wenn man die Wurfkraft verstärken will, muß man alle anderen Dimensionen proportional zum vergrößerten Bohrungsdurchmesser erweitern. Also wieder ein abgewandeltes delisches Problem!«

Erst als ihn Kapitän und Wachsoldat verwirrt anstarrten, merkte er, daß seine Gesellschaft ganz und gar nichts Alexandrinisches an sich hatte. »Das Problem, wie man einen festen Körper konstruieren kann, dessen Volumen doppelt so groß ist wie eine gegebene Seite«, erklärte er entschuldigend. »Dazu muß man, hm, die proportionalen Mittelwerte berechnen.«

»Und was ist daran delisch?« fragte Straton.

»Zum ersten Mal wurde das versucht, als die Apollopriester in Delphi ihren Altar ums Doppelte vergrößern wollten.«

»Verdoppelt man nicht einfach alle Maße?«

Archimedes warf ihm einen erstaunen Blick zu. »Nein, natürlich nicht! Angenommen man nimmt einen Würfel mit den Maßen zwei auf zwei, dann ergibt das ein Volumen von acht. Wenn man nun die Maße auf vier verdoppelt, ergibt das aber ein Volumen von vierundsechzig – also achtmal so groß. Was man braucht...«

»Was ich meinte«, unterbrach ihn Dionysios unverblümt, »war, ob du weißt, wie man ein Katapult baut?«

»Übrigens, was ist eigentlich ein Peritret?« erkundigte sich Straton.

Archimedes schaute vom einen zum anderen. »Habt *ihr* denn eine Ahnung von Katapulten?« fragte er.

»Ich nicht!« erklärte Straton fröhlich.

»Ein wenig«, sagte Dionysios, »das Peritret ist der Rahmen, Straton.«

»Das Ding, wo die Arme einmünden?«

Archimedes tauchte einen Finger in den Wein und skizzierte auf dem Tisch das Peritret eines Torsionskatapults: zwei parallele Holzbretter, die durch Streben voneinander getrennt sind. Dann zeichnete er die beiden Bohrlöcher an den jeweiligen Rahmenenden ein. Aus dem oberen Loch lief eine Reihe gedrehter Sehnen nach unten. Jedes Sehnenbündel faßte einen der Arme, die nach beiden Seiten vom Rahmen wegführten. Das ganze Katapult erinnerte mehr an einen überdimensionalen Bogen, der waagrecht dalag und in der Mitte ein Loch hatte, durch das die Wurfgeschosse austreten konnten. Von einer Armspitze zur anderen lief eine dicke Bogensehne, und unter dem Schwerpunkt des Rahmens war ein Balken mit einem Schlitten angebracht, der das Wurfgeschoß faßte.

Die beiden Soldaten beugten sich über den Tisch und musterten kritisch die Skizze. Wieder kam der Kellner, um die Becher aufzufüllen, und beäugte mißbilligend den verschmierten Tisch, aber ein rascher Blick von Dionysios hinderte ihn am Abputzen.

»Also, *wo liegt* jetzt der kritische Punkt?« fragte Dionysios.

Archimedes tippte auf die Bohrlöcher. »Die gesamte Wucht des Katapultes liegt in den Sehnen«, sagte er. »Ihre Verwindung läßt die Katapultarme nach dem Zurückziehen vorwärtsschnellen. Je dicker das Sehnenbündel, um so mehr Wucht hat es und um so schwerer können die Geschosse sein. Je größer der Durchmesser des Bohrloches ist, in dem die Sehnen verlaufen, um so wirkungsvoller das Katapult.«

»Und welche Wirkung könnte ein Katapult haben, das du höchstpersönlich baust?«

Archimedes blinzelte zögernd. Mit dieser Frage schien Dionysios den springenden Punkt seiner Erklärung verfehlt zu haben. »In der Theorie gibt es keine Grenze!« protestierte er. »Das wirkungsvollste Katapult, das ich je untersucht habe, war ein ägyptischer Ein-Talenter, aber...«

»Ein-Talenter?« unterbrach ihn Dionysios begeistert. »Du könntest einen Ein-Talenter bauen?« Katapulte mit Steingeschossen wurden nach dem Gewicht der Geschosse, die sie schleudern konnten, eingeteilt. Ein Talent – ungefähr sechsundzwanzig Kilo – entsprach offiziell dem Gewicht, das ein Mensch tragen konnte. Normalerweise bildete der Ein-Talenter das wirkungsvollste Katapult in der Waffenkammer einer Stadt. Ab und zu hatten außergewöhnliche Ingenieure für große Könige ein paar größere Maschinen konstruiert, aber normalerweise waren selbst Ein-Talenter selten. Viele Städte hatten nichts schwereres als einen Fünfzigpfünder.

»Natürlich!« bestätigte Archimedes. »Oder noch einen größeren, aber dafür braucht man spezielle Lade- und Zugvorrichtungen.«

Straton schaute drein, als ob er sich immer weniger wohl in seiner Haut fühlte. Jetzt räusperte er sich und sagte ängstlich: »Herr – gestern hat er noch erzählt, er hätte noch nie eine Kriegsmaschine gebaut.«

Dionysios warf Archimedes einen überraschten und zugleich empörten Blick zu.

»Man muß keines gebaut haben, um zu wissen, wie's geht!« erklärte Archimedes, um sich gegen den unausgesprochenen Vorwurf der Täuschung zu verteidigen. »Dafür muß man nur das mechanische Grundprinzip begriffen haben. Und das habe ich. Ich werde ein bißchen länger brauchen als ein erfahrener Ingenieur, aber ich kann ein funktionierendes Katapult herstellen.«

Dionysios schaute ihn nur noch länger an. Er war nicht überzeugt.

»Schau«, meinte Archimedes, »du mußt mir auch nichts bezahlen, bis ich ein funktionierendes Katapult hergestellt habe.«

Dionysios riß die Augenbrauen hoch. »Einen funktionierenden Ein-Talenter?« fragte er.

»Wenn du das möchtest, und wenn du genügend Holz und Sehnen dafür hast. Du weißt ja, das wird ein Riesending, ja?«

»Natürlich«, pflichtete Dionysios bei, »der König hat so einen in Messana, und der ist knapp sechs Meter breit.« Wieder musterte er Archimedes einen Augenblick, aber inzwischen äußerst nachdenklich, denn er wußte nicht recht, ob er einen Schatz oder einen Narren gefunden hatte, der sich in die eigene Tasche log. Andererseits konnte er sich mit dieser Entscheidung getrost Zeit lassen, wenn kein Geld die Taschen wechseln mußte, bis ein Katapult vollendet war. Er widmete sich wieder seinem Essen. »Als die Armee zur Belagerung von Messana aufbrach«, erzählte er, »hat König Hieron einen seiner Ingenieure in der Stadt zurückgelassen, Eudaimon, den Sohn des Kallikles. Er wollte sichergehen, daß alle Wachttürme der Stadtmauer mit der nötigen Sollstärke an Katapulten ausgestattet werden. In der Hauptsache ging's ja nur darum, die Sehnen zu erneuern, aber es müssen auch einige neue Maschinen gebaut werden. Ein paar alte sind völlig kaputt, und einige Wachttürme wurden noch nie mit Katapulten bestückt. Eudaimon hat zwar keine Schwierigkeiten, Pfeilkatapulte zu bauen, aber bei den Steinschleudern ist er nicht so gut. Leider besteht der König am meisten auf Steinschleudern, und ganz besonders auf die wirklich *großen*. Wenn du da ein paar zustande bringst, ist dir deine Stelle sicher.«

»Ich kann Steinschleudern bauen«, sagte Archimedes glücklich. »Wann soll ich anfangen?«

»Komm morgen früh zum Königspalast auf der Zitadelle«, antwortete Dionysios. »Ich werde dich dem Regenten Leptines vorstellen, der wird die Bedingungen für deine Anstellung genehmigen. Aber ich warne dich: Ich werde dich und dein Angebot beim Wort nehmen und empfehlen, daß man dich erst dann bezahlt, wenn dein erstes Katapult funktioniert und abgenommen wurde.«

Archimedes lächelte. »Danke schön!« rief er mit einem Seitenblick auf seine Tischplattenskizze. Plötzlich war er innerlich ganz aufgeregt. Ohne umsichtige Planung würde aus einem Ein-Talenter für Steingeschosse ein unhandliches Objekt. Das war etwas Neues, etwas wirklich *Interessantes*. Er wischte mit seiner Serviette die Zeichnung ab, tauchte den Finger erneut in den Weinbecher und fing zu rechnen an.

Die beiden anderen beobachteten ihn einen Moment lang, dann warf Dionysios Straton einen Blick zu und zog die Augenbrauen hoch.

Straton schaute bedrückt zurück.

»Was ist los?« fragte der Hauptmann.

»Schätzungsweise habe ich eine Wette verloren«, antwortete der Soldat.

Dionysios schaute erst ihn an und dann den inzwischen völlig versunkenen Archimedes. Er konnte sich denken, worum die Wette ging, und – lachte. »Nimm's leicht!« meinte er tröstend. »Dein Verlust wird der Gewinn der Stadt. Und außerdem haben sie hier Flötenspielerinnen, die dich über noch viel schwereren Kummer trösten.« Er klatschte in die Hände, und der Kellner, der schon die ganze Zeit ungeduldig draußen vor der Tür gestanden hatte, kam ins Zimmer, trug die Teller ab und dirigierte die Flötenspielerinnen herein.

Im Haus am Löwenbrunnen wartete Philyra auf ihren Bruder. Phidias war in seinem Krankenzimmer schon früh in einen unruhigen Schlummer gefallen. Arata hatte sich für eine Matratze auf dem Boden neben ihrem Mann entschieden, wo sie schnell wach wurde, falls er sie während der Nacht brauchte. Die Sklaven begaben sich in den heißen Oberstock hinauf, wo sie im hinteren Teil des Hauses ein Zimmer teilten. Nur Philyra ging mit der breithalsigen Laute, dem Geschenk ihres Bruders, in den Innenhof hinaus, setzte sich auf die Bank neben der Tür und begann, vorsichtig an den Saiten zu zupfen.

Lauten waren für die Griechen vergleichsweise neue Instrumente, die bis zu den Feldzügen Alexanders des Großen unbekannt gewesen waren. Philyra hatte schon einmal eine gesehen, aber noch keine selbst in den Händen gehalten. Es war das schönste Geschenk, das sie je bekommen hatte: ihre eigene Laute, und noch dazu ein ungewöhnlich schönes Instrument mit einem Schallkasten aus poliertem Rosenholz und einem Griffbrett mit Muschelintarsien. Obendrein hatte sie einen vollen, lieblichen Klang.

Philyra zupfte der Reihe nach jede der acht Saiten, dann drückte sie alle zusammen ganz oben am Griffbrett nieder und schlug sie erneut an. Vor Begeisterung verschlug es ihr den Atem. Sie war eine gute Kitharaspielerin und wußte, daß man den Ton einer Saite erhöht, indem man sie mit dem Finger aufs Griffbrett drückt. Allerdings galt dies auf der Kithara als virtuoses Kunststück, das nicht allzuoft eingesetzt werden konnte. Die Laute versprach eine ganz neue musikalische Dimension.

Die ganze Familie war schon immer musikalisch gewesen. Seit sich Philyra erinnern konnte, hatten Arata und Phidias beinahe jeden Abend zusammen musiziert, er auf der Kithara, sie auf der Lyra. Als Archimedes älter wurde, hatte er sie meistens auf den *Auloi* begleitet, einer paarweise angeordneten, weich klingenden Holzflöte. Und als Philyra soweit war, ein Instrument zu lernen, hatte auch sie sich an den Konzerten beteiligt. Manchmal hatte die Familie stundenlang bis spät in die Nacht hinein gespielt. Einer hatte eine Melodie intoniert, die von den anderen aufgenommen, verändert und wieder zurückgegeben wurde. Oft hatte sich Philyra die Musik als Idealbild der Welt vorgestellt, in dem die besten Dinge aus der realen Welt versammelt waren, nur klarer, stärker und ergreifender. Da war die Beständigkeit ihrer Mutter, die ihrem gemeinsamen Leben Balance und Rhythmus gab. Da die träumerische Zärtlichkeit ihres Vaters und seine urplötzlich übersprudelnde Begeisterung. Und da war ihr Bruder, aber ganz anders als meistens im Gespräch, kein Träumer, sondern ein so gnadenlos präziser Mensch, daß einem fast schon bange wurde. Meistens konnte sie ihm nur mit Mühe folgen, so tiefgründig und kompliziert war sein Spiel, aber am Ende löste er seine musikalischen Knoten immer in eine zärtlich einfache Melodie auf. Als er nach Alexandria ging, hatte sie sich ein wenig an den Auloi versucht, war aber dann doch wieder bei ihrer Lyra und der Kithara gelandet. Ein flötespielendes Mädchen galt als leicht anrüchig, und außerdem konnte sowieso niemand so spielen wie Medion.

Sie hatte ihn vermißt und war wütend gewesen, daß er nicht nach Hause kam, als man es von ihm erwartet hatte. Als schließlich ihr Vater krank wurde, hatte sich ihre Wut noch gesteigert. Aber jetzt war er wieder da, und allmählich schmolz auch ihr Groll. Hoffentlich kam er recht bald von seinem Umtrunk mit dem Soldaten zurück, damit sie noch ein bißchen zusammen musizieren konnten.

Ungefähr eine Stunde experimentierte sie auf der Laute herum, dann wurde sie von der enormen Konzentration müde, brachte das Instrument in ihr Zimmer und kam statt dessen mit ihrer alten Kithara zurück. Mühelos ließ sie mit der linken Hand eine langsame, zarte Melodie erklingen, während sie dazu mit dem Plektrum in der rechten Hand ab und zu Begleitakkorde anschlug.

»Weißt du noch«, sang Philyra mit ihrer tiefen Stimme,
die mit den Saitenklängen verschmolz,
»weißt du noch, als ich zu dir
dies heilig' Wort gesagt?
›Die Zeit ist süß, doch schnell vorbei,
kein Flügelschlag sie je erreicht.‹
Sieh her! Sie liegt im Staub, die Blume dein.«

Sie war sehr gut, dachte Marcus, der lauschend am Fenster stand. Aber das war nichts Überraschendes. Schon vor seiner Abreise hatte sie gut gespielt, und während der drei Jahre war sie noch besser geworden.

Hinter ihm hatte sich Chrestos auf der gemeinsamen Pritsche zusammengerollt, während Sosibia hinter einem Vorhang ein zweites Bett mit ihrer Tochter teilte. Er konnte nicht schlafen, und so stand er da, schaute in den dunklen Innenhof hinunter und lauschte der Musik.

Beim Eintritt in den Haushalt hatten ihn die nächtlichen Konzerte verwirrt, denn bei ihm zu Hause hatte es nicht viel Musik gegeben. Seine Mutter hatte manchmal während der Arbeit gesungen und er mit seinen Brüdern draußen auf dem Feld, aber im übrigen war Musik etwas gewesen, wofür man andere bezahlte. Er mochte Musik und hatte immer, wenn er Geld hatte, einen Musikanten bezahlt. Jetzt konnte er sich Musik nicht leisten und bekam sie doch die ganze Zeit umsonst. Zuerst hatte er sich über die Freude geärgert, die er dabei empfand. Wertete er nicht seine eigene Persönlichkeit ab, wenn er irgendeinen Aspekt seines Sklavendaseins genoß? Aber allmählich hatte er sich an die ständige Gegenwart von Musik gewöhnt und wurde für ihre Strukturen und Untertöne immer sensibler. Beinahe hatte er schon vergessen, wie ein Leben ohne sie war.

Philyra sang weiter. Klar und lieblich stieg ihre Stimme in die Dunkelheit empor. Alte Volkslieder, neue Gesänge von den Königshöfen, Liebeslieder und Hymnen an die Götter. Stumm stand Marcus am Fenster, lauschte und betrachtete die Sterne über den Dächern von Syrakus. Nach einer Weile hörte sie zu singen auf und spielte nur noch, wobei sie die Melodie von der rechten Hand in die linke wandern ließ und wieder zurück. Er lehnte sich mit dem Rücken an die Schlafzimmerwand und hörte weiter zu und grübelte darüber nach, warum Notenakkorde so viel mehr ausdrücken können als jede menschliche Zunge.

Schließlich brach Philyra gähnend ab und blieb mit der Kithara im Schoß still sitzen. Marcus stand schnell auf, weil er sehen wollte, wenn sie fortging, aber sie blieb. Da begriff er, daß sie auf ihren Bruder wartete und inzwischen zur eigenen Unterhaltung gespielt hatte. Er zögerte, sich ihr zu nähern. Er hatte Bedenken. Aber was konnte es einem Hausklaven schaden, wenn er ihr riet, zu Bett zu gehen? Er drehte dem Fenster den Rücken zu, schlich leise aus dem Zimmer, um Sosibia nicht zu stören, und die Treppe hinunter.

»Herrin?« rief er, als er den Innenhof betrat. Trotz der Dunkelheit sah er, wie sie aufsprang.

»Was willst du?« rief sie. Sie hatte ihn verdächtigt, und aus Schuldgefühl bekam ihre Stimme einen scharfen Unterton.

Marcus blieb wenige Schritte von ihr entfernt stehen. Im Dunkeln war sein Gesicht nicht zu erkennen. »Herrin, bleib nicht die ganze Nacht auf«, sagte er freundlich. »Vielleicht kommt dein Bruder erst in Stunden heim.«

Sie stieß einen ungeduldigen Laut aus. »Aber er muß doch bald wieder da sein! Er ist doch schon *stundenlang* weg!«

»Vermutlich spendiert er diesem Mann noch ein nächtliches Vergnügen. Das heißt, daß er vielleicht erst um Mitternacht da sein wird. Du hast keinen Grund, aufzubleiben. Ich werde ihm die Tür aufmachen, wenn er kommt.«

Die Nacht konnte Philyras Stirnrunzeln verbergen, aber nicht den Argwohn in ihrer Stimme, als sie sagte: »Aber *früher* hat er doch auch nicht bis nach Mitternacht getrunken!«

Du Unschuldslamm! dachte Marcus liebevoll. Wie konnte sie auch nur *im entferntesten annehmen*, daß sich Archimedes an seine früheren Stundenpläne halten würde, nachdem er drei Jahre allein in einer Stadt verbracht hatte, die für ihren Luxus bekannt war! »In Alexandria war er oft noch spät weg«, erzählte er ihr. »Und wenn er sich die Unterstützung dieses Mannes sichern will, dann muß er sich heute abend nach dessen Wünschen richten, egal, was es ist. Wahrscheinlich ist es ein gutes Zeichen, daß er so spät dran ist. Die Gelegenheit scheint günstig.«

Einen Augenblick sagte Philyra gar nichts. Sie redete sich ein, Marcus wolle damit andeuten, daß sich ihr Bruder in Alexandria einen kostspieligen Lebenswandel angewöhnt hatte und hier, laut Marcus, der Grund für das verschwundene Geld zu suchen sei. »Was hat er denn so spät in Alexandria noch gemacht?« fragte sie schließlich mit schriller Stimme. Eigentlich wollte sie die Wahrheit gar nicht wissen, andererseits wäre es unfair, Marcus weiter zu verdächtigen, ohne zu wissen, was er dazu zu sagen hatte.

Aber die Antwort kam sofort und in sanftem Ton: »Nichts, worüber du dir den Kopf zerbrechen müßtest, Herrin. Er hatte viele Freunde, die beieinander saßen, tranken, sich unterhielten und – musizierten, die ganze Nacht lang. Wenn am anderen Tag keine Vorlesung war, ging das bis Sonnenaufgang.«

Es klang noch immer nicht wie ihr Bruder. Er hatte doch noch nie gerne getrunken oder geplaudert, und enge Freunde hatte er auch nie gehabt. Sie versuchte, sich eine Frage auszudenken, mit der sie Marcus bei einer Lüge ertappen konnte, aber im selben Moment klopfte es kurz an die Haustür.

Marcus öffnete, und Archimedes stolperte herein. Er roch nach Wein.

Er war nicht bis zum unvermeidlichen Abschluß des Abends in der *Arethusa* geblieben. Der nahe Tod seines Vaters hatte seine Lust schrumpfen lassen, und außerdem hatten die Flötenmädchen der *Arethusa* trotz ihrer anderweitigen Talente ihr Instrument nicht sonderlich gut beherrscht. Schon beim Zuhören hatten sich ihm die Haare gesträubt. Unter anderen Umständen hätte er sich vielleicht selbst zum Spielen angeboten und die Mädchen nur tanzen lassen, aber mit diesem Angebot hätte er nur äußerst anzügliche Bemerkungen provoziert. So hatte er seine Berechnungen gemacht, bis seine Zechkumpane gut versorgt waren, dann unter ausführlichen Entschuldigungen die Rechnung bezahlt und war nach Hause gegangen.

»Kannst du mir eine Lampe holen?« fragte er Marcus atemlos, wobei er sich den verwelkten Petersilienkranz des Flötenmädchens noch weiter auf den Hinterkopf schob. »Ich muß unbedingt etwas aufschreiben.«

Philyra sprang auf und umarmte ihn, aber er schüttelte sie schnell ab. »Vorsicht!« rief er. »Du verschmierst ja alles!«

Marcus trollte sich schnaubend.

»Was verschmieren?« wollte sie wissen.

»Ein paar Rechnungen, die ich gemacht habe. Marcus! Hast du auch was zum Schreiben?«

»Du hast Rechnungen gemacht?« fragte Philyra verblüfft.

Er nickte. Im Schein der Lampe, mit der Marcus zurückgekommen war, konnte man die Kopfbewegung erkennen. Archimedes hielt seinen linken Ärmel, der voller Ziffern war, zum Licht hin. Er hatte sie mit Kerzenruß notiert.

»Medion!« rief Philyra entsetzt. »Dein neuer Mantel ist ja völlig verschmiert!«

»Keine Angst«, meinte er treuherzig, »ich kann's noch lesen.«

Weil Marcus nichts zum Schreiben mitgebracht hatte, nahm Archimedes das Waschbrett, suchte sich einen Kreidebrocken und begann, die Ziffern von seinem Ärmel abzuschreiben. »Sobald ich ein kleineres Katapult sehen kann, werde ich die meisten korrigieren müssen«, erklärte er den beiden, während er eifrig schrieb. »Einen Großteil der Maße konnte ich nicht vergrößern, weil ich sie nicht mehr genau im Kopf hatte, aber das hier müßte eigentlich reichen, damit ich schon mal das Holz bestellen kann. Damit geht's dann schneller.«

»Du hast also den Auftrag«, stellte Marcus befriedigt fest. Geistesabwesend nickte Archimedes und begutachtete stirnrunzelnd seine Kreiderechnungen.

»Und ich dachte, der Mann, mit dem du dich heute abend getroffen hast, wäre nur ein einfacher Soldat!« rief Philyra.

»Oh«, meinte ihr Bruder zerstreut, »ja. Aber er hatte sich schon mal umgehört, mit wem ich reden sollte, und da hat mich sein Hauptmann sehen wollen. Sie brauchen *wirklich* Ingenieure. Ich soll Steinschleudern bauen, zuerst einen Ein-Talenter.«

»Und was bringt das ein?« wollte Marcus wissen.

»Hm? Müssen wir noch besprechen. Nichts, bis das erste Katapult fertig ist. Aber zur Zeit scheint niemand in der Stadt in der Lage zu sein, große Steinschleudern zu bauen. Und der Hauptmann meinte, daß der Tyrann gerade darauf am meisten Wert legt.« Stolz fügte er hinzu: »Also wird's meiner Meinung nach schon in Ordnung gehen. Ich treffe mich deswegen morgen früh mit dem Regenten Leptines.«

»Oh, Medion!« rief Philyra, die nicht recht wußte, ob sie begeistert oder verzweifelt sein sollte. »Du mußt mir sofort deinen Mantel geben. Schließlich kannst du nicht voller Ruß zum Regenten gehen!«

»*Aber du* kannst doch nicht zu dieser nachtschlafenden Zeit zu waschen anfangen!« protestierte Marcus.

Archimedes warf einen schiefen Blick nach oben und blinzelte. Endlich hatte er begriffen, daß seine Schwester auf ihn gewartet hatte. »Philyrion, mein Schatz«, sagte er streng, »du solltest längst im Bett sein.« Dann bemerkte er, daß sie die Kithara festhielt, und fügte hinzu: »Zum Musizieren ist es jetzt sowieso zu spät, aber morgen abend können wir ein Konzert veranstalten.«

»Zur Feier deiner neuen Anstellung!« meinte Philyra, wobei sie glücklicherweise den Zustand seines Mantels vergaß. »Mama und Papa werden ja so froh sein!«

Am nächsten Morgen berichtete Archimedes seinen Eltern von seinem Erfolg. Wie es seine Schwester erwartet hatte, waren sie hocherfreut. Nachdem sie aber auf die ersten Fragen bezüglich der Bezahlung keine Antwort bekamen, erkundigte sich Phidias wehmütig: »Wirst du dann noch viel Zeit zum Studieren haben?«

»Ich weiß es nicht«, antwortete Archimedes verlegen. Er wollte seinem Vater gegenüber nicht zugeben, daß er künftig sein Gelehrtendasein nur noch als Randepisode im Leben betrachtete. »Wahrscheinlich – wahrscheinlich die nächste Zeit nicht sehr viel, Papa. Wegen dem Krieg. Aber ich werde mein Möglichstes tun, damit mir immer noch Zeit für Gespräche mit dir bleibt, ganz bestimmt.«

»*Oi moi*, der Krieg!« seufzte Phidias. »Ich bete darum, daß unser König recht bald einen Ausweg für uns findet. Das wird ein schlimmer Krieg, mein Archimedion, ein sehr schlimmer. Unsere schöne Stadt gleicht einer Taube, die man mit zwei Kampfhähnen in die Arena gesperrt hat. Wenigstens bin ich froh, daß ich das alles nicht mehr mitansehen muß. Mein lieber Junge, du mußt dich an meiner Stelle um deine Mutter und deine Schwester kümmern!«

Archimedes ergriff die zittrige Hand seines Vaters. »Das werde ich«, versprach er ernst. »Trotzdem hoffe ich, Papa, daß König Hieron einen Ausweg findet. Man sagt, er wäre ein weiser Mann. Vielleicht bringt er uns doch noch den Frieden.«

»Ein guter Herrscher war er ja«, räumte Phidias, wenn auch zögernd, ein. Er hatte immer die unruhigen Demokratiebestrebungen der Stadt unterstützt. Aber selbst Hierons Feinde mußten zugeben, daß er ein guter Herrscher war. Vor elf Jahren war er in einem unblutigen Militärstreich an die Macht gekommen und hatte seither ausgewogen, menschlich und strikt nach dem Gesetz regiert. Sehr zur Verwunderung aller Bürger, die von einem Tyrannen kein derartiges Verhalten erwarteten.

»Ja, ich bete, daß du recht hast«, fuhr Phidias fort, dann lächelte er seinen Sohn an. »Ich bin froh, daß du wieder da bist«, meinte er zärtlich. »Mir wurde immer angst und bang bei dem Gedanken, was mit dem Haus passiert, wenn es in Kriegszeiten ohne Oberhaupt ist. Und nun, mein Kind, denkst du dir eine Waffe aus, um unsere Feinde zu zerstören. Und vergewissere dich ja, daß du dafür einen guten Preis bekommst!«

»Jawohl, Papa.« Archimedes gab seinem Vater einen Kuß auf die Stirn, küßte auch seine Mutter, die sich um den Kranken kümmerte, und trat dann in den Innenhof hinaus.

Dort versuchte Philyra gerade vergeblich, seinen Mantel zu reinigen. Sie hatte ihn gebürstet und ausgeklopft und kochendes Wasser darüber geschüttet. Leider hatte sie damit nur erreicht, daß sich der fettige Lampenruß noch tiefer im Gewebe ausbreitete. Besorgt rollte sie beim Anblick ihres Bruders die Augen. »Leider mußt du etwas anderes anziehen«, erklärte sie ihm.

»Ist sowieso zu heiß für einen Mantel«, antwortete er.

Am Fuß der Treppe tauchte Marcus mit einem alten Mantel aus schlichtem, ägyptischem Leinen auf. »Der hat aber Weinflecken!« fauchte ihn Philyra ungeduldig an.

»Aber wenn man den Saum geschickt darüberfaltet, sieht man's nicht«, antwortete Marcus, der seinen Vorschlag gleich in die Tat umsetzte.

Stöhnend breitete Archimedes die Arme aus und ließ geduldig von seiner Schwester und seinem Sklaven den Leinenmantel um sich drapieren. Er bestand lediglich darauf, daß der Überwurf unter dem rechten Arm hindurch geführt wurde und nicht darüber. »Aber es sieht würdevoller aus, wenn man ihn über beide Schultern trägt!« protestierte Philyra. »Man schwitzt auch mehr!« antwortete Archimedes. Die beiden anderen traten einen Schritt zurück, um zu prüfen, ob er sich auch wirklich beim königlichen Schwiegervater sehen lassen konnte. Archimedes wiederum musterte Marcus nachdenklich.

Er hatte mit sich gerungen, ob er Marcus zur Hilfe beim Katapultbau heranziehen sollte. Zweifelsohne konnte er ihm nützlich sein. Er hatte ihm bei den Wasserschnecken und bei Dutzenden von weniger erfolgreichen Maschinen geholfen und wußte, wie man technische Bauanleitungen realisiert. Er war kräftig, schnell und konnte geschickt mit Säge und Hammer umgehen. Andererseits – andererseits fühlte sich Marcus noch immer eindeutig jenen Menschen verpflichtet, gegen die die Katapulte eingesetzt werden sollten. Obendrein würde ihn der Katapultbau in jeden Winkel der Militärwerkstätten und des Arsenals führen – also in alle strategisch entscheidenden Gebäude, wo Syrakus am verletzbarsten war. Wenn jemand hier ein Feuer legen würde...

»Marcus«, sagte Archimedes, »ich möchte, daß du hierbleibst und aufpaßt, ob meine Mutter irgendeine Arbeit im Haus erledigt haben möchte.«

Der Sklave verzog keine Miene. Er hatte dieses Problem kommen sehen, hatte aber nicht erwartet, daß auch sein Herr soviel Weitsicht besitzen würde. »Du möchtest also nicht, daß ich mit dir komme, Herr?«

Archimedes schüttelte den Kopf. »Du bist kein Samnite«, erklärte er ruhig.

Einen Augenblick stand Marcus da und musterte ihn stirnrunzelnd. Er war sich nicht sicher, ob er sich erleichtert fühlte, weil er nicht zur Konstruktion von Geräten herangezogen wurde, die seinen eigenen Leute schaden konnten, oder ob er verletzt war, weil sein Herr ihn des Verrats verdächtigte. Er spürte Philyras' Blicke auf sich, schockierte, anklagende Blicke. Glaubte sie allen Ernstes, er wäre glücklich, wenn ihre Stadt an Rom fiele, ihr Bruder getötet und sie selbst vergewaltigt und versklavt würde? Schließlich sagte er: »Herr, ich würde nie etwas tun, was dieser Stadt oder diesem Haus Schaden zufügen würde, das schwöre ich. Und wenn ich lüge, dann mögen mich die Götter mit äußerster Härte strafen!«

»Ich glaube dir, weil du geschworen hast«, sagte Archimedes, »trotzdem halte ich es für besser, wenn du daheim bleibst.«

Marcus zog die Schultern hoch. »Sehr wohl, Herr.«

Archimedes klopfte ihm auf den Rücken. Dabei fiel der Leinenmantel herunter. Er war zu kurz und blieb trotz des umgeschlagenen Saumes nicht ordentlich liegen. Archimedes drapierte ihn ziemlich schief und trollte sich.

»Er glaubt, du würdest die Stadt verraten!« rief Philyra erregt, sobald sich die Tür hinter ihm geschlossen hatte. »Jetzt mußt du es mir aber gestehen: Was für eine Sorte Italiener bist du?«

»Was macht das für einen Unterschied?« grollte Marcus. »Ich bin doch nirgends ein *Bürger*. Außerdem, welchen Anspruch kann diese Stadt auf mich erheben? Schließlich hat ja auch niemand je so getan, als ob ich aus freien Stücken hier wäre.« Ein wenig war er selbst über seine Ehrlichkeit überrascht. »Ich habe geschworen, daß ich nichts tun werde, was dieser Stadt schaden könnte. Und Archimedes hat es mir abgenommen. Reicht das immer noch nicht?«

»Weißt du denn, was für Leuten die Römer in Sizilien zu Hilfe gekommen sind?« wollte Philyra wissen.

Wieder zog Marcus unglücklich die Schultern hoch. Die Römer waren in Sizilien einmarschiert, um der Stadt Messana gegen Syrakus zu helfen. Aber Messana war ein Räubernest, die Heimat von Banditen. Vor über zwanzig Jahren hatte ein früherer Tyrann von Syrakus eine Gruppe italischer Söldner, Kampanier, als Garnison in dieser Stadt postiert. Angelockt durch den Reichtum Messanas, hatten sie die chaotische Situation beim Tod des Tyrannen zu ihrem Vorteil ausgenutzt und die Stadt beschlagnahmt. Sie hatten alle Männer ermordet und Frauen und Kinder zu ihren Sklaven gemacht. Anschließend hatten die Kampanier, die sich nun »Mamertiner« – Söhne des Mars – nannten, sämtliche Nachbarstädte, die unter syrakusischem Schutz standen, überfallen oder von ihnen Schutzgelder erpreßt. Ab und zu war Syrakus gegen diese Banditen zu Felde gezogen, soweit es Karthago und die innenpolitische Situation erlaubten, aber leider nur mit geringem Erfolg – bis Hieron an die Macht kam. Er hatte die Mamertiner auf dem Schlachtfeld besiegt und seinerseits Messana belagert. Um ihren Kopf zu retten, hatten sich die Kampanier an beide Großmächte der westlichen Welt gewandt: an Karthago und an Rom.

Karthago hatte als erstes reagiert. Da es Syrakus schon immer gern geärgert hatte, hatte es eine Schutztruppe nach Messana entsandt. Aber die karthagische Intervention hatte eine Antwort der neuen Herrin von Italien provoziert. Erst vor sechs Jahren war Rhegium, das auf der anderen Seite der Meerenge direkt gegenüber von Messana lag, an Rom gefallen. Und Rom hatte keine Lust, seiner afrikanischen Gegenspielerin die Kontrolle über Messana zu gestatten. Also startete es seinen eigenen Feldzug gegen die mamertinische Stadt. Die Mamertiner zogen eine römische Garnison der karthagischen vor – schließlich waren sie immer noch Italiener – und jagten die Karthager zum Teufel. Und Syrakus, das lediglich ein dauerndes Ärgernis vom Hals haben wollte, fand sich plötzlich als Verbündete an der Seite Karthagos wieder und – im Krieg mit Rom.

»Meiner Meinung nach hätten die Römer nicht nach Sizilien kommen sollen«, murmelte Marcus. »Die ganze Sache stinkt zum Himmel und damit auch der ganze Krieg. Die Mamertiner verdienen keine Unterstützung.« Mit einem Blick in Philyras argwöhnische Augen erklärte er plötzlich mit Nachdruck: »Herrin, bitte, glaub mir. Nie im Leben werde ich dieses Haus verraten.«

Ihr Argwohn wich einem fragenden Staunen. Da merkte er, daß er das Richtige gesagt hatte, und lächelte.

Den ganzen Weg zur Zitadelle rutschte der Leinenmantel herunter. Wie bei allen Mänteln waren auch hier an den Ecken jeweils Gewichte eingenäht, um das Drapieren zu erleichtern, aber sobald man den Saum umlegte, reichte das nicht mehr aus. An den Eingangstoren zur Zitadelle gab Archimedes auf, schüttelte den Mantel aus und drapierte ihn wieder neu. Leider sah man diesmal die Flecken. Unterwegs hatten sich neue Staubflecken angesammelt. Nach einem vergeblichen Putzversuch spazierte Archimedes durchs Tor, dann ging er am Apollotempel vorbei mitten hinein ins Herz der Ortygia.

König Hierons Haus war kein Palast, sondern eine geräumige, elegante Villa in einem Grünviertel der Zitadelle in der Nähe der Ratsversammlung. Da keine Wachen davorstanden, blieb Archimedes unter dem Säulenportal stehen und überlegte, ob er an die

Tür klopfen oder draussen auf Dionysios warten sollte. Verstohlen wanderte sein Blick links und rechts die breite Strasse hinauf, die im ruhigen Morgenlicht menschenleer dalag. Also klopfte er an.

Sofort öffnete ein Mann mittleren Alters in einer roten Tunika die Tür und musterte ihn missbilligend. »Dein Begehren?« wollte er wissen.

»Ich, hm«, stotterte Archimedes, »ich soll heute morgen den Regenten treffen. Dionysios, der Sohn des Chairephon, hat mir gesagt, ich sollte mich mit ihm wegen eines Auftrages unterhalten. Ich bin, hm, Ingenieur.«

»Katapulte«, erwiderte der Mann mittleren Alters wegwerfend. »Du heisst Archimedes? Na schön, du wirst erwartet. Hauptmann Dionysios ist gerade beim Regenten, aber die beiden haben zu tun. Du wirst dich gedulden müssen.«

Er dirigierte Archimedes ins Haus und geleitete ihn zu einem Vorzimmer mit gewölbter Decke, das auf einen Garten hinausging. Entlang der Marmorwände standen Bänke. Er setzte sich auf eine davon. Der Mann mittleren Alters liess Archimedes, wo er war, und verschwand auf demselben Weg, den sie gekommen waren, wieder im Haus. Archimedes überlegte, ob das der Türhüter gewesen war. Wenn ja, dann handelte es sich um ein äusserst barsches, hochnäsiges Exemplar. Aber vielleicht waren ja in den Königshäusern alle Sklaven so. Seufzend betrachtete Archimedes den Marmorboden zu seinen Füssen und rutschte mit einer Sandale darauf herum. Dann holte er aus seiner Tasche das Papyrusstück, auf das er seine Berechnungen aus der vergangenen Nacht und noch ein paar zusätzliche interessante Gedanken übertragen hatte, die ihm heute morgen eingefallen waren und die er gerne noch weiter ausgebaut hätte. Hätte er doch nur daran gedacht, Rohr und Tinte mitzubringen. Während er sich noch nach einem möglichen Ersatz umsah, hörte er eine Flöte spielen.

Und sofort wusste er: ein Tenoraulos, in lydischer Tonart gestimmt, der eine Variation über ein Thema aus einer Arie von Euripides spielte. Einige Minuten lauschte er konzentriert. Der

Spieler war gut. Die Melodie ging zu Ende, Pause, und dann setzte die Musik wieder ein, diesmal in einem merkwürdig keuchenden Ton, der schon beinahe falsch klang. Er grinste in sich hinein. Diesen Ton kannte er gut. Im Inneren des Aulos befand sich ein Metallring, mit dessen Hilfe der Spieler mehrere Grifflöcher zudecken und damit verschiedene Tonarten auf einem einzigen Instrument intonieren konnte. Der Spieler hatte den Ring geöffnet, der die Griffe der lydischen Tonart von der hypolidischen trennte, und versuchte nun, die Noten dazwischen zu spielen. Dasselbe hatte Archimedes auch einmal mit einigen äußerst komplizierten Griffen versucht, aber es hatte trotzdem nicht funktioniert.

Er stand auf und schlurfte aus dem Vorzimmer in den Garten hinaus, immer hinter der Musik her. Er kannte noch eine Methode, um diese Zwischennoten zu spielen. Und dieses Wissen mußte er mit einem Mitaulisten teilen, das war er ihm einfach schuldig.

Über eine Säulenhalle führte ein Durchgang vom ersten Garten in einen zweiten, in dem Rosen blühten und unter einem wilden Wein ein mit Nymphen verzierter Brunnen stand. Auf dem Brunnenrand saß der Flötenspieler – ein Mädchen, ein bis zwei Jahre älter als Philyra. Sie trug eine rosenfarbene Tunika und dazu einen Silbergürtel. Ein silbernes Netz hielt ihre schwarzen Haare zusammen, aber durch das Lederband, das die meisten Aulisten zur Entlastung der Wangen während längerer Übungen trugen, war es verrutscht. Sie war so in ihr Spiel vertieft, daß sie Archimedes nicht kommen hörte. Eine echte Aulistin mit Leib und Seele und nicht nur zum Zeitvertreib. Er überlegte, wer sie war. Ihr Kleid verriet ihren Reichtum, aber für die Gemahlin des Königs war sie zu jung und für seine Tochter zu alt. Wahrscheinlich irgendeine Konkubine, entschied er. Er hustete, um ihre Aufmerksamkeit zu erregen.

Verärgert über die Unterbrechung senkte sie den Aulos und runzelte die Stirn. Ihre Augen waren tiefschwarz. Gleich wird sie mir befehlen, ich soll mich wieder in den öffentlichen Teil des Hauses begeben, dachte er.

»So geht das nicht«, sagte Archimedes rasch, »aber wenn du einen Baritonaulos nimmst und ihn in der dorischen Tonart stimmst, bekommst du den gewünschten Effekt, wenn du das tiefe B vermeidest.«

Der Ärger in ihren Augen verwandelte sich in Interesse. Sie nahm eine zweite Flöte vom Brunnenrand. Es war eine Altflöte. »Das ist meine zweite«, sagte sie.

»Dann stimme die in der lydischen Tonart und die Tenorflöte in der dorischen! Aber Lydisch und Hypolydisch passen einfach nicht zusammen, da kannst du die Finger verdrehen, wie du willst. Als ich's ausprobierte, klang's sogar noch fürchterlicher als bei dir.«

Sie strahlte. »Danke für das Kompliment! Dorisch ist also besser?«

»Versuch's!«

»Und ob!« Das Mädchen veränderte den Metallring an ihrem Tenoraulos und stimmt das Instrument auf dorisch und anschließend die Altflöte auf lydisch. Dann hob sie beide an die Lippen und begann noch einmal mit der Variation des Euripides. Ihre Augenbrauen gingen immer weiter in die Höhe. Sie spielte das Stück bis zum Ende, wobei sie vom einen Aulos zum anderen wechselte, von einer Tonart in die Nachbartonart. Bittersüß und traurig verteilten sich die Töne durch den Garten. Als sie fertig war, setzte sie die Flöten ab und schaute ihn verblüfft und triumphierend zugleich an. »Du hast recht!« rief sie. Sie strahlten einander an.

Dann wischte sie die Mundstücke ab und fragte: »Bist du ein Meister?«

»Was? Ach so, ein Flötenspieler. Nein, ich bin Mathematiker.« Dann biß er sich auf die Lippen und verbesserte sich: »Ingenieur. Ich habe eine Verabredung mit dem Regenten, um über den Bau von einigen Katapulten zu verhandeln.«

»Katapulte!« rief sie. »Ich hätte nie erwartet, daß ein Maschinenbauer musikalisch ist.«

Er zuckte die Schultern. »Eigentlich hilft das sogar dabei. Man muß sie nach Gehör stimmen.«

»Katapulte?«

»Hm, die Sehnen. Wenn die beiden Sehnenbündel eines Katapults nicht übereinstimmen, wird die Maschine beim ersten Abfeuern die Geschoßbahn verziehen.«

Sie lachte. »Was machst du denn, um sie zu stimmen? Zupfst du wie bei einer Lyra daran herum und ziehst den Wirbel stramm?«

»Genau! Nur daß man die Sehnen dreht und nicht den Wirbel. Dazu braucht man eine Winde und Keile.«

»Das gefällt mir! Die Saiteninstrumente: Lyra, Kithara, Harfe, Laute und – Katapult. Vermutlich haben die großen einen tiefen Klang und die kleineren einen hohen, oder?« Er nickte, und wieder lachte sie. »Jemand sollte einen Chor für Katapulte schreiben«, erklärte sie, »für Skorpione, Dreißig- und Fünfzigpfünder.« Wieder hob sie die Auloi an den Mund und pfiff einen verrückten Tanz aus drei völlig unzusammenhängenden Noten.

Archimedes grinste. »Einer meiner Freunde versucht, ein luftgetriebenes Katapult zu bauen«, sagte er. »Das könnte dann den Flötenpart übernehmen. Aber leider kommt da immer nur *peng* heraus, und das auch noch sehr laut. Vielleicht verwenden wir's doch besser als Schlagzeug.«

»Oh, nein!« rief sie, senkte ihre Auloi und legte eine Hand auf den Mund. »Ein luftgetriebenes Katapult? Wo war das, in Alexandria?«

Verblüfft lachte er. »Ja!«

»Dachte ich's mir! Denen in Alexandria fällt alles ein. Sag mal, du bist doch dort gewesen: Ich habe gehört, daß dort jemand eine Maschine gebaut hat, mit der man dreißig Auloi gleichzeitig spielen kann. Weißt du …«

Archimedes mußte vor Begeisterung laut lachen. »Das ist Ktesibios!« rief er. »Derselbe Freund, der das luftgetriebene Katapult baut. Er nennt dieses Instrument einen Wasser-Aulos. Ich habe ihm dabei geholfen!«

Das Mädchen löste das Mundband und legte ihr Instrument beiseite. Ihre Haare hatten sich aus dem Netz gelöst und umrahmten nun in schwarzen Locken ihr Gesicht. »Funktioniert er?« wollte sie wissen. »Ich meine dieser, dieser Vielfachaulos. Ich kann mir das einfach nicht vorstellen!«

»In Wirklichkeit sind's keine dreißig Auloi«, erzählte ihr Archimedes, »sondern dreißig Pfeifen, von denen jede nur einen Ton spielt. Alle sind unterschiedlich lang, siehst du, wie die Rohrpfeifen einer Syrinx. Um sie zum Klingen zu bringen, muß man eine Taste drücken, die ein Ventil am Pfeifenboden öffnet. Durch den Wasserdruck aus einem darunterliegenden Tank strömt Luft in die Pfeife. Deshalb heißt es auch Wasser-Aulos. Schau, da hat man also unter Wasser diese umgedrehte Halbkugel und zwei Röhren, die...«

»Ein Wasser-Aulos«, wiederholte das Mädchen, das dieses neue Wort sichtlich genoß – *Hydraulis*. »Wie klingt das?«

»Eher wie eine Syrinx als wie eine Flöte. Aber lauter und klangvoller – fast wie eine Glocke. Es durchdringt selbst den Lärm einer großen Menschenmenge. Die Alexandriner haben eine im Theater aufgestellt. Ich habe Ktesibios gesagt, er solle das Ding Wasser-Syrinx nennen, aber er bestand lieber auf seinem Namen.«

»Du hast gesagt, du hättest beim Bau geholfen?«

»Hauptsächlich habe ich Ktesibios beim Stimmen der Pfeifen geholfen. Eigentlich hat er ja nie richtig musizieren gelernt, dabei ist er das ungewöhnlichste Genie. Er ist...«

»Könntest du eine bauen?«

Archimedes blinzelte.

»Nicht jetzt«, sagte das Mädchen schnell. »Ich weiß, es ist Krieg und der Katapultebau geht vor. Aber danach, wenn es ein danach geben sollte, könntest du mir dann einen Wasser-Aulos bauen?«

Wieder blinzelte Archimedes. »Liebend gern«, erklärte er ihr, »aber das ist kompliziert. Man...«

»Du kannst es nicht?«

»Ich – nein, das nicht, aber man braucht viel Zeit dafür. Und außerdem kostet er leider viel Geld. Ktesibios hat für seinen sechzehnhundert Drachmen verlangt.«

Das Mädchen wirkte nicht im geringsten enttäuscht. »Mein Bruder liebt Musik«, sagte sie, »und in geniale Maschinen ist er förmlich vernarrt. Wenn du einen Wasser-Aulos bauen kannst, wird er gerne sechzehnhundert Drachmen bezahlen. Da bin ich mir sicher.«

»Dein Bruder?« fragte Archimedes, denn plötzlich hatte er das schreckliche Gefühl, daß er wußte, von wem die Rede war.

»Aha«, sagte sie und senkte ihre geraden, schwarzen Augenbrauen. »Du hast es also nicht geahnt. König Hieron.«

»Nein«, sagte er wie betäubt, »ich habe es nicht geahnt.« Einen Augenblick betrachtete er sie genauer: den Silbergürtel, die feingewebte Tunika. Aber er konnte sich einfach nicht auf die teure Kleidung konzentrieren. Immer wieder wanderte sein Blick zu ihrem runden Gesicht mit den schwarzen Locken und den strahlend dunklen Augen und den kräftigen Musikerhänden. Anklagend fügte er hinzu. »Du hast nicht so alt ausgesehen.«

»Eigentlich ist er ja mein Halbbruder«, sagte sie. Alles Lebhafte war aus ihrem Gesicht und der Stimme verschwunden, und sie klang ganz wie eine gelangweilte Adelige. »Er war schon fast erwachsen, als unser Vater meine Mutter geheiratet hat.«

König Hieron war ein Bastard, das Ergebnis der Jugendsünde eines reichen Syrakusers. Ganz Syrakus wußte darüber Bescheid. Archimedes vermutete, daß dieses Mädchen die legitime Tochter jenes reichen Mannes war. Sie stand weit über seiner Klasse. Eigentlich durfte er hier, im privaten Teil des Hauses, gar nicht sein und sich mit ihr unterhalten. Syrakus räumte seinen Frauen mehr Freiheit ein als viele andere Griechenstädte, trotzdem war es absolut ungehörig, daß sich ein junger Mann mir nichts dir nichts in ein Privathaus schlich und unbekannterweise und ohne Aufsicht mit der unverheirateten Schwester des Besitzers plauderte. Noch dazu, wenn es sich bei dem Mädchen um die Tochter eines vornehmen Mannes und die Schwester eines Königs handelte. Trotzig zupfte er seinen fleckigen Mantel zurecht und redete sich ein, daß er schließlich ein Demokrat sei. »Ich kann einen Wasser-Aulos bauen«, erklärte er. »Wenn dein Bruder bereit ist, dafür zu bezahlen, würde ich dir sehr gerne einen bauen. Mir sind Blasinstrumente sowieso lieber als Saiteninstrumente.«

Auf diese Bemerkung hin lächelte sie wieder, lange und breit. Da wußte er, daß er das richtige gesagt hatte, und strahlte seinerseits. »Wie heißt du?« fragte sie.

Schon wollte er den Mund aufmachen, da wurde ihm die Antwort förmlich entgegengeschrien. »Archimedes, Sohn des Phidias!« tönte es schockiert und mißbilligend. Er und das Mädchen fuhren gleichzeitig herum und sahen sich vier Männern gegenüber, die auf sie heruntersstarrten. Der eine war Dionysios, der andere der exaltierte Türhüter und wegen des Purpurmantels mußte ein dritter der Regent Leptines sein.

4

Noch immer starrte Archimedes den Regenten mit offenem Mund wie ein Idiot an. Nur das Mädchen wirkte völlig ungerührt.

»Gute Gesundheit, Vater!« rief sie und lächelte Leptines an. »Dieser edle Herr spielt Aulos und hat mir eine Methode gezeigt, wie man Zwischentöne spielt.«

Der Regent, ein großer, grauhaariger Mann mit grimmiger Miene, gab sich damit nicht zufrieden, sondern trat zum Brunnen und warf Archimedes einen vernichtenden Blick zu.

Archimedes lief knallrot an. Erst viel später fiel ihm ein, daß er sich vermutlich hätte fürchten sollen, aber in dem Moment war er nur peinlichst verlegen. Das war wohl die blödeste Art, einen Auftrag zu verlieren! »Ich, äh, ich wußte nicht, wer da spielt«, stammelte er zu seiner Verteidigung. »Ich habe nicht bemerkt, daß es eine Frau war. Ich habe nur, äh, die Musik gehört und mir gedacht, ich könnte mit einem anderen Aulisten einen Kunstgriff teilen. Ich hatte nichts Despektierliches im Sinn, Herr.«

Dies schien den Regenten etwas zu besänftigen, aber trotzdem fragte er eisig: »Junger Mann, läufst du immer ohne Einladung in den Privatgemächern von anderer Männer Häuser herum?«

»Aber, Vater, wir sind doch gar nicht *in* einem Privatgemach!« rief das Mädchen. »Wir sind im Garten.«

»Delia, das reicht!« meinte Leptines streng. »Geh in dein Zimmer!«

Delia, dachte Archimedes. Dummerweise freute er sich trotz der kritischen Situation, daß er ihren Namen erfahren hatte. Er hätte nicht danach fragen können, denn eine junge Dame nach ihrem Namen zu fragen, war fast so unschicklich wie ein Gespräch mit ihr unter vier Augen. Delia. »Der Delier« war einer der

Beinamen von Apollon, jenem Gott, der ganz eng mit der Mathematik in Verbindung gebracht wurde. Er hielt es für ein gutes Vorzeichen, daß das Mädchen denselben Namen hatte wie sein göttlicher Schutzpatron.

Delia ging nicht in ihr Zimmer, sondern drückte sich nur noch fester auf ihren Platz am Brunnenrand. »Ich werde *nicht* gehen, solange du so tust, als ob ich etwas Unanständiges gemacht hätte!« fuhr sie ihn an.

Soviel Widerspenstigkeit verschlug Archimedes den Atem, aber noch überraschter war er, als Leptines nur verzweifelt mit den Augen rollte und sie in Ruhe ließ. Von Mädchen wurde Gehorsam erwartet und wenn nicht, durfte sie jeder Haushaltsvorstand bestrafen. Aber natürlich – Leptines war ja gar nicht das Oberhaupt von Delias Haushalt. Sie nannte ihn zwar »Vater«, aber nur aus Höflichkeit. In Wirklichkeit war der Regent lediglich der Schwiegervater ihres Halbbruders, der die eigentliche Autoritätsperson war.

»Ich habe nichts falsch gemacht!« betonte Delia. »Ich bin nur im Garten gesessen und habe etwas Schwieriges auf der Flöte ausprobiert, da ist dieser junge Mann – Archimedes, so heißt er doch? – aufgetaucht und hat mir einen Tip gegeben, wie ich's besser machen kann. Beim Herakles! Was ist daran unanständig?«

Da der Regent bei diesen Worten noch verärgerter dreinschaute, sagte Archimedes: »Tut mir leid, Herr. Ich, äh, ich begreife erst jetzt, daß es falsch war, daß ich hier ohne Einladung eingedrungen bin. Ich, äh, entschuldige mich aufrichtig dafür. Aber, wie gesagt, ich hatte keine Ahnung, wer da spielt, und deshalb schien es mir zu diesem Zeitpunkt ganz natürlich, einen Kunstgriff mit einem Mitaulisten zu teilen.«

»Na schön«, sagte der Regent förmlich, »ich nehme deine Entschuldigung an.«

Zur großen Überraschung schien die ganze Angelegenheit damit beendet zu sein. Dionysios schaute Archimedes an und zog die Augenbrauen hoch. Archimedes wußte nicht so recht, ob der Blick als Glückwunsch oder Mitleidsbezeugung gedacht war.

Schließlich kam er zu dem Entschluß, daß es nicht der Hauptmann gewesen sein konnte, der derart mißbilligend seinen Namen gerufen hatte, sondern vermutlich dieser exaltierte Türhüter. Nach einem schiefen Blick auf den Türhüter, der immer noch ein äußerst mißbilligendes Gesicht zog, musterte er den vierten Mann, den er noch nie gesehen hatte. Er war vielleicht fünfzig, durchschnittlich groß und hatte ein zerfurchtes Gesicht. Seine braunen Haare wurden schon grau. Über einer Arbeitsschürze trug er einen staubigen Mantel. Er funkelte Archimedes noch wütender an als alle anderen.

»Archimedes, Sohn des Phidias«, sagte Leptines noch immer sehr förmlich, »soweit ich weiß, bist du heute morgen hierhergekommen, um der Stadt als Ingenieur zu dienen.«

»Jawohl, Herr«, pflichtete ihm Archimedes ernsthaft bei.

»Hauptmann Dionysios meinte, du bräuchtest jemanden zum Bau von einigen Steinschleudern. Ich bedaure, wenn...«

»Außerdem habe ich erfahren«, unterbrach ihn Leptines, »daß du behauptest, du wärest in der Lage, ein Ein-Talenter-Katapult zu bauen, obwohl du in Wirklichkeit noch nie irgendeine Kriegsmaschine gebaut hast.«

Delia machte ein verblüfftes Gesicht, was Archimedes sofort auffiel. Noch vor seiner Antwort warf er ihr einen entschuldigenden Blick zu. »Äh, das stimmt. Aber, äh, aber man muß keines gebaut haben, es reicht, wenn man die mechanischen Grundprinzipien verstanden hat.«

»Absoluter Blödsinn!« rief der Handwerker und schaute noch finsterer drein. »Erfahrung ist der einzig wahre Teil der Mechanik. Man muß ein Gefühl für den Ablauf der Dinge entwickeln, eine Art Weisheit der Hände. Und die bekommt man nur, wenn man Maschinen auch wirklich baut.«

Wieder schaute Archimedes den Handwerker an, der ihn wütend anfunkelte. Die anderen beobachteten das Duell. Der Regent und der Türhüter wie zwei Richter, Dionysios mit erwartungsvoller Miene, und Delia schaute drein, als ob sie ganz konzentriert ein Theaterstück verfolgte.

»Herr«, meinte Archimedes respektvoll. Er zerbrach sich noch immer den Kopf darüber, wer dieser Handwerker war. Hoffentlich nicht Eudaimon, jener Mann, der für die Versorgung der Stadt mit Katapulten zuständig war. Aber insgeheim befürchtete er, daß es genauso war. »Herr, es stimmt, daß man Maschinen gebaut haben muß, um Maschinen bauen zu können. Darüber würde ich mit dir nicht streiten. Allerdings kannst du unmöglich behaupten, daß man einen ganz bestimmten *Maschinentyp* schon gebaut haben muß, bevor man auch nur ans Bauen denken kann!« Das Lächeln von Delia ermutigte ihn, fortzufahren. »Ich habe schon jede Menge Maschinen gebaut und weiß, was funktioniert und was nicht. Und was die Katapulte betrifft, so habe ich welche gesehen und mich intensiv damit befaßt. Deshalb bin ich auch felsenfest überzeugt, daß ich welche bauen kann. Sonst wäre ich gar nicht hier. Hat denn Hauptmann Dionysios nicht erwähnt, daß ich keine Bezahlung brauche, bis das erste Katapult auch wirklich funktioniert hat?«

»Vergeudetes Holz, Sehnen und Arbeitszeit!« knurrte der Handwerker. Er wandte sich an Leptines. »Herr, du solltest diesen arroganten, jungen Narren hinauswerfen!«

»Ich würde ihn ja hinauswerfen«, meinte Leptines ungeduldig, »wenn du mir versprechen könntest, daß du die Katapulte produzierst, die der König wünscht. Aber da du diesbezüglich versagt hast und er dagegen behauptet, daß er's kann, bin ich verpflichtet, ihm wenigstens einen Versuch zu gestatten.«

Vor Empörung verkrampfte der Handwerker die Gesichtsmuskeln. Also war dieser Mann doch Eudaimon, dachte Archimedes unglücklich. Damit stand eines von vornherein fest: Sollte Archimedes den Auftrag bekommen, würde Eudaimon das als persönliche Beleidigung und Bedrohung empfinden. Diese neue Beschäftigung machte nicht gerade einen sehr sicheren Eindruck.

Da drehte sich der Regent wieder zu Archimedes um und sagte: »Ich bin geneigt, dir die Berechtigung zur Benutzung der königlichen Werkstatt zum Bau eines Ein-Talenter-Katapults zu erteilen. Dennoch werde ich angesichts deiner geringen Erfahrung dar-

auf bestehen, daß du, falls deine Maschine nicht funktioniert, nicht nur keine Bezahlung erhältst, sondern auch der Werkstatt sämtliches Material ersetzen mußt.«
»Das ist nicht fair!« warf Delia empört ein. »Das Material kann ein anderer wiederverwenden!«
»Delia, sei still!« befahl der Regent.
»Nein!« sagte sie ärgerlich. »Du bist nur unfair zu ihm, weil er sich mit mit unterhalten hat. Du kannst nicht erwarten, daß ich deswegen stumm dasitze!«
Sie warf Archimedes einen besorgten Blick zu. Er wußte nicht so recht, was er davon halten sollte: Einerseits schmeichelte es ihm, daß sie sich um ihn Gedanken machte, andererseits empfand er es als demütigend, daß sie von seinem Scheitern so überzeugt war. Er richtete sich kerzengerade auf, warf seinen fleckigen Mantel zurück und verkündete kühn: »Bitte, sorge dich nicht, gnädige Dame! Meine Maschine wird funktionieren. Deshalb bin ich auch im Fall des Gegenteils damit einverstanden, daß ich das Material bezahle.«
Eudaimon lachte rauh. »Hoffentlich hast du Geld!« rief er Archimedes zu. »Hast du überhaupt einen Schimmer, wieviel Holz und Sehnen man für einen Ein-Talenter braucht?«
»Ja, habe ich«, meinte Archimedes triumphierend, zog erneut seine Berechnungen aus dem Beutel, entfaltete das Blatt und hielt es dem Regenten hin. »Hier sind die geschätzten Zahlen.«
Verblüfft starrte Leptines den Papyrus an, ohne ihn zu berühren. Nur Eudaimon schnappte sich mit einem noch finstereren Gesicht das Blatt. »Was soll dieser Blödsinn?« wollte er wissen, während er es überflog. »Du kannst unmöglich wissen, wie groß der Durchmesser für das Bohrloch bei einem Ein-Talenter sein soll! In der ganzen Stadt steht keine einzige Maschine dieser Art!«
»Die Alexandriner haben sich eine Formel ausgedacht«, antwortete Archimedes mit Genugtuung. »Vermutlich kennst du sie nicht, weil sie noch ganz neu ist, aber sie wurde bereits mehrfach ausprobiert und – sie funktioniert. Man nimmt das Gewicht, das geschleudert werden soll, multipliziert es mit hundert, zieht dar-

aus die Kubikwurzel, addiert ein Zehntel der Summe dazu und erhält den Durchmesser des Bohrlochs in Fingerbreiten.«

Eudaimon grinste höhnisch. »Und was, im Namen aller Götter, ist eine Kubikwurzel?« fragte er.

Archimedes war so erstaunt, daß er nur noch blinzeln konnte. Die Lösung des delischen Problems, dachte er, der Grundpfeiler der Architektur, das Geheimnis der Dimensionen, das Spielzeug der Götter. Wie konnte jemand, der angeblich etwas vom Katapultbau verstand, nicht wissen, was eine Kubikwurzel war?

Eudaimon warf ihm einen abgrundtief verächtlichen Blick zu, dann zerknüllte er absichtlich das Papyrusblatt, tat so, als ob er sich damit den Hintern abputzen würde, und ließ es zu Boden fallen.

Mit einem empörten Schrei sprang Archimedes auf, um seine Berechnungen zu retten, aber Eudaimon stellte den Fuß auf das Papyrus. Archimedes konnte nur noch an der eingeklemmten Ecke herumzerren, die unter der Sandale herausschaute. »Du glaubst also, du könntest Katapulte bauen, weil du etwas von Mathematik verstehst?« fuhr ihn der oberste Katapultingenieur an.

Archimedes, der noch immer zu seinen Füßen kniete und an dem zerknüllten Blatt herumzerrte, warf einen wütenden Blick in die Höhe. »Ja, bei Zeus!« rief er erhitzt. »Ich behaupte sogar, daß ein Mensch, der *nichts* von Mathematik versteht, logischerweise auch *keine* Katapulte bauen kann. *Du* verstehst es nicht oder kannst es nicht, denn sonst wäre ich nicht hier!«

Wütend trat Eudaimon mit dem Fuß nach ihm. Die Geste war mehr als Drohung gemeint. Er wollte ihn nicht richtig treffen, aber als er den Fuß hob, stürzte sich Archimedes auf seine Berechnungen. Der Tritt traf ihn mitten ins rechte Auge. Es war wie eine Explosion, die ihm direkt ins Gehirn schoß. Rote und grüne Sterne tanzten vor seinen Augen. Wie gelähmt sackte er zusammen, umklammerte sein Gesicht mit beiden Händen und wälzte sich keuchend vor Schmerz auf dem Boden hin und her. Er nahm verschwommen wahr, daß ihn Menschen umringten. Jemand versuchte, ihm die Hände vom Gesicht zu ziehen.

Aber er umklammerte mit einer Faust eisern das Papyrus und wehrte sich.

»Na los!« rief eine Männerstimme. Er begriff, daß es Hauptmann Dionysios war. »Laß mich dein Auge sehen.«

Daraufhin ließ Archimedes die Hände sinken, hielt aber immer noch den Papyrus fest umklammert. Vorsichtig untersuchte Dionysios die Verletzung. »Versuch mal, dein Auge aufzumachen«, meinte er. »Kannst du sehen?«

Archimedes blinzelte ihn an. Das Gesicht des Hauptmanns waberte vor seinen Augen hin und her. Die eine Hälfte konnte er klar sehen, während die andere nur ein verschwommenes, rötliches Etwas war. Stöhnend legte er eine Hand über den verschwommenen Fleck. »Unscharf«, sagte er, »du siehst rot aus.«

Dionysios hockte sich auf die Fersen. »Du hast Glück. Hättest das Auge verlieren können. Aber so ist's kein bleibender Schaden.« Er klopfte Archimedes auf die Schulter und stand auf.

Langsam richtete sich Archimedes auf, setzte sich mit dem Rücken gegen die Brunnenschale und rieb wieder sein Auge. Es tat weh. »Beim Apollon!« murmelte er. Mit seinem guten Auge schaute er sich nach Eudaimon um, der mit betretener Miene dastand. Wütend funkelte er ihn an.

Plötzlich beugte sich Delia über ihn, nahm ihm wortlos das zerknitterte Papyrus aus der Hand und gab ihm statt dessen einen nassen Lederklumpen. Das kühle Naß tat seinem brennenden Gesicht unbeschreiblich gut. »Danke!« sagte er bewegt.

Sie merkte, wie ihr sein gutes Auge trotz allem einen Moment lang folgte und sich erst dann wieder auf die anderen richtete, als er sah, daß seinen Berechnungen nichts geschah.

Die Männer fingen eine Diskussion über die Unfallfolgen an: Leptines tadelte Eudaimon. Eudaimon protestierte, alles sei nur Zufall gewesen. Dionysios schlug vor, er wolle seinen Schützling nach draußen bringen, und der Schützling versuchte seinerseits, auf das Thema seiner Anstellung als Katapultmacher zurückzukommen. Delia hielt sich zurück und ließ sie gewähren. Sie strich das zerrissene Papyrusstück glatt und schaute es sich genauer an.

Es enthielt die präzise, sorgfältig ausgeführte Zeichnung eines Katapults mit sämtlichen Maßen. Sie drehte das Blatt um. Auf der Rückseite waren in derselben sorgfältigen Handschrift Skizzen, die für sie weniger Sinn ergaben: Zylinder, von Geraden geschnittene Kurven, mit Wellenlinien oder Pfeilen kombinierte Buchstabenpaare und dazu noch einige Zahlen, die schon beim Katapult gestanden waren. Stirnrunzelnd wanderte ihr Blick wieder zu dem jungen Mann hinüber, der noch immer am Brunnenrand lehnte. Bis zu diesem Augenblick hatte sie ihn gar nicht richtig wahrgenommen. Was er ihr über die Zwischentöne auf dem Aulos erzählt hatte, hatte sie interessiert, und von der Geschichte mit dem Wasseraulos war sie begeistert gewesen. Es hatte ihr gefallen, daß er sich auch dann noch völlig natürlich mit ihr unterhielt, nachdem er entdeckt hatte, wer ihr Bruder war. Mit Sorge hatte sie bemerkt, daß sie ihn vielleicht in Schwierigkeiten gebracht hatte. Aber trotz allem hatte es sie nicht wirklich interessiert, wer er war. Jetzt kam sie sich vor, als ob sie mit dem Zeh an einen Felsen gestoßen wäre und bei genauerem Hinsehen gemerkt hätte, daß er zu einer vergrabenen Stadt gehörte. Er hatte diese unverständlichen Wellenlinien eifersüchtiger als seinen Augapfel gehütet. Welches Gehirn mochte wohl derart merkwürdige Prioritäten setzen?

Dionysios half Archimedes auf die Beine, Leptines erkundigte sich nach seinem Befinden, und Archimedes, schwor, alles sei in Ordnung. Anschließend wurde wieder über den Katapultbau diskutiert und schließlich ein Preis für das fertige Katapult festgesetzt: fünfzig Drachmen – wenn es funktionierte. Als dieser Punkt gelöst war, trat Delia vor und händigte Archimedes seine Berechnungen aus. Schwankend verbeugte sich Archimedes, der noch immer den nassen Lederklumpen ans Auge preßte, wünschte der ganzen Gesellschaft einen guten Tag und taumelte Richtung Tür, gefolgt von Hauptmann Dionysios, der seinen Arm nahm und ihn hinausgeleitete.

Delia wartete. Leptines drehte sich zu ihr um, dann stieß er einen resignierten Seufzer aus und trollte sich wortlos. Sie war noch nie folgsam gewesen, weshalb er schon längst jeden Disziplinierungsversuch aufgegeben hatte. Eudaimon verbeugte sich und stakste in die entgegengesetzte Richtung davon. Der exaltierte Türhüter wartete, bis Regent und Ingenieur verschwunden waren, dann verschränkte er die Arme und musterte Delia auf seine übliche, mißbilligende Art. »Du möchtest doch etwas«, sagte er.

Delia merkte, wie sie rot wurde. Der Türhüter hieß Agathon und war ein cleverer Sauertopf, dem nichts enting. Als Sklave hatte er ihrem Bruder Hieron schon lange vor dessen Königszeit gedient. Seine Loyalität hatte ihm einen Einfluß verschafft, um den ihn freie Männer nur beneiden konnten. Leider wußte er schon immer voraus, wann ihn Delia um etwas bitten würde. Obwohl sie diese Eigenart haßte, tolerierte sie sie genau wie Hieron, denn Agathon war immer besser über die Vorgänge in der Stadt informiert als alle anderen Bewohner des Hauses, den König eingeschlossen.

»Ja«, gestand sie. »Dieser junge Mann, der gerade hier war – ich möchte mehr über ihn erfahren.«

Agathons Mißbilligung wurde so drückend, daß man damit Oliven hätte pressen können. »Eine reizende Frage!« rief er. »Die Schwester des Königs möchte Näheres über einen dahergelaufenen, dreisten, jungen Flötenspieler erfahren!«

Delia wedelte ungeduldig mit der Hand. »Beim Herakles, doch nicht so, Agathon!«

»Du, Herrin, hast ganz und gar kein Recht, dich für Ingenieure mit Weinflecken zu interessieren!«

Delia seufzte. »Hieron *hätte* Interesse, wenn er da wäre.«

Agathon schaute etwas weniger mißbilligend drein und kniff die Augen zusammen. »He?«

»Zwei Sachen«, sagte Delia, nahm ihre Auloi in die Hand und stützte das Kinn darauf. »Erstens: Obwohl er noch nie ein Katapult gebaut hat, hat er selbstbewußt das Angebot gemacht, daß er ein größeres Katapult als alle anderen in der Stadt bauen wird. Glaubst du nicht auch, daß Hieron das interessieren würde?«

»Hm«, machte Agathon, wobei er zum Zeichen seines Zweifels mit den Fingern wackelte. »Dumme, eingebildete junge Männer gibt's zuhauf.«

»Möglich, aber bevor du mit Vater aufgetaucht bist, hat er genauso selbstbewußt über Katapulte gesprochen wie über *Auloi*. Und über Auloi weiß er *wirklich* Bescheid, Agathon. Da macht mir keiner was vor, das mußt selbst du zugeben.«
»Alles Angabe«, meinte Agathon kurz angebunden, »wie so mancher andere Mann, wenn er ein hübsches Mädchen trifft. Und was wäre der zweite interessante Punkt an Archimedes, dem Sohn des Phidias?«
»Er hat diese Berechnungen mehr geliebt als seine Augen.«
Plötzlich schnaubte Agathon vor Lachen. »Da hast du's, ein echter Sohn seines Vaters. Phidias soll behauptet haben, Euklids ›Elemente‹ wären bedeutender als die ›Ilias‹ von Homer. Angeblich hat er auch den Göttern wegen einiger mathematischer Gestirnsbeobachtungen ein Dankopfer dargebracht.«
»Du weißt etwas über ihn?«
»Fast ganz Syrakus kennt Phidias, den Astronom. Ein kleiner Exzentriker mit einem gewissen Ruf, verstehst du? Unterrichtet auch. Der einzige Mensch in der ganzen Stadt, der höhere Mathematik lehrt. Der Herr hat damals für kurze Zeit bei ihm studiert, tja, muß so fünfzehn, zwanzig Jahre her sein.«
Delia starrte ihn an. Bei Agathon bezog sich das Wort »Herr« immer ausschließlich auf Hieron. »Das habe ich ja gar nicht gewußt!« rief sie.
»Warum solltest du auch?« fragte Agathon. »Ist lange her, noch bevor er mich gekauft hat. Aber der Herr hat einige Male gesagt, er hätte gern mehr Zeit, um bei Phidias Mathematik zu studieren. So waren's nur ein paar Monate, verstehst du? Dann hat dein Vater nicht mehr für den Unterricht bezahlt, und der Herr ist zum Militär. Vermutlich erinnert sich Phidias nicht einmal mehr an ihn.«
Delia nickte. Diese Geschichte kannte sie nur zu gut. Ihr Vater hatte für die Erziehung seines Bastards bezahlt, allerdings nur, bis der Junge siebzehn war. Fürs Militär war Hieron ein Jahr zu jung gewesen – später kam er dann unfreiwillig dazu – und mußte sich selbst durch die Welt schlagen, mit außerordentlichem Ergebnis.

»Und warum bedauert es Hieron, daß er nicht länger studieren konnte?« fragte sie. »War Phidias ein sehr guter Lehrer?«

»Glaube ich nicht«, meinte Agathon, »nein, aber Könige können doch immer etwas mit Mathematik anfangen. Kriegsmaschinerie, Landvermessung, Bauten, Navigation...« Agathon hielt inne und starrte Delia an, bis seine mißbilligende Miene schließlich ganz verschwunden war. Er löste seine verschränkten Arme und rief: »Na schön! Du hast ja recht. Er würde sich für Archimedes, den Sohn des Phidias, interessieren. Wenn das Selbstbewußtsein dieses Burschen begründet ist, könnte er einiges wert sein.«

Delia nickte.

»Mal sehen, was ich herausfinden kann«, sagte Agathon. Nach einem weiteren Blick auf Delia fragte er: »Und was noch?«

Schon wieder hatte er es geschafft. Delia seufzte. »Wie weit würdest du Eudaimon trauen?« fragte sie.

»Aha«, sagte Agathon, wobei sein Gesicht den leutseligsten Ausdruck annahm, zu dem er überhaupt fähig war. »Du meinst, ob ich es für möglich halte, daß er einen Sabotageversuch auf das Ein-Talenter-Katapult deines staubigen Musikers unternimmt?«

Einen Augenblick gab Delia keine Antwort. Jede Andeutung, Eudaimon könnte bewußt eine Maschine unbrauchbar machen, die für die Verteidigung der bedrohten Stadt von großer Bedeutung sein könnte, war gleichbedeutend mit einer Anklage auf Verrat. »Ich kenne ihn nicht sehr gut«, sagte sie schließlich bescheiden, »aber Vater hat ihn seit Hierons Abreise verwünscht. Offensichtlich ist er wütend, weil er einen Rivalen hat. Und außerdem mag ich ihn nicht. Das ist alles.«

Agathon zuckte die Schultern. »Er ist ein Mann, der sein ganzes Leben gearbeitet hat und doch in seiner Arbeit nie wirklich gut geworden ist. Er ist der schlechteste Ingenieur unseres Herrn. Deshalb ist er auch hier und nicht in Messana. Er ist verbittert und müde und wird langsam alt. Also verteidigt er seine Position mit Zähnen und Klauen. Er hat keine Lust, daß irgendein in Alexandria ausgebildeter Flötenspieler mit Mathematikbegabung hier hereinplatzt und ihm die Schau stiehlt – soviel steht fest. Meiner Meinung nach wird er sich einreden, daß dieses Katapult sowieso nicht funktionieren wird, aber trotzdem wird er sichergehen wollen, daß es auch so kommt. Ja, wenn sich die Gelegenheit zur Sabotage bietet, wird er sie meiner Meinung nach ergreifen. Du möchtest, daß ich dafür sorge, daß er diese Gelegenheit nicht bekommt.«

»Würde das nicht auch Hieron von dir wünschen?« fragte sie unschuldig.

Wieder prustete Agathon. »Du und der Herr!« meinte er liebevoll. »Ich weiß nicht, woher ihr das habt. Von der Mutter nicht, weil ihr keine gemeinsame habt, und von eurem Vater erst recht nicht, denn der war ein Narr.«

Lächelnd stand Delia auf. »Kannst du dafür sorgen?« fragte sie gespannt. »Natürlich ohne Eudaimon in irgendeiner Weise zu beschuldigen.«

»Oh, ja!« erwiderte Agathon ruhig. »Ein paar Worte ins Ohr des Vorarbeiters in der Werkstatt genügen. Er weiß, wer ich bin, und wird auf beide ein Auge haben, auf das Katapult und auf Eudaimon. Beim geringsten Verdacht wird er mir Meldung machen. Möchtest du, daß ich auch mit dem Regenten ein Wörtchen rede?«

Delia nickte. »Aber«, fügte sie nervös hinzu, »sag ihm nicht, daß ich...«

»...irgendein Interesse an Aulos-Spielern mit Weinflecken habe. Nein.«

»Man würde es mißverstehen«, sagte Delia errötend.

»Das will ich doch hoffen«, sagte Agathon. Der mißbilligende Blick war wieder da. »Ich will ganz bestimmt hoffen, daß er alles und doch nichts falsch versteht.«

Dionysios, der Sohn des Chairephon, begleitete Archimedes vom Haus des Königs bis zum Athenetempel an der Hauptstraße, wo er stehenblieb. »Ich bin auf dem Weg zu den Kasernen«, sagte er mit einer Handbewegung nach links. »Ich halte es für besser, wenn du heimgehst und dich ein bißchen hinlegst.« Jetzt deutete er nach rechts zur Achradina hinüber. »Eudaimon hat dich ganz schön zugerichtet.«

»Er ist ein blödes Arschloch!« sagte Archimedes aus tiefstem Herzen. »Bei Apollon! Baut Katapulte und weiß nicht mal, was 'ne Kubikwurzel ist! Wer ist *wirklich* der Ingenieur von Syrakus?«

»Kallippos«, erwiderte Dionysios sofort. »Ein vornehmer Herr aus gutem Hause mit noch besserer Begabung. Allerdings ist er beim König in Messana. Der König dachte, Eudaimon würde mit den Aufgaben hier in der Stadt fertig werden, aber uns war nicht klar, wieviel getan werden muß. Warte hier. Ich werde deinen Freund Straton holen und ihm sagen, er soll dir nach Hause helfen.«

Archimedes schüttelte den Kopf, aber vorsichtig, weil sein Auge bei jeder plötzlichen Bewegung weh tat. Dann drehte er seinen nassen Lederklumpen herum, um noch eine kühle Stelle zu finden. »Ich würde lieber in die Werkstatt gehen und mein Holz bestellen«, meinte er. Plötzlich fiel das Leder auseinander und entpuppte sich als langer, breiter Streifen. Archimedes blinzelte ihn an. Diese Form kannte er nur allzugut. »Oh«, meinte er verdutzt, »sie hat ihr Mundband ruiniert.« Dann begriff er, daß er eine Entschuldigung hatte, um sie wiederzusehen. Er konnte ihr ein neues Mundband geben. Trotz seiner Augenschmerzen strahlte er. Vorsichtig faltete er das Leder zusammen und legte es sich wieder zärtlich aufs Auge.

»Spielst du denn wirklich Aulos?« fragte Dionysios neugierig.

»Natürlich tu ich das!« sagte Archimedes überrascht. »Glaubst du vielleicht, die Schwester des Königs hätte sich sonst auch nur zwei Sekunden mit mir unterhalten?«

»Ich hatte es gehofft«, antwortete Dionysios. Er war erleichtert, daß sein neuer Partner einschätzen konnte, wann ein Mädchen außerhalb seiner Reichweite lag. »Außerdem, mein Freund, hättest du dich überhaupt nicht mit ihr unterhalten dürfen. Als ich dich so mit ihr im Garten plaudern sah, habe ich nicht nur erwartet, daß man dich auf der Stelle fortschickt. Innerlich hatte ich mich schon darauf eingestellt, daß ich selbst Probleme bekommen würde, weil ich dich als erster eingeladen habe. *Nai*, beim Zeus, glücklicherweise hast du dich aufs Flötespielen beschränkt! Nun, wenn du wirklich in die Werkstatt willst, kann ich dir den Weg zeigen. Gleich rechts nach den Kasernen.«

Die königliche Katapultwerkstatt bestand aus einer großen Scheune mit gestampftem Lehmboden in der Nähe des Kaps Ortygia und war ringsum durch dieselben Mauern abgesichert wie die Garnison dieses Stadtteils. Hier gab es jede Menge Balken, Pressen und Sägen, und aus einer Mauer ragte eine Esse heraus. An den Wänden stapelten sich bis zur Decke Holz und Eisen, Bronze und Kupfer und geölte Kisten mit Sehnen und Frauenhaar. Letzteres war das beliebteste Material zur Katapultbespannung, ein ständiger Kummer für alle Sklavenmädchen und für arme Frauen eine nützliche Einkommensquelle. Ungefähr ein Dutzend Leute machte sich in der Halle zu schaffen. Einige drängten sich um ein Pfeilkatapult, das halb fertig in der Mitte des Gebäudes stand, andere fertigten Katapultbolzen und Ladestockplatten an. Über allem lag ein Geruch aus Sägemehl, Leim, Holzkohle und heißem Metall. Archimedes blieb im Eingang stehen und atmete diesen Geruch tief ein. Dann lächelte er. Es war ein guter Geruch, der Geruch des Handwerks. Er wünschte Dionysios einen guten Tag und spazierte ungeduldig hinein, um den Vorarbeiter zu suchen und seine Holzbestellung aufzugeben.

Marcus verbrachte den Großteil des Tages mit dem Ausheben der Latrinen. Diese Arbeit war für den jungen Chrestos allein zu schwer gewesen, deshalb hatte man sie seit Sommerbeginn immer wieder aufgeschoben. Obwohl die Arbeit durch die späte Hitzewelle in Sizilien noch übler war als sonst, hatte er sich gelassen darangemacht und die Jauche mit einem geliehenen Esel fortgekarrt.

Als er am Abend nach seiner letzten Fuhre zurückkam, fand er seinen Herrn im Krankenzimmer vor. Er war gerade erst zurückgekommen, ohne Mantel, dafür mit einem Flötistenband quer über einem Auge und ausgesprochen guter Laune. Das geballte Unbehagen, das Marcus irgendwo zwischen den Schultern gesteckt hatte, fiel von ihm ab. Schließlich war ihm nur allzusehr bewußt gewesen, was mit den Hausklaven geschehen würde, falls der junge Herr keinen Auftrag bekommen hätte.

Als Marcus stumm an die Türe trat, schwärmte Archimedes gerade seiner versammelten Familie von der königlichen Katapultwerkstatt vor. »Sie waren heute morgen keine große Hilfe, haben lediglich auf die Vorräte gedeutet und mich dann mir selbst überlassen. Mir war's gerade recht – ihr solltet mal diese Vorräte sehen! Erstklassiges Eichenholz aus Epirus in jeder gewünschten Stärke und Dutzende von Leimsorten! Aber gegen Mittag kam der Türhüter des Königs vorbei, um zu prüfen, ob ich alles Nötige habe, und danach war allen klar, daß ich einen offiziellen Auftrag habe. Anschließend haben sie mir sämtliche Wünsche erfüllt. Schon erstaunlich, wie so etwas die Dinge beschleunigt. Ich hatte schon gedacht, ich würde einen Monat für dieses Katapult brauchen, und habe die Bezahlung verflucht, aber mit dieser Hilfe kann ich's innerhalb einer Woche schaffen.«

»Aber wieviel bekommst du denn nun *tatsächlich* bezahlt?« fragte Philyra besorgt. Beifällig schaute Marcus sie an. Genau das hätte er selbst nur allzugern gewußt, hatte sich aber vor seinen Besitzern und mit dem Latrinengestank am Leib nicht fragen trauen.

»Fünfzig Drachmen«, antwortete ihr Bruder mit Befriedigung.

»Fünfzig!« rief Philyra mit leuchtenden Augen. »Medion, schon fünfzig *im Monat* wären ein guter Lohn, aber fünfzig in der Woche...!«

Archimedes nickte strahlend. Ihm war ein Monatslohn von fünfzig nicht besonders gut vorgekommen, aber vermutlich war er durch die Wasserschnecken verwöhnt.

»Du mußt doch nicht davon auch noch das Material bezahlen?« fragte Arata ängstlich.

Ihr Sohn nickte. »Ich muß das Material nicht bezahlen, es sei denn, die Maschine funktioniert nicht. Und *darüber*, Mama, mußt du dir wirklich keine Sorgen machen. Ich weiß, was ich tue.«

Marcus runzelte die Stirn. Plötzlich war ihm nicht mehr so wohl zumute. Philyra merkte seine unruhige Bewegung und warf einen Blick zu ihm hinüber. Als sich ihre Blicke trafen, erkannte jeder im anderen dieselbe besorgte Frage: Wieviel *kostet* das Material für einen Ein-Talenter? Aber auch diese Sorge wurde schnell verdrängt. »Was ist mit deinem Auge passiert?« erkundigte sich Arata. Nachdem ihnen Archimedes die Geschichte mit Eudaimon erzählt hatte, entfernte er auf ihr Drängen das Mundband. Inzwischen war das ganze Auge ringsherum blau-rot angeschwollen. Aber noch schlimmer war, daß auch das Weiße im Auge rot angelaufen war und ein blutiger Schleier über der hellbraunen Iris hing. »Medion!« schrie Philyra entsetzt. »Du solltest ihn wegen Körperverletzung anzeigen!«

Archimedes zuckte nur die Schultern und erwiderte: »Ich werde ihm soweit wie möglich aus dem Weg gehen.«

»Ganz richtig«, pflichtete ihm seine Mutter bei, »schließlich ist er der Ältere, und du möchtest keinen Ärger haben.« Stirnrunzelnd schnüffelte sie und schaute sich um. Ihr Blick fiel auf Marcus. »Ach, du bist das«, meinte sie. »Geh und wasch dich.«

Marcus nickte und zog sich in den Innenhof zurück. Er war mitten beim Waschen, da trat Philyra immer noch stirnrunzelnd aus der ehemaligen Werkstatt. Als sie ihn bemerkte, blieb sie stehen und kam dann mit energischen Schritten herüber. Sofort zog sich Marcus wieder seine tropfnasse Tunika über. Er wurde verlegen, wenn er nackt vor seiner jungen Herrin stand.

»Wieviel kostet das Material für ein Ein-Talenter-Katapult?«.

»Ich weiß es nicht«, gestand Marcus. »Am teuersten werden wohl die Sehnen sein. Präparierte Haare werden nach Drachmen (ungefähr sechs Gramm, A. d. Ü.) verkauft, und für einen Ein-Talenter muß man sie gleich pfundweise kaufen.«

Einen Augenblick schwieg Philyra. »Er *kann* doch einen bauen – oder nicht?« fragte sie schließlich.

»Er ist gut«, sagte Marcus nur, »er kann.«

Philyra musterte ihn einen Moment lang, dann atmete sie lange zögernd aus. »Sonst kenne ich keinen anderen Maschinenbauer.«

Er nickte. Selbstverständlich konnte sie das Talent ihres Bruders nicht richtig einschätzen. »In Alexandria«, teilte er ihr mit, »haben ihm die besten Ingenieure der Stadt eine Partnerschaft angeboten. Natürlich hat er nicht angenommen – war ja auch keine Geometrie –, aber er hätte es tun können, wenn er gewollt hätte. Er ist außergewöhnlich. Dieser Eudaimon hat wirklich allen Grund zur Sorge. *Meine* einzige Sorge, Herrin, ist die Frage, was passiert, wenn etwas schiefläuft, das außerhalb der Kontrolle deines Bruders liegt.«

Wieder atmete sie tief aus und musterte ihn prüfend. Es war ihre Art, herauszubekommen, wieweit sie seinen Worten trauen konnte. Schließlich entspannte sie sich und lächelte. »Medion hat seinen Mantel in der Werkstatt vergessen.«

»Wenigstens wissen wir, wo er ihn vergessen hat«, sagte Marcus. »In Alexandria mußte ich immer durchs ganze Museion rennen und danach suchen.«

Sie kicherte. Der süße, weiche Klang schien einen Moment lang in seinem Herzen nachzuperlen. »Fünfzig Drachmen in einer Woche!« wiederholte sie ehrfürchtig, wobei sie lächeln mußte. »Wir könnten den Weinberg zurückkaufen! Und ich ...«

Sie unterbrach sich. Der Weinberg, der zur Bezahlung für das Studium ihres Bruders in Alexandria verkauft worden war, war ihre Mitgift gewesen, aber sie hatte sich immer sehr bemüht, diese schmerzhafte Tatsache zu verdrängen. Ihr Vater hatte gehofft, von seinem Verdienst eine neue Mitgift ansparen zu können – das hatte sie gewußt. Aber seine Krankheit hatte sämtliche Ersparnisse aufgezehrt. Sie war im heiratsfähigen Alter, und einige ihrer Schulfreundinnen waren bereits verheiratet, aber ohne Mitgift würde sie kaum einen Bräutigam finden. Das war eine Demütigung, an die sie nicht zu denken versuchte, und schon gar kein Thema, das eine junge Dame einem Haussklaven anvertrauen sollte. Sie schaute Marcus böse an, der mit offener, wacher Miene darauf wartete, daß sie ihren Satz beendete.

Mit einemmal begriff Marcus, wie der Satz geendet hätte. Rasch suchte er sich eine Beschäftigung und bückte sich nach dem Eimer mit Schmutzwasser. Natürlich. Insgeheim hatte er den Verkauf des Weinberges genau aus demselben Grund mißbilligt. Für ihn hieß das, die Tochter des Hauses um etwas Lebensnotwendiges zu betrügen, um dem Sohn einen Luxus bezahlen zu können. Aber inzwischen merkte er, daß er es nicht so eilig hatte, Philyra samt Mitgift verheiratet zu sehen. Er würde sie vermissen. Aber das war bis jetzt kein Grund zum Grübeln. Selbst mit fünfzig Drachmen die Woche würde es eine Weile dauern, bis sie ihre Mitgift angespart hätten. Und angesichts des Krieges…

Er war entschlossen, nicht an den Krieg zu denken. »Wenn du mich nun entschuldigst, Herrin«, murmelte er und ging hinüber, um das Wasser über die mickrigen Kräutertöpfe neben der Tür zu leeren. Verblüfft schaute ihm Philyra einen Augenblick zu. Die Art und Weise, wie er sich spontan aus der Affäre gezogen hatte, hatte sie überrascht. Sie hatte sich nicht vorstellen können, daß er dazu genügend Einfühlungsvermögen beziehungsweise Verstand besaß.

Am nächsten Morgen brach Archimedes schon ganz früh in die Katapultwerkstatt auf. Als Philyra am Vormittag zum Einkaufen gehen wollte, fand sie nur noch Marcus im Hof. Agatha, die sie sonst immer begleitete, half ihrer Mutter in der Küche, und der junge Chrestos hatte das erstaunliche Talent entwickelt, sich immer dann rar zu machen, wenn er gebraucht wurde. Nachdenklich musterte sie Marcus einen Moment, dann klatschte sie in die Hände, um ihn herzurufen, und gab ihm den Korb.

Wie er in der Morgensonne hinter ihr her durch die schmalen Straßen ging und dabei auf ihren kerzengeraden Rücken unter dem braven, weißen Wollmantel schaute, spürte Marcus, wie ihm jeder Schritt durch ein ungewohntes Glücksgefühl leichter wurde. Allmählich vertraute ihm Philyra ein wenig. Insgeheim betete er, daß ihm die Götter eine Gelegenheit bieten würden, seine Ehrlichkeit zu beweisen. Gegenüber dem wahren Grund, weshalb ihm ihre gute Meinung soviel wert war, verschloß er eisern die

Augen. Denn hier gab es, außer Leid, nichts für ihn zu gewinnen. Aber wenn er ihre gute Meinung und ihr Vertrauen gewinnen könnte und von ihr gemocht würde – dieses Vergnügen könnte ihm keiner verwehren.

Zuerst gingen sie zum Bäcker und dann ums Eck zum Gemüsehändler. Argwöhnisch musterte sie die Gemüsehändlerin, eine dünne, boshafte Frau namens Praxinoa. Philyra kaufte Lauch und Oliven und bezahlte für alles mit einem von den ägyptischen Silberstücken ihres Bruders. Zuerst prüfte die Gemüsehändlerin das Geld, ehe sie es in ihre Schatulle legte und das Wechselgeld herausholte. »Hat sich dein Bruder schon wieder eingelebt?« erkundigte sie sich eifrig bei Philyra. Das Mädchen war überrascht.

»Sehr gut«, erwiderte Philyra. Sie wollte unbedingt, daß die Nachbarn den verbesserten Status der Familie zur Kenntnis nahmen, und fuhr fort: »Er hat schon eine Arbeit gefunden. Er baut Katapulte für den König.«

»Katapulte, tatsächlich?« fragte die Gemüsehändlerin. »Aha.« Nach einem vorsichtigen Blick in die Runde beugte sie sich näher zu ihrer Kundin und meinte mit leiser Stimme: »Vielleicht ist das dann die Erklärung. Kurz bevor du kamst, hatte ich hier einen Kerl, der hat sich nach deinem Bruder erkundigt.«

»Was?« fragte Philyra erstaunt und aufgeschreckt zugleich. »Wer?«

»Weiß ich nicht«, sagte Praxinoa genüßlich. »Nie vorher gesehen. War auch keiner aus der Nachbarschaft. War aber schick angezogen. Dachte mir, einer von ganz oben. Beamter. Muß mit diesen Katapulten zu tun haben. Sind doch strategisch wichtig, oder?« Ihre Augen glitzerten vor Skandalgier.

»Ja«, sagte Philyra und versuchte, energisch zu klingen, obwohl ihr Herz schneller klopfte. In Syrakus konnte ein Interesse von ganz oben sehr, sehr gefährlich sein. »Wahrscheinlich erkundigen sie sich nach jedem, der in der Katapultwerkstatt arbeitet.«

»In Alexandria tun sie's jedenfalls«, warf Marcus beiläufig ein. »Hab's dort selbst gesehen.«

Enttäuscht zog sich Praxinoa zurück. »Hat wohl in Alexandria Katapulte studiert, ja?«

Als sie wieder draußen vor dem Laden waren, schaute Philyra Marcus ärgerlich an. »Glaubst du wirklich, daß es ein Mann des Königs war, wegen der Katapulte?«

»Ich kann mir nichts anderes vorstellen«, erklärte ihr Marcus. Statt Ärger empfand sie nun Angst und – Verlegenheit, weil sie einen Haussklaven um Rat fragen mußte. »Sind die Leute in Alexandria auch gekommen, um über ihn Erkundigungen einzuziehen?«

Marcus zuckte die Schultern. »Nein, aber in Alexandria hatte er auch keinen Zutritt zu den königlichen Werkstätten. König Ptolemaios hält große Stücke auf seine Katapulte und würde Fremde nie auch nur in die Nähe lassen. Archimedes hat sich lediglich mit einem befreundeten Ingenieur ein paar Maschinen auf der Festungsmauer angeschaut. Aber Katapulte sind *wirklich* strategisch. Meiner Meinung nach besteht kein Grund zur Sorge.«

Philyra nickte, runzelte aber noch beim Weitergehen die Stirn. Phidias hatte nie irgendein beunruhigendes Interesse von höchster Stelle geweckt. Sicher, Phidias, hatte andererseits auch nie fünfzig Drachmen pro Woche verdient. Die Dinge änderten sich. Wenn sie doch nur mehr Zutrauen haben könnte, daß sich auch alles zum Guten verändern würde.

Archimedes genoß weltvergessen die Werkstatt. In der Vergangenheit hatte er seine Maschinen immer eigenhändig bauen müssen, wobei ihm häufig Marcus half und gelegentlich auch ein ungelernter Sklave, den er sich für eine spezielle Aufgabe ausborgte. Zwischen den *interessanten* Abschnitten des Maschinenbaus hatte es immer jede Menge zu sägen und zu hämmern gegeben und damit viele Blasen an den Händen. Jetzt mußte er nur sagen: »Ich möchte, daß *dieser* Balken, so und so groß, mit *jenem* verzapft wird«, oder: »Ich brauche eine eiserne Ladestockplatte in der und der Form, die genau in *diese* Öffnung paßt«, und binnen einer Stunde war alles fertig. Das nahm dem Maschinenbau die langweilige Seite und ließ nur das angenehm Kreative übrig.

Die ersten paar Tage in der Werkstatt trug er eine Leinenklappe über dem Auge, die er mit Delias Mundband festband. Wenn er zur Königsvilla ging, um die Fertigstellung des Katapults zu verkünden, würde er der Schwester des Königs ein neues Band überreichen. Das hatte er bereits beschlossen. Inzwischen durchfuhr es ihn jedesmal insgeheim, wenn er das alte festband. Trotzdem verriet er seiner Familie nicht, woher er den schmalen Lederstreifen hatte. Vermutlich würden sie es mißbilligen.

Er folgte seinem eigenen Rat und versuchte, Eudaimon aus dem Weg zu gehen, was natürlich nicht immer möglich war. Schließlich teilten sie dieselbe Werkstatt und die Dienste derselben Zimmerleute. Aber Eudaimon schien genauso glücklich zu sein, wenn er es vermeiden konnte, mit Archimedes zu sprechen, wie umgekehrt Archimedes, und einige Tage ging alles friedlich voran. Auf der Suche nach einem Katapult, dessen Maße er kopieren konnte, machte Archimedes einen Ausflug zu den nächstgelegenen Forts auf der Festungsmauer. Schließlich konzentrierte er sich auf einen Fünfzehn-Pfünder mit besonders ausgeprägter und exakter Wurfbahn und korrigierte dementsprechend die geschätzten Ausmaße seiner eigenen Maschine. Die Tatsache, daß sein Original viel kleiner war als seine Kopie, bereitete ein paar Probleme, die er mit Vergnügen löste. Der Ein-Talenter bekäme eine Armspannweite von fünfeinhalb Metern und würde über neun Meter lang. Damit war er zu schwer und zu stark, um mit den üblichen Methoden ausgerichtet oder gespannt zu werden. Also mußte er sich dafür ein System aus Rollen und Winden ausdenken, und das machte Spaß.

Eudaimon achtete nicht auf die Tätigkeit seines Rivalen, bis Archimedes bereits vier Tage am Katapult gearbeitet hatte und sich nun anschickte, den Ladestock auf der Lafette auszurichten. Jetzt aber kam der oberste Katapultingenieur herbei und schaute schweigend zu, wie der Balken – er war erst teilweise fertig und doch schon so dick wie ein Schiffsmast – mit Hilfe einer Seilkonstruktion über seiner dreifüßigen Lafette aufgehängt und vorsichtig abgesenkt wurde. Als Archimedes den Handwerkern ein Zeichen gab, sie sollten mit dem Absenken aufhören und ihre Taue sichern, erstarrte Eudaimon. Während der Balken ganz knapp über dem Bolzen schaukelte, begann Archimedes, seine ersten Zielgeräte anzubinden.

»Was ist das?« fragte Eudaimon barsch.

Nach einem schrägen Blick in seine Richtung – bei diesem Vorgang mußte er seinen ganzen Körper drehen, da sein Auge noch immer verbunden war –, fädelte Archimedes weiter seine Rollen auf. »Zur Unterstützung der drehbaren Lagerung«, sagte er.

»So etwas gibt es bei dem Fünfzig-Pfünder auf dem Fort Euryalus nicht!« fuhr ihn Eudaimon an. Es klang persönlich beleidigt.

»Wirklich nicht?« sagte Archimedes leicht verblüfft. »Wie wird er dann gedreht?«

»Hast du nicht hingeschaut?« meinte Eudaimon.

Archimedes schüttelte den Kopf. Während er sich vor Konzentration auf die Zunge biß, fädelte er ein Seil um eine Rolle, die oben auf dem Unterbau befestigt war, schlang es durch die Öse auf dem Ladestock und befestigte es dann wieder an einer Winde auf dem Unterbau. Erst danach wurde ihm klar, daß Eudaimon seine Frage nicht beantwortet hatte. Er schaute sich um.

Eudaimon stand noch immer hinter ihm und starrte ihn mit einer Mischung aus Schock und Empörung an. »Was ist los?« fragte Archimedes.

»Du hast dir den Fünfzig-Pfünder auf dem Euryalus also nicht angeschaut?« fragte der oberste Katapultingenieur.

»Nein«, sagte Archimedes. »Bis dort hinaus ist es ein weiter Weg, und außerdem habe ich weit näher dran eine Maschine nach meinem Geschmack gefunden.«

»Aber die Katapulte dort kommen größenmäßig deinem Konstruktionsversuch am nächsten!«

»Ja«, sagte Archimedes, »aber ich müßte sie immer noch vergrößern, und es ist genauso einfach, einen Fünfzehn-Pfünder zu vergrößern. Übrigens, wie dreht man sie denn?«

Es herrschte Stille. Endlich sagte Epimeles, der Vorarbeiter der Werkstatt, ein großer, bedächtiger, leiser Mann in den Vierzigern: »Man dreht sie gar nicht. Zum Ausrichten braucht man ein paar kräftige Burschen, die dann den Unterbau bewegen.«

»Nun, was für ein Blödsinn!« stellte Archimedes fest und begann, seine zweite Rolle einzufädeln. Auf jeder Katapultseite war eine vorgesehen. Der Katapultschütze mußte lediglich auf der gewünschten Seite eine Winde drehen und mit Hilfe einer dritten Winde die Höhe justieren.

Als einer der Handwerker hämisch kicherte, achtete er nicht weiter darauf, erst als ein Schlag und dann ein Schmerzensschrei ertönte, schaute er aufmerksam hoch und sah gerade noch, wie Eudaimon mit großen Schritten fortging und sich ein Handwerker das Ohr hielt. Archimedes ließ sein Seil fallen und rannte hinter dem Oberingenieur her. Eudaimon blieb abrupt stehen und wirbelte mit zornesdunklem Gesicht herum.

»Du hattest kein Recht, den Mann zu schlagen!« fuhr ihn Archimedes wütend an.

»Ich laß mich nicht in meiner eigenen Werkstatt von meinen eigenen Sklaven auslachen!« schrie Eudaimon zurück.

»Das sind nicht deine Sklaven, sie gehören der Stadt. Du hattest kein Recht, ihn zu schlagen! Und außerdem, was hast du überhaupt damit zu schaffen? Schließlich hast du die Fünfzig-Pfünder doch nicht gebaut!«

»Ich bin hier verantwortlich!« erklärte Eudaimon. »Wenn ich will, kann ich diesen Kerl auspeitschen lassen. Vielleicht will ich das sogar. Elymos! Komm her!«

Der Mann, den er geschlagen hatte, trat vor Schreck einen Schritt zurück, und die übrigen Handwerker starrten den Oberingenieur entsetzt an.

»Das wagst du nicht!« schrie Archimedes empört. »Das laß ich nicht zu!« Er wandte sich an den Vorarbeiter. »Du, lauf die Straße hinauf und mach dem Regenten Meldung!«

»Glaubst du, Leptines möchte mit einem Werkstattstreit belästigt werden?« sagte Eudaimon.

»Wenn er auch nur einen Funken Ehrgefühl hat, dann schon!« antwortete Archimedes. »Er ist hier verantwortlich, und niemand sollte erlauben, daß einer den anderen auspeitschen läßt, wenn er nichts angestellt hat!«

»Ich werde dem Regenten Meldung machen«, sagte der Vorarbeiter entschlossen und schickte sich zu gehen an.

Der Vorarbeiter war genauso Sklave wie die übrigen Handwerker, aber ein wertvoller, erfahrener und vertrauenswürdiger Sklave, dessen Wort selbst im Hause des Königs einiges Gewicht besaß. Bestürzt befahl Eudaimon: »Halt!«

Epimeles drehte sich um und schaute Eudaimon seelenruhig an. »Herr«, sagte er, »ihr beide, du und... dieser edle Herr, seid berechtigt, die Werkstatt zu benutzen. Wenn du meinst, Elymos soll bestraft werden, und er dagegen nein sagt, liegt dann nicht die Entscheidung, wem wir gehorchen sollen, bei unserem Herrn und Meister?«

»Ich bin hier verantwortlich!« knirschte Eudaimon.

»In diesem Fall wird der Regent anordnen, daß wir dir gehorchen und Elymos auspeitschen lassen«, sagte der Vorarbeiter ruhig.

Wieder trat Stille ein, dann sagte Eudaimon: »So etwas habe ich nie befohlen.« Wütend starrte er alle an. »Das wißt ihr alle! So etwas habe ich nie befohlen.« Damit drehte er sich auf dem Absatz um und ging weg.

Langsam atmete der Vorarbeiter aus. Elymos stieß erleichtert einen Pfiff aus und setzte sich, während ihm seine Freunde auf die Schulter klopften. Auch Archimedes wollte schon dem Sklaven auf die Schulter klopfen, ließ es aber dann doch sein. Ihm war klar, daß er der Grund für das angedrohte Auspeitschen gewesen war. »Ist alles in Ordnung?« fragte er statt dessen, als er hinüberging.

Elymos nickte und grinste zu ihm hoch. »Besten Dank, Herr«, sagte er, »ich werde mir merken, wie du dich für mich eingesetzt hast.«

»Du hättest nicht lachen sollen«, erklärte ihm Epimeles streng, der gleichfalls herübergekommen war.

Zum Zeichen der Beschwichtigung senkte Elymos den Kopf. Eudaimon konnte vielleicht die Peitsche anordnen, aber in Wirklichkeit war Epimeles derjenige, der in der Werkstatt das Sagen hatte. »Konnte doch nichts dafür! War so lustig!« protestierte Elymos.

»Dabei war er noch nicht einmal schuld, daß sich diese Fünfzig-Pfünder nicht drehen lassen«, sagte Archimedes. »Er hat sie gar nicht gebaut.«

Bei dieser Bemerkung lachte Elymos erneut, aber diesmal noch lauter. »Das macht das Ganze ja nur noch komischer!«

Auch einige andere Handwerker lachten. Perplex starrte Archimedes sie an. Daraufhin stießen sie sich kichernd gegenseitig an. Jetzt begriff Archimedes, daß das Gelächter ihm galt, und wurde rot. Gekränkt ging er zu seinem Katapult zurück und begann schweigend, die Seile erneut einzufädeln. Immer hatte man ihn ausgelacht, und daran würde sich auch nichts ändern. Entweder verlor er sich in seiner Geometrie und damit jedes Gefühl für andere Dinge, oder er begeisterte sich für Sachen, die sie nicht verstanden, und dann lachten sie. Selbst Sklaven, die er verteidigt hatte, lachten ihn aus.

Elymos sprang auf und folgte ihm.

»Ach, Herr, sei doch nicht beleidigt!« sagte er. »Ist doch nur ein Werkstattscherz, nichts weiter.«

»Nun, ich habe ihn nicht kapiert!« entgegnete Archimedes zornig.

Erneut kicherte der Sklave. Aber nach einem scharfen Seitenblick wurde er wieder ernst. »Herr, ich kann das nicht erklären. Jedenfalls nicht dir. Witze sind nie komisch, wenn man sie erklärt. Aber bitte, Herr, sei doch nicht beleidigt. Ist doch nur... ein Sklavenscherz, das ist alles.« Eilends nahm er das dritte Seil und versuchte, es um eine Rolle zu winden.

»Das da nicht!« erklärte ihm Archimedes hastig. »Das gehört oben drauf. Nein – nein, laß die Finger davon! Wenn du schon helfen willst, dann geh und hol mir die Kreide!«

Kurze Zeit schaute der Vorarbeiter Epimeles noch zu, wie der massive Balken auf den Verbindungsbolzen in der Lafette gesetzt wurde. Archimedes hatte im voraus annähernd den Punkt des Gleichgewichts berechnet und befahl, hier entlang eine Reihe Löcher zu bohren. Es stellte sich heraus, daß der Ladestock am besten auf dem mittleren Loch die Balance hielt. Epimeles lächelte. Er wartete noch eine Minute länger, während sich die riesige Maschine als Antwort auf die Winden nach links und rechts drehte. Dann seufzte er und verließ zögernd das Gebäude. Er hatte einen langen Marsch vor sich.

Erst in der Dämmerung kehrte Epimeles auf die Ortygia zurück, begab sich aber nicht direkt in die Kasernen neben der Werkstatt, wo er und die anderen Handwerker lebten. Statt dessen ging er zum Haus des Königs und klopfte an die Tür.

Agathon öffnete – schließlich war das seine Aufgabe – und betrachtete mißmutig den Vorarbeiter der Werkstatt. »Dein Begehren?« wollte er wissen.

»Ich komme, um dir etwas zu zeigen«, erwiderte Epimeles gelassen.

Agathon schnaubte und bat ihn herein.

Gleich neben der Tür hatte der Türhüter seine Pförtnerloge, einen kleinen, aber gemütlichen Raum mit Liege, Teppich und einem steinernen Wasserkühler an der Innenwand. Mit einem Seufzer der Erleichterung setzte sich Epimeles auf das eine Ende der Liege und begann, seine Waden zu massieren. »Bin heute nachmittag bis zum Euryalus hinaufgegangen und wieder zurück«, erklärte er. »Ich könnte gut einen Becher Wein vertragen.«

Agathon zog ein noch mißbilligenderes Gesicht als sonst, nahm aber trotzdem einen Krug, der neben der Wand stand, goß etwas Wein in zwei Becher und fügte ein bißchen frisches, kühles Wasser aus dem Stein hinzu. »Warum sollte es mich interessieren, daß du droben im Euryalus warst?« fragte er, während er an seinem Wein nippte.

Epimedes trank seinen Wein beinahe in einem Zug, dann setzte er den Becher ab. »Weil ich wegen diesem Ingenieur dort oben war, um den wir uns in deinem Auftrag kümmern sollen«, sagte er. »Und das habe ich gefunden.« Er öffnete den kleinen Sack, den er bei sich trug, und zog eine dünne Kordelrolle heraus, die durch eine Reihe regelmäßiger, rot oder schwarz gefärbter Knoten unterteilt war.

Agathon musterte sie mit einem Pokergesicht, dann meinte er: »Was ist daran besonders, wenn ein Fort ein Maßband besitzt?«

Epimedes zog ein zweites Maßband aus dem Sack. Auf den ersten Blick schien es mit dem ersten identisch zu sein, nur älter und ein wenig ausgefranst und verfärbt. Er breitete beide Kordeln nebeneinander aus, und damit war sofort klar, daß die beiden ganz und gar nicht identisch waren. Die Abschnitte der neuen Kordel waren kürzer als bei der alten. »Diese gehört mir«, meinte Epimeles, wobei er die alte Kordel berührte. »*Die* ist genau.«

Ohne eine Miene zu verziehen, betrachtete Agathon beide Kordeln.

»Du weißt doch, daß man beim Katapultbau unbedingt darauf achten muß, daß alle Teile exakt im richtigen Verhältnis zum Bohrloch stehen?« fragte Epimeles listig. »Dazu nimmt man ein funktionierendes Katapult, vermißt es und reproduziert es im selben Maß oder vergrößert bzw. verkleinert es.«

»Meines Wissens habe ich davon gehört«, sagte Agathon, obwohl er in Wirklichkeit nicht allzuviel von Katapulten verstand. Aber das wollte er keinesfalls zugeben. Jedenfalls verstand er genug, um die ganze Tragweite der Kordelaffäre zu begreifen. »Du willst damit andeuten, Eudaimon habe das hier auf dem Euryalus liegen gelassen«, er deutete auf das neue Maßband, »damit jeder, der die Maschinen vermißt, falsche Zahlen bekommt, also auch jedes nach diesem Vorbild gebaute Katapult nicht funktioniert?«

Epimeles nickte. »Schau«, sagte er, »die beiden Fünfzig-Pfünder auf dem Euryalus sind zur Zeit die größten Katapulte der Stadt. Eudaimon nahm an, Archimedes würde sie vermessen und daraus die notwendigen Vergrößerungen ableiten, um noch einmal zehn Pfund mehr schleudern zu können. So hätte er jedenfalls selbst den Bau eines Ein-Talenters angepackt. Heute nachmittag stellte sich nun heraus, daß sich Archimedes nicht die Mühe gemacht hatte, zum Euryalus hinauszugehen, sondern statt dessen seine Maße von einem kleinen Fünfzehnpfünder ganz in der Nähe abgenommen hatte. Eudaimon war...« zögernd suchte der Vorarbeiter nach Worten, dann sagte er,»empört, schockiert und *enttäuscht*. Als ich das sah, dachte ich mir, ich gehe mal zum Euryalus hinauf und schaue, was er im Schilde geführt hat. Und peng – habe ich das da im Geräteraum gefunden. Alle Burschen im Fort haben bestätigt, daß dort ihr altes Maßband aufbewahrt wurde, aber dies hier ist neu, und sie hatten keine Ahnung, wie es dort hingekommen war. Allerdings erinnerten sie sich noch daran, daß Eudaimon vor vier Tagen am Nachmittag herausgekommen war.«

»Ich verstehe«, sagte Agathon grimmig.

Das Beweisstück reichte nicht aus, um einen Mann des Verrates zu überführen, das wußten sie beide, aber es könnte eine Tretmine sein, ein Fragezeichen, ein Stein im Schuh. Es könnte Eudaimon weh tun.

Epimeles schob dem Türhüter die Kordel zu. »Ich dachte, du solltest dich darum kümmern.«

Gedankenvoll nickte Agathon, hob das falsche Maßband auf und begann, es um die Hand zu wickeln. »Es überrascht mich, daß du den ganzen weiten Weg zm Euryalus gemacht hast, um danach zu suchen«, sagte er. Die Festung lag genau am entgegengesetzten Ende der Stadt, zehn Kilometer von der Ortygia entfernt.

Bei dieser Bemerkung grinste Epimeles. »Ich wäre doppelt so weit gelaufen, wenn ich deinem Burschen damit zur Oberaufsicht über die Katapulte verholfen hätte. Und die bekommt er doch, oder?«

Verblüfft schaute Agathon auf.

»Nun, du weißt doch, daß er gut ist!« sagte Epimeles, der seinerseits von der fragenden Miene überrascht war. »Auf deinen Auftrag hin sollten wir uns um ihn kümmern und sicherstellen, daß niemand bei seinem Ein-Talenter dazwischenfunkt. Und wir haben rasch kapiert, warum. Er ist so gut, daß ihm nicht einmal klar ist, wie gut er ist. Dieser Ein-Talenter – weißt du eigentlich, was er damit angestellt hat? Klar, der kleine Fünfzehn-Pfünder, den er kopiert hat, läßt sich drehen, also hat er sich ein Windensystem ausgedacht, damit sich auch der Große drehen läßt. Als ich ihm sagte, daß sich die Fünfzig-Pfünder auf dem Euryalus nicht drehen lassen, hat er nur erstaunt geschaut und gemeint: ›Nun, das ist aber blöd!‹«

Epimeles lachte. Agathon musterte ihn ärgerlich und fragte: »Ist es das denn?«

»Die Leute werden es jedenfalls von nun an behaupten, stimmt's? Aber bisher hat noch keiner erwartet, daß sich irgend etwas drehen läßt, das größer ist als ein Vierzig-Pfünder. Archimedes hat ganz beiläufig ein völlig neues System erfunden, mit dem sich große Maschinen zielgenau ausrichten lassen – und er weiß es nicht einmal! Der Entwurf fiel ihm *leichter* als ein Marsch auf den Euryalus, um nachzusehen, wie es andere vor ihm gemacht haben. Einige Burschen mußten darüber lachen, und er hat nicht einmal den Grund dafür verstanden. Beim Zeus! Eudaimon tut mir fast schon leid. Er hat noch nie ein Katapult gebaut, das nicht stückweise von einem anderen Katapult kopiert worden war. Und wenn er keine exakten Maßangaben bekommt – und bei den großen Maschinen fällt jede ein wenig anders aus –, ist er auf Vermutungen angewiesen. Dann plagt er sich ab, rennt in der ganzen Stadt herum und versucht, herauszufinden, welches die richtigen Zahlen sind. Archimedes setzt sich hin, kritzelt eine halbe Stunde herum und hat die perfekte Zahl in den Händen. Beim Zeus! Eudaimon erinnert mich an einen kleinen, ortsansässigen Sportlehrer, der jedes Jahr hart trainiert und dann mühsam den dritten oder vierten Platz bei den Stadtspielen erreicht. Und jetzt versucht er gegen einen Kerl anzutreten, der selbst in Olympia siegen könnte, ohne recht viel Schweiß zu vergießen. Er ist nicht gut genug, um im gleichen Wettbewerb anzutreten. Und er ist nicht einmal so gut, daß er es einsieht!«

»Also betrügt er«, schloß Agathon nachdenklich.

»Natürlich tut er das«, stimmte Epimeles zu. »Denk daran, das

würde er bei jedem Gegner tun, und ich kann es ihm nicht einmal sonderlich verübeln. Wenn er seine Arbeit verliert, wo soll er hin? Schließlich hat auch er eine Familie, die von ihm abhängt.«
»Er tut dir fast schon *leid*?«
Der Vorarbeiter senkte den Blick. »Nein«, sagte er ruhig, »er tut mir *wirklich* leid. Trotzdem will ich ihn nicht in verantwortlicher Position sehen. Niemand baut gern schwache Katapulte, die sich überschlagen oder nicht geradeaus schießen können. Dagegen dieser Ein-Talenter – das wird mal ein echter Zeus, ein Blitzeschleuderer. Das spürt man schon beim Anschauen. Die ganze Werkstatt dreht sich um ihn wie um einen Strudel. Mir stehen die Haare zu Berge, wenn ich ihn nur anfasse.« Er hielt inne, dann fügte er hinzu: »Aber mach dir keine Sorgen, niemand wird jetzt mehr diese Maschine antasten. Dafür werden wir schon sorgen, die Burschen und ich.«
»Hat dich Archimedes um Bewachung gebeten?«
Epimeles zog ein beleidigtes Gesicht. »Glaubst du, wir müssen uns von ihm darum bitten lassen? So ein göttliches Ding? Dieses Katapult ist schließlich genauso unser Werk! Aber nein, er hat uns nicht gefragt. Meiner Meinung nach hat er noch nicht einmal begriffen, daß er Eudaimon um seine Arbeit bringt. Genausowenig wie es ihm in den Sinn gekommen ist, daß Eudaimon das Katapult zerstören könnte, um ihm weh zu tun. Er nimmt Eudaimon nicht einmal besonders wahr, aber das macht er ja mit allen Leuten so. Und wenn er jemanden nicht mag, nimmt er ihn noch weniger zur Kenntnis. Wenn er's doch tut, ist er freundlich, und er behandelt auch die Burschen ordentlich. Bei der Zusammenarbeit mit *ihm* wird's keine Probleme geben.« Bei dieser Aussicht mußte er grinsen und trank seinen Weinbecher aus. »Wirst du *das* da«, er deutete auf das Maßband, »dem Regenten zeigen?«
Nachdenklich sog Agathon eine Minute lang die Luft zwischen den Zähnen ein, dann schüttelte er den Kopf. Er hielt nicht viel von Leptines. »Ich werde warten, bis der Herr nach Hause kommt«, sagte er. »Es wird ihn sehr interessieren.«

5

Vier Tage später, am Vormittag, war das Katapult fertig. Einem räuberischen Insekt gleich kauerte es in der Mitte der Werkstatt: Wie ein Unterleib hockte der lange, tiefliegende Ladestock auf der dreibeinigen Lafette, und am entgegengesetzten Ende breiteten sich die mächtigen, bogenähnlichen Arme wie bei einer Gottesanbeterin kurz vor dem Angriff aus. Die einzelne Öffnung zwischen den Armen erinnerte an ein Auge, das einen wie der leibhaftige Tod anstarrte. Als Archimedes die Sehne – ein armdickes Lederkabel – zurückwand, stöhnte sie wie ein erwachender Riese auf, und beim Loslassen donnerten die eisenverkleideten Arme wie ein Felssturz gegen die eisernen Ladestockplatten. Die Handwerker jubelten und streichelten dem Biest über den bronzeverkleideten Rücken und die hölzernen Flanken.

Obwohl Archimedes erwartet hatte, daß die Maschine an diesem Vormittag fertig würde, trat er dennoch zurück und betrachtete sie begeistert: sein erstes Katapult. »Eine wahre Schönheit«, sagte er zu Epimeles.

»Das schönste, was ich je gesehen habe«, pflichtete der Vorarbeiter bei. Verblüfft schaute ihn Archimedes an. Er wußte, daß Epimeles seit über zwanzig Jahren der Werkstatt angehörte, und hätte nie geglaubt, daß dieser Mann zu Komplimenten neigte. Dann wanderte sein Blick wieder zu dem Ein-Talenter zurück, und er grinste: Egal, ob es das beste aus zwanzig Jahren war, eine Schönheit blieb es so oder so.

»Nun«, sagte er und nahm seinen Mantel. Er hatte ihn heute morgen mitgenommen, weil er mit einem zweiten Besuch im Haus des Königs gerechnet hatte. »Ich werde mal zum Regenten gehen und ihm Vollzug melden, ja? Außerdem werde ich ihn fragen, wo

er ihn aufgestellt haben möchte und wann der Test stattfinden soll. Aber…«, er kramte in seiner Börse herum, »warum kauft ihr euch nicht zur Feier des Tages einen Schluck zu trinken?«
»Danke schön, Herr, noch nicht«, erwiderte Epimeles sofort. »Besser wär's nach den Versuchen, Herr.«
Enttäuscht steckte Archimedes sein Geld wieder in die Börse. Vermutlich war Epimeles trotz seiner Komplimente nicht überzeugt, daß die Maschine funktionierte. Seufzend und ein wenig niedergeschlagen ging er fort.
»Was war denn an einem Umtrunk zur Feier des Tages falsch?« fragte Elymos, dem Wein über alles ging.
»Die Götter hassen Überheblichkeit«, antwortete Epimeles. »Noch haben wir den Versuch nicht sicher überstanden. Oder willst du vielleicht, daß jemand daran herumpfuscht, während wir mit Trinken beschäftigt sind?« Mit liebevoller Ehrfurcht tätschelte er die Riesenmaschine.
Auf dem Weg zum Königshaus fand Archimedes seine gute Laune wieder. Die letzte Woche war durch und durch erfreulich gewesen. Der Bau des Ein-Talenters hatte Spaß gemacht, und auch zu Hause lief alles gut. Sein Vater schien sich sogar ein wenig erholt zu haben. Vielleicht hing es damit zusammen, daß er sich keine Sorgen mehr machen mußte, wann sein Sohn zurückkommen würde. Phidias saß im Bett, trank dreimal täglich Gerstenbrühe und nahm regen Anteil an allen möglichen Dingen. Er lauschte der Musik, die die übrige Familie ihm vorspielte, diskutierte mit seinem Sohn über Alexandria und spielte sogar ein wenig mit dem Puzzle. Archimedes kam zu dem Entschluß, daß es noch hilfreicher wäre, wenn er eine regelmäßig bezahlte Stelle als königlicher Ingenieur bekommen könnte. Damit könnte er seinem Vater eine weitere Bürde abnehmen. Nun, bald sollte es ja soweit sein. Sobald sich das Katapult bewährt hatte.
Aber jetzt – jetzt würde er Delia wiedersehen. Archimedes betastete das kleine Päckchen mit der neuen und der alten Mundbinde, das er in einer Mantelfalte verstaut hatte, und schritt schneller aus.

Er machte sich keine ernsthafte Hoffnung, daß es zwischen ihm und der Schwester des Königs zu irgend etwas kommen könnte. Allerdings erhoffte er sich auch sonst nichts. Er lebte in der Gegenwart und versuchte, nicht an die Zukunft zu denken, die bestenfalls ein Leben voller Plackerei und im schlimmsten Fall die schrecklichen Folgen einer Niederlage im Krieg bereithielt. Delia war ein hübsches Mädchen und obendrein klug. Sie hatte ihn zum Lachen gebracht und spielte ausgezeichnet Aulos. Heute würde er sie wiedersehen und ihr ein Geschenk überreichen. Was konnte er mehr verlangen? Er begann, im Gehen ein altes Lied zu pfeifen:

»Aphrodite, ewig, auf buntem Throne,
Listenspinnend, Tochter des Zeus! Ich flehe:
Quäle nicht mit Leiden und nicht mit Schwermut,
Herrin, das Herz mir!
Sondern komm herab, so du meine Stimme,
Fernher je vernahmst und mich erhörtest,
Deines Vaters Wohnung verließest, deinen
Goldenen Wagen

Schirrtest und enteiltest. Dich zogen schöne,
Schnelle Finken über die dunkle Erde,
Durch des Äthers Mitte, die Schwingen hurtig
Regend, vom Himmel...

...Zu fragen, was mich wieder bekümmre,
Was ich, wieder dich rufe...

Dann war er auch schon beim Haus. Bei den letzten Schritten durch die Vorhalle und zur Tür hinauf hörte er zu pfeifen auf. Er strich seinen Mantel – den neuen gelben, der endlich keine Rußflecken mehr hatte – glatt, holte tief Luft und klopfte.

Sofort öffnete der Türhüter und musterte ihn wie üblich mit mißbilligender Miene. »Dein Begehren?« schnauzte er ihn an.

»Ich bin hier, um dem Regenten mitzuteilen, daß das Katapult fertig ist!« sagte Archimedes triumphierend.

»Huch!« schnaubte Agathon. »Der Regent ist nicht da. Ich werde ihm deine Nachricht übermitteln, wenn er nach Hause kommt.« Archimedes stand auf der Türschwelle und lief vor Verlegenheit knallrot an. Er merkte, daß er einen Empfang wie ein siegreicher General erwartet hatte, und – wie dumm das gewesen war. Schließlich war der Ein-Talenter nur ein Katapult von mehreren hundert, die der Stadt gehörten, und sämtliche Katapulte von Syrakus waren nur ein Teil des königlichen Aufgabengebietes. Wie dumm! Trotzdem stotterte er aus einer verwirrten Loyalität zu seiner Maschine und zu der Werkstatt, die sie produziert hatte: »K-könntest du mir sagen, wo der Regent ist oder wann er vermutlich wieder zu Hause sein wird?«

Agathon zog die Augenbrauen hoch. »Nein«, beschied er rundheraus, gab aber dann doch ein wenig nach und erklärte: »Letzte Nacht bekam er eine Botschaft vom König. Wir haben bei Messana einen Sieg über die Römer errungen. König Hieron hebt die Belagerung auf und kehrt nach Syrakus zurück. Er sollte morgen da sein. Bis dorthin wird der Regent vermutlich mehr als genug zu tun haben. Ich werde ihm deine Botschaft so bald wie möglich übermitteln.«

»Oh!« sagte Archimedes und blinzelte begriffsstutzig. Syrakus hatte die Römer bei Messana besiegt – war Syrakus wirklich dabei, den Krieg zu *gewinnen*? Dank allen Göttern! Aber – wenn Syrakus wirklich gewonnen hatte, warum wurde dann die Belagerung von Messana aufgehoben? Und warum kam der König heim? Sollte man nicht nach einem Sieg die Belagerung verstärken, um die Stadt zu erobern?

Er rief sich zur Vernunft und schaute wieder Agathon an. Irgendein Ausdruck im Gesicht des Türhüters hinderte ihn daran, nach einer Erklärung zu fragen. Statt dessen kam er verwirrt auf das Thema zurück, das ihn hierhergebracht hatte. »Ich, äh, hoffe, daß du es dem Regenten bald erzählen kannst«, sagte er ernst.

»Weißt du, dieser Ein-Talenter – er steht mitten in der Werkstatt und nimmt eine Menge Platz weg. Wir müssen ihn woanders aufstellen, und dazu müssen wir wissen, wo. Außerdem bekomme ich kein Geld und kann nicht mit dem nächsten anfangen, bis der erste abgenommen ist.«

»Ich werde es dem Regenten so bald wie möglich mitteilen«, sagte der Türhüter kurz, dann lehnte er sich gegen den Türpfosten, verschränkte die Arme und warf Archimedes einen zynischen Blick zu. »Und?« fragte er erwartungsvoll.

Archimedes leckte sich die Lippen. Woher hatte der Türhüter gewußt, daß er noch etwas auf dem Herzen hatte? Und wie sollte er es ihm erklären, ohne respektlos zu erscheinen? Er betastete das Päckchen in der Mantelfalte. »Ich, äh«, setzte er nervös an. »Als ich, äh, das letzte Mal hier war, habe ich mir ein Auge verletzt. Die, äh, Schwester des Königs war so freundlich und hat mir ihr wassergetränktes Aulosband zum Auflegen gegeben. Ich möchte ihr das Band wiedergeben und mich für ihre Freundlichkeit bedanken.« Er zerrte das Päckchen heraus – ein kleines Bündel, ordentlich in ein Papyrusblatt gewickelt – und zeigte es Agathon.

Ohne eine Miene zu verziehen, schaute ihn Agathon an. Er war unentschlossen. Sollte er das Päckchen nehmen und versprechen, daß er es mit dem Dank übergeben würde? Die Aussicht auf das enttäuschte Gesicht des jungen Hoffenden war zu verlockend. Aber er entschied sich dagegen. Der Bericht von Epimeles über die Talente des Archimedes hatte ihn tief beeindruckt, obwohl seine Bewunderung diesbezüglich voll und ganz Delia galt und nicht dem Mann, den sie entdeckt hatte. Auch Hieron besaß die Gabe, sich immer Männer auszusuchen, die ihm nützlich sein konnten, und das fand Agathon einfach wunderbar. Er fand, Delia verdiente, zu hören, wie sich ihre Entdeckung entwickelte. »Na schön«, meinte er nachsichtig, »hier entlang.«

Er geleitete den Besucher durch den vorderen Teil des Hauses, am Vorzimmer vorbei, und in den Garten mit dem Brunnen hinaus, wo er ihm zu warten befahl. Eigentlich grenzte der Garten an die Frauengemächer des Hauses, und alle Männer, die nicht zum

Haushalt gehörten, durften nicht weiter hinein. Agathon verschwand im Haus.

Abwartend stand Archimedes neben dem Brunnen. Es war ein heißer Tag, und der schwere, unbequeme, gelbe Mantel juckte selbst im Schatten des Gartens. Immer wieder kratzte er sich, bis er schließlich zum Brunnen hinüberging und sich ein bißchen Wasser ins Gesicht spritzte. Aus der Säulenhalle hinter ihm drang das Geräusch von leisen Schritten. Mit tropfnassem Gesicht schaute er hoch und sah, wie Delia in Begleitung von zwei Frauen und einem Kind auf ihn zukam. Eine der Frauen trug die schmucklos biedere Kleidung der Sklaven, während die andere – eine gutaussehende Frau um die Dreißig – eine lange, purpur- und goldfarbene Tunika anhatte und die rotbraunen Haare zum Zeichen der königlichen Würde mit einem purpurfarbenen Band zurückgebunden hatte.

Er hatte sich genau überlegt, was er sagen würde, wenn Delia auftauchte, aber beim Anblick der in Purpur gehüllten Frau hatte es ihm die Sprache verschlagen. Wie benommen starrte er sie an. Er hatte nicht erwartet, daß er sich noch einmal mit der Schwester des Königs unter vier Augen unterhalten durfte. So naiv war er nicht gewesen, aber genausowenig hatte er eine Königin als Anstandsdame erwartet. Natürlich überlegte er, war ja gar nichts *Ungewöhnliches* dabei, daß Delia eine solche Begleitung hatte. Schließlich war sie die Schwägerin der Königin. Vermutlich verbrachten sie viel Zeit miteinander. Aber der Anblick seiner Flötenspielerin und ihrer königlichen Eskorte ließ ihn spüren, wie töricht seine Gedanken an sie gewesen waren.

Dann lächelte Delia, und sofort dachte er wieder genauso an sie wie immer.

»Archimedes, Sohn des Phidias, gute Gesundheit!« sagte Delia freundlich. »Agathon meinte, du möchtest dich bei mir für etwas bedanken?«

Er erinnerte sich ganz genau an seine Rede. Im wesentlichen hatte sie soeben den ersten Satz daraus wiedergegeben. Also versuchte er zu überlegen, wie er sie auf der Stelle umschreiben konnte, ließ es dann aber errötend bleiben. »Äh, ja, ich – das heißt, du hast dein Mundband ruiniert, als du es mir gegeben hast –, ich meine, als du es naß gemacht hast. Ich, äh...« Seine Kehle war wie zugeschnürt. Dann gab er auf und streckte ihr nur das kleine Päckchen in seiner Papyrushülle hin.

Die Königin musterte ihn amüsiert, das Kind, ein Junge, starrte ihn unverwandt an, wie es nur Fünfjährige können. Aber Delia nahm das Päckchen mit hochgezogenen Augenbrauen entgegen, wickelte es aus und hielt dann beide Mundbänder hoch. Durch das Wasser hatte sich das alte ein wenig verfärbt, wenn auch nicht schlimm. Das neue war das beste, was er kaufen konnte: angenehm im Tragen und doch kräftig, ein weiches Leder, dessen Außenseite mit einem blauen Mäandermuster verziert war.

»Wie reizend von dir«, sagte Delia. Sie war wirklich begeistert. Das alte Mundband war ihr einzig unverziertes gewesen. Punzierte oder bestickte hatte sie genug, aber die Stickerei juckte immer, und die Prägung drückte sich in die Wangen, wenn man fester blies, und lenkte sie ab. Dieses Band konnte nur ein Aulist ausgesucht haben, das konnte sie tragen. Sie warf Archimedes einen warmen Blick zu. Heute morgen sah er wesentlich weniger schmutzig und schäbig aus, dachte sie bei sich. Eigentlich sah er sogar ganz gut aus. Gelb stand ihm. Er hatte nette, hellbraune Augen und ein nettes, längliches, ausdrucksvolles Gesicht.

»Ich konnte nicht zulassen, daß du wegen mir etwas verlierst, meine Dame«, sagt er. Inzwischen hatte er sich wieder ein wenig gefaßt. »Danke für deine Leihgabe.«

»Geht's deinem Auge besser?« Sie hatte sich bereits selbst davon überzeugen können. Der blaue Fleck rings um die Augenhöhle wurde zwar allmählich blasser, war aber immer noch sichtbar, und im Auge selbst war ein böser, roter Striemen geblieben.

»Wesentlich besser, danke«, antwortete er, dann schluckte er und verstummte betreten.

Delia spürte, wie sich ihre Schwägerin zur Konversation anschickte. Als Agathon Archimedes angekündigt hatte, hatte sie der Königin erklärt, daß es sich um einen Katapultingenieur handelte, der zufällig Aulos spielte, und daß sie sich bei seinem letzten Besuch ein wenig übers Flötespielen unterhalten hatten. Jetzt schickte sich Philistis ganz bestimmt an, ein paar Worte zum Thema Flöte zu sagen, denn Kriegsmaschinen konnte sie nicht ausstehen.

Der kleine Junge kam ihr zuvor. »Delia hat gesagt, du machst Katapulte«, sagte er in vorwurfsvollem Ton zu Archimedes.

Archimedes blinzelte ihn an. Das Kind hatte rotbraune Locken und die haselnußbraunen Augen der Königin. Es war bekannt, daß Hieron einen Sohn hatte: Gelon. Zweifelsohne handelte es sich bei dem pummeligen Jungen um diesen Sohn, der der nächste Tyrann von Syrakus werden würde, falls nicht die Demokratie oder die Römer dazwischenkamen.

»Ja«, antwortete er höflich, »ich habe gerade eines fertig gebaut.«

»Ich mag Katapulte«, sagte Gelon begeistert. Da merkte Archimedes, daß er mit seinem vorwurfsvollen Ton nur auf sich aufmerksam machen wollte. »Ist es groß? Wirft es Steine, oder schießt es Pfeile? Wie weit kann es werfen?«

»Es ist ein Ein-Talenter, eine Steinschleuder«, antwortete Archimedes. »Größer als derzeit alle anderen Katapulte in der Stadt. Nur beim Heer steht noch ein gleich großes. Ich weiß nicht genau, wie weit es werfen wird, weil wir es noch nicht ausprobiert haben. Ich bin hierhergekommen, um den Reg... deinen Großvater zu fragen, wann und wo ich es testen soll.«

»Wie schwer ist denn ein Talent?« wollte Gelon wissen.

»Schwerer als du, mein Gelonion«, sagte die Königin. »Jetzt reicht's aber mit Katapulten!«

»Das ist aber groß!« rief der kleine Gelon begeistert und beachtete seine Mutter gar nicht. »Vielleicht könntest du mich mit dem Katapult schießen, wenn's irgendwo einen weichen Platz zum Landen gäbe. Dann könnte ich wie ein Vogel durch die Luft sausen!«

Die Sklavin – offensichtlich seine Amme – schnalzte entsetzt mit der Zunge. »Kindchen, vergiß diesen Gedanken!« rief sie. »Mein liebes Lämmchen, das würde dich umbringen!«

»Ich sehe nicht ein, wie mich das Fliegen umbringen kann!« antwortete Gelon indigniert.

»Das Fliegen nicht«, erklärte ihm Archimedes, »aber der Wurf selbst. Überleg mal: Mein Ein-Talenter müßte ein sechzig Pfund schweres Gewicht hundertzwanzig oder sogar hundertfünfzig Meter weit schleudern, und das Geschoß soll so hart aufschlagen, daß es steinerne Zinnen durchbrechen und Häuser zertrümmern kann. Überleg mal, was der Stein fühlt, wenn ihn die Sehne trifft!«

Bei dieser Vorstellung riß Gelon weit die Augen auf, dann strahlte er bewundernd. »Das ist aber ein gutes Katapult!« sagte er.

Archimedes grinste. Lieber wäre es ihm gewesen, wenn diese Worte von Delia gekommen wären, aber auch von diesem Kind nahm er sie als willkommenes Kompliment. »Ich denke schon. Auch der Vorarbeiter in der Werkstatt denkt das – wenigstens hat er *gesagt*, es sei das Beste, was er je gesehen hätte.«

Delia war begeistert. Agathon hatte zwar ein bißchen von dem, was ihm Epimeles erzählt hatte, durchblicken lassen, aber dennoch freute sie sich über die Bestätigung. Trotzdem war sie irgendwie erleichtert, daß sie sich nicht persönlich nach dem Katapult hatte erkundigen müssen. Auch wenn ihr Interesse an Archimedes rein theoretischer Natur und völlig unschuldig war, so wie sich eben ein Herrscher für einen möglicherweise wertvollen Staatsdiener interessierte – ihre Umgebung würde ihr das nie glauben. Alle nahmen an, Mädchen in ihrem Alter hätten nur das Thema Liebe im Kopf.

»Das wird die Römer *zerschmettern*!« strahlte Gelon und knallte seine kleine Faust in die Handfläche. *Klatsch!*

Wieder grinste Archimedes. »Das hoffe ich auch!«

»Klar, mein Papa hat die Römer schon zerschmettert«, setzte der Junge altklug hinzu. »Hast du's gehört? Aber ich denke, daß wir sie noch einmal zerschmettern müssen, bis der Krieg vorbei ist.«

»Gelon, jetzt reicht's!« sagte die Königin streng. »Puh, was für ein heißer Tag heute, viel zu heiß, um sich über Krieg zu unterhalten. Archimedes, Sohn des Phidias, meine Schwester hat mir erzählt, daß du den Aulos spielst. Vielleicht möchtest du uns – falls du auf meinen Vater wartest – zum Zeitvertreib ein wenig mit Musik erfreuen?«

Wieder blinzelte Archimedes. Wenn der Tyrann von Syrakus einen Sieg errungen hatte, warum wollte dann die Ehefrau des Tyrannen nicht darüber reden? Trotzdem sagte er mit einer Verbeugung: »Gnädige Dame Philistis, ich schätze mich glücklich, für dich spielen zu können, falls du das möchtest.« Normalerweise wurden Frauen nicht namentlich angesprochen, aber Hieron hatte gemeinsam mit seiner Frau den Göttern Weihegaben dargebracht. Sobald ein Name in den Tempeln stand, war es wohl kaum ungebührlich, ihn auszusprechen. »Allerdings habe ich meine Flöten nicht mitgebracht.«

»Ich würde es *gerne* tun«, warf Delia rasch ein, die das Musizieren jeder Konversation vorzog. Sie schnalzte mit den Fingern und rief der Amme zu: »Melaina, geh und hole zwei Paar Auloi.« Sie lächelte Archimedes an. »Könnten wir im Duett spielen?«

Archimedes antwortete mit einem breiten Lächeln. Gelon machte ein abschätziges Geräusch. Er hätte lieber noch mehr über Katapulte erfahren, aber da ihm die Erwachsenen nicht den Gefallen taten, überließ er sie sich selbst. Da gab es doch in einer Ecke des Gartens unter dem Gestrüpp ein spannendes Loch zum Herumbuddeln. Eilig trollte er sich, während seine Amme beschäftigt war und ihm nicht sagen konnte, daß er sich nicht schmutzig machen sollte.

Als die Amme mit den beiden Auloipaaren zurückkam, steckte Archimedes die Doppelrohrblätter in die Mundstücke seines Paares und probierte die Schieber aus. Man hatte ihm einen Bariton und einen Baß gegeben, vermutlich hielt man Instrumente tieferer Tonlagen eher für einen Mann geeignet. Delia hatte einen Alt- und einen Tenor-Aulos. Eigentlich mochte er ja die mittleren bis höheren Auloi lieber, aber die Griffe waren dieselben. Bei einem Blick auf Delia sah er mit Befriedigung, daß sie das Mundband anlegte, das er ihr gegeben hatte. Er lächelte. Sie lächelte zurück, dann warf sie ihm ihr altes Band zu.»Hier«, sagte sie,»du kannst es dir noch ein bißchen länger borgen.«

Mit einem gemurmelten Dankeschön legte er es an. Er mußte daran denken, wie er für die Frau in Alexandria Aulos gespielt hatte. Einer seiner Freunde hatte ein Fest gegeben, und sie hatte ihn spielen gehört. Am nächsten Tag hatte sie ihm eine parfümierte Einladung in ihr Haus geschickt. Als Kurtisane hatte sie das Recht, jeden einzuladen, der ihr gefiel. Sie war eine der legendären Kurtisanen von Alexandria, eine jener Frauen, die mit den Göttern an Schönheit wetteiferten. Er hatte erwartet, daß sie ihn wieder fortschicken würde, sobald sie merkte, daß er nicht reich war, aber sie hatte es nicht getan. Wenigstens nicht für geraume Zeit. Und als sie ihn schließlich fortgeschickt hatte, war dies ganz liebevoll geschehen:»Mein Liebster, du ruinierst dich für mich, und das kann ich nicht erlauben, das weißt du.« Er hatte versucht, sie umzustimmen.»Ich kann noch mehr Wasserschnecken bauen!« Aber sie hatte geantwortet:»Nein, mein Liebster. Es gibt nur einen Pegasus. Ich will nicht diejenige sein, die ihn an die Erde fesselt, wenn er den ganzen Himmel besitzen kann.«

Laïs hatte sein Spiel gefallen, nun würde er sehen, ob es bei Delia genauso war.

Sie setzte ihre Flöten an die Lippen, schaute ihm in die Augen und intonierte dann dieselbe Euripides-Variation, die sie bei ihrer ersten Begegnung gespielt hatte. Ein paar Takte hörte er zu, dann stimmte er ein. Zuerst spielte er einfach dieselbe Melodie, nur tiefer, aber im weiteren Verlauf begann er sie mit Trillern und Synkopen zu verzieren. Delia bekam glänzende Augen. Sie verlegte die Melodie auf ihr Altinstrument und benutzte die Tenorflöte als Begleitung. Sofort zog Archimedes nach, indem er die Melodie auf seinem Baß-Aulos und die Begleitung auf dem Bariton spielte. Delia fügte auf ihrer Altflöte Synkopen hinzu, die Archimedes im Baß konterte. Sie spielten das Stück zu Ende und begeisterten sich an der Art und Weise, wie sich die hohen und tiefen Melodieteile in der Mittellage spiegelten.

Als dieses Stück zu Ende war, spielte Delia ein paar Verzierungstriller und ging dann unvermutet und ohne Vorwarnung in einen dramatischen Chorgesang mit einem komplexen, pochenden Rhythmus über. Während einer Phrase stimmte auch Archimedes ein, aber schon veränderte er spielerisch den Rhythmus, indem er sämtliche langen Schläge zerlegte und die kurzen miteinander verschmolz. Nach einem verblüfften Blick ihrerseits nahm er die Flöten von den Lippen, strahlte sie an und spielte dann weiter. Er ließ alle langen Schläge aus und ersetzte sie durch komplizierte Begleitphrasen. Delia riß die Augen auf. Archimedes stimmte wieder in die Melodie ein, aber nach wenigen Takten überließ sie ihm die Melodie und begann nach seinem Vorbild die Noten aufzulösen. Zuerst noch zögernd, aber plötzlich fand sie so viel Spaß daran, daß sie in einem furiosen Tremolo durch die Schläge jagte. Plötzlich ließ auch Archimedes die Melodie wieder fallen. Jetzt spielten beide ungefähr eine Minute lang die Begleitung zu einer Melodie, die nur noch in ihrer beider Köpfe als Idee vorhanden war und wie eine ungeheure Kraft zwei wilde Improvisationen miteinander verband. Dann nahm Archimedes die Melodie wieder auf, und nach einem halben Takt stimmte auch Delia ein. Gemeinsam verlangsamten sie das Tempo und ließen es in einer einzelnen, verlängerten Note ausklingen.

Gleichzeitig ließen sie ihre Flöten sinken, lächelten zur selben Zeit und riefen zusammen atemlos: »Du bist wirklich *gut*!« Daraufhin mußten beide lachen.

Delia wandte sich an ihre Schwägerin. »Hast du je so etwas gehört?« fragte sie begeistert.

Philistis schüttelte stirnrunzelnd den Kopf.

»Ach, in meiner Familie spielen wir jede Menge Improvisationen«, sagte Archimedes, während er die Flötenmundstücke an seinem Mantel abwischte. »Allerdings nicht auf den Auloi. Das heißt, ich schon, aber der Rest meiner Familie spielt Saiteninstrumente. Aber mit einem zweiten Aulisten zu spielen – bei Apollon, das ist wie – die Quadratur des Kreises!«

Philistis stand abrupt auf und strich ihre Tunika glatt. »Das war sehr... interessant«, sagte sie in einem Ton, als ob sie das Stück mit Mühe überlebt hätte.»Sehr... ungewöhnlich. Aber du darfst dich nicht länger von uns aufhalten lassen, mein guter Mann. Sicher wartet in der Katapultwerkstatt noch jede Menge Arbeit auf dich. Es tut mir leid, daß mein Vater noch nicht zurück ist. Ich werde ihm sagen, daß du hier warst.«

Beinahe hätte Archimedes geantwortet, daß seine Arbeit in der Werkstatt momentan abgeschlossen war, aber dann begriff er. Er war entlassen. Er öffnete den Mund – und klappte ihn wieder zu. Die Königin wünschte nicht, daß er sich wie ein alter Freund der Familie im Hause aufhielt. Eigentlich hätte ihn das nicht überraschen dürfen. Zögernd löste er sein Band und stand auf, gab Delia mit einer Verbeugung den Lederstreifen und die geborgten Auloi zurück und murmelte ein Dankeschön dafür. Dann rückte er mit einem bedauernden Seufzer seinen Mantel zurecht, wünschte den Damen einen guten Tag und brach mit hängenden Schultern auf.

Sobald er außer Sichtweite war, wandte sich Delia verärgert an die Königin.»Warum hast du ihm befohlen, zu gehen?« wollte sie wissen.»Das war nicht *interessant*, sondern *wunderbar*!«

»Ich habe ihn weggeschickt, weil ich dir deine Gedanken ablesen konnte«, sagte Philistis.»Schwester, er ist ein... ein *Katapultbauer*!«

»Ach, beim Zeus!« rief Delia angewidert.»Heißt das etwa, er soll nicht Flöte spielen? Nein, ich vergaß, du warst ja diejenige, die vorgeschlagen hat, daß er spielt. Dir hat es nur nicht gepaßt, daß ich mitgemacht habe. Aber ich *darf* musizieren, Philistis!«

Philistis verzog das Gesicht. Schon immer hatte sie das Gefühl gehabt, daß ein flötespielendes Mädchen etwas leicht Anrüchiges an sich hatte. Am liebsten wäre ihr gewesen, wenn Delia *keine* Erlaubnis hätte. Aber trotzdem drehte sich die Diskussion nicht um diesen Punkt.»Nicht mit verliebten jungen Männern«, sagte sie entschieden.

»Verliebte Männer!« rief Delia zornbebend.»Nie hast du etwas anderes im Kopf. Ich darf nirgends hingehen, nichts tun oder mit jemandem reden, nur weil mich diese verdorbene Kreatur namens

Liebe dabei ertappen könnte! Es war *wunderbar*, so zu spielen. Ich habe noch nie zuvor so gespielt. Es war reinste Musik und kein bißchen unanständig – aber sie mußte enden, weil ich meine Freude daran hatte!«

Philistis stieß einen entnervten Seufzer aus. Die Schwester ihres Mannes war wirklich ein schwieriges Wesen. Immer wollte sie das Unmögliche, und wenn es nicht ging, bekam sie einen Wutanfall.

»Ich unterstelle dir doch nichts Unanständiges, meine Liebe«, sagte sie beschwichtigend. »Ich *weiß* doch, daß du nur die Musik genossen hast. Aber Männer – besonders junge Männer – sind nun mal liebestolle Wesen. Schau ihnen nur in die Augen, und schon denken sie ans Bett. Es ist deine Pflicht, dafür zu sorgen, daß sie so etwas bei dir nicht denken. Eine wunderbare Zeit mit einem armen, unbedeutenden jungen Mann ist der beste Weg, um euch beide unglücklich zu machen.«

»Damit hatte es nichts zu tun!« sagte Delia indigniert. »Ganz und gar nicht!«

Sie hob die Auloi auf – alle vier – und begann, sie zu putzen.

Schon seit vielen Jahren war ihr klar, daß ihr Bruder vermutlich aus ihrer Ehe politischen Vorteil schlagen würde, indem er irgendein Bündnis mit einem mächtigen, sizilianischen Adeligen oder mit einem fremden Königreich bestärkte. Sie sehnte sich nicht danach, hatte diese Tatsache aber genauso akzeptiert wie auch die logische Konsquenz daraus, daß sie diesem Schicksal unter keinen Umständen zuwiderhandeln durfte, indem sie sich verliebte. Das war sie ihrem Bruder wegen all der Dinge, die er für sie getan hatte, schuldig.

An ihre Mutter konnte sich Delia nicht mehr erinnern, und als ihr Vater starb, war sie erst fünf Jahre alt gewesen. Das erste Jahr nach seinem Tod hatte sie bei der Schwester ihres Vaters und deren Mann gelebt. Es war das schlimmste Jahr ihres Lebens gewesen. Sie war das einzige legitime Kind ihres Vaters und die Erbin seines Besitzes. Ihr Onkel hatte den Besitz verwaltet und gehofft, sie würde sterben, damit er alles für immer unter Kontrolle bekäme. Natürlich hatte sie das damals noch nicht verstanden, sie hatte nur gemerkt, daß etwas mit ihr nicht stimmte. Er und seine Frau hatten sie gehaßt. Sie war ein böses, ungeschicktes, dummes Kind, das nichts recht machen konnte. Selbst die Sklaven haßten es, sie zu bedienen. Ständig war sie zwischen Extremen hin und her geschwankt. Entweder versuchte sie, sich durch anbiederndes Verhalten beliebt zu machen, oder sie stieß alle mit leidenschaftlichen Wutausbrüchen vor den Kopf. Ersteres hatten sie einfach ignoriert, und für letztere bekam sie drastische Strafen.

Dann befahl man sie eines Nachmittags ins Speisezimmer und stellte sie ihrem Halbbruder Hieron vor.

Sie hatte von seiner Existenz gewußt, obwohl im Haushalt immer nur im mißbilligenden Flüsterton von ihm gesprochen wurde: »Dieser *Bastard*, der soviel Erfolg in der Armee hat« – »Dieser *Bastard*, der zweite Rädelsführer der Meuterei« – »Dieser *Bastard*, der die Tochter von Leptines geheiratet und sich selbst zum Tyrannen gemacht hat!« Trotzdem war sie ihm noch nie vorher begegnet und wußte nicht, was sie mit ihm reden sollte. Ihre Tante hatte sie deswegen ausgeschimpft, aber Hieron hatte nur den Kopf geschüttelt.

Am nächsten Tag teilten Tante und Onkel ihr empört mit, ihr Halbbruder habe darauf bestanden, daß sie zukünftig in seinem Haushalt lebte. Völlig verschreckt war sie dort eingezogen, denn sie war felsenfest überzeugt gewesen, daß sie das Mißfallen ihres neuen Herrn und Meisters erregt hatte. Aber dann erwartete sie ein herzliches Willkommen und ein nie gekanntes, erhebendes Glücksgefühl. Die ersten Jahre hatte sie noch versucht, durch gutes Benehmen die Zustimmung ihres Bruders zu erwerben, aber allmählich begriff sie, daß sie sich nichts erwerben mußte. Hieron gab alles freiwillig und großzügig und mit einer humorvollen Toleranz, die ihr die Freiheit ließ, sie selbst zu sein.

Bisher hatte er es zumindest getan. Den einzigen Gunstbeweis, der von ihr erwartet wurde, hatte er noch nicht eingefordert, und so war sie allmählich mit ihrem Leben immer unzufriedener geworden. Sie war achtzehn und immer noch Jungfrau, und das in einer Welt, in der häufig schon vierzehnjährige Mädchen verheiratet wurden. Mädchen, die mit ihr zusammen Tanz- und Musikunterricht genommen hatten, waren längst Mütter, während sie noch immer ohne eigentliche Beschäftigung im Hause ihres Bruders lebte. Ihr Bruder zögerte, sie mit einem Ausländer zu verheiraten. Römische wie karthagische Aristokraten heirateten praktisch nie außerhalb ihrer Kreise, und aus der Verbindung mit einem unbedeutenden Prinzchen aus einem großen griechischen Königshaus ließ sich nur wenig Gewinn schlagen. Und was den syrakusischen Adel betraf, so hatte noch keine Hochzeit ausreichend politische Vorteile geboten.

Trotzdem haderte sie nicht mit ihrem Schicksal. Sie wäre froh, wenn sie Hieron auch nur den geringsten politischen Vorteil verschaffen könnte. Wütend redete sie sich ein, daß man sich schließlich nicht gleich in einen Mann verliebt, nur weil man mit ihm Flöte spielt.

Als Archimedes auf die Straße trat, ließ er noch immer den Kopf hängen, aber inzwischen mehr wegen der Hitze als aus Enttäuschung. Delia hatte sein Geschenk gemocht, und er hatte mit ihr im Duett spielen können. Die Musik war berauschend gewesen. Wenn sie regelmäßig zusammen spielen und ihre eigenen Stile kennenlernen könnten, könnte daraus etwas *wirklich Interessantes* entstehen!

Dann versuchte er sich vorzustellen, wie das zusammenpassen sollte: die Arbeit eines Katapultmachers und reguläre Duette mit der Schwester eines Königs. Jetzt ließ er erst recht den Kopf hängen. Gereizt lockerte er seinen Mantel. Für Wolle war es viel zu heiß.

Als er in die Hauptstraße einbog, sah er, wie der Regent Leptines inmitten einer zwölf Mann starken Soldatentruppe mit schnellen Schritten in die Durchgangsstraße einbog. Er packte den Saum seines Mantels, damit er nicht herunterfiel, und rannte hinterher. Als die hintersten Wachen der Eskorte merkten, daß er hinter ihnen herhetzte, blieben sie stehen. Ein halbes Dutzend Speere richtete sich auf ihn. Keuchend hielt er inne.

Leptines wollte wissen, was los war, und hatte zurückgeschaut.

Beim Anblick von Archimedes bedeutete er den Soldaten, sie sollten ihre Waffen schultern. »Was willst du?« fragte er gereizt.

»Ähm«, sagte Archimedes, »es geht um den Ein-Talenter, die Steinschleuder, gnädiger Herr. Ich bin gerade bei dir gewesen und wollte dir erzählen, daß er fertig ist, aber du warst nicht da. Wo sollen wir ihn aufstellen?«

»Wenigstens *etwas* ist in dieser gottverdammten Stadt fertig!« rief Leptines. »Funktioniert's denn?«

»Ja«, sagte Archimedes, ohne nachzudenken.

»Dann stell es auf dem Hexapylon auf«, sagte der Regent.

Auf der fünfundzwanzig Kilometer langen Stadtmauer von Syrakus standen überall Katapulte der unterschiedlichsten Größen herum. Die stärksten Maschinen konzentrierten sich auf die Batterien der großen Forts. Das Hexapylon Fort bewachte das Tor an der nördlichen Hauptstraße und bildete die erste Verteidigungslinie gegen jede Armee, die von Norden oder Messana heranrückte. Archimedes leckte sich die Lippen. »Jawohl, gnädiger Herr. Und die Versuchsreihe?«

Entweder hatte Leptines seine Vereinbarung mit Archimedes oder alle Details über Katapulte vergessen. »Du hast doch gesagt, es funktioniert!« rief er empört.

»Äh, Herr, ich bin überzeugt, daß es das tut!« protestierte Archimedes. »Leider können wir es innerhalb der Werkstatt nicht abfeuern, also brauchen wir einen Test, bevor wir es genau wissen und, äh, ich bezahlt werde.«

Mehrere Soldaten grinsten. Archimedes merkte, daß auch Straton darunter war.

Leptines runzelte eine Minute die Stirn, dann schnaubte er plötzlich amüsiert. »Na schön, stell es auf dem Hexapylon auf«, sagte er. »Und benachrichtigt mich, wenn ihr soweit seid. Dann werde ich einen Beobachter schicken. Wenn es funktioniert, fängst du sofort mit einem neuen an.«

»Jawohl, Herr!« sagte Archimedes.

»Gnädiger Herr!« sagte Straton schlau. »Soll ich den Katapulttransport arrangieren, Herr?«

»Tu das!« erwiderte der Regent und gab seiner Garde ein Handzeichen. Dann marschierte er mit ihnen die Straße hinunter. Straton blieb bei Archimedes zurück.

»Danke«, sagte Archimedes dankbar, »ich hätte nicht gewußt, wen ich dafür ansprechen sollte. Wir werden ein riesiges Fuhrwerk brauchen.«

Straton grinste. »Ich danke *dir*!« antwortete er. »Bin froh, daß ich nicht mehr rauf und runter rennen muß. Heute morgen sind wir schon zweimal vom Arsenal zum Flottenkai und zurück getrabt.« Er schob seinen Helm nach hinten und legte sich den Speer über die Schulter. »Außerdem möchte ich unbedingt einen Blick auf diesen Ein-Talenter werfen.«

Gemeinsam brachen sie Richtung Werkstatt auf, immer die Hauptstraße entlang. Leptines hatte den entgegengesetzten Weg eingeschlagen. Nach einer Minute sagte Archimedes verunsichert: »Im Hause des Königs hieß es, wir hätten einen Sieg errungen.«

Straton nickte. »So lautet die Botschaft.«

»Dann verstehe ich das nicht«, sagte Archimedes. »Warum hebt der König die Belagerung auf und kehrt zurück?«

Straton zuckte unter seiner Rüstung die Schultern. Ihm war nicht ganz wohl in seiner Haut. »Der Fuchs hat viele Tricks«, sagte er.

»Der Igel nur einen, aber der ist gut«, beendete Archimedes das Sprichwort, dann fuhr er fort: »Sicher, aber warum kehrt man in die Stadt zurück und spielt den Igel, wenn man so stark ist, um ein Fuchs zu sein und die Ratten zu fangen? Ich verstehe das nicht. War's denn ein Sieg?«

Wieder zuckte Straton die Schultern. »Es heißt so. Jedenfalls war's keine Niederlage. Aber eines weiß ich todsicher: König Hieron ist ein schlauer Fuchs. Wenn er meint, es wäre Zeit, die Belagerung aufzuheben und heimzukommen, dann hat er einen guten Grund dafür.«

Kurze Zeit gingen sie schweigend dahin. Die eigentliche Frage, die Archimedes auf dem Herzen lag, wagte er nicht zu stellen: »Werden die Römer König Hieron hierher nach Syrakus folgen und uns ihrerseits belagern?« Er konnte sich noch genau an die letzte Belagerung von Syrakus erinnern. Damals war er noch nicht ganz neun Jahre alt gewesen. Zuerst die Blockade, und dann waren die Nahrungsmittel knapp geworden. Die Familie hatte zwischen vier Erwachsenen und vier Kindern täglich einen Laib Brot aufgeteilt und Ratten gegessen, wenn sie welche erwischten. Wenn nicht, gab es Unkräuter und Käfer. Der Vorgänger von Marcus wurde krank und starb. Wenn es mehr zu essen gegeben hätte, hätte er wahrscheinlich überlebt. Einmal war Archimedes mit seinem Vater auf die Stadtmauer geklettert, wo sie gemeinsam Schatten vermessen hatten, um die Distanz zur Belagerungsarmee auszurechnen, die sie deutlich sehen konnten. Sie hatte ihr Lager unmittelbar hinter der Katapultschußlinie aufgeschlagen. »Was passiert, wenn sie hereinkommen?« hatte er gefragt, aber Phidias hatte den Kopf geschüttelt und sich geweigert, zu antworten.

Das waren damals die Karthager gewesen. Und sie waren nicht hereingekommen.

Sie hatten die Katapultwerkstatt erreicht und gingen hinein, um das große Biest anzuschauen, das noch genauso unverrückt dort kauerte. Plötzlich wirkte es auf Archimedes schöner denn je. Sollten die Römer ruhig kommen, auch sie würden nicht hereinkommen.

»Beim Herakles!« rief Straton erstarrt. »Das ist ein Monster!«

Als Epimeles sie sah, kam er eiligst herübergelaufen, aber bei diesem Ausruf hielt er inne und warf Straton einen irritierten Blick zu. »Das ist eine Schönheit!« verbesserte er ihn, dann wandte er sich an Archimedes. »Herr?«

»Es soll auf den Hexapylon«, sagte Archimedes. »Straton, der Sohn des Metrodoros, wird uns bei der Beschaffung des Transportmittels behilflich sein. Sobald wir es richtig installiert haben, wird man einen Aufseher schicken, der sich vom Funktionieren überzeugen soll. Und wenn alles klappt, können wir mit einem zweiten anfangen.«

»Gut«, sagte Epimeles befriedigt, »der Hexapylon, gut.«

Gemeinsam gingen sie zum Katapult hinüber und starrten bewundernd hoch. »Der Hexapylon«, wiederholte der Vorarbeiter, diesmal mit weicherer Stimme. »Wir könnten es den ›Begrüßer‹ nennen.«

Ein Katapult in der Größe des »Begrüßers« zu bewegen, war Schwerstarbeit. Das Biest mußte in seine Einzelteile – Ladestock, Lafette, Peritret, Arme – zerlegt und auf ein riesiges Fuhrwerk verfrachtet werden, das Straton aus dem militärischen Nachschubdepot besorgt hatte. Als sie damit fertig waren, war es viel zu spät, um zum Hexapylon aufzubrechen. Die Entfernung zur Werkstatt betrug fast sieben Kilometer. Statt dessen stellte man das beladene Fuhrwerk bis zum anderen Morgen wieder ins militärische Nachschubdepot.

Archimedes ging nach Hause. Inzwischen hatte sich die Nachricht vom Sieg bei Messana und von der bevorstehenden Rückkehr des Heeres in der ganzen Stadt herumgesprochen. Marcus hatte es nachmittags erfahren.

Er war zum nächsten Ziegellager auf der seewärts gerichteten Seite der Achradina gegangen, um für das Haus ein paar neue Dachziegel zu bestellen, und hatte den jungen Chrestos mitgenommen. Als sie hinkamen, standen die Ziegeleiarbeiter mitten im Dörrhof zusammen und diskutierten angeregt den Sieg. »Hat die Belagerungswälle angegriffen«, hörte Marcus beim Näherkommen und, »hat sie bis zur Stadtmauer zurückgeworfen!« Wortlos blieb er stehen, weil er befürchtete, daß sein italienischer Akzent bissige Bemerkungen zur Folge haben könnte. So blieb es Chrestos überlassen, hinzulaufen und sich nach dem Verlauf der ganzen Geschichte zu erkundigen. Ein hymnischer Bericht über die Weisheit König Hierons und seine tapferen Syrakuser war die Antwort. Marcus hörte aufmerksam zu, gab aber keinen Kommentar ab, denn ihm war genauso klar wie seinem Herrn und Meister, daß bei dieser Erzählung einige wesentliche Teile unter den Tisch gefallen waren. Nach kurzem Nachdenken wurde ihm klar, was es sein könnte. Ihn fröstelte. Trotzdem beschränkte er das Gespräch ausschließlich auf Dachziegel.

Als sie wieder im Haus am Löwenbrunnen waren, wiederholte

Chrestos begeistert vor der restlichen Familie den Siegesrapport, der mit großer Erleichterung aufgenommen wurde. Eine schreckliche Bedrohung hatte sich aufgelöst. Nur Philyra wurde trotz allem angst und bang. Wenn der König nach Hause kam, brachte er seine restlichen Ingenieure mit, und damit würden die Dienste ihres Bruders überflüssig. Aber eines war noch viel schlimmer: Wenn der Krieg schon zu Ende war, bräuchte man kein Katapult mehr, und Archimedes bekäme nichts bezahlt. Als Archimedes kurz danach persönlich zurückkam, bedrängte sie ihn mit Fragen zum Schicksal der Maschine.

»Sie wollen sie«, erklärte er ihr grimmig, »und außerdem wollen sie, daß ich eine zweite anfange, sobald die erste auch wirklich funktioniert.« Daraufhin verstummte seine Schwester, denn nun wurde auch ihr klar, daß die ganze Geschichte einen falschen Unterton hatte.

Der Haushalt aß zu Abend, anschließend wurde im Krankenzimmer ein wenig musiziert. Phidias lauschte aufmerksam, schien aber bald müde zu werden, so daß man das Konzert abbrach. Philyra überließ ihn einem Gespräch mit Archimedes über Astronomie und ging in den Innenhof, um auf ihrer Laute zu üben. Nach einiger Zeit kam Marcus von einem Botengang unten an der Straße zurück. Bei seinem Anblick unterbrach sie ihr Spiel und warf ihm einen vorwurfsvollen Blick zu. Rasch wischte er sich die Hände ab und musterte sie fragend.

»Welche Sorte Italiener bist du?« wollte sie wissen.

Bei dieser Bemerkung erstarrte sein Gesicht zu einer unbeteiligten Maske. »Herrin, das haben wir doch alles längst besprochen.«

»Aber du bist doch versklavt worden, nachdem du auf seiten der Römer in einem römischen Krieg gekämpft hast, oder?«

Einen Augenblick lang schwieg er, dann wandte er den Blick ab. Er mußte wieder an das Gemetzel denken, an die Schreie der Verwundeten und Sterbenden und an den Gestank seiner eigenen Todesangst. »Ja«, gab er schließlich zu.

»Du hast die Römer kämpfen sehen. Was tun sie, wenn sie eine Stadt erobern?«

»Das gleiche wie alle anderen auch.«
»Ich habe gehört«, sagte Philyra fest, »daß sie manchmal alle Lebewesen innerhalb der Stadtmauer töten, selbst die Tiere.«
»Manchmal tun sie's«, sagte Marcus zögernd. »Wenn sie ein Gelübde abgelegt haben, aber meistens nicht. Meistens plündern sie nur und errichten dann eine Garnison. Genau wie alle anderen.«
»Barbaren!« sagte Philyra und funkelte Marcus an. »Manchmal sind sie genauso wild, grausam und blutdürstig wie alle anderen und manchmal sogar noch schlimmer. Das meinst du doch damit. Hast du ihnen je bei der Eroberung einer Stadt geholfen?«
Marcus schüttelte protestierend den Kopf. »Herrin, als ich zur Armee kam, war ich nicht älter als du jetzt! Eigentlich muß man achtzehn sein, aber ich habe gelogen. Und als ich zum ersten Mal einen Krieg kennenlernte, bin ich... hier gelandet. Ich weiß über Belagerungen nicht mehr als du.«

Die Empörung in ihren Augen ebbte ein wenig ab, statt dessen schimmerte Angst durch. »Falls die Römer Syrakus erobern, wärst du frei, stimmt's?«

Wieder schüttelte er den Kopf, aber diesmal verneinend. »Meiner Meinung nach würden sie nicht einmal fragen, was ich früher war. Ein Sklave ist ein Sklave. Ich bekäme einen neuen Herrn oder würde getötet. Aber es ist Unsinn, wenn du dir darüber den Kopf zerbrichst, Herrin, weil sie Syrakus nicht erobern werden. Und außerdem hat die Stadt nach letzten Meldungen einen Sieg errungen.«

Jetzt war sie mit dem Kopfschütteln dran. »Warum kommt der König heim, wenn es wirklich ein Sieg war? Warum werden noch mehr Katapulte gebraucht, wenn es ein echter Sieg war?«

»Wo waren die Karthager während dieses Sieges?« antwortete er heftig. »Sie sollten doch die Verbündeten sein, aber ich habe nicht das geringste gehört, daß sie auch nur im entferntesten an den Kämpfen beteiligt waren.«

Anschließend bedauerte er seine Worte. Er hätte daran denken sollen: Philyra war viel zu intelligent, um die wahre Bedeutung nicht zu verstehen. Jetzt riß sie vor Furcht die Augen auf. Was wäre, wenn sich die Römer bei Messana mit den Karthagern geeinigt hatten? Rom und Karthago waren im Krieg gegen Pyrrhus von Epirus Verbündete gewesen, daher war es durchaus vorstellbar, daß sie sich jetzt auf eine Teilung Siziliens zwischen ihnen beiden geeinigt hatten. Sollte König Hieron den Verdacht hegen, daß sich seine neuen Verbündeten allmählich gegen ihn wandten, dann wäre das die Erklärung, warum er schleunigst seine Armee nach Hause holte. Syrakus konnte Rom nicht ohne die Hilfe Karthagos gegenübertreten. Wenn es Rom und Karthago gegen sich hätte, wäre sein Untergang besiegelt.

»Oh, ihr Götter, nein!« flüsterte Philyra.

Mit wenigen Schritten eilte Marcus über den Hof zu ihr hinüber, blieb aber dann hilflos stehen und wünschte sich sehnlichst, daß er den Mut hätte, ihre schmalen Schultern zu berühren. »Niemand wird Syrakus einnehmen«, erklärte er ihr. »Die Karthager haben's oft genug versucht und nie geschafft, und eines, Herrin, kann ich dir versichern: Eine Stadt wie diese werden die Römer nicht knacken. In der Belagerungstechnik seid ihr Griechen ihnen weit voraus. Noch nie hat jemand Syrakus im Sturm erobert, und das wird auch jetzt keiner schaffen.« Dann fügte er mit einem bemühten Lächeln hinzu: »Nicht, solange die Katapulte deines Bruders die Stadt verteidigen.«

Philyra holte tief Luft und redete sich ein, daß sie kein kleines Mädchen mehr war, das sich von Gerüchten erschrecken ließ. Danach brachte sie sogar ein Lächeln fertig. Ihr Blick wanderte zur Laute in ihren Händen hinunter. Sie hob sie an die Schulter und begann, ein kompliziertes Stück zu spielen, das ihre ganze Aufmerksamkeit erforderte und ihr keine Zeit zum Nachdenken ließ.

Im Krankenzimmer starrte Phidias mit seinen gelblichen Augen die Lampenflamme an, dann schaute er lächelnd zu seinem Sohn hinüber. »Erzähl mir doch noch einmal von der Hypothese des Aristarchos«, sagte er.

Archimedes zuckte die Schultern. Sein Vater war fasziniert von dieser Theorie, die in Alexandria ein aufregend großes, kontrovers diskutiertes Thema gewesen war.« Er behauptet, daß sich die Erde auf einer Kreisbahn um die Sonne bewegt.«

»Und die anderen Planeten genauso?«

»Richtig.«

»Und was ist mit den Sternen?« fragte Phidias. »Wenn sich die Erde tatsächlich um die Sonne drehen würde, dann würden sich doch auch die Fixsterne verschieben, wenn wir sie von unterschiedlichen Punkten der Erdlaufbahn aus unterschiedlichen Blickwinkeln betrachten.«

»Nein! Das ist ja gerade der interessanteste Aspekt«, sagte Archimedes. Allmählich erwärmte er sich für dieses Thema. »Aristarchos behauptet, das Universum sei viel, viel größer als bisher angenommen. Er behauptet, daß der ganze Kreis, den die Erde auf ihrer Umlaufbahn beschreibt, im Vergleich zur Größe der Fixsternsphäre nur ein Punkt sei.«

»Das ist Unsinn«, meinte Phidias. »Schließlich hat ein Punkt keine Ausdehnung.«

»Na schön, dann eben kein Punkt! Aber etwas unvergleichlich Kleines, so klein, daß die gesamte Drehbewegung der Erde keinerlei Einfluß auf unser Bild der Fixsterne hat.«

»Du glaubst das, stimmt's?« fragte Phidias.

»Es ist eine Hypothese«, erwiderte Archimedes und wurde dabei ein wenig rot. »Die Beweise reichen weder für die eine noch für die andere Variante aus. Vermutlich haben die Leute recht, die sagen, daß man sich immer dann, wenn es keine Beweise gibt, für die Erklärung entscheiden sollte, die mit dem Augenschein am ehesten übereinstimmt. Das hieße also, daß sich die Sonne um die Erde dreht. Aber trotzdem – mir gefällt die Hypothese.«

»*Oi moi!* Dir gefällt der Gedanke, daß die Erde wie eine Staubflocke durch einen unsagbar großen Weltraum wirbelt? Mir wird dabei ganz schwindlig!«

Archimedes grinste, meinte aber: »Es erscheint mir sinnvoll, daß das Universum unvergleichlich groß ist. Denn eines steht fest: Je mehr ich es betrachte, desto mehr Dinge sehe ich, die ich nicht verstehe.«

Phidias lag schon der Satz auf der Zunge: »Wenn bereits du nicht viel verstehst, wieviel Hoffnung bleibt dann für den Rest von uns?«, aber er sprach ihn nicht aus. Er hütete sich, zuzugeben, wie sehr er sich anstrengen mußte, um Ideen, die für Archimedes sonnenklar schienen, auch nur annähernd zu begreifen. Seit jeher hatte ihn sein Sohn als ebenbürtig betrachtet, und darauf war er fast so stolz wie auf seinen Sohn selbst. Sein Sohn, der begabteste Schüler, den er je unterrichtet hatte, der tiefgründigste Geist, dem er je begegnet war. Zärtlich betrachtete ihn Phidias. Allmählich verlor Archimedes sein Lächeln. Seine Augen glänzten zwar noch, aber während er die unendliche Weite des Universums berechnete, bekamen sie einen abwesenden Ausdruck. Phidias wußte, daß sie ihn schon längst nicht mehr wahrnahmen, und einen Augenblick spürte er jenen leisen Schmerz, den alle Eltern empfinden, wenn sie merken, wie absolut fremd ihnen ihr Kind ist. Dieser Körper, der von dir stammt und den du ernährt hast, enthält jetzt einen Verstand voller Ideen, die du nie begreifen wirst. Er beugte sich hinüber und ergriff die Hand seines Sohnes. »Medion«, sagte er ein wenig atemlos, »schwöre mir, daß du nie, niemals die Mathematik aufgeben wirst.«

Verblüfft schaute ihn Archimedes an. »Papa, du weißt doch ganz genau, daß ich die Mathematik als letztes auf der Welt aufgeben würde!«

»Das meinst du«, sagte Phidias, »aber es stimmt nicht. Wenn deine Familie hungert oder leiden muß, das ist wirklich das letzte auf der Welt, was du willst, und das ist gut so, denn es sollte auch das allerletzte sein, was du geschehen läßt. Aber versprich mir, daß du nie die Mathematik aufgeben und deine Seele an die Erde verkaufen wirst, auch wenn du dir die Zeit fürs Studium stehlen und nach der Tagesarbeit mühsam darum ringen mußt. Egal, wie müde du bist und wie wenig dich irgend jemand begreift. Schwör es mir.«

Archimedes zögerte, dann ging er zur Wasserschüssel neben dem Bett, wusch sich feierlich die Hände und hob sie zum Himmel. »Ich schwöre bei Apollon, dem Delier, dem Pythier«, erklärte er ernst, »bei Urania und allen Musen, bei Zeus und der Erde und der Sonne, bei Aphrodite, Hephaistos und Dionysios und bei allen Göttern und Göttinnen, daß ich nie die Mathematik aufgeben werde und den Funken, den mir der Gott geschenkt hat, erlöschen lasse. Wenn ich dieses mein Wort nicht halten sollte, möge mich der heilige Zorn aller Götter und Göttinnen treffen, bei denen ich geschworen habe, und ich des jammervollsten Todes sterben. Aber wenn ich es in Ehren halte, dann mögen sie mir gewogen sein!«

»So sei es«, flüsterte Phidias.

Archimedes trat wieder ans Bett und ergriff mit einem Lächeln die Hand seines Vaters. »Aber diesen Schwur hätte es nicht gebraucht, Papa«, sagte er. »Ich versuche, es aufzugeben, und rede mir ein, ›keine Spielereien mehr!‹ – aber es klappt nie. Ich kann es nicht lassen, und du *weißt* das.«

Phidias lächelte ebenfalls. »Ich weiß«, flüsterte er, »trotzdem möchte ich, daß du es nicht einmal versuchst. Nicht für Katapulte und auch für sonst nichts.«

6

Für den Großteil der Stadt war der nächste Tag »der Tag der Rückkehr von König Hieron« – bis auf Archimedes. Für ihn waren der König und seine Armee lediglich eine lästige Unterbrechung des Tages, an dem der »Begrüßer« transportiert wurde.

Nur ein einziger Handwerker – Elymos – assistierte ihm dabei, denn Eudaimon bestand darauf, daß alle übrigen in der Werkstatt blieben, um bei einem anderen Pfeilgeschütz zu helfen. Zum Glück war Straton noch immer für den Transport der Maschine zuständig, und lange vor Tagesende sollte Archimedes über seine Mithilfe sehr froh sein. Das schwere Ochsenfuhrwerk brauchte über zwei Stunden bis zum Hexapylon hinaus, und als sie endlich am Fort angekommen waren, mußten sie feststellen, daß es keinen Kran gab, um den Ein-Talenter auf die umfriedete Plattform des ausgewählten Turmes hinaufzuhieven.

Die Plattform bildete den ersten Stock eines der vier äußeren Türme des Forts. Normalerweise plazierte man große Katapulte im untersten Turmgeschoß und überließ die oberen Stockwerke den leichteren Geräten. An der Plattform, die zum Innenhof des Forts offenstand, führte eine Steintreppe vorbei, aber drei Mann konnten unmöglich einen neun Meter langen Ladestock die Treppe hinaufmanövrieren. Straton überredete die Garnison des Forts, ihnen ein paar Seile und Flaschenzüge zu leihen, woraus Archimedes Hebewerke baute. Trotzdem war der halbe Nachmittag vorbei, ehe sämtliche Katapultteile auf ihrer Plattform lagen. Und dann mußten sie erst noch zusammengesetzt werden. Währenddessen tauchte König Hieron mit seiner Armee vor den Toren auf. Die gesamte Fortbesatzung rannte hinüber, um dem vorüberreitenden König zuzujubeln, darunter auch Straton, was Archimedes für ziemlich überflüssig hielt. Er baute zwischenzeitlich mühsam seine Hebewerke um, damit der Ladestock des Katapults wieder in die Lafette eingepaßt werden konnte. Insgeheim dachte er wütend, Straton wäre besser dageblieben, um auf Zuruf die Zugrichtung der Seile zu ändern.

Aber kaum war der König weg, meinte Straton, er müsse nun Fuhrwerk und Ochsen wieder auf die Ortygia bringen, und verabschiedete sich ebenfalls. Nun mußten sich Archimedes und Elymos ganz allein abplagen. Als das Katapult endlich komplett an seinem Platz stand, war es bereits dunkel. Inzwischen taumelte Archimedes längst vor Erschöpfung. Die Seile hatten seine Hände derart aufgeschürft, daß er nicht mehr feststellen konnte, welche Blase gerade weh tat. Als die Arbeit beendet war, musterte er erst seine Blasen und dann Elymos, der vielleicht noch mehr Blasen hatte und erschöpfter war als er selbst. »Falls du nicht mehr den ganzen Weg zur Ortygia zurücklaufen willst«, erklärte er dem Sklaven, »kannst du heute nacht bei mir im Haus schlafen.«

»Sehr freundlich von dir, Herr«, sagte Elymos bedrückt, »aber auf Geheiß von Epimeles muß ich heute nacht hier bleiben.«

»Hier?« fragte Archimedes verblüfft, wobei er sich in dem nackten Raum umsah. Das Katapult war zwar zugedeckt, aber niemand käme auf die Idee, diesen Ort als bequem zu bezeichnen. Die Plattform hatte einen ungehobelten Bretterboden und stand zur Hofseite offen. In einer Ecke lagerte ein Haufen Vierzig-Pfund-Geschosse, die Überreste eines früheren Katapults.

»Ist schon in Ordnung«, bestätigte der Sklave kläglich. Auf Befehl von Epimeles durfte er das Katapult nicht aus den Augen lassen und mußte sich darunter einen Schlafplatz bauen.

»Aber – warum?« fragte Archimedes völlig perplex.

Elymos zuckte nur die Schultern und spuckte zur Schießscharte hinaus. Epimeles hatte ihm auch erklärt, er dürfe Archimedes nicht beunruhigen. »Wir wollen nicht, daß der Junge abgelenkt wird«, hatte er gesagt. »Schließlich möchten wir ihm nicht die Chance verderben. Wenn er jetzt unbeschwert durchs Ziel geht, wird er den Siegerkranz erringen, aber wenn er anfängt, über einen möglichen Spurt nachzudenken, fällt er vielleicht am Ende über seine eigenen Füße.«

»Vielleicht«, fuhr Elymos hoffnungsvoll fort, »könntest du den Hauptmann des Forts um eine Matte samt Decke und ein kleines Abendessen bitten?«

»Na klar«, sagte Archimedes verwirrt. »Wenn du willst, werde ich mich auch darum kümmern, daß du dazu noch etwas Wein bekommst.«

»Ich danke dir, Herr!« sagte Elymos mit strahlenden Augen.

Während seines langen Heimwegs kam Archimedes zu der Ansicht, daß sich Elymos mit seinem Angebot, auf dem Hexapylon zu übernachten, eigentlich sehr einfühlsam benommen hatte. Die Achradina war nicht ganz so weit weg wie die Ortygia, aber es war noch immer ein weiter Weg. Als er zu Hause ankam, war es schon sehr spät. Marcus ließ ihn gähnend herein, aber die anderen Familienmitglieder schliefen bereits seit Stunden. Nein, Elymos hatte es ganz richtig gemacht, daß er gleich beim Katapult schlief.

Trotz seiner Erschöpfung hatte Archimedes Mühe, einzuschlafen. Mit schmerzenden Händen wälzte er sich in der Hitze herum, während sein Kopf fieberhaft alle Möglichkeiten durchdachte, die bei seinem Katapult schiefgehen konnten. Als er endlich in einen unruhigen Schlummer fiel, träumte er, eine Armee greife den Hexapylon mit Rammböcken und Belagerungstürmen an. Bei einem Vorstoß bis an die Befestigungsmauern würde der Feind endgültig eindringen und alle töten, das war ihm klar. Genauso wußte er aber auch, daß er ihn zurückhalten könnte, wenn es ihm gelang, sein Katapult abzufeuern – aber das Katapult zerfiel ihm unter den Händen. Verzweifelt drosch er darauf ein. Als er mit der zerschundenen Hand gegen das Bett knallte, war er endgültig wieder wach.

Stöhnend rollte er sich auf den Rücken und starrte in die Dunkelheit hinauf. In seinen Händen pochte es. Nach einer Minute stand er auf, ging hinunter und goß etwas Wasser in einen Eimer, um seine Blasen zu kühlen. Über dem Innenhof hing schimmernd die Milchstraße. Die Sternbilder hatten sich schon weit Richtung Morgen gedreht. Archimedes setzte sich mit dem Rücken an die Wand, kühlte die Hände im Eimer und schaute den Sternen zu. Unendlich weit entfernt und ewig schön. Die ganze Erde war unvergleichlich winzig und Syrakus nur ein Tupfer auf einer Staubflocke. Er schloß die Augen und stellte sich die grenzenlose Sphäre des Universums vor. Und endlich verblaßte die Erinnerung an das Katapult.

Er schlief bis weit in den nächsten Morgen hinein und war noch immer nicht wach, als es an die Haustür donnerte. Marcus, der sich im Hof aufhielt, öffnete die Tür und fand zwei Männer in voller Rüstung vor. Einer davon war Straton, aber derart aufgeputzt, daß man ihn kaum wiedererkannte. Der andere, ein drahtiger Mann mit dem Purpurmantel und dem sternengeschmückten Helm eines Offiziers, trug einen wunderschönen Bronzepanzer, der mit glitzernden Silbermedaillons verziert war. »Ist das das Haus von Archimedes, dem Sohn des Phidias?« erkundigte sich der Offizier.

Marcus nickte. Sein Gesicht verwandelte sich in eine Maske.

»Ich muß ganz kurz mit ihm reden«, sagte der Offizier.

Philyra kam in Tunika und mit losen Haaren über die Treppe in den Innenhof herunter, merkte, daß ein fremder Mann an der Tür stand, und wich mit einem leisen Aufschrei wieder auf die Treppe zurück. Der Offizier grinste wohlgefällig zu ihr hinüber, was Marcus ganz und gar nicht paßte. »Herrin, dieser edle Herr möchte deinen Bruder sprechen«, verkündete er. Um von vornherein klarzumachen, daß es sich um die Tochter des Hauses handelte und nicht um ein Sklavenmädchen, betonte er die Anrede besonders. Mit einem Kopfnicken eilte Philyra wieder die Treppe hinauf.

Sie platzte ins Zimmer ihres Bruders und schrie: »Medion! Medion! Ein *Offizier* ist für dich da!« Ihr Bruder hob stöhnend den Kopf und zog sich gleich wieder die Decke über.

Philyra riß ihm die Decke weg, warf ihm die erstbeste Tunika zu, die ihr unter die Hände kam, und schon bald stolperte er barfuß und unrasiert die Treppe hinunter, hinaus in den Hof. Man hatte Dionysios, den Sohn des Chairephon, in den Hof gebeten, wo er inzwischen mit Arata plauderte, während Straton an der Tür zur Straße Wache hielt. Als Archimedes auftauchte, zog der Hauptmann die Augenbrauen hoch.

»Zieh dich an«, befahl er.

»Ich, äh«, sagte Archimedes, wobei er sich mit der Hand durch seine zerzausten Haare fuhr. Die erste Zeit nach dem Aufwachen war noch nie sein Fall gewesen, und außerdem war er in der letzten Nacht so müde gewesen, daß er nichts mehr essen konnte. Und wenn er es recht bedachte, dann war es ihm mit dem Mittagessen nicht anders ergangen. »Ich, äh – testen wir vielleicht heute morgen das Katapult?«

»Der König inspiziert heute morgen die Forts an der Mauer«, sagte Dionysios kurz angebunden. »Insbesondere hat er darum gebeten, beim Testversuch deines Katapults anwesend zu sein. Ich weiß nicht genau, wann er den Hexapylon erreichen wird, aber ich bin *jetzt* unterwegs, um mich seiner Eskorte anzuschließen. Also – zieh dich an. Wenn er auftaucht und du bist nicht da, dann bist du deine Stelle los.« Er nickte allen zu und brach auf. Straton grinste Archimedes an und setzte im schnellen Schritt hinterdrein.

Erneut kratzte sich Archimedes am Kopf, dann seufzte er. Philyra verschwand noch einmal nach oben und kam mit seinem guten Mantel wieder. »Laßt mich wenigstens mal etwas *essen*!« protestierte er mit einem angewiderten Blick auf das Kleidungsstück. Hätte Philyra beim Weben doch bloß an Leinen gedacht.

»Medion!« rief Philyra ärgerlich. »Das war der *Hauptmann der Ortygia-Garnison*. Er hat dir ausrichten lassen, daß du dich auf Wunsch des *Königs* beeilen sollst!«

»Meiner Meinung nach sind alle Bürger vor dem Gesetz gleich!« verkündete Archimedes stolz.

»Und meiner Meinung nach braucht dieser Haushalt ein geregeltes Einkommen!« warf ihm Philyra an den Kopf.

Arata schnalzte zustimmend mit der Zunge. Theoretisch war es ja in Ordnung, die Demokratie zu unterstützen, aber in der Praxis war Geld eine gute Sache, und dafür mußte man sich eben der

Macht beugen. »Du kannst dir ja was zum Essen mitnehmen«, beruhigte sie ihren Sohn. »Ich werde einen Korb richten, und Marcus kann ihn dann tragen.«

Mit Marcus im Schlepptau, erreichte Archimedes noch vormittags den Hexapylon, jedoch der König war nicht da. Er hatte seine Inspektionsrunde am südlichen Ende der Stadt begonnen, und niemand wußte, wann er zum Hexapylon käme. Die Fortbesatzung war immer noch am Putzen und Polieren. Mißmutig ging er zur Katapultplattform, wo er den »Begrüßer« aufgebaut hatte.

Elymos lag noch immer unter der großen Maschine, aber als die beiden hereinkamen, setzte er sich auf. Er war blaß und fühlte sich nicht ganz wohl. In der vergangenen Nacht hatte man ihn großzügig mit Wein versorgt, und nun mußte er für die Folgen büßen. Zerstreut nickte ihm Archimedes zu und begann zu überprüfen, ob die Katapultsehnen richtig gespannt waren.

Marcus setzte den Essenskorb ab und starrte das Katapult an. So ein großes hatte er noch nie gesehen. Nach einer Weile fuhr er mit der Hand der Länge nach über das rauhe Eichenholz des Ladestocks, anschließend ging er zum Ende des Schlittens und schaute mit einer Hand am ungespannten Auslöser zur Öffnung hinaus. Er stellte sich vor, wie ein sechzigpfündiges Geschoß durch die Luft flog, und erzitterte.

»Ist doch 'ne Schönheit, oder?« fragte ihn Elymos.

Marcus gab keine Antwort. Beim Anblick des »Begrüßers« kam ihm nicht gerade der Begriff Schönheit in den Sinn. Er warf einen Blick zu seinem Herrn hinüber, der die Schießscharte geöffnet hatte und hinausstarrte. Nur schwer ließ sich jemand, der derart zerstreut und weichherzig war, mit einem so mächtigen und tödlichen Ding in Verbindung bringen. Seine eigenen Wünsche hatten sich ins Gegenteil verkehrt. Einen Augenblick lang wurde ihm buchstäblich übel. Diese Maschine sollte ein überragender Erfolg werden, das hatte er sich zum Wohl des Haushaltes und zum Wohl von Syrakus gewünscht. Aber daß diese Maschine gegen Römer und römische Verbündete eingesetzt würde, also gegen seine eigenen Landsleute, das war bestimmt nicht sein Wunsch gewesen.

Archimedes zog seinen neuen Mantel aus und ließ ihn auf das Gesims der Schießscharte fallen. »Marcus, wo bleibt das Essen?« nörgelte er.

Gemeinsam setzten sie sich an die offene Schießscharte und verspeisten das Brot und die Feigen, die ihnen Arata eingepackt hatte. Elymos saß dabei, wollte aber nichts zu essen.

Die Morgensonne durchflutete die Landschaft unter ihnen. Der Ausblick war atemberaubend. Die Gründerväter von Syrakus hatten damals lediglich die Hafenzone umfriedet. Damit konnte sie jeder Angreifer angreifen, der die Epipolaehöhen westlich der Stadt beherrschte. Als nun die Stadt mächtiger wurde, hatte man entlang dieses Höhenzuges Verteidigungsmauern gebaut, die Kilometer vom Herzen der Stadt entfernt waren und die Gegend von allen Seiten abriegelten. Diese Befestigungsanlagen waren nicht nur gut gewartet, sondern wurden auch laufend auf den neuesten technischen Stand der Kriegskunst gebracht. Die ursprünglich offenen Schutzwälle hatte man mit einem geteerten Steildach versehen, um die Verteidiger gegen brennende Katapultgeschosse zu schützen. Die Wachttürme und auch die Mauer selbst bekamen Schießscharten mit Bronzeläden. Vom Turm des Hexapylons aus konnten Marcus und Archimedes jene Straße sehen, die sich nach Norden durch eine fruchtbare Landschaft schlängelte, an Feldern und Weinbergen vorbei. Und über allem thronte in weiter Ferne der rauchende Ätna mit seiner Schneekappe. Als Archimedes seine Mahlzeit beendet hatte, starrte er nachdenklich den Vulkan an: Warum brach er aus? Gab es einen Zusammenhang zwischen seiner ungezähmten Natur und seiner Form, die definitiv einem stumpfen Kegel glich? Stumpfe Kegelsegmente besaßen einige äußerst interessante Eigenschaften. Er sah sich nach einer Möglichkeit zum Zeichnen um.

Als König Hieron endlich beim Turm des Hexapylons ankam und die Treppe hinaufstieg, fand er einen jungen Mann in abgetragener Tunika vor, der mit einem Brotmesser auf den Bodenbrettern herumkratzte. Sobald der Kopf des Königs auf der Treppe auftauchte, sprangen die beiden Sklaven, die hinter ihm am Ende des Riesenkatapults gesessen hatten, augenblicklich auf, während der junge Mann selbstvergessen weiterkratzte.

Der König kletterte die letzten Stufen hoch und betrat die Katapultplattform. Hinterdrein kam sein Gefolge: vier Stabsoffiziere, sein Sekretär, Dionysisos, der Hauptmann des Hexapylon, der Katapultmacher Eudaimon, der Oberingenieur Kallippos und sechs Wachen, einschließlich Straton. Ohne einem von ihnen auch nur die geringste Beachtung zu schenken, hockte sich Archimedes auf die Fersen, kaute am Griff des Brotmessers herum und musterte stirnrunzelnd seine Skizzen.

Nervös beäugte Marcus den König. Endlich trat er einen Schritt vor und zischte verzweifelt: »Archimedes!«

»Hm?« fragte Archimedes durchs Brotmesser.

Der König trat näher und starrte auf die Kritzeleien hinunter: zwei identische Kurven – der Schnitt durch einen mächtigen Doppelkegel. »Hyperbeln«, stellte er fest.

Archimedes grunzte zustimmend und nahm den Messergriff aus dem Mund. »Wenn ich doch nur meinen Zirkel hier hätte«, sagte er, »und einen Herrscher.«

»Ein Herrscher ist jedenfalls hier«, sagte der König.

Archimedes wanderte mit den Augen von der Zeichnung zu den Füßen vor ihm. Plötzlich begriff er die Bedeutung der goldbeschlagenen Sandalen samt ihren Purpursenkeln. Er schaute hoch, sprang auf und lief knallrot an.

Der König lächelte. Er war untersetzt – einen ganzen Kopf kleiner als Archimedes – und hatte ein freundliches, rundes, gutmütiges Gesicht mit schwarzen Locken und scharfen Augen, die genauso dunkel waren wie bei seiner Schwester. Trotz seines Purpurmantels, der gleichfarbenen Tunika und dem purpurfarbenen Stirnband zum Zeichen der Königswürde, sah er eher wie der Wirt eines Landgasthofes aus als wie ein sizilianischer Tyrann. Er war jünger, als Archimedes vermutet hatte, knapp über fünfunddreißig. »Ich nehme an, du bist Archimedes, der Sohn des Phidias?« sagte er.

»Äh, ja«, stotterte Archimedes und versuchte, sich zu erinnern, was er mit seinem Mantel angestellt hatte. »Äh – gute Gesundheit, o König!«

»Gute Gesundheit! Ich habe deinen Vater gekannt«, sagte König Hieron. »Ja, ich habe sogar in meiner Jugend einige Monate bei ihm studiert. Die Nachricht von seiner Krankheit hat mich sehr getroffen. Was fehlt ihm denn?«

Archimedes, der immer noch rot vor Verlegenheit war, gab stotternd einen kurzen Krankenbericht ab. Aufmerksam hörte Hieron zu, dann bat er Archimedes, dem Kranken seine Genesungswünsche zu übermitteln. »Und sag ihm, daß ich mir immer die Möglichkeit zu einem längeren Studium bei ihm gewünscht habe«, fügte er hinzu. »Aber das ist heute nicht unser Thema. Das ist der Ein-Talenter, den du für mich gebaut hast, ja?« Hieron spazierte zum Katapult hinüber. »Beim Herakles, was für eine mächtige Maschine! Und wofür ist dieses Rad?«

»Zum leichteren Drehen, gnädiger Herr«, sagte Archimedes und demonstrierte es.

Sofort beugte sich Hierons Oberingenieur Kallippos – ein großer, ungefähr vierzigjähriger Mann mit Hakennase – übers Katapult und schubste seinen König mit dem Ellbogen beiseite. Prüfend betrachtete er das System aus Flaschenzügen und Winden aus der Nähe. »Ist das Alexandrinisch?« wollte er wissen.

»Ähem, nein«, sagte Archimedes. Ihm war nicht recht wohl in seiner Haut. »Ich, äh, habe das eben erst selbst entwickelt. Trotzdem, es funktioniert.«

Kallippos stieß einen halb zischenden, halb pfeifenden Laut zwischen den Zähnen aus und zog ein ungläubiges Gesicht. Sachte schob Hieron seinen Ingenieur wieder beiseite und übernahm selbst die Winden. Er zielte am Ladestock entlang durch die Öffnung, richtete das Katapult auf ein leeres Feld nördlich der Straße und ergriff dann die dritte Winde, um den Ladestock zu heben.

»Das funktioniert noch nicht so ganz gut«, erklärte ihm Archimedes verlegen. »Beim nächsten werde ich etwas anderes ausprobieren.«

Hieron runzelte die Augenbrauen, dann drehte er die Winde.

Sie ging sehr hart. Kallippos mußte ihm helfen, aber gemeinsam neigten sie das große Katapult langsam so weit nach hinten, bis es seinen maximalen Höhenwinkel erreicht hatte. »Es funktioniert«, meinte Hieron. »Welche Veränderung hattest du denn vor?« Archimedes erklärte seine Idee mit einer Schraube, die an einem Rad unterm Katapult befestigt sein sollte. Wieder stieß Kallippos diesen Zischlaut aus und schaute noch ungläubiger drein. Bis jetzt hatte man Schrauben lediglich verwendet, um Dinge zusammenzuhalten.

Hierons Lächeln verstärkte sich. »Ich freue mich schon darauf«, sagte er, »aber bevor du das nächste beginnst, schauen wir uns jetzt mal an, wie dieses hier schießt. Ich muß doch sehen, daß es funktioniert. Erst dann kannst du bezahlt werden. War es nicht so abgemacht?« Er nickte dem Hauptmann des Forts zu, der seinerseits den Soldaten zunickte. Am Morgen hatte man Munition mit einem Talent Gewicht heraufgeschafft. Jetzt wurde ein sechzigpfündiger Stein herübergerollt. Unter furchterregendem Stöhnen wand man die Katapultsehnen zurück, um das Geschoß plazieren zu können.

Archimedes blinzelte. Das Stöhnen hatte anders geklungen als damals in der Werkstatt – tiefer und unreiner. »Wartet!« rief er und trat an die eine Katapultseite. Ein massiver Strang aus gedrehten Haaren bildete die Sehnen, die beim Anreißen einen dumpfen Ton von sich gaben. Er tauchte unter der nach oben gerichteten Schnauze durch und riß die Sehnen auf der anderen Seite an. Wieder ein dumpfer Ton – aber tiefer.

»Es ist verstimmt!« rief er entsetzt. Er konnte es nicht fassen. Noch am Morgen waren die Sehnen in Ordnung gewesen.

Im Gefolge des Königs regte sich Mißfallen. Man lockerte die Zugsehnen des Katapults wieder, um die Spannung neu justieren zu können. Archimedes kletterte auf den Ladestock, lief auf dem Schlitten bis zum Peritret hoch und lockerte die bronzene Schutzkappe an der Vorderseite jenes Sehnenbündels, das den tiefen Ton von sich gegeben hatte. Katapultsehnen wurden immer mit Hilfe eines kreuzförmigen Schlüssels gedreht, der anschließend mit Bolzen in einem Träger verankert wurde. Äußerlich schien das Gerät in Ordnung zu sein, aber als die beiden Sehnenbündel erneut angerissen wurden, war der Unterschied in der Tonhöhe sogar noch ausgeprägter. Jemand reichte Archimedes das schwere Drillgerät – eine Konstruktion aus Winde und Kurbel – hinauf. Er paßte es in das Kreuz ein, ohne genauer hinzusehen, wer ihm geholfen hatte. Um sich selbst abzustützen, legte er ein Bein über den Rahmen, drehte die Sehnen und sicherte sie. Dann nickte er Elymos zu, er solle die Sehnen auf der anderen Seite anreißen. Wieder dieser tiefe Ton. Erneut riß er seine Sehnen an. Sie klangen immer noch zu tief. Aber da war noch etwas viel Schlimmeres: Noch während des Nachhalls rutschte der Ton nach unten. Irgend etwas gab hier ständig nach. Mit gerunzelter Stirn überprüfte er die Bolzen – sie waren in Ordnung. Wieder riß er die Sehnen an, und der Ton sackte noch weiter ab.

Er sah sich nach dem König um, wobei er merkte, daß Hieron direkt unter ihm stand. Er war es gewesen, der das Drillgerät hochgereicht hatte. Wieder lief Archimedes rot an. Schlimm genug, daß sein Katapult nicht ordentlich funktionierte. Daß es vor den Augen des Königs versagte, war noch schlimmer, aber am allerschlimmsten war, daß sich der König als ein Mann entpuppte, der offensichtlich etwas von Katapulten verstand. »Tut mir leid, gnädiger Herr«, sagte er bedrückt, »meiner Meinung nach ist etwas mit der unteren Befestigung nicht in Ordnung. Die Spannung läßt ständig nach. Ich – ich werde zum Überprüfen die Sehnen abnehmen müssen und muß sie dann wieder aufspannen.«

Einer kicherte hämisch. Mit einem raschen Blick in die Runde stellte Archimedes fest, daß es Eudaimon gewesen war.

Dagegen wirkte Hieron mitfühlend und meinte: »Na schön, dann tu das mal.«

»D-das wird aber eine gute Stunde dauern«, stotterte Archimedes zutiefst beschämt.

»Macht nichts«, sagte der König fröhlich, »ich wollte sowieso irgendwo zum Mittagessen anhalten. Spann das Ding neu, dann werden wir es nach dem Essen testen.«

»Gnädiger Herr!« rief Eudaimon schockiert und verblüfft zugleich. »Dieses Katapult funktioniert nicht. Du wirst doch wohl nicht noch mehr Zeit dafür verschwenden?«

Hieron fixierte ihn mit einem strahlenden Lächeln. »Sohn des Kallikles, so wenig verstehe ich nun auch wieder nicht von Katapulten!« rief er. »Jedes Katapult kann sich verstimmen. Wir wissen also noch nicht, ob das hier funktioniert oder nicht. Schließlich haben wir es noch nicht abgefeuert und festgestellt, daß es krumm schießt, oder? Was natürlich genau dann passiert wäre, wenn es beim Abfeuern falsch gestimmt gewesen wäre. Können wir nicht von Glück reden, daß unser junger Archimedes hier so ein musikalisches Ohr hat? Den meisten Leuten wäre das Problem erst aufgefallen, wenn es zu spät gewesen wäre. Was in dem Fall aber doppelt schade gewesen wäre, weil man ihn entlassen hätte, stimmt's? Oh, aber vielleicht hätte dich dieser Vorfall gefreut.«

Eudaimon wurde ganz blaß. Archimedes konnte nicht verstehen, warum. Auch Elymos war blaß geworden, während Archimedes selbst vor Verlegenheit noch immer einen roten Kopf hatte und sich viel zu sehr schämte, um sich über die beiden den Kopf zu zerbrechen. Er fing an, die Bolzen zu lösen, um an die Sehnen heranzukommen.

»Ich werde helfen«, bot Eudaimon plötzlich an.

»Nein«, sagte Hieron immer noch lächelnd, »das glaube ich nicht. Kallippos, du bleibst hier und hilfst. Und wenn du irgend etwas finden solltest, dann sag es mir. Du, Eudaimon, kommst mit und erklärst mir, weshalb wir auf der Verteidigungsmauer so viele Pfeilgeschütze haben und nur so wenige Steinkatapulte.« Er schnalzte mit den Fingern, dann stieg er wieder mit seinem Gefolge die Treppe hinunter. Der Hauptmann war schon vorausgeeilt, um das Essen vorzubereiten.

Kallippos beobachtete den Abmarsch mit ziemlich finsterer Miene, dann wandte er sich an Archimedes. »Wenn ich was finde, soll ich's ihm sagen!« rief er. »Was soll ich denn überhaupt finden?«

Archimedes steckte bis zu den Ellbogen in Katapultsehnen. »Hm?« tönte es.

Nach einem kurzen Blick merkte Kallippos, daß jedes Wort sinnlos war, und begann seinerseits beim Lösen der Sehnen zu helfen.

Als sie die vielen braunen und schwarzen Haare endlich aus dem Bohrloch herausgeholt hatten, fiel aus den Strähnen ein ungefähr handlanges Metallstück klappernd auf die Bodenbretter. Kallippos hob es auf. Es war – eine Rasierklinge.

»Beim Zeus!« murrte der Oberingenieur, fuhr mit der Hand prüfend durch die zerzausten Haarsträhnen und fand die Stelle, wo die Rasierklinge gesteckt hatte. Einige Sehnen waren gleich zerschnitten worden, als man die Rasierklinge dazwischengesteckt hatte, aber erst als die gespannte Bogensehne gegen die Klinge drückte, wurde allmählich der überwiegende Teil gekappt. Eine höchst subtile Falle, die erst dann entdeckt werden sollte, wenn es längst zu spät war.

Einen Augenblick starrte Archimedes die Rasierklinge an, dann wanderte sein Blick zu Marcus weiter, ungläubig und doch anklagend. Ihm fiel niemand sonst ein, der bewußt ein syrakusisches Katapult sabotieren würde. Aber auch Marcus starrte voller Empörung die Rasierklinge an.

Da durchbrach ein kläglicher Schrei die verblüffende Stille. Elymos warf sich Archimedes zu Füßen und rief: »Ach, Herr! Er muß es letzte Nacht getan haben! Genau während ich schlief, muß er hereingekommen sein und sie ganz rasch hineingesteckt haben. Das ging ganz leise, und ich war viel zu müde, um aufzuwachen.«

Plötzlich zog Marcus ein finsteres Gesicht. »Müde! Betrunken warst du, du Arschloch! Du hättest es nicht einmal gemerkt, wenn sich jemand mit einer gottverdammten Axt über die Maschine hergemacht hätte!«

Elymos wimmerte. »Ich war aber müde! Den ganzen Tag haben wir geschuftet, um das Ding aufzustellen, und hatten nicht mal einen Kran. Bitte, Herr« – er wandte sich wieder an Archimedes –, »sag du Epimeles, daß ich mich an seinen Auftrag gehalten habe. Ich bin in der Nähe geblieben. Hab die ganze Nacht direkt darunter geschlafen, aber du weißt doch, wie müde ich war.«

»Ich verstehe das nicht«, sagte Archimedes hilflos. »Willst du damit sagen, Epimeles hat mit einem Sabotageanschlag auf mein Katapult gerechnet?«

»Ich weiß gar nichts!« rief Elymos verzweifelt. Inzwischen war ihm klargeworden, daß er bereits viel zuviel gesagt hatte. Falls dieser Vorfall ein juristisches Nachspiel hätte, würde man ihn sicher foltern. Ohne vorherige Folter traute das Gesetz höchst selten der Zeugenaussage eines Sklaven. »Ich habe nur getan, Herr, was mir Epimeles aufgetragen hat, das ist alles!«

Niedergeschmettert starrte Archimedes in die Luft. Er mußte daran denken, was bei einem Versagen des Katapults passiert wäre. Allein die Sehnen hätten ihn dreißig Drachmen gekostet und das Holz, Importeiche aus Epirus, der Meter zu drei Drachmen, ganz zu schweigen von der Bronze und dem Erz... Er malte sich aus, wie er seiner Familie zu Hause hätte erklären müssen, daß er nicht nur arbeitslos war, sondern auch seine sämtlichen Ersparnisse verloren hatte. Und das zu einem Zeitpunkt, an dem die Stadt vielleicht mit einer Belagerung rechnen mußte. »Delischer Apollon!« rief er und sackte auf den Ladestock.

»Das werde ich dem König zeigen«, sagte Kallippos und hob die Rasierklinge auf. »Und du, Freundchen«, wandte er sich zu Elymos, »du kommst mit mir.«

Wieder heulte Elymos auf, kroch zu Archimedes und umklammerte bittend seine Knie. »Bitte, Herr!« flehte er. »Laß nicht zu, daß sie mich schlagen!«

Archimedes brachte sich mit einem kleinen Schritt in Sicherheit. »Laß ihn in Ruhe!« sagte er.

Kallippos funkelte ihn wütend an, aber Archimedes blinzelte nur, dann holte er tief Luft und sagte: »Wir wissen immer noch nicht, ob dieses Katapult funktioniert. Und wenn nicht, macht es auch keinen Sinn, wenn wir uns den Kopf wegen der Rasierklinge zerbrechen, ja? Und wenn wir die Tests durchführen sollen, dann brauche ich diesen Mann, um neu zu bespannen.«

Kallippos starrte ihn noch immer wütend an.

»Es ist Sache des Königs, ob er sich mit Elymos unterhalten möchte«, beharrte Archimedes.

Kallippos schnaubte, nickte aber trotzdem und stolzierte davon, die Treppe hinunter. Die Rasierklinge hielt er vorsichtig zwischen Daumen und Mittelfinger.

Elymos stieß einen langen, zittrigen Seufzer aus. Er war erleichtert, aber noch ehe er ein Wort sagen konnte, ging Marcus rasch zu ihm hinüber und versetzte ihm einen derartig heftigen Hieb an die Schläfe, daß er umfiel.

»Bei meinen Leuten«, meinte Marcus grimmig mit tiefer Stimme, »wird ein Posten, der während der Wache einschläft, üblicherweise von den Männern zu Tode geprügelt, deren Leben er gefährdet hat. *Du* verdienst es, daß man dich bewußtlos prügelt! Wenn das Katapult nicht funktioniert hätte, hätten wir persönlich für diesen Mistkerl geradestehen müssen!«

»Marcus!« protestierte Archimedes. »Laß ihn in Ruhe! Wir müssen das Katapult aufziehen.« Er stand auf und prüfte Strähne für Strähne die ölverschmierten Haare, um zu sehen, was davon noch zu retten war.«

Als der König eine halbe Stunde später mit seinem Gefolge wieder auftauchte, war das Katapult bereits aufgezogen und Archimedes beim Stimmen.

König Hieron wirkte noch genauso vergnügt und interessiert wie zuvor, nur Eudaimon war nicht mehr dabei. Niemand machte eine Bemerkung über den abwesenden Katapultbauer, und auch über die Rasierklinge fiel kein Wort. Archimedes drillte die Sehnen fertig und prüfte, ob auf beiden Katapultarmen dieselbe Spannung lag. Dann wurde die große Maschine zum zweiten Mal aus- und aufgerichtet, die Sehnen gespannt und das Geschoß vorsichtig an seinen Platz gehievt. Jeder brachte sich außer Reichweite der immensen Arme, die sich derart weit nach hinten gebogen hatten, daß sie beinahe parallel zum Schlitten standen. Zum zweiten Mal visierte Hieron am Ladestock entlang, dann betätigte er den Auslöser.

Der »Begrüßer« gab ein tiefes Bellen von sich, das viele Laute in sich vereinte: das hohle Sirren der Sehnen, das Donnergepolter des Steines, als er den Schlitten entlang sauste, und der ohrenbetäubende Knall, mit dem die Arme gegen die Seitenplatten droschen. Man konnte das Geschoß wegen seiner hohen Geschwindigkeit nicht verfolgen, aber als die Zuschauer zur Schießscharte rannten, sahen sie den schweren, schwarzen Stein weit draußen in dem angepeilten Feld einschlagen. Lachend hieb Hieron seine Faust in die Hand. »Beim Zeus!« rief er. »Es hat die Reichweite eines nur halb so großen Gerätes!« Er machte mit der Hand eine Kreisbewegung zu den anderen hin, und wieder wurde das Katapult geladen. »Diesmal etwas näher!« befahl der König. Die Katapultspannung wurde leicht gelockert, dann kam der zweite Schuß. »Wunderschön!« sagte der König. »Und jetzt ein bißchen nach links – etwas nach rechts – Feuer! Oh, wunderschön!«

Nachdem das Katapult ungefähr ein dutzendmal abgefeuert worden war, traten alle Zuschauer zurück und grinsten einander an. Der Hauptmann des Hexapylons strahlte dabei fast so sehr wie Archimedes. »›Begrüßer‹ – so habt ihr ihn getauft?« fragte er und streichelte den Auslöser der Maschine. »Bei allen Göttern, nach einem Begrüßungsgruß von diesem Helden wird sich der Feind mit Grausen davonmachen!«

»Ich denke, wir können alle bestätigen, daß dieses Katapult seinen Test überzeugend bestanden hat«, sagte Hieron zufrieden.

Archimedes leckte sich eifrig die Lippen. Jetzt gab es Geld und etwas, was für die Sicherheit seiner Familie noch viel entscheidender war: das Angebot für einen Posten als königlicher Ingenieur mit geregeltem Einkommen.

Aber Hieron sagte lediglich: »Kannst du ein noch Größeres bauen?«

»Oh!« Archimedes war überrascht, wenn auch nicht unangenehm. Der Bau des »Begrüßers« hatte ihm Spaß gemacht, aber eine Kopie davon würde selbst mit dem zusätzlichen Schraubenrad wesentlich weniger interessant sein. »Ja, selbstverständlich. Äh – wie groß denn?«

Hieron schenkte ihm ein wohlwollendes Lächeln. »Wie groß könnte deine größte Maschine werden?«

»Nun, ich, äh...« sein Blick wanderte über die Katapultplattform. »Ich meine, das hängt damit zusammen, wieweit man gehen möchte. Meiner, äh, Ansicht nach könnte man auf so einer Plattform nichts Größeres als einen Hundert-Pfünder unterbringen.«

Plötzlich trat Stille ein, dann zischte Kallippos wieder ungläubig.

»Natürlich, wenn man, äh, es auf den *Erdboden* stellt«, fuhr Archimedes verlegen fort, »könnte man auch ein noch Größeres bauen. Meiner Ansicht nach gäbe es, äh, erst dann Materialprobleme, wenn die Drei-Talent-Grenze überschritten wird. Man bräuchte dazu eine Menge Material und außerdem – Kräne und Geräte«, er wedelte mit der Hand vage durch die Luft, »zum Laden. Und wenn es erst einmal steht, könnte man es nur sehr schwer wieder transportieren.«

»Könnte man es, wie dieses hier, zielgenau ausrichten?« fragte Hieron ruhig.

Archimedes blinzelte. »Nun – wahrscheinlich bräuchte man dafür Windetrommeln. Aber mit genügend Seilen kann man alles bewegen.«

Kallippos schüttelte den Kopf. »Gnädiger Herr!« beteuerte er dem König. »Niemand hat je etwas Größeres als einen Zwei-Talenter gebaut, nicht einmal für Demetrios Poliorketes, den Städtebelagerer, oder für Ptolemaios von Ägypten.«

»Psst!« machte Hieron, der Archimedes immer noch leutselig anlächelte. »Laß mal sehen, ob ich dich richtig verstanden habe. Behauptest du tatsächlich, daß du jedes Katapult bauen kannst, egal, wie groß es ist?«

»Die ideale Mechanik kennt keine Grenzen«, sagte Archimedes. »Wenn man etwas korrekt baut, und es funktioniert nicht, dann liegt das am zu schwachen Material, das man verwendet hat, aber nicht daran, daß die Prinzipien falsch waren. Das ist dasselbe wie bei Hebeln und Rollen. Theoretisch kann man jedes Gewicht beliebiger Größe mit der kleinstmöglichen Kraft bewegen.«

»Das behauptest du!« rief Kallippos, der nun seinen Ärger und seine Entrüstung offen zeigte. »Aber ich habe noch nie jemanden ein Haus mit Hilfe von Hebeln und Rollen bewegen sehen!«

»Wenn man mir einen festen Punkt gibt, könnte *ich* die Erde bewegen!« erklärte Archimedes.

»Hier ist Syrakus und nicht Alexandria!« fuhr ihn Kallippos an. »Die Erde und nicht ein Wolkenkuckucksheim!«

»Egal, ein Haus könnte ich trotzdem bewegen!« erklärte ihm Archimedes trotzig. »Oder – ein Schiff.«

Jetzt strahlte Hieron übers ganze Gesicht. »Würdest du behaupten, auch das sei unmöglich zu bewerkstelligen?« fragte er seinen Oberingenieur.

Kallippos warf Archimedes und dem König einen gleich bitterbösen Blick zu und nickte.

Hieron wandte sich an Archimedes. »Dagegen behauptest du, du könntest das?«

»Ja«, antwortete Archimedes, ohne nachzudenken. »Mit genug Seilen.«

»Dann tu's«, ordnete der König an. »Ich möchte es sehen. Liefere mir einen Beweis für die ideale Mechanik. Ich ermächtige dich hiermit, daß du dich nach Belieben jedes Schiffes, jeder königlichen Werkstatt und aller nötigen Seile bedienen kannst. Aber – Katapulte.« Er schlug auf den »Begrüßer«. »Hol dir Eudaimon zum Nachbauen, wenn er dazu fähig ist. Übrigens – er untersteht ab jetzt dir. Für heute hat er frei, aber morgen sollte er wieder in der Werkstatt sein. Wenn nicht oder wenn er dir irgendwelche Probleme bereitet, dann laß es mich wissen. Verbessere alle seine Fehler, aber im übrigen laß ihn die aktuelle Tagesarbeit leiten. Ich wünsche, daß *du* dich auf einen Hundert-Pfünder konzentrierst. Eigentlich sogar auf einen Dreihundert-Pfünder, denn ich hoffe, daß Eudaimon nach deinem ersten Prototyp auch das genausogut kopieren kann. Wenn du mit ersterem fertig bist, kannst du allmählich über den Drei-Talenter nachdenken. Nein, machen wir einen Zwei-Talenter daraus. Für Kräne haben wir nicht genug Zeit. Übrigens, verschiebe nicht die Arbeit an deinem

Beweis. Ich möchte sehen, wie du eigenhändig ein Schiff bewegst.«

Archimedes blinzelte dumm. Er fühlte sich überrollt und wußte nicht, was er sagen sollte.

»Oh«, fügte der König hinzu, »außerdem hat mir meine Schwester erzählt, was für ein ausgezeichneter Aulist du bist. Hättest du Lust, morgen abend zu mir nach Hause zum Essen zu kommen und deine Instrumente mitzubringen?«

Archimedes spürte, wie ihm wieder heiß im Gesicht wurde. Er öffnete den Mund, aber als kein Ton herauskam, machte er ihn wieder zu. Dann versuchte er es nochmals. »Äh, ja«, keuchte er, »ich danke dir, o König.«

»Ausgezeichnet!« sagte Hieron. »Nun denn, du kümmerst dich jetzt besser um deinen Beweis und um die Katapulte – und ich muß noch die anderen Forts besichtigen. Richte deinem Vater meine besten Wünsche aus. Hat er einen guten Arzt?«

»Ich – ich«, stotterte Archimedes, »ich denke schon.«

»Wenn du möchtest, schicke ich meinen Leibarzt hinüber.« Und dann mit einem Fingerschnalzen an seinen Sekretär gerichtet: »Erinnere mich daran. Nun denn, ich wünsche dir viel Vergnügen!«

König Hieron drehte sich um und begann, die Stufen hinunterzusteigen. Marcus lief zu Archimedes hinüber. »Herr!« zischte er seinem Herrn und Meister ins Ohr. »Das Geld!«

»Gnädiger Herr!« rief Archimedes laut. Hieron drehte sich mit einem fragenden Ausdruck um. »Äh, gnädiger Herr, ich... ich sollte bezahlt werden, sobald das Katapult geprüft wurde, und außerdem... das heißt, ich dachte, es wäre auch noch eine regelmäßig bezahlte Stelle drin.«

»Aha«, sagte Hieron, »eine Stelle. Macht es dir etwas aus, wenn wir die Frage nach deiner Stellung momentan beiseite lassen? Ich bin mir überhaupt noch nicht im klaren, was hier angemessen wäre.«

»Aber du hast doch gesagt, Eudaimon würde mir unterstehen«, tönte Archimedes kläglich. »Würde er – ich meine, er hat doch eine bezahlte Stellung – oder nicht?«

»Die hat er tatsächlich«, sagte der König. Seine dunklen Augen wanderten kurz zu Elymos hinüber, und er fügte hinzu: »Und du, Sklave, kannst deinem Vorarbeiter folgendes ausrichten: Was Katapulte anbelangt, so schätze ich seine Meinung sehr. Trotzdem war es sehr töricht von ihm, zu erwarten, daß ich angesichts einer Belagerung einen Katapultingenieur entlassen würde. Eudaimon bleibt so lange, wie er den Anordnungen von Archimedes gehorcht. Du wirst sehen, meiner Ansicht nach wird er das jetzt bereitwillig tun. Ich wünsche dir einen schönen Tag!« Damit drehte er sich um und ging die Treppe hinunter, ohne noch mal einen Blick zurückzuwerfen. Auch sein Gefolge packte zusammen und ging hinterdrein. Die Gesichter schwankten zwischen Spekulation, Neugier und Zweifel. Kallippos verschwand als letzter. Auf der obersten Treppenstufe zögerte er noch eine lange Minute und betrachtete Archimedes mit einer merkwürdigen Miene. Der zornige Blick war verschwunden, an seine Stelle war etwas ziemlich Undefinierbares getreten: immer noch Zorn, aber auch Mitleid und vielleicht sogar Bewunderung. Trotzdem sagte er kein Wort, und als die anderen endlich unten waren, wandte auch er den Blick ab und folgte ihnen.

Archimedes sank auf den Boden neben seinem Katapult. »Bin ich nun ein königlicher Ingenieur oder nicht?« Seine Frage war an niemanden speziell gerichtet.

»Er hat dir nicht ein einziges Kupferstück bezahlt«, sagte Marcus verärgert. »Meiner Meinung nach nicht.«

»Aber er hat doch mehr Katapulte bestellt«, erwiderte Archimedes verwundert, »und außerdem einen Beweis. Und er hat mich zum Essen eingeladen.« Zum Abendessen und zum Musizieren. Würde Delia am Essen teilnehmen? Nein – anständige Frauen gingen nicht zu Gelagen, bei denen Männer zu Gast waren. Aber vielleicht würde er sie sehen? Vielleicht ergäbe sich sogar noch einmal die Chance zum gemeinsamen Musizieren. Ein köstlicher Gedanke!

Er lächelte zu den beiden Sklaven hinauf und merkte, daß sie ihn wie einen gefährlichen Hund anstarrten. Er blinzelte.

»Mir wär's lieber, wenn er dich bezahlt hätte«, sagte Marcus rundheraus. »Du stehst mit fünfzig Drachmen in der Kreide, und er hat sich nicht mal auf einen Preis für die restlichen Katapulte festgelegt. Herr, du ...«

»Kannst du wirklich eigenhändig ein Schiff bewegen?« unterbrach ihn Elymos.

Plötzlich strahlte Archimedes übers ganze Gesicht. Er hatte schon immer sehen wollen, wieviel Gewicht ein einziger Mensch mit einer unbegrenzten Menge Seile von der Stelle bewegen konnte, aber bisher hatte ihm noch keiner die nötigen Seile zur Verfügung gestellt. Voller Tatendrang sprang er auf die Beine und befahl: »Elymos, du gehst zurück in die Werkstatt und erzählst, daß der ›Begrüßer‹ bestanden hat. Sag ihnen, sie sollen die gleiche Menge Holz wie vorher für einen weiteren Ein-Talenter herrichten. Und dann sag ihnen noch, daß ich morgen das Holz für einen Hundert-Pfünder bestellen werde. Marcus – du gehst nach Hause und erzählst ihnen die Neuigkeiten.«

»Und wohin gehst du?« erkundigte sich Marcus argwöhnisch.

»Zum Hafen, mich um meinen Beweis kümmern!« Und schon eilte er mit strahlenden Augen lächelnd davon und die Treppe hinunter.

Marcus stöhnte. »Beweise für ideale Mechanik!« sagte er empört. »Gelage und Musik!« Er trat gegen die Katapultlafette. »Was soll ich bloß denen zu Hause sagen? Er hat sich verpflichtet, umsonst zu arbeiten!«

»Das wird Epimeles aber gar nicht gefallen«, stöhnte Elymos. »Er dachte doch, Eudaimon müsse gehen, sobald der erste Schuß aus dem ›Begrüßer‹ gefallen sei. Und das muß Eudaimon gewußt haben!«

»Eudaimon hat die Rasierklinge in die Sehnen gesteckt?« fragte Marcus.

Elymos nickte. Inzwischen schien es ihm sinnlos, einen Mitsklaven anzulügen.

»Damit mein Herr nicht seine Stelle bekommt?«

Wieder nickte Elymos. Er war nicht überrascht, daß es Marcus erraten hatte. Die Werkstatt war der Mittelpunkt seines Lebens, daher neigte er auch zu der Annahme, jeder wüßte über alles Bescheid, was dort wichtig war – wie zum Beispiel die Unfähigkeit von Eudaimon.

Nachdenklich stand Marcus einen Augenblick ganz still da. Jetzt war ihm klar, daß der König mit diesem Sabotageversuch gerechnet hatte. Jedenfalls hatte er so etwas angedeutet, und Eudaimon hatte es zumindest so verstanden. Als Eudaimon seine Hilfe beim Wiederbespannen des Katapults angeboten hatte, hatte ihm Hieron jede Gelegenheit verweigert, das Beweisstück seines Anschlags verschwinden zu lassen. Statt dessen hatte der König Eudaimons Vorgesetzten zum Augenzeugen bestimmt. Aber sobald Hieron die Rasierklinge in den Händen hatte, waren beide, sie und Eudaimon, wie von der Bildfläche verschwunden. Der ganze Vorfall schien lediglich eine Konsequenz zu haben: Der König erwartete jetzt, daß sich Eudaimon widerspruchslos Archimedes fügte.

Und daraus ließ sich wiederum nur eines ableiten: Der König hatte genug Beweise, um Eudaimon wegen Hochverrates anzuklagen, nutzte das aber, um ihn statt dessen zu erpressen. Warum? Und warum hatte der König Archimedes keine Anstellung gegeben? Marcus begann auf seiner Lippe herumzukauen. Hieron war bekannt für seine Gerissenheit, für unerwartete, taktische Hakenschläge und unvorhergesehene Allianzen. Er war durch die Armee an die Macht gekommen, obwohl er nie Gewalt angewendet hatte, um seinen Kopf durchzusetzen. Das hatte er auch nie nötig gehabt, denn Syrakus hatte ihm alles, was er wollte, gegeben. Anschließend hatte es sich allerdings manchmal verwundert gefragt, warum. Plötzlich keimte in Marcus der Verdacht auf, daß er heute gleich zwei Beweise höchster Kunst beobachten konnte: der eine für technische Begabung: Archimedes, und der andere für Manipulation: Hieron. Er hatte keine Ahnung, was Hieron mit seinen Manipulationen bezwecken wollte, wurde aber das dumpfe Gefühl nicht los, daß dieses Spiel noch nicht vorbei war und daß sein Herr mittendrin steckte. Warum?

Auf der Treppe waren Schritte zu hören. Straton kam mit einem Brief in der Hand eilends herauf, warf einen Blick über die Katapultplattform und schaute dann gereizt zu Marcus hinüber. »Wo ist dein Herr?« wollte er wissen.

»Fort, in die Stadt, um sich um die Vorbereitung eines Beweises für ideale Mechanik zu kümmern«, sagte Marcus verbittert.

»Er hätte wenigstens die offizielle Erlaubnis dazu abwarten sollen!« sagte Straton und wedelte mit dem Brief. »Wo ist er hin? Zum Flottenhafen? Beim Herakles! Glaubt er wirklich, er kann ein Schiff eigenhändig bewegen?«

»Ja«, antwortete Marcus. »Möchtest du wetten, daß nicht?«

Straton schaute ihn an und klopfte verunsichert mit dem Brief auf die Hand.

»Du schuldest mir einen Stater«, sagte Marcus absichtlich. »Möchtest du versuchen, ihn zurückzugewinnen?«

Straton saugte die Luft zwischen den Zähnen ein. »Ich schulde dir gar nichts! Die Wette hat gelautet, daß dein Herr die Stellung des Typen angeboten bekommt, der für irgend etwas zuständig ist, was er übernehmen wollte. Eudaimon ist noch immer auf seinem Posten.«

Elymos starrte sie mit offenem Munde an.

»Das ist Haarspalterei«, sagte Marcus. »Eudaimon war für die Katapulte zuständig, und jetzt ist es Archimedes – oder nicht?«

Unsicher zuckte Straton die Schultern. »König Hieron hat es noch nicht ausgesprochen.«

»Nein«, pflichtete ihm Marcus wütend bei, »König Hieron hat noch nicht einmal gesagt, ob er meinem Herrn die fünfzig Drachmen zahlen wird, für die er noch in der Kreide steht. Aber der einzige Sinn unserer Wette war doch der, daß die Kriegsmaschinen meines Herrn und Meisters besser sind als die von allen anderen. Jetzt weißt du, daß es stimmt – also los, bezahle!«

Straton schielte empört zum »Begrüßer« hinüber. Von Katapulten verstand er nichts, aber ihm war trotzdem klar, daß dieses hier ganz außerordentlich war. Seufzend durchwühlte er seinen Geldbeutel.

»Natürlich«, sagte Marcus gekonnt beiläufig, »kannst du, wenn du möchtest, deinen Einsatz um einen Stater erhöhen und wetten, daß Archimedes nicht eigenhändig ein Schiff bewegen kann.«

Straton runzelte die Stirn, zögerte und starrte Marcus an, dann schüttelte er den Kopf. »Ich wette nicht noch einmal gegen deinen Herrn«, erklärte er. Plötzlich grinste er und warf Marcus den ägyptischen Stater zu. »Hier«, meinte er, »nimm ihn und viel Glück. Ich weiß, wie ich mir den wiederhole! Ich werde Philonides eine Wette von drei zu eins vorschlagen, daß dein Herr dieses Schiff bewegt, und *der wird* einschlagen, daran zweifle ich keine Minute!« Grinsend nahm er den Speer auf die Schulter und machte sich mit dem Brief schleunigst davon.

Knurrend verstaute Marcus den Stater in seinem Geldbeutel. Da hatte er sich so auf den Gewinn dieser Wette gefreut, aber nun ging ihm das breite Lächeln des Königs nicht mehr aus dem Sinn und verdarb ihm den Spaß. Anstellungen waren eine Sache, da wußte man, was von einem erwartet wurde und was man dafür bekam. Aber Hierons Angebot war äußerst vage. Wer konnte schon wissen, was er dafür haben wollte?

»Du hast mit diesem Soldaten gewettet, daß dein Herr den Posten jedes Ingenieurs angeboten bekommt, dem er unterstellt wird?« fragte Elymos in die drückende Stille hinein.

»Richtig«, sagte Marcus kurz.

»Kallippos ist aber gut«, meinte Elymos zweifelnd.

Marcus warf ihm einen gereizten Blick zu. »So gut wie Archimedes?«

Nach einem Blick auf den »Begrüßer« schüttelte Elymos den Kopf. »Vermutlich nicht«, antwortete er verwundert.

Aus irgendeinem Grund reagierte Marcus darauf noch gereizter und wollte plötzlich ganz schnell nach Hause. Ein letztes Mal sah er sich auf der Katapultplattform um. Dabei fiel ihm auf, daß der Mantel von Archimedes noch immer wie ein Haufen Lumpen unter der Schießscharte lag. Er ging hin, um ihn aufzuheben, hielt dann aber inne und starrte auf die Straße nach Norden hinaus.

Der König rechnete mit einer Belagerung. »*Es war sehr töricht von ihm, zu erwarten*«, hatte er gesagt, »*daß ich angesichts einer Belagerung einen Katapultingenieur entlassen würde.*« Vielleicht würde schon bald eine römische Armee ihr Lager auf jenem Feld vor ihm aufschlagen, auf dem jetzt Ziegen grasten. Marcus schloß die Augen und stellte sich das Lager vor: hinter Wall und Graben ordentlich im Quadrat aufgestellte Zeltreihen, den Rauch der Lagerfeuer und die Klänge der lateinischen Sprache. Bitterkeit stieg in seiner Kehle auf. Seit dreizehn Jahren hatte er kein Latein mehr gesprochen. Bald würden die Römer mit ihren Verbündeten hier sein – seine eigenen Landsleute. Sie waren wegen einer üblen Sache nach Sizilien gekommen und bedrohten nun jene Stadt, die für ihn eine Art Heimat geworden war, und die Menschen, die ihm inzwischen am Herzen lagen. Im Falle einer Eroberung würde er vermutlich sterben. Und doch waren es noch immer seine Landsleute. Unglücklich warf er einen schiefen Blick auf den bedrohlichen Katapultschatten neben sich. Wenn er es richtig bedachte und loyal zu seinem eigenen Volk stehen würde, müßte er Archimedes die Kehle durchschneiden.

7

Am selben Abend teilte man Delia mit, ihr Bruder wünsche sie in seiner Bibliothek zu sprechen. Die Wahl des Ortes überraschte sie, denn normalerweise empfing Hieron die Befehlshaber der syrakusischen Armee und den Rat der Stadt in seinem Bankettsaal oder im Arbeitszimmer, während er sich mit seinen Familienmitgliedern dort unterhielt, wo sie gerade waren. Die Bibliothek war sein ganz persönliches Reich. Mit einer Mischung aus Neugierde und Vorahnung wählte sie einen Weg durch die Gärten und entlang der Säulenhalle.

Die Bibliothek war ein kleiner Raum – die Büchersammlung einer Privatperson und nicht die einer Stadt – mit einem Blick auf den kleinsten der drei Innenhöfe des Hauses. Sie war an drei Wänden vom Boden bis zur Decke mit Regalen gefüllt, die vorne ordentlich mit kreuzweise angeordneten Latten abgeschlossen waren, zwischen denen die Pergamentschilder mit dem jeweiligen Titel herunterhingen. Der ganze Raum schien dadurch ständig in Bewegung zu sein. In der vierten Wand waren die Tür und ein Fenster angebracht. Eine Liege, ein kleiner Beistelltisch und ein Lampenständer bildeten die einzige Möblierung. Als Delia eintrat, fand sie ihren Bruder auf der Liege vor. Mit gerunzelter Stirn brütete er im Schein der drei brennenden Lampen über einem aufgerollten Buch.

»Hieron?« sagte sie. Lächelnd blickte er hoch, setzte sich auf, nahm die Füße von der Liege und forderte sie mit einer Handbewegung zum Sitzen auf. Dabei warf sie zuerst einen verstohlenen Blick in das offene Buch, schaute dann aber intensiv hinein. Es war voll von geometrischen Diagrammen.

Mit einem Grinsen hielt ihr Hieron die Rolle hin. Das Titelschild verriet ihr, daß es sich um das dritte Buch von Euklid über Kegelschnitte handelte. Abwehrend hob sie mit gespieltem Entsetzen die Hand.

»Ich begreif's auch nicht«, meinte Hieron. »Ich habe mich nur vergewissern wollen, ob etwas darin steht, was ich heute gesehen habe. Tut es nicht.«

Diese Bemerkung verriet Delia den Grund für ihre Vorladung. »Du hast Archimedes, den Sohn des Phidias, getroffen?« fragte sie gespannt. Sie hatte ihrem Bruder von ihrer Entdeckung gleich nach dessen Rückkehr aus Messana berichtet.

Hieron nickte. »Und du hast ihn richtig eingeschätzt«, sagte er. Sorgfältig wickelte er die Rolle auf. »Er ist ein sehr, sehr kluger junger Mann, der für die Stadt zweifelsohne von Wert sein könnte.« Die Holzstäbe klackten aneinander, er klopfte sie gerade und schob das Buch in seine Pergamenthülle. »Die Frage ist nur«, fuhr er mit tiefer Stimme fort, »*wie* wertvoll ist er, und wieviel bin ich bereit, für ihn zu bezahlen?« Er stützte das Kinn auf die Rolle, während die Augen nachdenklich ins Leere starrten.

»Hat das Katapult funktioniert?«

»Ach, das Katapult!« meinte Hieron wegwerfend. »Ja, das funktioniert. Was deinen Freund angeht, der hält es für ein gutes, mittelgroßes Katapult und hofft, daß es ihm fünfzig Drachmen und eine Anstellung neben Eudaimon einbringt.«

»Oh«, sagte Delia enttäuscht, »neben ihm.«

Hieron zog die Augenbrauen hoch. »Ich behalte Eudaimon. Zum jetzigen Zeitpunkt kann ich es mir nicht erlauben, auch nur einen einzigen Ingenieur zu verlieren. Und wenn er eine Maschine zum Kopieren hat, liefert er auch brauchbare Arbeit. Jetzt kann er Archimedes kopieren. Wenn er erst mal verstanden hat, was er da kopiert, wird er vermutlich nachgerade enthusiastisch sein. Das wird zwar eine Weile dauern, und leider muß man ihn bis dorthin an einer kurzen Leine halten. Das ist klar.« Wieder tippte sich der König mit der Schriftrolle gegen das Kinn. »Die Frage ist nur, was soll ich mit Archimedes anfangen?«

»Natürlich ihn einstellen!« rief Delia.

Seufzend schüttelte Hieron den Kopf. »Und als was?«

»Als Ingenieur – was sonst? Und wenn du erwartest, daß Eudaimon von ihm kopiert, dann solltest du ihn zum Vorgesetzten von Eudaimon machen.«

»Ja, schon, aber gebe ich ihm den gleichen Rang und das Gehalt von Eudaimon – oder das von Kallippos? Oder ringe ich mich dazu durch, ihn um jeden Preis in Syrakus zu halten, und gestalte meine Pläne dementsprechend? Schwester, du kennst diesen Mann besser als ich. Ich hatte gehofft, du könntest mir ein wenig raten.«

Delia starrte ihn an. »Ich –«, begann sie, änderte dann aber ihren Satz. »Aber eben hast du doch gesagt, es wäre nur ein gutes, mittelgroßes Katapult!«

Hieron schüttelte den Kopf. »Was *ihn* angeht, das habe ich gesagt. Es handelt sich um einen Eintalenter mit einer Reichweite von hundertfünfzig Meter, der es an Zielgenauigkeit mit dem besten Pfeilgeschütz aufnimmt und den man mit einer Hand drehen kann. Archimedes ist zu jung und unerfahren, um zu realisieren, wie außergewöhnlich dieses Katapult ist, dagegen wußte Kallippos nicht, ob er vor Bewunderung oder vor Neid platzen sollte.« Nach einer Pause fuhr der König lächelnd fort: »Aber Kallippos bleibt Kallippos. Natürlich hat er nichts dergleichen getan, sondern nur ein finsteres Gesicht gezogen und gezischt. Aber ich gehe jede Wette ein, daß er inzwischen in der Werkstatt sitzt und versucht, den Drehmechanismus nachzubauen.«

»Meiner Ansicht nach kann ich dir gar keinen Rat geben«, sagte Delia kleinlaut. »Ich habe nicht erwartet – ich habe nur gedacht, es ginge darum, daß er Eudaimons Stelle übernimmt. Ist er denn wirklich *so* gut?«

Hieron nickte ernst. »Vielleicht ist er sogar noch besser. Ich habe ihn um einen Beweis für ideale Mechanik gebeten, und er hat mir angeboten, ein Schiff eigenhändig zu bewegen. Ich werde sehen, wie das ausgeht, bevor ich endgültig entscheide, was ich mit ihm anfangen soll.«

»Das verstehe ich nicht«, sagte Delia nach einer Weile. »Wozu mußt du dich *jetzt* entscheiden? Warum nicht einfach – nun, warum gibst du ihm nicht eine Stelle und beförderst ihn in Zukunft dementsprechend?«

Hieron schüttelte den Kopf, schob sich höher auf die Liege hinauf und drehte sich so um, daß er ihr direkt ins Gesicht schaute.

»Stell dir mal vor, ich wäre er.«

»Du schaust ihm aber kein bißchen ähnlich«, sagte sie lächelnd.

»Nun, was soll denn *das* wieder heißen? Soll ich deiner Meinung nach vielleicht abnehmen? Nein, stell dir vor, ich bin der Sohn des Phidias, ein mathematisch geschulter Ingenieur, der von einem mathematisch geschulten Astronomen erzogen wurde. Ein Mann von der Sorte, die in ihrer Freizeit Theoreme entwickeln, die selbst für Euklid zu fortschrittlich sind. Ich habe im Museion von Alexandria studiert. Und das gern. Ich wollte gar nicht wieder nach Hause, aber dann brach ein Krieg aus, mein Vater wird krank und meine Familie verläßt sich auf mich. Ich bin ein pflichtbewußter, liebevoller Sohn. Ich komme heim, suche nach einer Arbeit, wo ich Kriegsmaschinen bauen kann, und finde sie. »Stimmt's soweit?«

»Ich denke, schon«, pflichtete ihm Delia bei. Allmählich faszinierte sie das Gespräch. »Alexandria hat ihm gefallen, da hast du sicher recht. Selbst mir hat er davon erzählt.«

»Jeder, mit dem sich Agathon über ihn unterhalten hat, hat diesen Punkt erwähnt! Offensichtlich hätte er schon zwei Jahre früher heimkommen sollen. Schau nicht so verdutzt, schließlich hast *du* ihm doch Agathon auf die Spur gesetzt. Also weiter: Mein erstes Katapult hat seinen Test bestanden, und ich habe mich überglücklich verpflichtet, für irgendein Angebot von Leptines zu arbeiten. Ich baue ein paar sehr große, sehr anspruchsvolle Katapulte und produziere außerdem Abwehrmittel gegen Belagerungstürme und Minen. Selbstverständlich mache ich meine Sache gut. Der Schlüssel für jede Belagerungsmaschinerie liegt in der genauen Berechnung von Größe und Reichweite, und dazu liegt der Schlüssel wiederum in der Geometrie, in der ich Meister bin. Zuerst merke ich gar nicht, wie außergewöhnlich ich bin, weil ich noch nie vorher Kriegsmaschinen gebaut habe und keinerlei Vergleichsmöglichkeit habe. Aber binnen kurzem begreife ich, daß kein Ingenieur in der ganzen Stadt zu den Dingen fähig ist, die ich mache. Und schließlich spricht sich die Qualität meiner Maschinen herum, und auch andere Städte und Königreiche versuchen, mich anzuheuern. Und jetzt heißt es: Bin ich ein loyaler Bürger?«

»Ich denke schon«, sagte Delia. »Schließlich bist du heimgekommen, als du von dem Krieg erfahren hast, und hast deine Begabung so rasch wie möglich deiner Stadt zur Verfügung gestellt.«

»Ja, aber andererseits kann ein Ingenieur während eines Krieges am einfachsten mit Katapultbau Geld verdienen, und meine Familie ist durch die Krankheit meines Vaters auf Geld angewiesen. Trotzdem bin ich, sagen wir mal, genauso ein loyaler Syrakuser wie ein pflichtbewußter Sohn. Ich lehne das Angebot der Karthagerstadt Akragas und des römischen Tarentums ab, Kyrene, Epirus und Makedonien zeige ich die kalte Schulter – und trotzdem bin ich bekümmert. Meine Familie ist nicht reich, meine jüngere Schwester ist im heiratsfähigen Alter und braucht eine Mitgift, und ich weiß, daß ich mehr wert bin, als ich bekomme. Außerdem gilt meine innerste Leidenschaft nicht den Kriegsmaschinen, sondern der Mathematik. Dieses Joch belastet mich. Als mir einer meiner alten Freunde aus Alexandria schreibt, König Ptolemaios würde mir eine Stelle in Ägypten anbieten – bei fünffachem Gehalt und halber Arbeit –, nehme ich an, packe meine Familie ein und gehe. Irgendwelche Kommentare dazu?«

Delia runzelte die Stirn. »Du würdest doch nicht deine Heimatstadt in Kriegszeiten im Stich lassen!«

»Vielleicht haben wir den Krieg bis dorthin hinter uns – bei den Göttern, möge es so sein! Wenn aber nicht, hieße das dann nicht, daß ich meine Familie nur allzugern außer Gefahr bringen möchte? Insbesondere, wenn damit die Rückkehr an einen Ort verbunden wäre, den ich liebe und den ich nie verlassen wollte. Außerdem ist Ägypten ein Verbündeter. Wer ihm dient, betrügt Syrakus nicht.«

»Würde Ptolemaios wirklich soviel bieten?«

»Oh, ganz gewiß!« rief Hieron überrascht. »Ptolemaios hat ein Vermögen für die Erforschung neuer Katapultkonstruktionen ausgegeben, und seine Berater suchen ständig den Horizont nach Verbesserungen ab. Und außerdem ist Ägypten auch noch reich.«

»Nun, in dem Fall«, meinte Delia und lächelte befriedigt, »solltest du ihm von Anfang an mehr bieten, damit er keinen Grund zum Kummer und zur Unzufriedenheit hat!«

Hieron holte tief Luft. »Vielleicht, aber fangen wir noch mal von vorne an: Mein Katapult hat den Test bestanden, und ich habe eine gleichberechtigte Position neben Kallippos, die mir zwei- bis dreimal mehr einbringt, als ich erwartet hatte. Aus diesem Grund kann ich für meine Schwester eine Heirat mit einem Mann aus gutem Hause arrangieren und mir vielleicht auch selbst eine Frau aus guter Familie nehmen. Ich werde ein angesehener Bürger, bin reich und werde respektiert. Ich bin meiner Stadt dankbar. Selbst als mir klar wird, daß ich mein Geld wert bin, bin ich immer noch dankbar, weil die Stadt meinen Wert früher erkannt hat als ich selbst. Wenn nun das Angebot aus Ägypten kommt, lehne ich ab...« Hieron hielt inne, dann fuhr er leise fort: »Oder doch nicht?« Plötzlich stand er auf und ging quer durch den Raum zum Bücherregal, glitt mit seinem dicken Finger die Reihen entlang und steckte die Rolle mit den Euklidischen *Kegelschnitten* wieder an ihren Platz. »Was ich nicht weiß«, fuhr er bedächtig fort, »ist, ob er nur sehr gut ist oder unschätzbar wertvoll. Wenn er nur gut ist, sollte es genügen, wenn man ihn großzügig behandelt, damit er bleibt. Wenn er aber das ist, was ich glaube, wird er schließlich doch nach Alexandria gehen, egal, wieviel ich ihm bezahle – es sei denn, ich unternähme Schritte, um dies zu verhindern. Ptolemaios kann ihm das Museion bieten, und dafür habe ich keinen gleichwertigen Ersatz. Also würde ich mir vielleicht Zeit und Geld sparen, indem ich ihn ganz normal behandle und bis zu seinem Fortgang aus allem, was er freiwillig tut, Profit schlage. Oder vielleicht – vielleicht sollte ich mich entschließen, ihn ohne Rücksicht auf Kosten zu behalten und augenblicklich an Syrakus zu binden, ehe er seinen eigenen Wert einschätzen und seine Freiheit durchsetzen kann.« Hieron ließ sich wieder auf die Liege fallen und legte einen Fuß auf die Kissen neben Delia. »Also, was denkst denn du, Schwester? Ist er lediglich ein schlauer junger Mann oder ein wahrer Günstling der Musen?«

»Ich weiß es nicht«, sagte Delia, deren Stimme vor Verwirrung ganz tief wurde. Sie hatte sich ausgemalt, wie sie die Aufmerksamkeit ihres Bruders auf eine Leistung lenken und dann voll Stolz zuschauen würde, wie diese Leistung belohnt wurde. Aber bei Hieron war nicht von Belohnen die Rede, sondern von Benutzen, ja sogar von Ausbeuten. Ihr fiel ein, wie Archimedes vor Begeisterung gelacht hatte, als er sich vorstellte, was seine Freunde in Alexandria gerade machten. Und plötzlich bedauerte sie es, daß sie ihn ihrem Bruder gegenüber überhaupt erwähnt hatte.

»Was ist los?« fragte der König.

»Du redest von ihm, als ob er ein Sklave wäre«, sagte Delia beklommen.

Hieron zuckte die Schultern und zitierte leise:

»Ein Mensch ist mir zum Herrn gegeben,
Dir ein Gesetz, das Tausende gebeugt.
Die einen dienen den Tyrannen,
Und der Tyrann der Furcht.
Die einen knien vor Königen,
Und Könige vor Göttern,
Und Götter beugen sich dem Schicksal.
Denn nur das Schicksal, wie du weißt,
Gibt alles und formt
Gestalten groß oder gering,
Und ist so Herr für jeden.«

»Obwohl«, fuhr er mit normaler Stimme fort, »ich habe mich selbst vor meiner Zeit als König nie als Sklave eines Königs gefühlt. Vielleicht bin ich ein Tyrann, aber ein Sklave der Furcht bin ich nicht. Aber diese Freiheit und die Götter will ich dem Dichter zugestehen.« Er lächelte seine Schwester an. »Keine Angst«, fügte er hinzu, »ich werde deinem Mitaulisten schon nicht weh tun. Ich habe ihn ja sogar zum Essen eingeladen.«

Archimedes hatte sich zum Essen verspätet. Er hatte den Tag im Flottenhafen verbracht, um seinen Beweis für ideale Mechanik vorzubereiten. Als er am späten Nachmittag noch nicht zum Umziehen zu Hause war, wurde Marcus losgeschickt, um ihn zu holen. Der Sklave fand seinen Herrn und Meister auf dem Dach eines Bootshauses, wie er gerade einen Flaschenzug am Firstbalken befestigte. Er war von Kopf bis Fuß mit Dreck und Ruß verschmiert und roch ziemlich streng nach Hammelschmierfett.

Marcus zerrte ihn herunter und beförderte ihn in die öffentlichen Bäder. Für die begeisterten Erklärungsversuche eines Systems aus kombinierten Flaschenzügen und Rädern – »*Zahnräder*, Marcus, damit sie nicht herausrutschen« –, mit dessen Hilfe Archimedes ein Schiff bewegen wollte, hatte er taube Ohren. Er sorgte dafür, daß sein Herr gewaschen und rasiert wurde, dann brachte er ihn nach Hause, wo Philyra schon ganz aufgeregt wartete.

»Du wirst dich *verspäten*!« erklärte sie ihm aufgebracht. »Du wirst zum Essen beim *König zu spät* kommen! Medion, wie kannst du eine Bezahlung von ihm erwarten, wenn du ihn derart rüde behandelst?«

»Aber den Beweis hat doch er angeordnet!« protestierte Archimedes blinzelnd.

Frustriert stieß Philyra einen schrillen Schrei aus und warf ihm seine gute Tunika nach. »Bis auf deine blöden *Ideen* ist dir doch alles egal!«

Arata, die von Natur aus gelassener und auch schon abgeklärter war, kümmerte sich nicht um ihre zankenden Kinder, sondern zog Marcus beiseite. »Du begleitest ihn heute abend«, befahl sie leise, »aber sei vorsichtig.«

Zurückhaltend musterte sie Marcus aus zusammengekniffenen Augen. Er hatte schon vermutet, daß er Archimedes zum Haus des Königs begleiten sollte. Schließlich trug kein Gast, der zu einem Essen ging, wie ein bezahlter Musiker seine Flöten selbst. Da mußte ein Sklave den Träger spielen, und dafür kam er am ehesten in Frage. Aber – sei vorsichtig?«Gibt's einen besonderen Grund zur Vorsicht, Herrin?« fragte er.

Seufzend strich sich Arata eine graue Haarsträhne zurück. »Ich weiß es nicht«, meinte sie bedächtig, »aber – da waren doch diese Leute, die über meinen Archimedion Erkundigungen eingezogen haben. Vermutlich hängt's ja nur mit den Katapulten zusammen und ist ganz normal – aber trotzdem, Marcus, es gefällt mir nicht. Wer weiß schon, was im Kopf eines Tyrannen vorgeht? Paß auf, was du zu den Leuten im Haus des Königs sagst.«

»Jawohl, Herrin«, sagte Marcus grimmig.

Sie lächelte. »Ich weiß, ich kann dir vertrauen«, sagte sie. »Marcus, du hast uns treu gedient. Glaube nicht, ich hätte das nicht bemerkt.«

Verlegen zog Marcus die Schultern hoch und schaute weg.

Als sie endlich zum Hause des Königs kamen, wurde Archimedes in den Speisesaal geleitet, wo der König bereits zu Tische lag. Außerdem war sein Schwiegervater Leptines anwesend, zwei Armeeoffiziere – darunter auch Dionysios –, drei vornehme Syrakuser und Kallippos. Insgesamt also eine angenehme Tischrunde aus neun Leuten. Archimedes wurde der unterste Platz auf der linken Liege neben der Tafel angewiesen, der rangniedrigste Platz für den jüngsten Gast.

Marcus wurde in eine Arbeitskammer gleich neben der Küche gebracht. Die meisten Gäste waren in Begleitung ihrer eigenen Sklaven gekommen, und nun platzte der kleine Raum mit dem nackten Erdboden beinahe aus den Nähten. Die meisten der schlicht gekleideten Männer waren ungefähr genauso alt wie Marcus, nur ein hübscher, langhaariger Knabe in einer feinen Tunika hatte sich den einzigen Stuhl geschnappt und rümpfte über die anderen geringschätzig die Nase. Marcus starrte genauso verächtlich zurück. Es war klar, woher gerade der da seine hübsche Kleidung hatte.

»Setz dich«, meinte der Türhüter des Königs leutselig. Er hatte Marcus höchstpersönlich zu seinem Platz gebracht. »Was trägst du da eigentlich?«

Marcus machte es sich auf dem Boden bequem und legte sich den Packen mit den Flötenhüllen in den Schoß. Insgesamt waren es vier. »Die Auloi meines Herrn und Meisters«, sagte er gleichmütig. »Man hat ihn gebeten, sie mitzubringen.«

Der hübsche Knabe kicherte. »Er ist der Flötenknabe, oder?«

»Jetzt reicht's aber!« befahl Agathon streng. »Mehrere andere Gäste haben ebenfalls Instrumente mitgebracht. Wenn du sie mir gibst, mein Freund, werde ich mich darum kümmern, daß sie zuverlässig mit den übrigen aufbewahrt werden.«

»Ich kann schon darauf aufpassen«, antwortete Marcus.

Man hatte für die Sklaven eine einfache Mahlzeit aus Bohnensuppe und Brot vorbereitet. Jemand verschaffte Marcus eine Schale. Er lehnte sich zurück und fing schweigend zu essen an, wobei er darauf achtete, daß nichts auf die Flöten tropfte.

Offensichtlich hatte es der Türhüter nicht recht eilig, wieder in seine Pförtnerloge zu kommen. Er lehnte sich mit verschränkten Armen gegen die Wand des Lagerraums und erkundigte sich beiläufig: »Kümmerst du dich normalerweise immer um seine Flöten?«

Marcus grunzte zustimmend.

»Bist schon lange bei deinem Herrn?«

»Bin fast dreizehn Jahre in der Familie«, antwortete Marcus gelassen.

»Habe gehört, er sei in Alexandria gewesen. Warst du mit?«

Wieder grunzte Marcus. Jetzt wußte er, daß Arata recht gehabt hatte. Man versuchte, ihn auszuhorchen.

»Ich würde gerne nach Alexandria gehen«, sagte einer der anderen Sklaven neidisch. »Wie ist's denn dort so?«

Marcus zuckte die Schultern und konzentrierte sich auf seine Bohnensuppe.

»Unser Freund hier ist wohl einer von den Barbaren«, bemerkte der Knabe mit höhnischer Miene. »Er kann nicht einmal genug Griechisch, um es zu beschreiben.«

Marcus warf ihm einen wütenden Blick zu, widmete sich aber dann wieder seiner Suppe.

»Was für ein Barbar bist du denn?« fragte der Türhüter.

»Samnite«, bekräftigte Marcus, »und frei geboren.«

Von da an lief alles schief. Einer der anderen Sklaven stieß einen entzückten Schrei aus und legte blitzschnell auf Oskisch los. Entsetzt starrte ihn Marcus einen Moment lang an. Er verstand zwar Oskisch, aber beim geringsten Sprechversuch würde ihn sein fehlender, samnitischer Akzent verraten, den dieser Mann zweifelsohne besaß. Er unterbrach den Wortschwall mit einer hastigen Erklärung – auf Griechisch. Es sei schon so lange her, seit er Oskisch gesprochen habe, daß er seine Muttersprache vergessen hätte.

»Mir war aber so, als hättest du gesagt, daß du erst seit dreizehn Jahren Sklave bist!« protestierte der enttäuschte Samnite.

»Nein, nein, schon viel länger!« sagte Marcus. »Viel länger. Ich hatte schon eine ganze Reihe von Herren – Soldaten –, bevor ich an den Vater meines derzeitigen Herrn verkauft wurde.« Das stimmte zwar, allerdings hatte er sie alle nicht recht lange gehabt.

»Haben dich die Römer versklavt?« fragte der Samnite.

»Ja«, bestätigte Marcus.

»Mögen die Götter sie vernichten!« sagte der Samnite. »Mich auch.« Er streckte Marcus die Hand hin.

Marcus machte eine fahrige Bewegung in seine Richtung und verschüttete Suppe auf die Flötenhüllen. Er fluchte. Der Samnite half ihm beim Aufputzen, während der hübsche Knabe kicherte. Der Türhüter stand reglos da und beobachtete alles mit zynischem Blick.

»Wie heißt du?« fragte der Samnite, aber als es ihm Marcus sagte, rief er entsetzt: »Du solltest keinen Namen tragen, den dir ein Römer gab! Dein Vater muß dich Mamertus genannt haben, und bei dem Namen solltest du auch bleiben.«

»Ich wurde als Marcus verkauft«, sagte Marcus, »und kann das jetzt nicht mehr ändern.«

Der Samnite sagte – auf Oskisch – eine herabsetzende Bemerkung über die Griechen und begann dann Marcus auszufragen, aus welchem Teil von Samnium er käme und wann er versklavt worden wäre. Schwitzend schwindelte sich Marcus durch, wobei ihm entsetzt auffiel, wie zynisch der Türhüter lächelte. Zum Glück war der Samnite schon bald restlos mit einem Bericht seiner eigenen Lebensgeschichte beschäftigt und bedrängte Marcus nicht weiter. Leider wurde er ihn trotzdem nicht los. Selbst als die übrigen Sklaven anfingen, über den Krieg und die Preise zu diskutieren, hing der Samnite wie eine Klette an Marcus und dröhnte ihm die Ohren mit dem wunderbaren Samnium und der Bosheit der Römer voll. Marcus hätte ihm nur allzugern gesagt, er solle still sein, aber das wagte er nicht.

Nach einiger Zeit – es schien wie eine Ewigkeit – kam der persönliche Diener des Königs mit einem Kessel voll überraschend gutem, starkem Wein für die Sklaven herein. Er warf Marcus einen kritischen Blick zu. »Bist du der Sklave dieses neuen Ingenieurs?« fragte er, und als Marcus dies bestätigte, fuhr ihn der Diener erbost an: »Zeichnet er *immer* auf den Tisch?« Daraufhin konnte sich der hübsche Knabe vor lauter Kichern nicht mehr halten. Als er sich endlich wieder beruhigt hatte, fing der Samnite wieder an.

Nach einer weiteren Ewigkeit tauchte endlich ein anderer Bediensteter des Königs auf und verkündete, die Gäste wären nun für ein wenig Musik bereit. Erleichtert hob Marcus rasch die Flöten auf und machte sich auf den Weg in den Bankettsaal. Ihm war egal, wo er den restlichen Abend verbrachte, solange es nur weit weg von diesem Samniten und – dem Türhüter war.

Archimedes hatte das Essen nicht viel mehr genossen wie sein Sklave. Bei seiner Ankunft hatte sich Hieron zunächst erkundigt, wie es mit den Vorbereitungen für den Beweis voranging. Und dann hatte er einen Fehler gemacht – er hatte geantwortet. Die Vorbereitungen würden gut voranschreiten und das Projekt selbst wäre enorm interessant. Vor Begeisterung wäre er beinahe auf und ab gehüpft. Er erklärte der Gesellschaft bis ins kleinste Detail alles über kombinierte Flaschenzüge und Zahnräder und ging anschließend zu den Hebelprinzipien und den mechanischen Vorteilen der Schraube über. Er skizzierte mit Wein Diagramme auf den Tisch und fuchtelte zur besseren Erläuterung mit Messern und

Brotwecken herum. Da Hieron und sein Ingenieur Kallippos ab und zu kenntnisreiche und interessierte Fragen stellten, merkte er zuerst gar nicht, daß ihn die restliche Abendgesellschaft wie einen toten Ohrwurm anstarrte, der in ihrer Suppe schwamm. Der Hauptgang war schon zur Hälfte vorbei, als ihm endlich einiges klar wurde: Er hatte praktisch eine geschlagene halbe Stunde ohne Punkt und Komma doziert, die übrigen Gäste betrachteten ihn mit einer Miene zwischen Empörung und absolutem Kopfschütteln, und der persönliche Diener und die Sklaven starrten wütend auf die Sauerei, die er auf dem Tisch angerichtet hatte. Daraufhin lief er knallrot an und verstummte.

Bis zum Ende der Mahlzeit hielt er den Mund, ja er war sogar so verlegen, daß er nicht einmal merkte, was er aß. Der Regent Leptines und die Räte der Stadt diskutierten über Wirtschaftsthemen, in die sich der König gelegentlich mit interessierten Anmerkungen einschaltete. Die Armeeoffiziere und Kallippos besprachen Festungsanlagen, und auch hier beteiligte sich der König immer wieder. Archimedes kam sich unwissend, jung und ungeheuer dumm vor. Endlich trugen die Sklaven den Nachtisch aus Äpfeln und honiggetränkten Mandeln auf. Hieron setzte sich auf und vergoß ein paar Tropfen ungemischten Weins. Mit diesem Opfer an die Götter war das Mahl beendet, jetzt sollte eigentlich der angenehmste Teil des Banketts beginnen. Das Essen war abgetragen, und die Teilnehmer konnten sich voll und ganz dem Wein, den Gesprächen und der Musik widmen.

»Meine lieben Freunde«, sagte Hieron, während die Sklaven eiligst die Becher wieder auffüllten, »ich dachte, angesichts der angespannten und ungücklichen Situation, in der sich unsere schöne Stadt befindet, sollten wir uns ein wenig mit Musik aufheitern. Allen Günstlingen der Musen bereitet das eigene Musizieren sicher mehr Vergnügen als das reine Zuhören. Und da sich unter euch mehrere begabte Musiker befinden, habe ich euch eingeladen, eure Instrumente mitzubringen. Was haltet ihr davon? Sollen wir die Nacht mit Liedern erhellen?«

Selbstverständlich war die ganze Gesellschaft einverstanden.

Und nun eilte eine Anzahl von Sklaven, darunter auch Marcus, mit Schatullen oder Segeltuchhüllen herein. Zu seiner Überraschung sah Archimedes, daß man dem Regenten Leptines eine Kithara und Kallippos eine Lyra reichte. Einer der Räte der Stadt besaß eine Barbitos – eine Art Baßlyra – und einer der Armeeoffiziere eine zweite Kithara. Archimedes war der einzige Aulist. Nervös nahm er seine Flötenhüllen entgegen und warf Marcus einen verblüfften Blick zu. Die Hüllen fühlten sich klebrig an, als ob etwas darauf verschüttet worden wäre. Aber der Sklave zog ein möglichst unbeteiligtes Gesicht und reagierte nicht einmal mit einem Blinzeln auf den Blick. Nach einigem Zögern öffnete Archimedes alle klebrigen Hüllen, steckte die Rohrblätter in die vier Auloi und befestigte sein Mundband.

»Hauptmann Dionysios«, meinte Hieron lächelnd, »ich weiß, daß du eine sehr schöne Stimme hast. Vielleicht könntest du uns beehren? Wie wär's mit... mit dem »Schwalbenlied«? Das kennt jeder, oder?«

So war es auch. Dionysios, der Sohn des Chairephon, fühlte sich im Hause des Königs kaum weniger heimisch als damals in der *Arethusa*. Er stand auf und wartete, bis das Klanggewirr der Instrumente verebbte, dann hob er den Kopf und intonierte das alte Volkslied:

»Komm, komm, Schwälbchen,
bring uns den Frühling mit!
Bring uns die schönsten Tage,
Weißbäuchlein, Schwarzflüglein!«

Marcus hatte es geschafft, durch die äußerste Tür in den Garten zu entwischen. Als die Musik begann, setzte er sich zum Zuhören unter eine Dattelpalme. Im Gegensatz zu dem heißen, stickigen Vorratsraum war die Nacht angenehm kühl, und der Gesang drang klar und deutlich aus dem lampenhellen Bankettsaal herüber. Dionysios hatte tatsächlich eine schöne Stimme, einen klaren, kräftigen Tenor. Für ein Volkslied begleitete ihn Leptines ein bißchen zu getragen, aber dafür griffen die übrigen Spieler rasch den Geist dieser Musik auf, besonders der ausgezeichnete Barbitosspieler. Archimedes hatte sich, wie Marcus bemerkte, für eine Kombination aus Tenor- und Sopranauloi entschieden. Tenor für die Melodie und den Sopran für eine Verzierung aus schwalbenähnlichem Gezwitscher, das wie im Sturzflug hoch über der Melodielinie herumwirbelte. Alles ging gut, und als das Lied zu Ende war, flackerte Beifall auf.

Als das nächste Lied begann, raschelte es unter den Ziersträuchern. Noch jemand bewegte sich durch den dunklen Garten. Ganz vorsichtig bahnte sich die Gestalt ihren Weg durchs Unterholz. Und obwohl sie sich lediglich als Schatten auf der entgegengesetzten Hofseite abzeichnete, war Marcus überzeugt, daß es nur eine Frau sein konnte. Sie bemerkte Marcus erst, als sie beinahe über ihn gestolpert wäre. »Wer bist du?« Ihre geflüsterte Frage klang ärgerlich.

Delia hatte schlechte Laune. Den Großteil des Nachmittags hatte sie sich über die übliche Sitte geärgert, die ihr die Teilnahme am Bankett untersagte. Anständige Mädchen durften nicht bei Männergelagen zu Tische liegen und schon gar nicht nach Ende der Mahlzeit hereinkommen und anbieten, die Flöte zu spielen. Aber selbst wenn sich die ganze Welt einig war, so vertrat sie diesbezüglich, wie auch in vielen anderen Punkten, eine andere Meinung. Deshalb war sie auch leise hergekommen, um der Musik zu lauschen, aber nun stand hier ein Fremder Wache und hielt sie davon ab!

Aber die unförmige Gestalt unter der Dattelpalme flüsterte lediglich zurück: »Entschuldige, ich bin der Sklave eines Gastes. Ich wollte der Musik zuhören.«

»Oh«, machte Delia. Dann hatte es also gar nichts mit ihr zu tun. Außerdem konnte sie schlecht jemandem etwas verbieten, wozu sie selbst hergekommen war. »Du darfst bleiben«, erlaubte sie ihm.

Sie zog sich ein paar Schritte auf eine Steinbank unter einem wilden Weinstock zurück, und eine Zeitlang lauschten beide schweigend. Dem Volkslied folgte eine Arie von Euripides – hier kam die feierliche Spielart von Leptines zu ihrem Recht –, dann ein Trinklied und schließlich eine Klage. Nach einer Pause tönte plötzlich ein Duett zwischen der Barbitos und den Auloi durch die stille Luft – eine feurige Saitenkaskade und ein Flötenwirbel. Das Ohr konnte dem schnellen und dichten Spiel nur mit Mühe folgen. Strahlend klang die Barbitos durch die Nacht, umtanzt von der Flöte, die bald der Melodie folgte, bald sie konterte und sich plötzlich in einer abschließenden Phrase mit ihr in schockierender, atemberaubender Harmonie vereinte. Einen Augenblick herrschte Schweigen, dann brach donnernder Applaus los.

Zufrieden seufzte der Sklave auf. Plötzlich empfand Delia Sympathie für ihn. Wie sie selbst war auch er vom Feste verbannt und saß nun draußen im Dunklen, um die Musik einzusaugen. »Wessen Sklave bist du?« fragte sie mit gedämpfter Stimme, denn die Musik war momentan verstummt. Die Gäste tranken Wein, und Delia wollte nicht gehört werden.

»Der von Archimedes, dem Sohn des Phidias«, sagte Marcus. Normalerweise hätte er seinen eigenen Namen hinzugefügt, aber zur Zeit wünschte er sich sehnlichst einen unauffälligen, griechischen Namen.

»Oh!« rief Delia.

Aus dem Klang ihrer Stimme merkte Marcus sehr wohl, daß ihr dieser Mann vertraut war, und biß ärgerlich die Zähne zusammen. Offensichtlich hatte sich der ganze königliche Haushalt über Archimedes unterhalten! Er hatte keine Ahnung, wer diese Frau war, aber die Art und Weise, wie sie ihm die Erlaubnis zum Bleiben gegeben hatte, war typisch für eine freie und einflußreiche Frau.

Nach einem Moment sagte Delia warm: »Dein Herr spielt ausgezeichnet Flöte.«

Marcus wälzte diese Bemerkung so lange in seinem Kopf herum, bis er zu dem Entschluß kam, daß sie harmlos gemeint war. Er gab ein zustimmendes Grunzen von sich und fügte dann hinzu: »Der Mensch auf der Barbitos ist aber auch gut.«

Wieder herrschte langes Schweigen, das nur vom Klang der Stimmen unterbrochen wurde, die sich im Bankettsaal unterhielten, und vom dumpfen Ruf einer Schleiereule aus einer Gartenecke. In Gedanken versunken betrachtete Delia den Schatten des zusammengekauerten Sklaven. Sie kämpfte mit dem dringenden Bedürfnis, sich mit ihm zu unterhalten und ihm etwas Wichtiges mitzuteilen – aber was? Da war eine undefinierbare, innere Anspannung, die ihr zuschrie, sie solle diese vom Schicksal gesandte Begegnung benutzen, um Archimedes davor zu warnen, daß...

Mach dich nicht lächerlich, schalt sie sich. Archimedes *warnen* – vor ihrem toleranten, großzügigen, allseits beliebten Bruder? Das Schlimmste, was Hieron machen konnte, war, daß er Archimedes lediglich sein vereinbartes Honorar bezahlte! Aber vielleicht war ja gerade das die Botschaft, die sie ihm schicken wollte: *Verkauf dich nicht zu billig!*

Bei diesem Gedanken wurde ihr eines plötzlich klar: Sie war ganz und gar dagegen, daß sich Archimedes verkaufte, nicht einmal an Hieron und an Syrakus.

»Dein Herr«, sagte sie schließlich, weil sie nicht recht wußte, wie oder womit sie beginnen sollte, »ist er ein guter Herr?«

Auch Marcus hatte diese Frage schon im Unterbewußtsein hin und her gewälzt und dabei entdeckt, daß die Antwort schwierig war. In gewisser Weise war es sogar die falsche Frage, denn er empfand Archimedes höchst selten als seinen Herrn und Meister. Und wenn doch, dann lehnte er ihn ab. Die meiste Zeit war Archimedes für ihn schlicht und einfach – Archimedes, ein leidiges, verblüffendes, beispielloses Phänomen. »Ich weiß es nicht«, sagte er überraschend ehrlich. »Meiner Meinung nach vergißt er die meiste Zeit, daß er *tatsächlich* mein Herr und Meister ist. Macht ihn das nun zu einem guten Herrn oder zu einem schlechten?«

Delia gab einen ungeduldigen Laut von sich. »Magst du ihn?«

»Meistens«, gestand er vorsichtig.

»Dann hör mal zu«, sagte Delia. »Sag ihm, daß ich ihm alles Gute wünsche. Und dann sag ihm... sag ihm, daß mein Bruder den Ausgang dieses Beweises abwartet, ehe er sich entschließt, was für ein Angebot er ihm machen soll. Wenn alles gut ausgeht, muß er mehr auf der Hut sein, als wenn es schiefläuft.«

Marcus starrte sie an. Im nächtlichen Gartenschatten konnte er nur die glühenden Augen in ihrem blassen Gesicht erkennen. *Ihr Bruder.* »Ich verstehe nicht!« sagte er verwundert und fügte dann hastig hinzu: »Gnädige Dame, falls der König meinen Herrn wegen irgendeiner Sache verdächtigen sollte ...«

»Niemand verdächtigt ihn!« sagte Delia. Sie war Syrakuserin genug, um zu verstehen, daß jeder auf ein Interesse von seiten des Tyrannen innerlich zuerst mit Furcht reagiert. »Glaub das ja nicht! Hieron würde so etwas nie tun. Es ist nur so, daß er nach Hierons Ansicht eventuell unschätzbar wertvoll werden könnte und daß etwas in seinem Vertrag stehen könnte ... Ich weiß nicht, was, das ihn auf eine Weise binden könnte, die ihm später leid tut. Sag ihm nur – er soll aufpassen.« Sie brach ab und biß sich auf die Lippe. Jetzt hatte sie ihre Warnung ausgesprochen, und schon schien sie eine ganz andere Bedeutung zu haben. Durch die Nacht und diese unerwartete Gelegenheit hatte sie sich zum Verrat verleiten lassen, zu einem Bruch der Loyalität, die sie ihrem Bruder schuldete. Ihr wurde ganz heiß im Gesicht, und gleichzeitig war ihr übel vor Scham. Sie sprang auf die Füße. »Nein!« flüsterte sie eindringlich, »sag ihm gar nichts!« Dann drehte sie sich um und tappte durch den Garten davon, als ob sie der Sklave verfolgen würde.

Marcus blieb unter der Dattelpalme zurück. Er war viel zu verblüfft, um sich zu rühren.

Nach vielen weiteren Liedern ging das Gelage zu Ende, und Marcus schlich wieder in den Bankettsaal, um die Flöten einzusammeln. Hier fand er Archimedes in ein Gespräch über Tonarten mit dem Barbitosspieler vertieft, der seinerseits von dem hübschen Knaben geholt wurde. Er machte sich einen Spaß daraus, Marcus höhnisch anzugrinsen, während sie beide darauf warteten, daß ihre Herren das Gespräch beendeten. Marcus war ungeheuer erleichtert, als die Diskussion endlich vorbei war und sie das Haus verlassen konnten.

Längst hatte Archimedes seine Demütigung zu Beginn des Essens vergessen. Sein Flötenspiel war ein Erfolg gewesen. Besonders der Barbitosspieler war sehr liebenswürdig gewesen und hatte gesagt, sie müßten unbedingt wieder gemeinsam spielen. Ein erfreuliches Kompliment, da der Barbitosspieler einer der reichsten und wichtigsten Männer der Stadt und ein bekannter Förderer der schönen Künste war. Archimedes redete sich ein, daß dies zwar nicht wichtig war – schließlich war er Demokrat –, aber erfreulich war es trotzdem. Hurtig schritt er die Straße entlang, wedelte dabei mit einer Ecke seines Mantels und summte vor sich hin.

Mit grimmiger Miene und den Flöten im Arm eilte Marcus hinter ihm her. Als sie zur Hauptstraße kamen, lief der Sklave zu ihm vor und sagte mit leiser Stimme: »Herr, dort oben ist etwas vorgefallen, was du wissen solltest.«

»Hm?« machte Archimedes, wobei er abrupt stehenblieb und Marcus anschaute. Der Mond war aufgegangen und schien hell in die breite Straße hinein. Das entzückte Gesicht von Archimedes war deutlich zu erkennen.

Delia? dachte Marcus ungläubig. »Ich kenne ihren Namen nicht«, sagte er verblüfft, »aber es war die Schwester des Königs. Sie hat gesagt, ich soll dir ausrichten…«

»Delia hat dir eine Nachricht für mich gegeben?« rief Archimedes noch begeisterter.

Marcus starrte ihn an. Jetzt fiel ihm wieder ein, wie zögernd das Mädchen gesprochen hatte und wie sie weggelaufen war, nachdem sie versucht hatte, ihre Botschaft wieder zurückzuziehen. Im nachhinein wirkte alles wie der erste, scheue Schritt einer Jungfrau in Richtung Liebe. »*Perii!*« rief er laut. Der Fluch in seiner Muttersprache überraschte ihn selbst. »Kein Wunder, daß der König seine Spione hinter dir hergeschickt hat!«

»Was?« Nun war Archimedes seinerseits überrascht. »Hinter mir? Mach dich nicht lächerlich! Da gibt es nichts auszuspionieren.«

»Mögen die Götter verhüten, daß zwischen dir und der Schwester des Königs auch nur das geringste sein sollte!«

»Ich habe sie erst zweimal im Haus des Königs gesehen, als ich dorthin ging, um mich nach dem Katapult zu erkundigen«, sagte Archimedes steif. »Sie spielt auch Aulos, und darüber haben wir uns unterhalten. Sie ist sehr gut. Was war das denn für eine Botschaft? Du hast gesagt, ich sollte sie kennen.«

Marcus fuhr sich mit den Händen durchs Haar. Vielleicht war ja *tatsächlich* alles ganz unschuldig, dachte er, aber eines stand fest: Die Schwester des Königs – *die Schwester des Königs!* – ließ Archimedes insgeheim eine Warnung über die Pläne ihres Bruders zukommen. Was sah sie in ihm? Er sah nicht besonders gut aus, war nicht reich und besaß ganz sicher nicht den geschliffenen Charme eines Verführers. Aber schon in Alexandria hatte er die Gunst von Lais gewonnen, und jetzt das!

Zu seinem Bedauern konnte er das nicht einmal Arata erzählen, obwohl er wußte, wie sehr sie sich wegen der Spione des Königs Sorgen machte. Außerdem hatte er einen tiefen Respekt vor ihrem gesunden Menschenverstand. Aber die *Mutter* seines Herrn konnte er am allerwenigsten mit den romantischen Torheiten ihres Sohnes belästigen.

»Nun?« wollte Archimedes wissen.

»Sie meinte, ich soll dir sagen, daß sie dir alles Gute wünscht«, sagte er schließlich. »Und sie warnt dich, daß du vorsichtig sein mußt, wenn dein Beweis gut ausgeht, weil dich ihr Bruder vielleicht zu einem Vertrag überreden könnte, der dich zu etwas verpflichtet, was du später eventuell bereust.«

Archimedes strahlte. »Das ist ja wunderbar!« Er ging weiter, aber diesmal wirkte sein Gang leicht angeberisch.

»Wunderbar? Hast du denn nicht gehört, was ich gesagt habe?« fragte Marcus wütend.

»Ja, natürlich. Delia wünscht mir Glück, und der König wird mir einen Vertrag anbieten, wenn mein Beweis gut abläuft. Ich danke den Göttern!«

Marcus stöhnte.

»Was ist denn nun schon wieder?«

Nach einem Blick in seine selbstbewußt strahlenden Augen

stöhnte Marcus erneut. »Nichts«, sagte er verzweifelt, »gar nichts.«

Im Haus des Königs saß Hieron in der Pförtnerloge des Türhüters. Er hatte die Füße auf die Lehne der Liege gestützt, nippte an einem Becher mit kaltem Wasser und besprach, wie er es nach jedem Bankett zu tun pflegte, den vergangenen Abend mit Agathon. Er hörte seinen Gästen zu, während sein Türhüter den Sklaven der Gäste zuhörte, und hinterher verglichen sie ihre Eindrücke. Diese Technik hatte sich oft als nützlich erwiesen. Der Türhüter hatte herausgefunden, daß sich der Sklave des einen Offiziers Sorgen machte, weil sein Herr zuviel getrunken hatte, während einer der Räte der Stadt kürzlich eine größere Geldsumme ausgegeben hatte.

»Und der Sklave von Archimedes?« fragte der König. »Etwas Brauchbares von ihm?«

Agathon schnaubte. »Meiner Meinung nach hat es irgend jemand gemerkt, daß wir über seinen Herrn Erkundigungen eingezogen haben. Gleich von Anfang an war er wild entschlossen, uns um keinen Preis auch nur ein Sterbenswörtchen zu verraten. Sobald die Musik anfing, hat er sich davongestohlen und im Garten versteckt, damit er mit keinem mehr reden mußte. Allerdings hat er behauptet, er wäre Samnite, wo er doch eindeutig ein Latiner ist.«

»Bist du dir da sicher?«

»Oh, ja. Er heißt Marcus, und als er herausfand, daß der Sklave von Aristodemos ein echter Samnite ist, war er entsetzt.« Agathon lachte meckernd. »Dann mußte er so tun, als ob er vergessen hätte, wie man Oskisch spricht, aber er war so ein armseliger Lügner, daß es einem leid tat.«

Der König runzelte die Stirn.

»Ich werde das überprüfen«, sagte Agathon sofort. »Aber er ist seit dreizehn Jahren im Haushalt von Phidias, und meinem Eindruck nach steht er loyal zu seinem Herrn.«

Hieron nickte nachdenklich und trank einen Schluck Wasser.

»Vermutlich Fehlanzeige«, sagte er, »aber man kann ja nie wissen. Behalte ihn im Auge.«

»Jawohl, Herr«, sagte Agathon. Einen Augenblick beobachtete er seinen Herrn, dann sagte er: »Und du, Herr? Was halten die Gäste vom Krieg?«

Hieron streckte sich und setzte sich auf. »Wir haben nicht darüber diskutiert.«

Agathon zog die Augenbrauen hoch. »Muß aber schwierig gewesen sein.«

Hieron grinste. »Nicht allzusehr. Archimedes hat von den Eiern bis zum Steinbutt über ideale Mechanik doziert. Danach waren sämtliche anderen Gäste absolut selig, sich über *irgend etwas* zu unterhalten, das nichts mit Mechanik zu tun hatte. Man mußte nur sehr wenig steuern.«

Nervös räusperte sich Agathon. »Herr...«, er hielt inne.

»Was?« fragte Hieron.

Als Agathon keine Antwort gab, beugte sich der König lächelnd vor und meinte: »Möchtest *du* vielleicht über den Krieg reden, Aristion?«

Das war ein alter Spitzname – die Verkleinerungsform von »Bester« anstelle von Agathons richtigem Namen, der »Guter« bedeutete. Der Sklave schöpfte daraus Mut, blickte seinem Herrn in die Augen und sagte: »Was wird geschehen, Herr?«

Hieron seufzte. »Was immer das Schicksal bestimmt, mein Freund. Dennoch hoffe ich, daß mir die Römer bessere Bedingungen anbieten werden als bei Messana, sobald sie sich die Zähne an unseren Verteidigungslinien ausgebissen haben.«

Lange Zeit saß Agathon schweigend da. Es war die nackte Hoffnung, die da sprach, und eine schwer begrenzte obendrein. »Dann gibt das Bündnis also keinen Anlaß zur Hoffnung mehr«, sagte er schließlich, »jedenfalls keine Hoffnung auf Sieg.«

»Die Hoffnung bleibt uns immer«, erwiderte Hieron gelassen, »aber ich erwarte nichts, nein. Karthago hat noch keine Bedingungen mit Rom ausgehandelt und sich nicht offen gegen uns gestellt. Und solange das so bleibt, werde ich in der Öffentlichkeit so tun, als ob es unser fester Verbündeter wäre. Aber die Karthager hatten eine Flotte, die eigentlich die Meerenge bewachen sollte. Offensichtlich ist es ihnen nicht gelungen, die Römer vom Übersetzen nach Sizilien abzuhalten. Und während wir Messana belagert haben, haben die Römer mit mir und mit den Karthagern verhandelt – jeweils getrennt. Als ich meinem verbündeten Oberbefehlshaber den Vorschlag machte, ich würde jemanden als Beobachter zu seinen Verhandlungen schicken und er umgekehrt zu meinen, hat er es abgelehnt. Und als uns die Römer angriffen, haben die Karthager keinen Finger gerührt. Agathon, der Feind, verfügte über zwei Legionen – zehntausend der wildesten Krieger der Welt. In Windeseile machten sie einen Ausfall aus der Stadt und griffen unseren Belagerungsring an. Wir haben sie abgewehrt und den halben Weg wieder Richtung Stadtmauer zurückgetrieben. Wenn die Karthager die Römer bei ihrem Rückzug von der Flanke her angegriffen hätten, wäre es ein *echter* Sieg gewesen, aber sie haben nichts gemacht – *gar nichts!* Haben nur ihre Truppen zur Verteidigung des eigenen Lagers aufgezogen und sich dann hingestellt und zugeschaut. Oh, ja, nachher sandte Hanno einen Boten, um mir zu meinem Sieg zu gratulieren, und erklärte, ihm hätte die Zeit gefehlt, um seine Streitkräfte aufzustellen. Aber seit diesem Gefecht war absolut klar, wie Hanno diesen Krieg zu führen gedenkt. Er hofft, daß er uns benutzen kann, um die Römer zu schwächen, die Römer, um uns zu zerbrechen, und wenn alles vorbei ist, Sizilien für Karthago zu beanspruchen. Deshalb bin ich im Schutz der Dunkelheit abgezogen und heimgekommen.

Mein lieber Agathon, erzähle keinem ein Sterbenswörtchen davon. Solange die Chance besteht, daß Karthago mein Verbündeter bleibt, werde ich es so bezeichnen. Und vielleicht ändert sich doch noch etwas in Karthago selbst. Es gibt immer Parteien. Ich habe dort einige Freunde und Hanno ein paar Feinde.«

»Welche Bedingungen haben die Römer bei Messana angeboten?« fragte Agathon trübe, denn beiden war klar, daß Syrakus ohne die Hilfe Karthagos bestenfalls aufs nackte Überleben hoffen konnte.

»Dieselbe, die sie ihren italienischen ›Verbündeten‹ anbieten«, erwiderte Hieron wegwerfend. »Wir akzeptieren eine Besatzung und schicken ihnen im Kriegsfall Hilfstruppen. Ach ja, und bezahlen fünfhundert Silbertalente an die Römer zur Entschädigung für ihre Mühe und Ausgaben beim Krieg gegen uns. Ein höchst unliebsamer Zeitgenosse, dieser Appius Claudius.« Wieder trank er einen Schluck Wasser. »Irgendwelche Anmerkungen?«

Agathon seufzte unglücklich und rieb sich die Nase. »In der Stadt geht das Gerücht um, daß uns die Karthager betrogen haben.«

Hieron schnaubte reuevoll. »Hat aber nicht lange gedauert, bis sie's herausbekommen hatten! Ich hoffe sehr, es kommt trotzdem nicht zur Panik?«

»Nein, Herr, sie haben gesehen, daß du dich so benimmst, als ob es keinen Grund zur Sorge gäbe. Und außerdem hoffen sie noch immer. Vermutlich ist es richtig, wenn du ihre Ängste nicht noch bestätigst.«

»Ich bin ja so froh, daß du meiner Meinung bist! Soll ich dir mal verraten, worauf sich meine Hoffnung für das Überleben der Stadt gründet?«

Agathon nickte stumm. Hieron schaute in seinen halbleeren Wasserbecher und meinte leise: »Mauern, Agathon, Mauern und Katapulte. Auf offenem Felde sind die Römer fast nicht zu schlagen, aber für die Belagerungstechnik fehlt ihnen die nötige Erfahrung. Sollen sie ruhig Syrakus belagern und vor unseren Mauern sterben. Sollen sie begreifen, wieviel es sie kostet, wenn sie uns zerbrechen wollen. Und dann sollen sie uns akzeptable Bedingungen stellen.« Er leerte den Becher.

»Also das ist der Grund für dein Interesse an Archimedes, dem Sohn des Phidias.«

»Ich würde mich unter allen Umständen für ihn interessieren«, sagte Hieron, während er aufstand und seinen Becher abstellte. »Wenn ich nicht interessiert wäre, die besten Ingenieure zu haben, die es gibt, würde ich es nicht verdienen, König zu sein. Allerdings gebe ich zu, daß es mich momentan schon aufheitert, wenn ich den Burschen nur sehe. Die Römer sind keine großen Katapulte gewöhnt, bereits ein Ein-Talenter wird sie fürchterlich erschrekken – soweit sie überhaupt etwas im Krieg erschrecken kann. Und das ist schätzungsweise nicht allzuviel.« Er gähnte, streckte sich und setzte leichthin hinzu: »Und außerdem spielt er gut Flöte.«

8

Der Zustand von Phidias hatte sich erneut verschlechtert. Er schlief die meiste Zeit und ließ sich kaum aufwecken. Und wenn er dann wach war, war er oft verwirrt und begriff nicht, wo er sich befand oder was man von ihm wollte. Zum großen Kummer von Archimedes wußte er es anscheinend nicht einmal zu schätzen, daß das Katapult seinen Test bestanden hatte und sein Sohn in der Lage war, die Familie zu versorgen. Hierons Leibarzt war tatsächlich auf Visite gekommen, aber selbst er hatte nichts anderes tun können als zuvor schon der Hausarzt der Familie. So hatte er nur eine Arznei dagelassen, die Phidias nehmen konnte, wenn er Schmerzen haben sollte.

Trotzdem brachte es Archimedes nicht übers Herz, die Hoffnung aufzugeben. Jeden Morgen und jeden Abend ging er ins Krankenzimmer, um nach seinem Vater zu sehen. Er versuchte, ein Gespräch zu beginnen, und wenn das nicht möglich war, setzte er sich einfach hin und rechnete oder spielte Musik, während Phidias schlief.

Zwei Tage nach dem Bankett, am Tag der Vorführung, ging er wie üblich morgens ins Krankenzimmer, wo er seinen Vater schlafend vorfand. Er setzte sich auf die Liege, ergriff die bis aufs Skelett abgemagerte Hand und strich ihm die dünnen, weißen Haare zurück. »Papa?« sagte er. Da wachte Phidias auf und lächelte ihn still an.

»Ich gehe jetzt zum Hafen hinunter«, erklärte er seinem Vater. »Ich liefere dem König einen Beweis für Mechanik.«

Plötzlich klammerte sich die zerbrechliche Hand an ihn. »Geh nicht fort!« bettelte Phidias.

»Ist doch nur für ein, zwei Stunden«, sagte Archimedes.

»Bitte, Medion, geh nicht nach Alexandria!«

»Papa! Das tue ich nicht, ganz gewiß nicht. Ich führe lediglich im Hafen einen Beweis durch. Anschließend komme ich heim und schaue, wie's dir geht.«

»Bitte, geh nicht wieder fort!« flüsterte Phidias, als ob er nichts gehört hätte, und dann noch leiser: »Kümmere dich an meiner Stelle um deine Mutter und deine Schwester.«

»Das werde ich, Papa«, sagte Archimedes, »ich verspreche es.«

Er blieb noch ein paar Minuten, wo er war, bis sein Vater endlich die verkrampfte Hand löste und wieder einschlief. Ganz vorsichtig stand er auf, um ihn nicht zu wecken, und betrachtete von oben kritisch das gelbe Gesicht. War es Einbildung, oder wirkte die Haut tatsächlich durchsichtig? War neben dem flachen Atem ein Keuchen zu hören, das vorher nicht dagewesen war?

Arata kam herein. Archimedes hatte sie zu seiner Vorführung eingeladen. Sie hatte ihr bestes Gewand angezogen und war schon zum Gehen bereit, aber nach einem Blick auf das Gesicht ihres Mannes rückte sie ihren Stuhl von der Wand und setzte sich, um bei ihm zu wachen. »Ich möchte ihn heute morgen nicht allein lassen«, erklärte sie ihrem Sohn. »Nimm Philyra mit.«

Archimedes protestierte nicht, sondern sagte nur: »Schicke Chrestos, um mich zu holen, falls... falls er nach mir fragt oder irgend etwas anderes passiert. Der König ist mir egal. Ich werde kommen.«

Arata nickte. Archimedes beugte sich vor und gab ihr einen Kuß auf die Stirn, dann trat er in den Hof hinaus.

Mit strahlenden Augen erwartete ihn Philyra bereits in ihrer schönsten Tunika und dem besten Mantel. Eigentlich hätte sie sich mit der Tunika nicht so viel Mühe machen müssen, dachte Archimedes. Bis auf eine Saumbreite war nichts davon zu sehen, denn Philyra war ganz brav von Kopf bis Fuß in cremefarbene Wolle gehüllt. Vor Hitze – oder aus Vorfreude – hatte sie bereits ein rosarotes Gesicht. Daneben warteten Marcus und die junge Agatha, die sich beide in ihrer schlichten Leinentunika wesentlich wohler fühlten. Agatha kam mit, weil eine vornehme Dame immer ihre

Zofe dabeihatte, und Marcus trug einen Korb mit Erfrischungen.

»Medion!« rief Philyra. »Du wirst doch nicht *diesen* Mantel anziehen!« Es war der aus Leinen.

»Während der Vorführung werde ich sowieso keinen Mantel tragen können«, wandte Archimedes ein. »Schließlich kann man im Mantel nicht an einem Seil ziehen. Deshalb dachte ich...«

Philyra schüttelte unnachgiebig den Kopf. Grinsend stellte Marcus den Korb ab, lief nach oben und kam mit dem gelben Mantel wieder. Archimedes fluchte leise vor sich hin, zog aber trotzdem das Ding an, und dann brach die ganze Gruppe auf.

Je näher sie zum Hafen kamen, um so belebter wurden die Straßen. Eine große Menschenmenge drängelte sich in dieselbe Richtung wie sie. Archimedes musterte sie argwöhnisch. »Ist irgend etwas los?« fragte er einen dicken Wasserverkäufer.

»Hast du's nicht gehört?« antwortete der Wasserverkäufer. »Einer der Ingenieure des Königs glaubt, er kann eigenhändig ein Schiff bewegen.«

»Aber...«, sagte Archimedes blinzelnd, »kommen denn all die Leute, um *das* zu sehen?«

»Klar«, sagte der Wasserverkäufer tadelnd. »Muß schon ein Anblick sein.«

»Aber – aber woher *wissen* das denn alle?« fragte Archimedes.

»Man hat es auf dem Marktplatz angeschlagen«, antwortete der Wasserverkäufer. »Was hast du denn damit zu tun?`«

»Ich bin der Ingenieur«, antwortete Archimedes amüsiert, während er darüber nachgrübelte, wer wohl den Anschlag angebracht hatte.

»*Du* bist also Archimedes, der Sohn des Phidias!« rief der Wasserverkäufer. Enttäuscht musterte er ihn von Kopf bis Fuß. »Ich dachte, du wärst älter.«

Da lachte Philyra voll staunender Begeisterung laut auf und nahm ihren Bruder am Arm. »Medion, du bist berühmt!«

Als sie zum Kai kamen, stand dort bereits eine riesige Menschenmenge herum. Man redete, aß und trank und machte sich gegenseitig auf das Schiff aufmerksam, das Archimedes ausgesucht hatte. Es war bei weitem nicht das größte Schiff der königlichen Flotte, aber zweifelsohne ein Schiff – ein fetter Einmaster, ein Transportschiff mit ungefähr zweiundzwanzig Metern Länge.

Man hatte es aus dem Wasser gezogen, und sein gewölbter Rumpf ragte doppelt mannshoch von der steinernen Gleitbahn in die Höhe. Bei seinem Anblick blieb Philyra einen Augenblick wie erstarrt stehen, dann schaute sie ängstlich ihren Bruder an. Marcus ging es nicht anders. Beide hatten sich auf Archimedes und seine Versicherung verlassen, daß sein System funktionieren würde. Aber Auge in Auge mit einem Objekt, das größer war als ihr Haus, kam ihnen das ganze Projekt völlig unmöglich vor.

»Kannst du das wirklich bewegen?« fragte Philyra.

Er war überrascht. Wie konnte sie nur daran zweifeln! »Aber ja!« rief er. »Ohne Ladung wiegt es doch nur zwölfhundert Talente, und ich habe mir einen mechanischen Vorsprung von fünfzehnhundert Talenten verschafft. Ich werde es dir zeigen!«

Zum Schutz vor der Menschenmenge wurde gerade der unmittelbare Bereich um das Schiff abgesperrt. Aber die Matrosen, die die Seile spannten, erkannten Archimedes und ließen ihn mit seiner Begleitung durch. Gerade wollte er Philyra sein System erklären, da dröhnten die Trompeten. Als sie aufblickten, sahen sie das Gefolge des Königs. Zuerst kam eine Reihe Gardesoldaten, angeführt von einem Offizier zu Pferde. Farbenprächtig glänzten die Schilde, die sie über den Rücken geschlungen hatten, und ihre Helme und Speerspitzen funkelten in der Sonne. Hinter ihnen ritt, ganz in Purpur gekleidet, der König auf einem prächtigen Schimmel. Kallippos begleitete ihn auf einem mächtigen Braunen. Anschließend folgten die Trompeter und eine verhängte Sänfte, getragen von acht Sklaven. Die Menge stieß Hochrufe aus und klatschte und machte langsam den Weg frei. Als der königliche Geleitzug vor ihnen stehenblieb, packte Philyra Archimedes vor Begeisterung ganz fest am Arm.

Die Sänfte wurde abgesetzt, die Insassen kletterten heraus: zuerst die Königin – wie ihr Mann ganz in Purpur gehüllt – und dann der kleine Gelon, dem in seinem Purpurgewand sichtlich heiß war. Zuletzt kletterte ein dunkelhaariges Mädchen in einem Mantel aus feiner, scharlachroter Baumwolle mit eingewebten Goldsternen heraus. Einen Augenblick blieb sie stehen, um ihren Mantel glattzustreichen. Archimedes richtete sich noch gerader auf und strahlte vor Vergnügen. Delia war doch gekommen, um seine Vorführung zu sehen! In Wirklichkeit war sie sogar noch hübscher als in seiner Erinnerung. Er versuchte, ihr in die Augen zu sehen, und überlegte, wie er sich für ihre Botschaft bedanken konnte. Aber als sich ihre Augen endlich trafen, erwiderte sie sein Lächeln mit einem kalten, starren Blick.

Philyra hatte keine Ahnung, wer das Mädchen in Rot war, aber als die gesamte königliche Familie herüberkam und ihrem Bruder die Hand schüttelte, dachte sie, sie würde vor Stolz platzen. Sie war sich bewußt, daß die Zuschauer über sie redeten und einander auf Archimedes, den Sohn des Astronomen Phidias, aufmerksam machten. Jenen Ingenieur, der in Alexandria studiert und sich angeboten hatte, etwas Unmögliches zu tun.

Königin Philistis lächelte Philyra gnädig zu, als Archimedes sie mit ihr bekannt machte. »Ich denke, wir haben uns bereits gesehen«, sagte sie. »Du hast an deiner Schule Preise für Musik gewonnen, mein Kind, stimmt's? Offensichtlich genießt deine ganze Familie die Gunst der Musen.«

Philyra wurde rot. Sie hatte tatsächlich Preise für Musik gewonnen, die die Königin überreicht hatte, hatte aber nicht erwartet, daß sich Philistis daran erinnern würde.

Delia warf Philyra lediglich einen verächtlichen Blick aus schwarzen Augen zu. Aber unter der Verachtung brodelte es. Als sie gemerkt hatte, daß Archimedes ein Mädchen am Arm hatte, war sie im ersten Moment vor Empörung ganz verwirrt gewesen. Aber dann fiel ihr die große Ähnlichkeit zwischen den beiden auf. Erleichtert erinnerte sie sich wieder daran, daß er eine Schwester hatte. Ihr war klar, daß derartige Gefühle absolut unangebracht waren, ja geradezu närrisch! Es war egal, ob Archimedes ein Mädchen oder einen Knaben oder ein halbes Dutzend Dirnen hatte. Er bedeutete ihr nichts, und genauso wollte sie es auch haben. Also übertrug sie jetzt ihren verächtlichen Blick auf ihn. Verwirrt blinzelte er.

»Und das ist das Schiff, das du bewegen wirst, ja?« fragte der König. »Beim Herakles!« Auch er begutachtete wie zuvor Philyra Höhe und Länge, dann wanderte sein Blick zu dem schlaksigen jungen Mann neben ihm. Beide waren grundverschieden. Da schien kein Weg hinüberzuführen. Insgeheim lobte sich der König für seine Entscheidung, den Zeitpunkt der Vorführung auf dem Marktplatz anschlagen zu lassen. Falls der Junge scheitern sollte – was durchaus wahrscheinlich schien –, scheiterte er vor aller Augen. Und wenn er ihm dann verzieh, würde er nicht nur als noch großherzigerer Mensch dastehen, sondern könnte auch seinen Zugriff auf diesen Mann verstärken. Natürlich wäre in einem solchen Fall das Scheitern auch wesentlich demütigender, aber dagegen konnte man nichts machen. Jedes Scheitern hatte scharfe Zähne, egal, ob jemand zusah oder nicht.

Auch der kleine Gelon starrte das Schiff an und danach Archimedes. Normalerweise konnte er es nicht leiden, wenn er seine Mutter bei öffentlichen Auftritten begleiten mußte, aber als ihm sein Vater erklärt hatte, worum es diesmal ging, war er gerne mitgekommen. »Wirst du das alles ganz allein bewegen?« fragte er.

Grinsend zupfte Archimedes seinen Mantel gerade. »Sicher.«

»Du mußt aber stark sein!« sagte Gelon bewundernd.

»Muß ich eben nicht«, entgegnete Archimedes fröhlich. »Das ist ja der Knackpunkt. Es gibt zwei Wege, um schwere Lasten zu bewegen: entweder muß man sehr stark sein, oder man muß sich einer Maschine bedienen. Siehst du dort die Flaschenzüge?«

Zwischen der Vorderfront des nächsten Bootshauses und den steinernen Anlegepfosten am Kai wand sich ein ganzes Spinnennetz aus Seilen. Flaschenzüge waren an Flaschenzügen befestigt, die ihrerseits über kombinierte Trommeln zurückliefen und wieder mit weiteren Flaschenzügen verbunden waren. Und weiter ging es um die Achsen von Zahnrädern herum und wanderte nach einem erneuten Richtungswechsel über noch mehr Flaschenzüge weiter. Kallippos stand bei den Anlagepfosten und zählte.

»Das ist meine Maschine«, sagte Archimedes. »Weißt du, wie ein Flaschenzug funktioniert?«

»Man zieht daran«, erklärte Gelon bestimmt.

»Das stimmt. Du ziehst an einem Seil, das doppelt so lang ist wie die Strecke, die die Ladung zurücklegen soll. Dadurch brauchst du nur halb soviel Kraft. Und wenn du nun genügend Flaschenzüge einsetzt, kannst du *jede* Ladung mit *jeder* Kraft bewegen. Aber vielleicht sollten wir uns erst mal ansehen, ob pure Kraft das Schiff bewegen kann. Königlicher Herr, du hast so viele Männer deiner Garde mitgebracht, vielleicht würden die gerne mal schieben?«

Hieron hatte dreißig Wachen unter dem Kommando von Dionysios mitgebracht. Archimedes suchte Straton unter ihnen, konnte ihn aber zum ersten Mal nicht entdecken. Nur allzugern legten die Männer ihre Speere ab, stemmten sich gegen den Schiffsrumpf und drückten. Vor Anstrengung bekamen sie knallrote Gesichter und rutschten immer wieder mit den Füßen auf der Gleitbahn aus. Eine Weile mühten sie sich vergeblich ab, dann gaben sie auf. Die Zuschauermenge stöhnte mitleidig. Archimedes grinste nur noch breiter. »Dionysios!« rief er. »Darf ich dich und deine Männer zu einer kleinen Fahrt einladen?«

Dionysios zog ein absolut ungläubiges Gesicht, und die Männer der Garde schüttelten bedauernd die Köpfe. Aber als Archimedes zum Schiff hinüberrannte und das Fallreep herunterzog, stiegen sie an Bord. Dionysios ging als letzter. Er schaute Archimedes an, als ob er etwas sagen wollte, schüttelte dann aber nur den Kopf und kletterte hinter seinen Männern her.

»Ich auch!« schrie der kleine Gelon und rannte die Gleitbahn hinunter. Als Hieron zustimmend nickte, half Archimedes dem Kind auf die Leiter. Als es zur Hälfte oben war, packte Dionysios den kleinen Jungen an der Hand und zog ihn das restliche Stück in die Höhe. Sofort rannte Gelon zum Schiffsbug, kletterte auf die Gallionsfigur hinauf und winkte Vater und Mutter zu.

Archimedes holte tief Luft, dann ging er zu dem dicken Seil, das aus den Flaschenzügen herausschaute, und vertäute es mit einem Ring, den er fest im Schiffskiel verankert hatte. Mit einer Handbewegung wies er Marcus an, ihm zu folgen, und bahnte sich seinen Weg zu dem Platz, wo das andere, dünnere Seilende nach seinem langen, vielfach gewundenen Weg wieder zum Vorschein kam. Er spürte die aufmerksamen Blicke der Menge auf sich. Aus unmittelbarer Nähe starrte ihn der Ingenieur Kallippos an. Sein verkrampftes Gesicht trug denselben undefinierbaren Ausdruck wie bei ihrer letzten Begegnung. Archimedes versuchte, sich um niemanden zu kümmern, und zog seinen Mantel aus. Plötzlich kam Luft an seine schweißnassen Arme und die klamme Tunika. Die Kühle tat ihm unbeschreiblich gut. Er drückte Marcus den schweren, gelben Wollstoff in die Hand.

»Wird es tatsächlich funktionieren?« flüsterte Marcus nervös.

»Das habe ich dir doch schon gesagt«, antwortete Archimedes. In der Nähe stand ein Stuhl, auf dem er während der Ausarbeitung seines Systems immer gesessen war. Er ging hin und trug ihn aus dem Schatten des Bootshauses in die grelle Sonne hinaus, wo ihn alle sehen konnten, und setzte sich darauf. »Du brauchst nur das Seil aufrollen, sobald ich es dir reiche«, befahl er Marcus und ergriff das Seil.

Sich hinzusetzen, war wirklich mutig, denn im Stehen wäre es wesentlich einfacher gewesen. Er hatte eine Leistung von einem Talent einkalkuliert, aber als er zu ziehen anfing, keimte in ihm der Verdacht, daß er das Eigengewicht des Seiles nicht ausreichend berücksichtigt hatte. Trotzdem – es war zu schaffen, und wenn er dazu die Fersen in den Boden rammen müßte. Langsam, aber stetig zog er am Seil, eine Hand über der anderen. Hin und her wand sich das Seil durch die Flaschenzüge. Durch die Entfernung, die es zurücklegte, reduzierte sich das Gewicht so lange, bis es seinem eigenen Kraftaufwand entsprach.

Zuerst zitterte das Schiff auf der Gleitbahn nur, aber dann glitt es allmählich ohne Ruckeln und Wackeln vorwärts. Es bewegte sich so selbstverständlich, daß die Zuschauermenge anfangs nur murmelte, weil sie nicht sicher war, ob sich das Schiff tatsächlich bewegte. Aber dann schrien einige Leute verunsichert laut auf, bis es immer mehr wurden und schließlich alle in einen wahren Begeisterungssturm ausbrachen. Archimedes hörte Marcus neben sich lachen. Ein Siebentonner und dreißig Männer wurden von einem einzigen Paar Hände und der Kraft eines einzigen Gehirns heraufgezogen.

Archimedes zog das Schiff bis zum Bootshaus hinauf, dann ließ er das Seil fallen und stand auf. Die Menge jubelte noch immer. Er wandte sich ihnen zu – einem Meer aus Gesichtern mit einem Purpurfleck davor, der den König darstellte. Seine Arme zitterten von dem anstrengenden Ziehen, und plötzlich fühlte er sich benommen. Noch nie hatte ihm jemand zugejubelt. Mit Triumphgefühl hatte er gerechnet, aber nicht mit der Angst, die er plötzlich empfand. Bei diesem Beifall fühlte er sich wie eine zur Schau gestellte Mißgeburt. So außergewöhnlich war alles ja auch wieder nicht, denn die Prinzipien hatte es schon immer gegeben, so unverrückbar wie die Sterne. Er hatte sie einfach nur angewandt. »Oh, Apollon!« flüsterte er, als ob er den Gott aus tiefster Seele um Hilfe bitten wollte.

Marcus packte ihn an der Schulter. »Winke ihnen zu!« flüsterte er, und Archimedes winkte. Die Hochrufe wurden doppelt so laut. Ärgerlich schüttelte er den Kopf.

»Herr«, sagte Marcus, »dein Mantel.«

Wieder schüttelte Archimedes den Kopf und ging ohne den Mantel auf den König zu.

Beim Näherkommen fiel ihm zuerst das Gesicht seiner Schwester auf. Philyra war der Mantel vom Kopf und von einem Arm gerutscht, ihre Haare waren zerzaust, und sie strahlte. Dann sah er, gleich neben ihr, Delia, die immer noch klatschte. Ihre Augen funkelten vor Stolz. Plötzlich war seine unsinnige Angst wie weggeblasen, und er lachte beide an. Philyra raffte ihre Tunika zusammen und rannte lachend zu ihm hinüber. »Medion!« rief sie und umarmte ihn stürmisch. »Das war *unglaublich*!«

Er legte einen Arm um sie, sagte aber nichts, sondern ging weiter, bis er dem König gegenüberstand.

Auch Hieron strahlte vor Begeisterung übers ganze Gesicht, und als Archimedes nahe genug herangekommen war, packte er mit beiden Händen eine Hand des Verblüfften und schüttelte sie. »Du könntest tatsächlich die Erde bewegen, nicht wahr?« fragte er grinsend.

»Mit einer zweiten Welt als Stützpunkt«, antwortete Archimedes, »kann das jeder.«

Während ihm der König noch immer lachend die Hand schüttelte, fiel sein Blick flüchtig auf das System aus Flaschenzügen. Er ließ los. »Kann ich es auch versuchen?« fragte er.

Blinzelnd schaute Archimedes zum Schiff zurück, von dem gerade die Wachen heruntersprangen. »Dazu müßte man es erst mit Gewalt die Gleitbahn hinunterschieben«, sagte er entschuldigend. »Und außerdem müßte ich, äh, noch einige Räder verändern.«

Sofort wandte sich Hieron an seine Garde. »Dionysios!« brüllte er. »Hol ein paar Freiwillige und schiebt es wieder hinunter! Diesmal werde *ich* es heraufziehen!«

»*Ich* auch!« schrie der kleine Gelon und rannte zu seinem Vater.

»Du kannst mir helfen«, erlaubte ihm der König und hob den Jungen hoch. »Na, los, Obermechaniker, du kannst uns erklären, wo wir ziehen müssen.«

Das Schiff wurde so oft die Gleitbahn hinauf und hinunter bewegt, bis schließlich der Vorarbeiter der Werft heraufkam und den König bat, er möge nicht den Kiel eines tadellosen Schiffes ruinieren. Der König bewegte es, Dionysios bewegte es, und die Leute kämpften sich durch die Menge, um abwechselnd am Seil zu ziehen. Archimedes erklärte das Prinzip des Flaschenzuges so oft, bis er schließlich den Überblick verlor. Geraume Zeit verging. Erst dann fiel ihm auf, daß er Kallippos zum letzten Mal gesehen hatte, als er das Seil in die Hand genommen hatte. Suchend warf er einen Blick in die Runde. Doch statt des Ingenieurs sah er Chrestos, der soeben erhitzt und außer Atem am Rand der Menge auftauchte. Bestürzt starrte ihn Archimedes an, dann bahnte er sich einen Weg durch die verblüffte Menge bis zu dem Platz, wo der Sklave stand.

»Was ist passiert?« wollte er wissen. »Hat dich meine Mutter geschickt?«

Der Junge war vom Laufen so außer Atem, daß er nicht sprechen, sondern nur noch nicken konnte.

»Ist das dein Sklave?« erkundigte sich Hieron ruhig.

Verständnislos starrte ihn Archimedes an. Er hatte nicht gemerkt, daß ihm der König gefolgt war. Dann nickte er und sagte: »Ich habe meine Mutter gebeten, ihn zu schicken, falls mein Vater...«

»Sie sagt...«, keuchte Chrestos, »du sollst... so schnell... wie möglich kommen.«

Die Welt wurde kalt, auch wenn die Sonne noch so heiß brannte, und die Zeit schien stillzustehen.

»Du kannst mein Pferd haben«, sagte der König.

Archimedes schaute dem König in die Augen. Ein Gefühl grenzenloser Dankbarkeit durchflutete ihn. Ein Mitmensch hatte seine Situation ohne jede weitere Erklärung verstanden. »Ich kann nicht reiten«, stieß er erstickt hervor. »Ich werde laufen. Aber, königlicher Herr, meine Schwester...« Er wußte nicht einmal genau, wo sie war. Zuerst war sie noch neben ihm gestanden, aber jetzt fiel ihm auf, daß sie vor einiger Zeit mit Marcus und Agatha fortgegangen war. Vermutlich saß sie irgendwo im Schatten, aber wo? Sie konnte nicht rennen, nicht in dem dicken Mantel und der langen Tunika, aber auch sie sollte jetzt nach Hause kommen, wenn ihr Vater... Sie durfte nicht allein im Hafen zurückbleiben.

»Ich werde mich darum kümmern, daß deine Schwester so schnell wie möglich nach Hause kommt«, sagte Hieron gelassen.

»Ich danke dir!« rief Archimedes bewegt, drehte sich um und begann, sich einen Weg durch die Menge zu bahnen, die wie ein Wasserwirbel hinter dem König herstrudelte. Sobald er ein Stück leeres Pflaster vor sich hatte, fing er zu rennen an.

Philyra saß in einem der Bootshäuser auf einer Taurolle und aß verzagt ihr Picknick, das sie ursprünglich mit ihrem Bruder teilen wollte. Draußen brodelte noch immer die lärmende Menge. Die Festtagslaune hatte einen wilden Unterton bekommen, und sie fühlte sich, als ob ihr ganzes bisheriges Leben aus den Fugen geraten wäre. Mutig redete sie sich ein, wie *gut und wunderbar* es war, daß Archimedes in seiner neuen Karriere echten Erfolg haben würde. Und daß die Vorahnung, die ihr wie ein Stein im Magen lag und ihr den Appetit an dem mitgebrachten Essen geraubt hatte, grundlos war. Aber ihre anfängliche Heiterkeit und der Stolz waren unwiderruflich dahin. Von nun an würde sich alles ändern. Allmählich wurde ihr bewußt, wie gern sie den früheren Zustand gehabt hatte.

Ein Soldat kam ins Bootshaus und blieb abrupt stehen. Philyra hatte vor dem Hinsetzen ihren heißen Mantel ausgezogen. Jetzt packte sie ihn und war erleichtert, als Marcus sofort aufsprang und sich zwischen sie und den Soldaten stellte.

»Ist diese Dame die Tochter des Astronomen Phidias?« fragte der Soldat. Statt ein unverheiratetes Mädchen direkt anzusprechen, wandte er sich korrekt an Marcus.

Mißtrauisch nickte Marcus.

»Bitte, komm mit mir«, sagte der Soldat.

Eilends legte sich Philyra den Mantel um, während die Sklaven das Essen wieder in den Korb beförderten. Dann folgten sie dem Soldaten auf den sonnenbeschienenen Kai hinaus.

Soeben schob man das Schiff vorsichtig wieder ins Wasser, und auch die Menge zerstreute sich allmählich. Der Soldat geleitete sie zu einem Offizier mit scharlachrotem Mantel und salutierte. »Das ist die Dame, Herr!« sagte er. Züchtig hielt sich Philyra einen Mantelzipfel vors Gesicht. Der Offizier war derselbe, der schon einmal bei ihnen zu Hause gewesen war: der Hauptmann der Ortygiagarnison. Dionysios, so hieß er doch. »Der König möchte dich sprechen, gnädige Dame«, teilte er ihr in respektvollem Ton mit. »Bitte, komm mit mir.«

Nervös sah sich Philyra um. Sie suchte ihren Bruder, der aber nirgends zu sehen war. Neben ihr zog Marcus ein finsteres Gesicht.

König Hieron stand neben seinem weißen Roß. Sein Sohn saß mit selbstzufriedener Miene im Sattel, während seine Frau und die

Dame in Rot – jemand hatte gesagt, sie sei die Schwester des Königs – neben der Sänfte warteten. Als man Philyra heranführte, trat der König nach vorne und neigte huldvoll den Kopf. »Gnädige Dame«, sagte er ernst, »ich bedaure es sehr, der Überbringer schlechter Nachrichten zu sein. Man hat deinen Bruder zu seinem Haus zurückgerufen. Offensichtlich hat sich der Zustand deines kranken Vaters plötzlich verschlechtert.«

In dem Moment vergaß Philyra alle Scham, ließ den Schleier fallen und starrte Hieron schockiert an.

»Ich habe ihm versprochen, dafür zu sorgen, daß du so rasch wie möglich nach Hause geleitet wirst«, fuhr der König fort. »Und meine geschätzte Frau hat sich freundlicherweise angeboten, dich in ihrer Sänfte mitzunehmen. Wenn du mit deinem Sklavenmädchen hineinsteigst, wird sie dich auf dem Heimweg bei dir zu Hause absetzen.«

Philyra schluckte und schaute zur Königin hinüber. Da kam Philistis herbei und nahm sie huldvoll bei den Händen. »Es tut mir aufrichtig leid, daß du solche entsetzlichen Nachrichten in aller Öffentlichkeit erfahren mußt«, sagte die Königin.

Philyra erinnerte sich wieder an ihre gute Erziehung, nickte höflich und murmelte undeutlich: »Vielen Dank, o Königin.« Dann ging sie zur Sänfte hinüber und kletterte hinein, gefolgt von der zitternden Agatha. Zum Schluß nahmen die Königin und die Schwester des Königs Platz.

Marcus mußte zuschauen, wie die Sklaven die Sänfte schulterten und aufbrachen. Ihm war ganz schlecht vor Sorge, allerdings hätte er nicht sagen können, ob wegen Phidias oder wegen Philyra. Niemand schenkte ihm auch nur die geringste Beachtung. Der König kletterte hinter seinem Sohn aufs Pferd, die Soldaten stellten sich in Reih und Glied auf, und dann brach die königliche Eskorte Richtung Ortygia auf. Marcus klemmte sich den Essenskorb unter den Arm und entfernte sich. Zuerst nur langsam, aber mit jedem Schritt außerhalb des Hafens ging er immer schneller, und bis er das Haus in der Achradina erreichte, rannte er, so schnell es ging.

Noch ehe Marcus den längeren Fußweg zurücklegen konnte, war Hieron schon in seiner Villa angelangt. Gleich nach seiner Ankunft wandte sich der König an seinen Türhüter und sagte: »Ich muß unbedingt mit Kallippos reden. Such ihn und richte es ihm aus.«

Aber noch ehe man den Oberingenieur ausfindig machen konnte, kehrte Delia mit der Königin zurück und begab sich sofort zu ihrem Bruder.

Hieron hatte sich in die Bibliothek zurückgezogen, wo ihn Delia beim Lesen fand. Als sie hereinkam, schaute er rasch hoch, legte dann seine Buchrolle beiseite und machte ihr auf der Liege einen Sitzplatz frei. »Sind sie rechtzeitig hingekommen?« fragte er.

Delia nickte. »Leider war er nicht mehr bei Bewußtsein«, setzte sie hinzu. »Ihr Hausarzt war auch da und meinte, es könne noch Stunden dauern oder auch jede Minute passieren. Die ... Frau von Phidias kam heraus, um sich bei uns zu bedanken, weil wir ihre Tochter heimgebracht hatten. Philistis hat ihr in deinem Namen jede erdenkliche Hilfe angeboten, aber sie hat sich nur bedankt und gemeint, daß sie keine Hilfe bräuchten.«

Hieron schnaubte. »Nun«, sagte er nach einer Minute, »ich bin froh, daß sie noch rechtzeitig hingekommen sind.« Er nahm wieder sein Buch zur Hand.

»Was hast du nun mit Archimedes vor?« erkundigte sich Delia mit leiser Stimme.

Erneut legte er das Buch hin. »Ihn behalten«, erwiderte er entschlossen. »Ihn halten, wenn's irgendwie geht, egal, was er kostet. Beim Zeus! Du hast's ja gesehen. Für ihn war die Sache mit dem Schiff reine Spielerei. Denn als er begriff, was der Rest der Welt von ihm dachte, war er schockiert. Er ersetzt eine ganze Armee, und jede Stadt, der er gehört, kann sich glücklich schätzen.«

»Aber was wirst du konkret tun?«

Er schüttelte den Kopf.

»Ich weiß es nicht. Früher kam mir König Minos in der Sage immer wie der dümmste Narr vor, aber momentan empfinde ich mit diesem Mann sogar etwas Mitgefühl. Der genialste Kopf der

Welt stand ihm zur Verfügung, und er wollte ihn auf keinen Fall verlieren. Also hat er den Besitzer dieses Kopfes in einem Turm eingesperrt. Die Sache hat zwar nicht funktioniert, aber ich kann verstehen, warum er sich dazu verleiten ließ!«

»Du wirst doch nicht etwa Archimedes einsperren wollen!« schrie Delia. Es klang mehr wie ein Befehl als eine Frage.

»Beim Herakles!« rief Hieron, der seine Schwester verblüfft anschaute. »Nicht, wenn ich Gefahr laufe, anschließend von dir erwürgt zu werden!«

Delia wurde rot. Ihr Beschützerinstinkt war für sie genauso überraschend, aber heute morgen hatte sie mit eigenen Augen gesehen, wie Archimedes das Unmögliche möglich gemacht hatte. Ihre ganze Zurückhaltung war unter einer Welle aus Begeisterung und Stolz begraben worden. Er war ihre Entdeckung, hatte sie da nicht alles Recht, stolz zu sein? Und wenn ihn die Bemerkung ihres Bruders bedrohte, dann durfte sie sich auch für ihn verantwortlich fühlen. »Du tust es nicht, ja?« fragte sie deutlich leiser.

»Nein, tu ich nicht«, sagte Hieron. »Minos *war* ein Narr. Du bringst Menschn nicht dazu, für dich zu arbeiten, indem du sie in Türme einsperrst, besonders nicht, wenn sie ein ganzes Stück schlauer sind als du selbst. Du weißt doch, Daidalos hat sich einen unerhörten Fluchtapparat ausgedacht und ist einfach davongeflogen. Ich *glaube* zwar nicht, daß Archimedes fliegen kann, aber nach dem heutigen Tag würde ich nicht mehr darauf wetten wollen, daß er es nicht könnte, wenn er es sich in den Kopf setzen würde.«

Delia entspannte sich. »Du hast mir angst gemacht«, beklagte sie sich und setzte sich endlich auf den freien Teil der Liege.

Nachdenklich betrachtete Hieron sie. »Du magst ihn«, stellte er fest.

Wieder wurde sie rot. »Ich habe ihn entdeckt«, sagte sie. »Ich… fühle mich für ihn verantwortlich und möchte nicht, daß er verletzt wird.«

Hieron nickte, als ob er das voll und ganz verstehen würde. »Ich verspreche dir, daß ich ihm nicht weh tun werde. Offen gestanden glaube ich sogar, daß ich damit die Götter beleidigen würde. Es wäre dasselbe, als ob man ein unschätzbar wertvolles Kunstwerk zerstören würde. So etwas wie er ist mir noch nie untergekommen.«

»Ich werde von ihm keine Anweisungen entgegennehmen«, tönte es aus dem Türrahmen. Als sie beide aufschauten, sahen sie Kallippos dort stehen. Der königliche Ingenieur wirkte völlig aufgelöst. Er war zu Fuß gegangen und nun ziemlich verschwitzt und hatte staubige Füße. Wütend funkelte er Hieron an. Delia sprang nervös auf.

Aber Hieron meinte nur lächelnd: »Kallippos, mein Freund, ich bin froh, daß du da bist. Wollen wir in den Bankettsaal gehen und einen Becher kühlen Wein trinken?«

»Ich werde von ihm keine Anweisungen entgegennehmen«, wiederholte Kallippos, als ob Hieron nichts gesagt hätte. »Mein König, ich bin schließlich nicht Eudaimon. Ich kopiere nicht nur, sondern denke auch selbständig. Ich lasse es nicht zu, daß ein anderer für mich denkt. Ich bin zu alt und stamme aus einem viel zu guten Hause, um mich diesem Mann unterzuordnen. Ich trete zurück.«

»So etwas habe ich schon befürchtet«, sagte Hieron. »Aber, mein Freund...«

»Du hast das alles arrangiert!« brüllte Kallippos wütend. »Zuerst hast du ihn *angestiftet*, etwas Unmögliches zu tun, und dann hast du mich *gebeten*, daß ich behaupte, er würde es nicht schaffen. Nun, ich hab's gesagt, das leugne ich auch gar nicht. Und ich habe mich geirrt. Trotzdem werde ich keine Anweisungen von irgendeinem dahergelaufenen Flötenknaben aus einer schmutzigen Hinterhofhütte in der Achradina entgegennehmen!«

»Das erwarte ich ja auch gar nicht von dir«, sagte Hieron.

»Ha!« höhnte der Ingenieur. »Offiziell stellst du ihn gleichberechtigt neben mich, dabei wissen wir beide ganz genau, daß du ihn mir vor die Nase setzen möchtest.«

»Ich habe nicht die geringste Absicht, Archimedes, den Sohn

des Phidias, zum königlichen Ingenieur zu ernennen«, erklärte der König. »Andernfalls mögen mich die Götter vernichten.«

Einen Augenblick starrte ihn Kallippos entgeistert an, dann brüllte er: »Dann bist du verrückt geworden! Du hast doch gesehen, was dieser Junge fertiggebracht hat! Glaubst du etwa, ich hätte das geschafft? *Ich* hätte nicht einmal dieses Katapult bauen können!«

»Mein Freund!« protestierte Hieron. »Du bist der großartigste Ingenieur in den Diensten der Stadt. Wenn du gehst, habe ich keinen Ersatz für dich. Uns allen droht demnächst eine entsetzliche Belagerung. Wenn du jetzt deinen Abschied einreichst, wäre das ein Unglück für ganz Syrakus. Wie kannst du an so etwas auch nur denken? Archimedes ist jung und unerfahren. Ich kenne deine Fähigkeiten und habe nie erwartet, daß du unter ihm arbeitest. Vor dieser Vorführung hatte ich gedacht, daß man ihn möglicherweise neben dir zum gleichrangigen Ingenieur ernennen könnte, aber jetzt sehe ich ein, daß das völlig unmöglich ist. Ich wiederhole noch einmal, ich werde ihm garantiert keine fest bezahlte Stelle geben.«

Kallippos öffnete den Mund zum Sprechen, dann schüttelte er sich. »Mein König«, hob er zum zweiten Mal an, »begreifst du denn nicht, daß er besser ist als ich?«

»Mein Freund«, sagte Hieron, »ich weiß ganz genau, daß ihm Apollon und sämtliche Musen abwechselnd ins Ohr flüstern, aber seine wahre Heimat ist Alexandria. Egal, welche Stellung ich ihm biete, irgendwann einmal wird er sie als Gefängnis empfinden. Also werde ich ihm von vornherein keine feste Stellung geben. Für alles, was er für die Stadt macht, wird man ihn bezahlen, und zwar großzügig, aber es liegt allein an ihm, was er tatsächlich machen wird. So etwas wird ihm viel mehr gefallen als jede Stellung, die ich ihm anbieten könnte. Er ist und war nie dein Rivale. *Du* bist ein Ingenieur und ein sehr guter obendrein. Er ist ein *Mathematiker*, der manchmal zufällig Maschinen baut. Wenn wir beide, du und ich, nach reiflicher Überlegung der Meinung sind, daß er etwas zum Wohl der Stadt beitragen könnte, dann sollten wir ihn gemeinsam zu solchen Konstruktionen hinzuziehen. Das ist alles, was ich von dir möchte. Und jetzt, möchtest du jetzt in den Bankettsaal kommen und deine Füße waschen und einen Becher kühlen Wein trinken?«

Erneut starrte Kallippos Hieron an. Die Minuten dehnten sich, dann stieß er einen tiefen, schnaubenden Laut aus, der halb wie Lachen, halb wie Seufzen klang, aber insgesamt doch erleichtert. Da begriff Delia: Eigentlich hatte er nie seinen Abschied einreichen wollen, hatte aber gemeint, ihm bliebe keine andere Wahl. »Ja«, sagte er jetzt. Langsam lächelte er wieder. »Ja, mein König, ich danke dir.«

Delia schaute zu, wie die beiden Männer hinausgingen, dann sank sie wieder auf die Liege. In Wirklichkeit hatte Hieron etwas anderes gesagt, als Kallippos zu hören glaubte. So gut kannte sie ihren Bruder. Hieron hatte genau gewußt, daß Kallippos nie damit einverstanden gewesen wäre, sich einem anderen Mann unterzuordnen. Dafür war er viel zu stolz. Noch dazu, wenn der andere Mann jünger war und aus einer weniger vornehmen Familie kam. Jetzt hatte Hieron die Sache so gedreht, daß sich Kallippos in Zukunft bereit erklären würde, Archimedes bei speziellen Problemen »hinzuzuziehen« und – zweifelsohne – jeden »Rat« anzunehmen. Auch Eudaimon war schon »zur Vernunft« gebracht worden. Jetzt blieb nur noch einer übrig, der noch nicht unter dem Joch war: Archimedes. Aber auch das würde anders ablaufen, als sie befürchtet hatte. Ihr Bruder wäre nie so primitiv, einen Menschen mit einem unerträglichen Anstellungsvertrag zu knebeln. Das hätte sie wissen müssen. Er bevorzugte subtilere und damit stärkere Ketten. Ketten, die in der Grauzone zwischen Manipulation und Wohltätigkeit geschmiedet wurden. Ketten, die mit Geschenken verbrämt und voller Dankbarkeit angenommen wurden. Aber nicht einmal sie konnte abschätzen, welche Ketten er sich für Archimedes ausdenken würde.

Phidias starb gegen vier Uhr nachmittags, ohne das Bewußtsein wiedererlangt zu haben. Den ganzen Morgen hatte ihn Arata mit wachsender Besorgnis beobachtet, und als sein Atem gegen Mittag immer schwächer wurde, hatte sie nach ihren Kindern geschickt. Den ganzen, langen, heißen Nachmittag war die Familie um das Bett herumgesessen. Immer wieder hatte der Atem ausgesetzt, hatte wieder angefangen und wieder ausgesetzt. Als schließlich das Ende kam, hatten sie es zuerst gar nicht erkannt und einige Zeit gewartet, ob das matte Keuchen nicht wieder einsetzen würde. Schließlich wurde ihnen klar, daß es vorbei war. Archimedes bedeckte das Gesicht seines Vaters, während sich die Frauen des Haushaltes an die Brüste schlugen und in die schrille, rituelle Totenklage ausbrachen.

Archimedes ging in den Hof hinaus, spritzte sich etwas Wasser ins Gesicht und setzte sich an die Wand. Seine Hände baumelten leblos von den aufgestützten Knien. Er war sich nicht sicher, an welche Art von Leben nach dem Tode er glaubte. Wie die meisten gebildeten Griechen empfand er die Geschichten, die seine eigenen Landsleute über die Götter und die Unterwelt erzählten, als völlig unglaubhaft. Aber als Ersatz dafür blieben auch ihm nur die widersprüchlichen Lehren der Philosophen. Nach Platon war die Seele die einzig wahre Form. Unsterblich und unwandelbar kämpft sie sich durch das Schattenspiel namens Welt und wird vielfach wiedergeboren, bis sie ihren Weg zu dem Gott zurückfindet, der sie erschaffen hat. Die Seele des Weisen war wie ein König und konnte durch die Tugenden zur ewigen Gemeinschaft mit der Gottheit gelangen. Andere behaupteten, die Seele wäre nur eine Handvoll Atome, die mit dem Körper geboren und sich mit dem Tod des Körpers auflösen würde, und die Götter lebten weit weg von dieser Welt und hätten kein Interesse daran. Woran sollte er glauben?

Bis jetzt war das auch nicht wichtig gewesen.

Nach einer Weile ging er nach oben und holte seinen Abakus und den Zirkel hervor. Er zeichnete einen Kreis in den Sand. *Der* war wirklich unsterblich und unwandelbar. Sein Ende war zugleich der Anfang und er selbst die Begrenzung eines unendlichen Vielecks. Das Verhältnis von Kreisumfang und Kreisdurchmesser betrug immer dieselbe Zahl: drei plus eine Bruchzahl. Allerdings ließ sich diese Bruchzahl nicht genau berechnen. Sie betrug weniger als ein Siebtel, aber sobald man sie näher festlegen wollte, entglitt sie einem, denn sie war präziser als alle menschlichen Rechenmethoden – unendlich erweiterbar, unendlich variabel. Genau wie die Seele. Wie die Seele ließ sie sich nicht durch reine Vernunft erfassen.

Dieser Gedanke war tröstlich.

Erst zeichnete er in den Kreis ein Quadrat, dann ein Achteck, und dann begann er, ernsthaft zu rechnen.

Als Arata ungefähr drei Stunden später hinaufkam, bot sich ihr folgendes Bild: Ihr Sohn kauerte über dem Abakus und saugte am Zirkelscharnier herum. Vor ihm war ein sechsundneunzigseitiges Vieleck mit einem Kreis in den Sand gekratzt, über das sich ein Gewirr von Rechnungen zog.

»Liebster«, sagte sie zärtlich, »die Nachbarn treffen allmählich ein.«

Es war Sitte, daß Freunde und Nachbarn dem Toten so schnell wie möglich ihren Respekt erwiesen. Dazu mußte die Familie sie in schwarzer Trauerkleidung und mit kurzgeschorenen Haaren begrüßen. Arata hatte sich ihre Haare eben erst geschnitten und trug einen schwarzen Mantel, den sie sich vor vielen Jahren zur Beerdigung ihrer Mutter gekauft und seither ab und zu getragen hatte. Auch Philyra hatte Trauerkleidung angelegt, und selbst die Sklaven waren schon fertig. Nur Archimedes trug noch seine gute Tunika, die er am Morgen angezogen hatte. Wirr hingen ihm die Haare in die Stirn. Aber trotz der Aufforderung seiner Mutter nahm er lediglich den Zirkel aus dem Mund und sagte: »Es ist mehr als zehn Einundsiebzigstel und weniger als ein Siebtel.«

Im Abendlicht zeichneten sich auf seinem Gesicht deutlich getrocknete Tränenspuren ab. Aber auch ohne sie hätte Arata sein Versunkensein nie mit einem Mangel an Empfindung verwechselt. Ganz leise kauerte sie sich neben ihn, als ob er ein wildes Tier wäre, das sie nicht erschrecken wollte. »Was ist?« fragte sie.

Er deutete mit dem Zirkel auf einen Punkt des Diagramms, wo sich Kreisdurchmesser und Kreisumfang schnitten. In dem Winkel zwischen den beiden stand der Buchstabe π. »Das da.« Eine Zeitlang herrschte Stille, dann sagte er: »Oft behaupten die Leute, es sei drei und ein Siebtel, aber das stimmt nicht. Es ist gar keine rationale Zahl. Wenn ich ein Vieleck mit noch mehr Seiten zeichnen könnte, dann könnte ich ihren ungefähren Wert noch näher berechnen, aber niemand kann sie absolut berechnen. Sie ist unendlich.«

Arata betrachtete den Kreis und die eingeritzten Zahlen. Phidias hätte es verstanden. Der bloße Gedanke löste einen tiefen Schmerz aus. »Warum ist das wichtig?« fragte sie.

Blind starrte er den Kreis an. »Manche Dinge sind unendlich«, flüsterte er. »Wären wir fähig, das zu begreifen, wenn nicht auch ein Teil von uns wie sie wäre?«

Bei diesen Worten erkannte sie den Sinn hinter seinen Berechnungen. Merkwürdigerweise tröstete er sie. Auch ihr Mann hatte diese unendlichen Dinge geliebt und an sie geglaubt, und nun war er bei ihnen. Sie legte einen Arm um die Schulter ihres Sohnes, und einen Augenblick waren beide ganz still, dann seufzte Arata. »Liebster«, sagte sie energisch, »jetzt bist du der Kopf der Familie. Du mußt dich umziehen und herunterkommen, um die Nachbarn zu begrüßen.«

Archimedes ließ den Zirkel fallen und schlug die Hände vors Gesicht. Er wollte mit niemandem reden.

»Du mußt«, beharrte Arata. »Er war immer so stolz auf dich. Zeige allen, daß er einen Sohn hinterlassen hat, der ihn ehrt.«

Archimedes nickte, stand schwerfällig auf und ging mit ihr. Der schwarze Mantel, den sie für ihn gewählt hatte, hatte seinem Vater gehört. Ihn schauderte, als er ihn anzog.

Im Innenhof hatten sich bereits mehrere Nachbarn versammelt. Die Unruhe der letzten Stunden hatte sie vorgewarnt. Archimedes begrüßte sie höflich. Nachdem sie ihr Beileid ausgesprochen hatten, gingen sie hinein, um dem Toten die letzte Ehre zu erweisen. Man hatte Phidias gewaschen, ihm sein schönstes Gewand angezogen und ihn mit Kräutern und Blumen bekränzt. Nun lag er mit geschlossenen Augen mit dem Gesicht zur Tür auf der Krankenliege. In der einen, schmalen Hand hielt er einen Honigkuchen als Opfergabe für den Wächter des Totenreiches. Archimedes betrachtete den Leichnam mit einem merkwürdig unbeteiligten Gefühl. Dieses leblose Objekt hatte nichts mit dem Astronomen zu tun, nichts mit dem Rätsellöser und dem Musiker, der ihn erzogen hatte.

Philyra hatte bereits am Kopfende der Liege Platz genommen und stimmte nun auf ihrer Kithara einen Klagegesang an. Die Frauen aus der Nachbarschaft setzten sich der Reihe nach neben sie und fielen singend oder klagend ein. Allmählich erfüllte das leise Seufzen der Trauer den ganzen Raum. Arata setzte sich lautlos auf einen Stuhl neben die Liege und verhüllte ihr Haupt.

Archimedes überlegte, ob er noch weitere Leute vom Tod benachrichtigen sollte. Phidias war ein Einzelkind gewesen, aber Arata hatte einen Bruder, und dann gab es noch Freunde... Sollte er seine Mutter fragen? Wahrscheinlich war es besser, sie nicht zu stören. Was war mit dem Begräbnis? Bei diesem heißen Wetter müßte es schon am nächsten Tag stattfinden. Vermutlich sollte er Holz und Weihrauch für den Scheiterhaufen besorgen und sich um das Totenmahl kümmern. Hatte er überhaupt genug Geld dafür? Wahrscheinlich würden ihm die Geschäftsbesitzer Kredit geben.

Es kam ihm völlig absurd vor, daß er sich über derartige Dinge den Kopf zerbrach, während sein Vater tot dort lag.

Er ging wieder in den Hof hinaus. Erleichtert sah er, wie Marcus mit einer schweren Wasseramphore soeben vom öffentlichen Brunnen zurückkam. Damit mußten sich alle Besucher rituell von ihrem Kontakt mit dem Tode reinigen. »Marcus«, flüsterte er und eilte zu ihm hinüber, »wen sollten wir noch benachrichtigen?«

»Deine Mutter hat sich bereits darum gekümmert«, sagte Marcus. Archimedes wurde rot. Er schämte sich, weil Arata diese kummervolle Arbeit allein erledigen mußte.

Den ganzen Abend über kamen immer wieder Besucher. Als es dunkel wurde, suchten die Sklaven Fackeln und stellten sie im Hof und neben der Eingangstür auf. Man hatte sie eben erst angezündet, da bemerkte Archimedes, wie es draußen auf der Straße unruhig wurde, und dann – trat Hieron durch die Tür, gefolgt von seinem Sekretär. Das unerwartete Auftauchen des Herrn der Stadt löste in dem inzwischen überfüllten Hof Unruhe aus, aber Hieron ignorierte die Aufregung und ging direkt auf Archimedes zu. »Mein Beileid«, sagte er und schüttelte ihm die Hand. »Du hast einen Vater verloren, der zu den besten Männern der Stadt gehört hat. Deine Trauer muß groß sein.«

Archimedes blinzelte tief bewegt über ein öffentliches Lob aus solchem Munde. Die Nachbarschaft hatte Phidias zwar immer gemocht, aber sie hatte ihn auch immer – ausgelacht. »Ich danke dir«, erwiderte er, »ich trauere um ihn, sehr sogar.«

»Du müßtest dich schämen, wenn du's nicht tätest«, sagte Hieron.

Auch er ging wie jeder andere Trauergast ins Krankenzimmer, um den Leichnam zu sehen. Sein Eintreten verblüffte die Frauen derart, daß sie ihr Klagegeheul unterbrachen. Die plötzliche, tiefe Stille dröhnte in den Ohren. Erneut ignorierte Hieron die Wirkung seines Auftretens und verneigte sich statt dessen respektvoll vor dem Toten. »Lebe wohl, Phidias!« sagte er. »Ich habe es immer bedauert, daß ich nicht länger bei dir studieren konnte. Möge die Erde leicht auf dir ruhen!« Anschließend ging er zu Arata, die noch immer verschleiert neben dem Leichnam ihres Mannes saß. »Gute Frau«, sagte er, »dein Verlust ist groß, aber ich baue darauf, daß dich der Gedanke an die herausragenden Qualitäten deines vielversprechenden Sohnes etwas tröstet.«

Arata war völlig sprachlos. Sie drückte sich den Mantel nur noch fester gegen die Brust und nickte stumm. Hieron antwortete zum Abschied ebenfalls mit einem Kopfnicken und zog sich zurück.

Draußen im Hof wandte er sich noch einmal an Archimedes. »Bitte«, sagte er, »gestatte mir zum Ausdruck meiner Wertschätzung für deinen Vater und meines Respektes für dich, das Begräbnis auszurichten. Wenn du einverstanden bist, stehen dir meine Sklaven und die Mittel meines Hauses zur freien Verfügung.«

»Ich, äh«, stammelte Archimedes, dem es beinahe genauso die Sprache verschlagen hatte wie seiner Mutter, »ich, äh – danke dir.«

Hieron lächelte. »Gut. Du brauchst nur meinem Sekretär Nikostratos sagen, was du möchtest. Er wird es für dich erledigen.« Er schob Archimedes sanft zu seinem Sekretär hinüber, tätschelte ihm leicht den Arm und wandte sich zum Gehen. Aber dann drehte er sich doch noch einmal um und fügte hinzu: »Oh, mir ist aufgefallen, daß du noch immer keine Bezahlung für dein einzigartiges Katapult bekommen hast. Ich schäme mich, daß ich möglicherweise nicht soviel dafür bezahlen kann, wie so eine schöne Maschine wert ist. Aber Nikostratos hat etwas für dich bereit. Ich wünsche dir einen guten Tag!« Damit wusch er sich flüchtig wie vorgeschrieben die Hände im Wasser, das neben der Tür bereitstand, und trat wieder in die Nacht hinaus.

Archimedes schaute den Sekretär Nikostratos an. Nikostratos, ein unauffälliger Mann mit ausdrucksloser Miene, um die Dreißig, der einen schweren Ranzen trug, erwiderte den Blick. »Möchtest du mir sagen, welche Vorkehrungen du momentan treffen möchtest, Herr?« fragte er.

»Äh – ja«, sagte Archimedes. Plötzlich war er sich der Nähe seiner erstaunten Nachbarn nur allzusehr bewußt. »Ähem – ich denke, wir sollten ins Eßzimmer gehen.«

Marcus holte Lampen fürs Eßzimmer und stand dann aufmerksam dabei, während sich der Sekretär alles Nötige für das Begräbnis notierte. Nebenbei stellte er selbst im Kopf die Rechnung zusammen: Holz, Weihrauch, Wein für hundert Gäste. Archimedes hatte zuerst sechzig gesagt, aber der Sekretär fand das zu schäbig. Alles in allem kämen mindestens fünfundzwanzig Drachmen heraus, folgerte Marcus, vermutlich sogar deutlich mehr. Soviel stand fest: Der König hatte nicht vor, Geld zu sparen, indem er ein Begräbnis bezahlte und dann an einem Katapult knauserte. Hieron hatte zwar gesagt, er würde für das Katapult nicht den wahren Wert bezahlen, aber Marcus bezweifelte trotzdem, daß Hieron beim Katapult knausern würde. Wenn er doch nur wüßte, *warum* sich der König von Syrakus die Mühe machte, einem Katapultingenieur zu schmeicheln und ihn für sich zu gewinnen.

Als alles Nötige für das Begräbnis festgelegt war, holte der Sekretär eine Olivenholzschatulle heraus und stellte sie vor Archimedes hin. »Das Geld für das Katapult«, erklärte er. »Darf ich dich dafür um deine Unterschrift bitten?«

Archimedes schaute die Schatulle verständnislos an und fragte: »Wieviel ist es?«

»Zweihundertfünfzig Drachmen«, antwortete der Sekretär nüchtern und zog ein Quittungsbuch aus dem Ranzen.

Archimedes starrte ihn an, dann hob er den Deckel von der Schatulle. Frisch geprägtes Silber rollte über den Eßtisch. Die Schatulle war bis zum Rand gefüllt gewesen. Er schüttelte protestierend den Kopf: »Es sollten doch nur fünfzig sein! Außerdem hat der König gesagt, daß...«

»Bei wertgemäßer Bezahlung für das Katapult müßten es eigentlich tausend sein. Das soll ich, laut Anweisung, ausrichten«, sagte Nikostratos.

Archimedes starrte ihn lange Zeit stumm an, dann schaute er hinunter und hob eine der Münzen auf, die auf den Tisch gefallen war. Auf der Vorderseite war Hierons Profil eingeprägt, lächelnd und mit Krone. Er betrachtete es eingehend. Plötzlich ergab eine Reihe von Dingen, die er gesehen und gehört hatte, ohne je wirklich darauf zu achten, einen Sinn. Als Mathematiker war er außerordentlich, das hatte er immer gewußt. Aber mechanische Dinge hatte er nur zum Zeitvertreib gemacht und sich darin auch immer nur für guten Durchschnitt gehalten. Jetzt begriff er, daß ihm Epimeles tatsächlich nicht geschmeichelt hatte. Der »Begrüßer« war wirklich das beste Katapult, das in Syrakus in den letzten zwanzig Jahren gebaut worden war. Dieser Drehzapfen – der war tatsächlich zuvor noch keinem eingefallen. Und weil er das nicht kapiert hatte, darum hatten die Sklaven in der Werkstatt gelacht. Eudaimon war nicht nur gereizt gewesen, sondern eifersüchtig. Und Kallippos hatte tatsächlich geglaubt, man könne ein Schiff unmöglich eigenhändig bewegen.

Er war der beste Ingenieur in der ganzen Stadt, und alles, was er mit Kopf und Händen formen konnte, war derart eindrucksvoll, daß jetzt selbst der König alles tat, um eine gute Beziehung zu ihm zu haben. Das Silberstück, das in seiner Hand glänzte, war ein Tribut an seine Macht. Es vermittelte tiefe Befriedigung und machte ihm gleichzeitig angst. Jeden Moment konnte die römische Armee eintreffen und Syrakus belagern, und dann würden seine Fähigkeiten zur Verteidigung in vorderster Linie gefragt sein. Sofort kam ihm die Gefahr viel näher und viel realer vor.

Er nahm fünfzig Drachmen aus der Schatulle, dann schob er sie wieder Nikostratos zu. »Richte dem König aus, daß ich mich für sein großzügiges Angebot bedanke«, sagte er, »aber ich werde nur den ausgehandelten Preis annehmen und sonst nichts.«

Nikostratos war ehrlich überrascht, was bei einem derart nüchternen Menschen äußerst selten vorkam. Er versuchte, die Schatulle wieder zurückzuschieben. »Das ist die Summe, die ich dir auf Anweisung des Königs auszahlen soll«, protestierte er. »Er will sie nicht zurückhaben!«

Archimedes schüttelte den Kopf. »Ich bin Syrakuser. Für die Verteidigung von Syrakus muß man mich nicht extra bezahlen. Ich werde den vereinbarten Preis für das Katapult annehmen, weil meine Familie das Geld braucht, aber ich weigere mich, mehr zu nehmen und aus der Zwangslage meiner Stadt Profit zu schlagen.«

Der Sekretär konnte ihn nur noch anstarren. Archimedes nahm ihm das Quittungsbuch aus der Hand und fand den entsprechenden Eintrag: »An Archimedes, den Sohn des Phidias, für das Ein-Talent-Katapult auf dem Hexapylon – 250 Dr.« Er strich 250 Dr. durch, schrieb 50 Dr., wie vereinbart, darüber und unterschrieb mit seinem Namen.

Plötzlich strahlte Nikostratos übers ganze Gesicht. »Die Götter sind Syrakus gnädig«, sagte er leise, nahm sein Quittungsbuch und die Olivenholzschatulle und steckte beides weg. Dann wünschte er noch immer lächelnd eine gute Nacht und verschwand.

Archimedes schaute zu Marcus hinüber, der an der Tür stand und zuschaute. »Vermutlich bist du damit nicht einverstanden?« fragte er herausfordernd.

Aber Marcus grinste breit und schüttelte den Kopf. »Ich schon«, sagte er. »Wenn ein Mann nicht bereit ist, für seine Vaterstadt zu kämpfen, dann hat er die Sklaverei verdient.«

Und du, dachte er im stillen, hast dich gerade geweigert, dich kaufen zu lassen.

9

Vier Tage später wartete Delia, bis Agathon mit mürrischer Miene im Auftrag des Königs fortrannte, dann ging sie zum großen Doppelportal der Villa auf der Ortygia, öffnete es und trat ins Freie.

Alles war ganz einfach: mach das Portal auf und geh auf die Straße hinaus. Du hast keinen Grund, warum dir das Blut in den Ohren dröhnt, redete sie sich ein. Und auch das Schwindelgefühl, das ihre ersten Schritte auf der Straße verlangsamte, war überflüssig. Ihr Unternehmen barg keinerlei Gefahr. Nur – bisher hatte sie so etwas noch nie getan.

Noch nie war sie ohne Begleitung durch diese Tür gegangen. Noch nie war sie, ohne es jemandem zu sagen, zu einem Treffen gegangen, das der ganze Haushalt mißbilligen würde.

Es war einfach schockierend. Eigentlich sollte sie es sein lassen, selbstverständlich, aber seit dieser Vorführung konnte sie einfach nicht mehr so tun, als ob ihr Interesse an Archimedes dem entsprach, was eine Gönnerin für einen zukünftigen, nützlichen Staatsdiener empfand. Diese Haltung war wie Wasser im Sand versickert. Das Ausmaß ihrer Selbsttäuschung ärgerte sie maßlos, und doch war anfangs sicher nicht alles nur Schauspielerei gewesen. Bei ihrer ersten Begegnung hatte sie dieser Mann schlicht und einfach beeindruckt, was sich inzwischen gründlich geändert hatte. Wie lächerlich! Ganze dreimal hatte sie ihn gesehen, hatte zweimal mit ihm geredet und einmal mit ihm musiziert und – kam sich vor, als ob sie es ihr ganzes Leben bedauern würde, wenn sie ihn nicht festhielt.

Sie hatte ihm eine Nachricht gesandt: *Ich muß unbedingt mit dir reden. Komm morgen zur zehnten Stunde an den Arethusa-*

Brunnen. Alles Gute. Als Adresse hatte sie »An Archimedes, den Sohn des Phidias, in der Katapultwerkstatt« angegeben, hatte den Brief mit einem Siegel Hierons – davon gab es mehrere im ganzen Haus – versehen und ihn in einem Paket mit weiteren Briefen des Königs versteckt, die in Kürze in der ganzen Stadt verteilt werden sollten. Alles war erschreckend einfach gewesen und war es immer noch: Am Ende des Arbeitstages waren die Straßen auf der Ortygia so voll wie eh und je. Unauffällig schlenderte sie in ihrem weiten Leinenmantel mit vielen anderen die Straße hinunter. Um ihr Gesicht zu verbergen, hatte sie sich eine Mantelecke brav über den Kopf gelegt. Natürlich hatte niemand versucht, sie am Verlassen des Hauses zu hindern. Schließlich hätte sich auch niemand träumen lassen, daß sie so etwas tun würde: ein Stelldichein mit einem jungen Mann zu vereinbaren – einfach liederlich und schamlos und unredlich.

Beim ersten Gedanken an diese Möglichkeit hatte sie versucht, ihn gewaltsam aus ihrem Kopf zu verbannen. Wie heimtückisch, egoistisch und illoyal von ihr, die vielen Wohltaten ihres Bruders mit herzloser Undankbarkeit und Schande zu vergelten! *Die eigene Schwester des Königs hat sich einem Ingenieur an den Hals geworfen,* würde man sich zuflüstern. Sie nahm sich selbst das Versprechen ab, so etwas nicht zu tun. Sie liebte Archimedes *nicht* – ja, sie kannte ihn kaum. Sicher könnte sie auch ohne ihn leben!

Und doch und doch... Ihn nicht zu kennen, das war irgendwie der schlimmste Gedanke. Ihr kam es vor, als wäre sie ihr Leben lang dieselben Gassen entlanggegangen und hätte nun von einem Hügel aus urplötzlich einen unbekannten, atemberaubenden Ausblick entdeckt. Vielleicht entpuppte sich das neue Viertel bei näherer Betrachtung als genauso eng und schmal wie die alten Straßen, aber das würde sie erst wissen, wenn sie es selbst erforscht hatte. Und genau dieses Nichtwissen nagte an ihr: einen Adeligen oder einen König zu heiraten, Kinder zu bekommen und alt zu werden und nie zu wissen, was sie versäumt hatte.

Schließlich faßte sie folgenden Entschluß: Wahrscheinlich würde sie bei näherem Kennenlernen entdecken, daß sie ihn nicht besonders mochte. Dann könnte sie heimgehen und sich in ihr Schicksal fügen, vielleicht nicht zufrieden, aber wenigstens gelassen und ohne die verrückte Hoffnung, daß alles viel besser hätte sein können. So ein kleiner, unbedeutender Ungehorsam lohnte sich doch sicher für ihren Seelenfrieden, oder? Und außerdem würde sie mit diesem Mann *nichts* anfangen. Er würde es nicht wagen, ihre Situation auszunutzen. Man würde ein wenig miteinander plaudern, und dann würde sie merken, wie dumm sie gewesen war, und würde wieder heimgehen.

So hatte sie sich in ihrem ganzen Leben noch nicht gefürchtet. Trotzdem marschierte sie weiter entschlossen auf den Arethusa-Brunnen zu.

Sie hatte den Brunnen aus drei Gründen gewählt: Erstens lag er in der Nähe der Königsvilla, zweitens nicht weit von der Katapultwerkstatt entfernt und drittens in einer kleinen Parkanlage, die genügend Schutz für ein Gespräch unter vier Augen bot und gleichzeitig doch so offen war, daß sie sich sicher fühlte. Archimedes würde nicht wie ein wildgewordener Satyr über sie herfallen, sobald sie mit ihm allein war, davon war sie zutiefst überzeugt. Andererseits hatte man sie immer wieder vor der Lasterhaftigkeit der Männer und den Gefahren eines unanständigen Benehmens gewarnt. Nun wollte sie sichergehen, daß im Notfall jemand ihre Schreie hören würde. Prüfend musterte sie beim Betreten des Gartens alle Besucher, die sie vielleicht zu Hilfe rufen müßte: Unter einer Dattelpalme teilten sich zwei Gardesoldaten kameradschaftlich ein Getränk, mehrere Mädchen saßen in der Nähe eines Myrthestrauchs auf dem Boden, und unter einer Rosenlaube küßte sich ein Liebespaar. Die Mädchen waren sicher alle Huren, denn anständige Mädchen saßen in der Öffentlichkeit nicht so herum. Aber sie war ja genauso. Aus Schutz vor neugierigen Blicken zog sie sich den Mantelsaum noch weiter über den Kopf.

Der Brunnen selbst bestand aus einem langen, rechteckigen Becken, dessen dunkles Wasser von Pinien überschattet wurde. Lautlos quoll das süße Naß aus der Tiefe hervor. An den flachen Stellen standen hohe, gefiederte Papyrusrispen, ein Geschenk des

Ägypters Ptolemaios. Es war der einzige Platz in ganz Europa, wo Papyrus wuchs. Hinter der einen Seite des Beckens ragte die Stadtmauer auf und an deren Ende blickte, weiß und lieblich, eine Statue der Nymphe Arethusa auf ihren Brunnen herab. Der Statuensockel war mit Blumengirlanden bekränzt, und aus dem Wasser funkelten Münzen herauf – Opfergaben an die Schutzherrin von Syrakus.

Auch hier hielten sich mehrere Leute auf, aber sie hatte nur Augen für einen: einen großen, jungen Mann, der sich über den Beckenrand beugte und gedankenversunken eine Ansammlung von Ästen betrachtete, die auf der Wasseroberfläche schwammen. Er war ganz in Schwarz gekleidet und hatte die Haare zum Zeichen der Trauer kurz geschoren. Sein Mantel wirkte schwer, war also vermutlich aus gutem Stoff, allerdings auch voller Staubflecken. Gerade zog er wieder den Saum durch den Matsch. Das Wasser spiegelte sich flirrend in seinem länglichen Gesicht. Als er ihren Blick auf sich spürte, schaute er sich prüfend um. Seine Augen sind honigfarben, dachte sie und hielt den Atem an.

Archimedes lächelte entzückt, stand auf und – verhedderte sich im Mantelsaum, auf den er getreten war. Sofort fiel der Mantel zu Boden und lag, halb im Wasser, halb im Matsch, zu seinen Füßen. »Ach, beim Zeus!« rief er und starrte ihn hilflos an. Seine schwarze Tunika war sogar noch staubiger als der Mantel.

Er hatte schon vermutet, daß sie ihm die Nachricht geschickt hatte, obwohl sie keine Unterschrift trug. *Alles Gute* – dieselbe Nachricht hatte sie ihm auch durch Marcus bestellen lassen. Den ganzen Tag über hatte er während seiner Arbeit am Hundert-Pfünder in der Katapultwerkstatt mit wachsender Begeisterung an dieses Treffen gedacht. Am Morgen hatte er seinen Mantel mitgebracht, weil er unbedingt würdevoll aussehen wollte. Zu seinem großen Erstaunen hatte er ihn am Tagesende schäbig und staubig auf dem Werkstattboden wiedergefunden. Jetzt war der Mantel völlig ruiniert, er hatte sich zum Narren gemacht, und die schöne Schwester des Königs betrachtete ihn mit ihren dunklen Augen unter einem weißen Leinenschleier heraus.

Dann lachte Delia. Eigentlich konnte er es nicht leiden, wenn man ihn auslachte, aber für solch ein Lachen hätte er sich eine Maske aufgesetzt und bei einer Komödie mitgespielt. Mit einem reumütigen Grinsen hob er den Mantel auf und wrang das feuchte Ende aus. »Entschuldige«, sagte er und wollte eigentlich schon hinzufügen: »Ich hatte nicht vor, mich vor dir auszuziehen«, aber dieser Satz war absolut unpassend. Gleichzeitig entsprach er aber auch so haargenau dem, was er am liebsten getan hätte, daß er darüber restlos verwirrt wurde und errötete.

»Ich wünsche gute Gesundheit«, sagte sie höflich.

»Gute Gesundheit!« antwortete er und versuchte, den zerknitterten Mantel glattzustreichen. Schließlich gab er auf, faltete ihn einfach zusammen und legte ihn sich über die Schulter. Sein Versuch, würdevoll auszusehen, war gescheitert, also gab es auch keinen Grund mehr, damit weiterzumachen. Außerdem war es für einen Mantel sowieso zu heiß. »Ich, ähem…«, fing er an.

»Scht!« sagte sie beschwörend mit einem Seitenblick auf das bunte Grüppchen, das sich neben dem Brunnen ausruhte. »Können wir irgendwohin gehen, wo es ruhiger ist?«

Mit schnellen Schritten entfernte sie sich vom Brunnen, und er lief hinterher. Überall waren Leute. Schließlich hatten sie einmal den kleinen Garten umrundet, bis sie sich für einen relativ ruhigen Fleck unter einem wilden Wein im Schatten der Stadtmauer entschieden. Da es keine Bänke gab, breitete Archimedes seinen Mantel auf dem Boden aus und setzte sich auf das nasse Ende. Schmutziger konnte er schließlich nicht mehr werden. Nervös setzte sich Delia neben ihn, schob wieder ihren Mantel vors Gesicht und betrachtete ihre Hände auf den Knien. Sie hatte ihre Entschuldigung für dieses Treffen ganz genau vorformuliert. Sie hatte ihm über seinen Sklaven eine Warnung geschickt und war überzeugt, daß sie der Sklave bestellt hatte, obwohl sie es ihm untersagt hatte. »Ich… wollte mit dir reden«, sagte sie atemlos. »Ich muß etwas erklären.« Sie schluckte und riskierte einen verstohlenen Blick zu ihm hinüber.

Er nickte. Er hatte ihre Absicht schon vermutet. Sie hatte ihn gewarnt, er solle mit seinem Vertrag vorsichtig sein, aber in Wahrheit hatte ihm der König gar keinen Vertrag angeboten. Allerdings war sein Vater erst vier Tage tot, und es wäre ungebührlich gewesen, mitten in der tiefsten Trauerzeit geschäftliche Verhandlungen mit ihm aufzunehmen. Hieron hatte persönlich am Begräbnis von Phidias teilgenommen, hatte aber weder ein Wort über eine Ingenieursstelle verloren, noch über das Geld, das Archimedes zurückgewiesen hatte. Also, Delia war gekommen, um ihrer Warnung einen Rat hinterherzuschicken. Die Vorstellung, daß sie seine Stütze im Hause ihres Bruders war, machte Archimedes glücklich. In Gedanken hatte er mit der köstlichen Möglichkeit gespielt, daß ihre Gefühle vielleicht noch etwas tiefer gingen. Aber dann hatte er diese Idee wieder verworfen. Absolut unwahrscheinlich.

»Ich hatte befürchtet, daß dich Hieron mit irgendeinem Teil deines Vertrags binden möchte. Deshalb habe ich dir diese Nachricht geschickt«, fuhr Delia fort. »Aber ich habe mich geirrt. Ich hätte zu deinem Sklaven gar nichts sagen dürfen. Aber er war einfach da, und so bot sich die Gelegenheit dazu. Hoffentlich habe ich dich nicht beunruhigt.« Wieder warf sie ihm einen scheuen Blick zu.

Er runzelte die Stirn. »König Hieron will mich also in meinem Vertrag zu nichts verpflichten?« fragte er.

Sie holte tief Luft. Sie mußte ihn wegen Hieron beruhigen, das war das mindeste, was sie zur Sühne für ihre persönliche Illoyalität tun konnte. »Er wird dir keine bezahlte Stelle als königlicher Ingenieur geben, weil er meint, dir wäre es lieber, wenn er dich für deine jeweilige Tätigkeit gut bezahlen würde. Er meint, daß du jede Stelle, die er dir gibt, irgendwann einmal als Gefängnis empfinden würdest. Also, du siehst, ich lag ziemlich daneben und hätte besser gar nichts gesagt. Ich hätte wissen müssen, daß Hieron nichts... *Ungerechtes* tun würde.« Aus Schuldgefühl über ihr eigenes Benehmen bekam ihre Stimme einen warmen Unterton.

»Aber ich dachte...«, fing er an, dann hielt er inne. Die Stirnfalten vertieften sich. »Ich verstehe das nicht. Was will der König eigentlich von mir?«

»Du mußt doch wissen, daß du etwas ganz Besonderes bist«, sagte sie. »Als Ingenieur, meine ich.«

Die Stirn blieb gerunzelt. »In Mathematik bin ich besser.«

Da mußte sie an das Schiff denken und wie es über über die Gleitbahn gerutscht war. Sie lachte. »Dann mußt du auf diesem Gebiet *ganz* außergewöhnlich sein! Die ganze Stadt spricht über deine Vorführung.«

Das stimmte, Agathon hatte es berichtet. Die ganze Stadt redete über den Mann, der eigenhändig ein Schiff bewegt hatte, und fügte im gleichen Atemzug hinzu, daß derselbe Mann nun ganz erstaunliche Katapulte zur Verteidigung von Syrakus bauen werde. Der Gedanke an die Fähigkeiten von Archimedes war für die bedrohten Bürger ein Trost.

Archimedes machte eine ungeduldige Handbewegung. »Ein Flaschenzug ist doch nichts Neues! Aber ich habe ein paar mathematische Berechnungen gemacht, die noch niemand zuvor gemacht hat.« Er kaute auf einem Daumen herum.

»Und was?« fragte sie.

Hoffnungsvoll schaute er sie an. »Verstehst du etwas von Geometrie?«

Sie zögerte. Ihr war unbehaglich zumute. »Ich kann die Haushaltsbücher führen.«

Er schüttelte den Kopf. »Das ist Arithmetik.«

»Ist das so etwas anderes?«

Er schaute sie an. Beinahe hätte sie verärgert reagiert, aber dann begriff sie, daß sein Blick nichts mit Abscheu vor ihrer Dummheit zu tun hatte und schon gar nichts mit dem herablassenden Zerbrich-dir-nicht-dein-hübsches-Köpfchen-Blick, mit dem sie der Regent Leptines viel zu oft bedachte. Auch ein Stotterer schaute so, der plötzlich das dringende Bedürfnis nach Sprechen verspürt. Es war der Ausdruck einer leidenschaftlichen Sehnsucht nach Verständnis und zugleich ein Ausdruck des hoffnungslosen Wissens, daß es das nicht geben würde. »Arithmetik ist ein natürliches System«, sagte er, »aber die Geometrie hat der Gott der Philosophen erfunden, um die Welt zu kreieren. Rom, Karthago, Syrakus – im

Angesicht der Geometrie sind wir alle nur das.« Er schnippte mit den Fingern. »O Gott, was für eine göttliche, wunderschöne Materie!«

Aufmerksam betrachtete sie sein Gesicht, die Linie der Wangenknochen und die strahlenden Augen. Wie von Ferne begriff sie, daß genau diese »göttliche Materie« ihn für sie so faszinierend gemacht hatte – oder besser gesagt, ihr Spiegelbild in der Musik. Absolut rein und unmenschlich präzise, bereicherte sie die Welt einfach durch ihre pure Existenz. Und sie, Delia, hatte schon immer mehr begehrt, als die eigene Welt ihr freiwillig anbot.

»Dann haben dir die Götter ein großartiges Geschenk gemacht«, sagte sie, hin und her gerissen zwischen Bewunderung und Neid.

»Ja«, antwortete er ernst und ohne Zögern, dann fuhr er verlegen fort: »Du solltest dir jemanden suchen, der es dir beibringt. Ich würde mich gerne anbieten, aber ich tauge nicht dafür. Ich habe es probiert – mein Vater hat mich immer zur Unterstützung bei seinen Schülern geholt, aber sie haben gemeint, ich würde sie nur verwirren.« Seine Hände verkrampften sich um die Knie. Er mußte wieder an die Geduld denken, die sein Vater mit diesen Schülern gehabt hatte. Bilder an die vorgeschriebenen Opfer, die er in den letzten Tagen am Grabmal seines Vaters dargebracht hatte, tauchten auf. Dabei wollte er gar nicht an seinen Vater denken. Das war auch der Grund gewesen, warum er sich völlig auf Katapulte konzentriert hatte. Aber nun war das Thema doch da, und er scheute davor zurück. »Ich hatte nicht vor, dich zu langweilen, gnädige Dame. Bedauerlicherweise verstehe ich nicht, weshalb du mich hierhergebeten hast, nur um mir zu sagen, daß dein Bruder faire Verhandlungen mit mir führen möchte. Hat er dich geschickt?«

Mit weit aufgerissenen Augen schaute sie ihn an, dann wurde sie rot. »Nein«, sagte sie.

»Dann verstehe ich nicht...«, fing er an, aber nach einem Blick zu ihr hinüber tat er es doch. Sie saß da und beobachtete ihn mit ängstlichen Augen und schamroten Wangen. Nur ihr hocherhobener Kopf deutete auf eine entschlossene Haltung hin. Hieron hatte sie nicht geschickt. Allein und tiefverhüllt war sie gekommen, um sich insgeheim mit ihm zu treffen. Eigentlich hätte er sich darüber wundern sollen, hatte es aber nicht getan. Mit einem Schlag nahm die flüchtige, selbstlose Sympathie, die er für sie empfunden hatte, eine kristallklare Form an, deren Kanten so scharf waren, daß sie verletzen konnten.

»Es tut mir leid«, sagte er ergriffen und verängstigt zugleich. »Ich war dumm. Ich...«

Dann wußte er nicht mehr, was er sagen sollte, und so schauten sie sich nur an. Inzwischen waren beide knallrot geworden. Im Hinterkopf hörte er es warnend dröhnen: »*Glücklicherweise hast du dich aufs Flötespielen beschränkt! Die Götter mögen verhüten, daß zwischen dir und der Schwester des Königs etwas passiert!*« Was würde ein Tyrann einem Mann antun, der seine Schwester verführt hat?

Was würde die Schwester tun, wenn er sie zurückwies? Alte Sagen schwirrten ihm durch den Kopf: Bellerophon und Hippolytos – beide hatten Königinnen abgewiesen und waren hinterher von ihnen zu Unrecht der Vergewaltigung bezichtigt worden. Wenn er Delia so anschaute, konnte er zwar kein Wort davon glauben – und doch war die Situation an und für sich schon unvorstellbar. Und die Sagen waren nicht aus der Welt zu schaffen, ob er ihnen Glauben schenkte oder nicht.

»Du darfst nicht glauben, daß ich das Vertrauen meines Bruders mißbrauchen möchte«, sagte sie plötzlich wild entschlossen. »Hieron hat mich immer nur freundlich behandelt, und ich würde ihm nie Schande bereiten...« Sie brach ab. Sie wußte ganz genau, daß sie längst das Vertrauen ihres Bruders mißbraucht und den ersten Schritt getan hatte, um seinem Haus Schande zu bereiten. Bis jetzt war es nur ein kleiner Schritt gewesen, aber dieses Treffen hatte ihr Herz nicht im geringsten von seiner Narretei heilen können, im Gegenteil. »Ich wollte dich doch nur besser kennenlernen«, fuhr sie noch verunsicherter fort. Plötzlich erkannte sie, daß sie ihm sogar noch schändlicher mitspielte als Hieron. Selbst durch ihr bisheriges Verhalten konnte sie ihn tief verletzen, seine Karriere vernichten und seinen guten Ruf ruinieren. *Der König hat ihn mit größter Güte behandelt, und zum Dank dafür hat er dann versucht, die Schwester des Königs zu verführen!* Verführung war ein Verbrechen, und sie verlangte sogar noch von ihm, daß er die Strafe des Verführers riskierte, ohne wenigstens die entsprechende Belohnung erhalten zu haben. Schamlos! Egoistisch! Herzlos! Sie wandte sich ab. Vor Scham zerriß es ihr fast das Herz. Scham, wohin sie nur schaute. Sie zog ihren Schleier nach vorne, um die heißen Tränen zu verbergen, die ihr aus den Augen quollen.

Einen Augenblick schaute er sie nur an – die Tränen, die Verwirrung. Dann vergaß er – wie üblich –, daß sie die Schwester des Königs war, und ergriff ihre verkrampfte Hand. Ein hoffnungsloser Blick traf ihn aus ihren nassen, roten Augen. Ein Kuß schien die natürlichste Sache der Welt zu sein. Und das tat er dann auch. Es war, als ob er den Urgrund aller Dinge gefunden hätte, die Lösung des Rätsels, es war, als ob er nach Hause gekommen wäre. Ein ganzer Notenregen fiel taktgenau auf einen Schlag, und zwei Tonlagen verschmolzen in völliger Harmonie.

Sie löste sich zuerst, schob ihn mit dem Handgelenk zurück, schlang die Arme um sich und versuchte, ihr inneres Chaos in schlüssige Emotionen zu bündeln. »Oh, ihr Götter!« rief sie verzweifelt.

»Tut mir leid«, meinte er betreten. Es war eine Lüge. Ihm tat nichts leid. Er freute sich riesig und fühlte sich geschmeichelt. Er hatte Angst und hätte am liebsten nichts damit zu tun gehabt. Und ganz tief drinnen war noch etwas, was alles noch viel komplizierter machte: Delia hatte ihn verzaubert. Dieses kluge, stolze, entschlossene Mädchen mit den wunderschönen, schwarzen Augen und einem herrlich geformten, warmen Körper, der in seinem eigenen ein unerhörtes Prickeln hinterlassen hatte. Er wollte nicht nur mit ihr schlafen, sondern danach gemeinsam mit ihr im Bett sitzen und reden und lachen und Flöte spielen. Wie bei einem neuen Theorem eröffnete sie ungeahnte, weit verzweigte Möglichkeiten, eine ganze Stufenleiter logischer Zusammenhänge aus *wenn* und *dann* bis zum abschließenden *was zu beweisen war.* Leider war es um die meisten Möglichkeiten nicht gut bestellt. Nach einem Moment fügte er zweifelnd hinzu: »Hältst du es wirklich für ratsam, daß wir uns besser kennenlernen?«

»Nein«, sagte sie, halb lachend, halb schluchzend. »Ich halte es für ziemlich dumm.«

Aber, aber, sagte etwas in ihrem Blut, aber ich will dich. Ich will, daß du mich noch einmal küßt, ich will dein Gesicht berühren und dir mit den Fingern über die Haare streicheln. Deine Augen sind wie Honig, weißt du das? Aber, dich ruinieren und Hieron Schande bereiten – nein.

»Ich dachte, es würde mich überzeugen, daß ich's nicht will«, gestand sie kläglich, »aber es kam anders.«

Er seufzte. Nein, sie war nicht Phaedra und er nicht Hippolytos. Er mußte wieder an das Lied denken, das er nach der Fertigstellung des »Begrüßers« auf dem Weg zu ihrer Tür gesummt hatte. Die flehentliche Bitte an Aphrodite um die Liebe dieses Mädchens. Offensichtlich hatte ihn die Göttin erhört. Die das Lachen liebt, so nannte man Aphrodite, aber ihr Sinn für Humor schien ins Schwarze zu gehen. Wenn doch sein Vater noch lebte! Nicht daß er mit Phidias darüber hätte reden können – bei den Göttern, nein! –, aber wenigstens wäre dann sein Herz frei von diesem schmerzhaften Verlust und dem Bedürfnis, Trost zu finden. »Und was machen wir jetzt?« fragte er. Aber kaum hatte er den Satz ausgesprochen, erkannte er, wie tödlich schwach es war, ihr die Entscheidung zu überlassen. Andererseits war ihm völlig klar, was sie tun *sollten,* auch wenn es nichts mit dem zu tun hatte, was er tun wollte.

Sie war schon immer stolz auf ihre Willensstärke gewesen. Vielleicht war sie nicht so elegant und majestätisch wie ihre Schwägerin und nicht so bescheiden und charmant wie die Mädchen, mit denen sie unterrichtet worden war, dafür besaß sie Charakterstärke. »Wir sollten tun, was klug ist«, sagte sie bestimmt und – bedauerte es sofort. Ein Blick auf ihn sagte ihr, daß auch er es bedauerte. Sie streckte die Hand aus und legte sie auf sein Gesicht. Sofort küßte er sie wieder. Genau das hatte sie gewollt, auch wenn es nicht klug war.

Kurze Zeit später verließ sie den Garten. Entschlossen hatte sie alle Pläne für ein Wiedersehen abgelehnt. Und doch dachte sie schon längst wieder darüber nach, wie einfach alles zu arrangieren wäre. Und bereits jetzt hegte sie den Verdacht, daß die Klugheit nicht siegen würde.

Nur acht Tage später tauchten die Römer vor den Toren von Syrakus auf – zwölf Tage nach dem Begräbnis von Phidias.

Archimedes hatte den Großteil der Zwischenzeit mit dem Bauen von Katapulten verbracht. Selbst während seiner Vorbereitung für die Vorführung war er immer wieder in der Werkstatt aufgetaucht, und nach dem Begräbnis begrub er sich buchstäblich in Arbeit. Er wollte weder an seinen Vater noch an seine eigene Zukunft denken und schon gar nicht an das Netz, in das er sich gemeinsam mit Delia immer mehr verstrickte. Sie hatte ihm eine Nachricht geschickt, um ein zweites Stelldichein zu arrangieren. Ich darf nicht gehen, hatte er sich gesagt, und war dann doch aufgetaucht. Sogar zu früh. Vom Arethusa-Brunnen aus waren sie zu einem ruhigen Platz in der Nähe des Apollon-Tempels spaziert, wo sie sich hingesetzt und Flöte gespielt hatten. Das heißt, sie hatte ihre Flöten mitgebracht. Und natürlich hatten sie sich geküßt. Insgesamt war alles ganz unschuldig und lieb gewesen, und er hatte keine Ahnung, was daraus werden sollte. Vermutlich nichts Gutes. Solange er aber jeden wachen Moment nur an Katapulte dachte, mußte er nichts befürchten.

Früher war es in der Werkstatt ruhig gewesen, aber in den letzten zwölf Tagen war Hektik ausgebrochen. Man hatte zusätzlich Handwerker aus der Armee abkommandiert, die beim Nageln und Sägen helfen sollten. Kaum waren die Entwürfe fertig, wurden die Katapulte auch schon zusammengebaut – immer zwei gleichzeitig, das eine von Archimedes, das andere von Eudaimon. Seit dem gelungenen Test des »Begrüßers« hatte sich der alte Katapultingenieur mürrisch und abweisend verhalten. Allerdings ging er jedem möglichen Streit aus dem Wege und konzentrierte sich ganz auf die Kopie der archimedischen Entwürfe: einen Ein-Talenter wie den »Begrüßer« und zwei Hundert-Pfünder. Archimedes kam regelmäßig hinzu und prüfte, ob die Maße der Kopien stimmten. Jede fertige Kopie brachte ihm zehn Drachmen ein.

Kallippos hatte als Oberingenieur die gesamte Verantwortung für die Verteidigungsanlagen der Stadt. Das hieß in erster Linie, daß er Stützpfeiler oder Brüstungen für die Mauern bestellte und Anweisungen gab, wo die Katapulte aufzustellen waren. Die Kopie des »Begrüßers« kam zusammen mit zwei Hundert-Pfündern aufs Euryalus-Fort, ein anderer Hundert-Pfünder ans Südtor mit Blickrichtung auf die Sümpfe. Als Archimedes mit dem Zwei-Talenter anfing, kam Kallippos hinzu, um sich angesichts der tatsächlichen Größe für den zukünftigen Stellplatz zu entscheiden. In Wirklichkeit fiel die Maschine nicht ganz so mächtig aus, wie ihr Konstrukteur ursprünglich befürchtet hatte. Man hatte das Bohrloch lediglich um fünf Finger Breite erweitern müssen, was insgesamt einer Vergrößerung von rund einem Viertel entsprach.

»Das können wir beinahe überall aufstellen«, erklärte Kallippos nach einem prüfenden Blick auf den elf Meter langen Ladestock mitten auf dem Werkstattboden. »Zum Beispiel im Hexapylon, im Stockwerk unter dem ›Begrüßer‹.«

»Wir könnten ihn ja ›Gute Gesundheit‹ nennen«, lautete der listige Vorschlag des Vorarbeiters Elymos. »So wie in ›Willkommen in Syrakus‹!« Er klatschte mit der Faust in die offene Hand. »Allerbeste Gesundheit!« Wieder ein kräftiges *Klatsch*!

Die übrigen Handwerker lachten, und auch Kallippos lächelte. »Und den Drei-Talenter, den nennen wir dann ›Schönen Gruß‹?« fragte er Archimedes.

Archimedes blinzelte. Er hatte sich in Gedanken gerade vorzustellen versucht, ob das Katapult im Stockwerk unter dem »Begrüßer« Platz hätte. »Vermutlich«, sagte er, »aber schau mal, ich, äh, schätze, wir werden eine größere Plattform brauchen. Nicht für die Maschine, aber für die Männer, die sie bedienen. Der Hof liegt tief unten. Die Plattform befindet sich zwar auf Bodenhöhe, aber um hinaufzukommen, muß man immer noch ein paar Stufen steigen. Die, äh, Munition wird schwer sein. Zur Beförderung werden wir einen Aufzug brauchen. Und beim Hochziehen werden die Männer Platz zum Stehen brauchen und dann...« Er zögerte, sah sich um, fand ein Hölzchen und kauerte sich hin, um auf dem schmutzigen Boden alles aufzuzeichnen, was die Katapultmannschaft benötigte.

Aufmerksam schaute Kallippos zu, dann kauerte er sich daneben und warf Bemerkungen ein wie zum Beispiel: »Der Hauptstützbalken vom Dach ist ungefähr *hier*« und »Du kannst den Kran nicht aufs Dach stellen; unter Beschuß viel zu exponiert.« Nach einer kleinen Weile nahmen die Handwerker rings um die beiden Ingenieure wieder ihre Arbeit auf. Wütend bellten die Ingenieure ein paar Befehle, daß niemand auf ihre Skizzen treten dürfe. Letztlich gaben sie es aber auf und zogen sich in einen ruhigeren Teil der Werkstatt zurück, wo sie ihre Pläne mit Kreide an die Wand zeichneten. Nach den Kränen waren Feuerbögen und Außenwerke an der Reihe, und als der Oberingenieur endlich aufbrach, schüttelte er Archimedes herzlich die Hand und erklärte: »Ich werde mich darum kümmern.« Als Archimedes die beiden fertigen Zwei-Talenter zum Hexapylon hinausbegleitete, fand er den größten Teil seiner vorgeschlagenen Änderungen bereits fertig vor.

Am selben Tag kamen die Römer an. Als das Fuhrwerk mit dem Katapult vor dem Fort anhielt, schwirrten erregte Gerüchte durch die Garnison. Soeben war ein Kundschafter mit der Meldung heraufgaloppiert, daß eine riesige Römerarmee heranrücke. In wenigen Stunden wären sie da.

Natürlich hatte es immer wieder neue Nachrichten gegeben, seitdem Hieron in die Stadt zurückgekehrt war. Kurz nachdem die Syrakuser Messana verlassen hatten, hatten die Römer einen Ausfall gewagt und die restlichen Belagerer, die Karthager, angegriffen. Den Karthagern war es, wie zuvor den Syrakusern, gelungen, den Angriff abzuwehren. Und anschließend hatten sie sich, genau wie die Syrakuser, zum Rückzug entschlossen. Sie hatten keine Lust, die Belagerung ohne die Unterstützung ihrer Verbündeten fortzusetzen. Die Römer waren noch kurze Zeit in Messana geblieben. Offensichtlich waren sie sich nicht einig, ob sie den Karthagern oder den Syrakusern nachsetzen sollten. Als sie sich endlich entschieden hatten, marschierten sie direkt nach Süden, Richtung Syrakus.

Die Römer verfügten über zwei besonders verstärkte Legionen – zehntausend Mann –, und dazu kam noch die Armee ihrer Verbündeten, der Mamertiner, die allein fast so stark war wie die syrakusische Armee. Die Syrakuser waren zahlenmäßig unterlegen und standen einem Feind gegenüber, der für seine Härte und Disziplin berühmt war. Deshalb hatten sie auch nicht die geringste Absicht, sich aufs offene Schlachtfeld zu begeben. Von draußen überschwemmten Flüchtlinge aus Höfen und Dörfern die Stadt. Was sie von ihrem Hab und Gut tragen konnten, brachten sie mit und jammerten, weil sie gezwungenermaßen ihre Ernte im Stich lassen mußten. Aber wie Hieron gesagt hatte: die Hoffnung von Syrakus ruhte auf seinen Mauern und – seinen Katapulten.

Der Hauptmann des Hexapylon freute sich riesig, Archimedes wiederzusehen. »Das ist der Zwei-Talenter?« fragte er, sobald das Fuhrwerk zum Stehen gekommen war. »Gut, gut! Seht zu, daß ihr's rechtzeitig hinaufbringt, damit wir den Römern bei ihrer Ankunft gute Gesundheit wünschen können, ha!« Und damit gab er Anweisung, daß Männer helfen sollten, das Katapult auf seine vorgesehene Plattform zu bewegen.

Dank der begeisterten Helferschar und den Kränen von Kallippos, waren die Katapultteile rasch an Ort und Stelle. Erst später stellte Archimedes zu seinem Erstaunen fest, daß er nicht einmal selbst am Seil hatte ziehen müssen. Er war mitten im Zusammenbauen, da kam Hieron mit einem Trupp Gardesoldaten an. Sofort ging er auf die Plattform hinauf und schaute Archimedes stumm beim Einfädeln der Flaschenzüge zu. Archimedes mußte sich wie wild konzentrieren, um den vor Interesse funkelnden Augen aus dem Weg zu gehen.

»Wird es genausogut funktionieren wie die anderen?« fragte der König, als der Ladestock auf seiner Lafette fixiert war.

»Hm?« machte Archimedes, der gerade an der Hebeschraube herumfummelte. »Oh. Ja. Obwohl, wird vielleicht nicht ganz die Reichweite des ›Begrüßers‹ haben.« Er lief am Ladestock entlang zum Auslöser und zielte am Schlitten entlang. Plötzlich fuhr er mit einem Ruck hoch. Auf der Straße nach Norden war ein riesiger Schatten aufgetaucht – ein Schatten, der in der grellen Mittagssonne glitzerte, die sich an Tausenden von Speerspitzen brach. Schockiert schaute er den König an.

Hieron erwiderte seinen Blick und nickte. »Ich denke, sie werden zuerst ihr Lager aufschlagen, bevor sie unseren Widerstand testen«, sagte er. »Du mußt dich also mit dem Stimmen nicht abhetzen.«

Aber die Römer waren ungeduldig. Der Hauptteil der Armee machte auf den Feldern nördlich des Epipolaeplateaus halt und begann sich einzugraben, während sich eine kleinere Gruppe deutlich sichtbar auf der Straße versammelte. Die Männerscharen formierten sich zu zwei quadratischen Blöcken, vor denen eine unregelmäßige Reihe weiterer Soldaten in Aufstellung ging.

Hieron, der zur Schießscharte hinaussah, schnaubte bestürzt. »Zwei Bataillone?« Seine Frage war an niemanden direkt gerichtet. »Zwei – wie nennen sie es? – *Manipel?* Nur knapp vierhundert Mann. Was denken die sich eigentlich dabei?«

Wie zur Antwort setzten sich die beiden Blöcke Richtung Syrakus in Bewegung, der eine links und der andere rechts von der Straße. »Entdeckt irgend jemand mit besseren Augen als ich einen Herold oder irgendwelche Friedenssignale?« erkundigte sich der König mit lauter Stimme.

Niemand sah irgendein Zeichen, daß die Römer zum Reden gekommen waren.

Hieron seufzte und starrte die beiden Manipel noch eine Weile mit verächtlicher Miene an, dann sagte er: »Na schön« und schnalzte mit den Fingern. »Laßt die Männer Aufstellung nehmen«, befahl er seinem Stab. »Ich möchte ihnen ein paar Dinge mitteilen.«

Die syrakusischen Soldaten stellten sich ordentlich in Reih und Glied im Innenhof des Forts auf und wandten die Gesichter der nach hinten offenen Katapultplattform zu, wo der König stand. Die reguläre Besatzung des Hexapylons bestand aus einer einzigen Reihe von Fußvolk, also sechsunddreißig Mann. Dazu kamen noch Diener, Laufburschen und der übliche Anhang. Der König hatte noch vier weitere Reihen mitgebracht. Aber die Menge, die sich nun versammelt hatte, betrug weit über dreihundert. Da begriff Archimedes, daß inzwischen noch Männer aus den Einheiten auf der Mauer dazugestoßen sein mußten, während er mit dem Katapult beschäftigt gewesen war. Hieron hatte dort, wo man mit dem ersten Angriff rechnete, einige Streitkräfte konzentriert – allerdings nicht zu viele. Schließlich mußten rundum auf vierundzwanzig Kilometer Mauerlänge Syrakuser in Alarmposition stehen und ständig die Spannung ihrer Katapulte prüfen und Nachschub für die Munition ordnen. Wer konnte schon wissen, welchen Weg die Römer einschlagen würden?

Hieron schritt zum Rand der Plattform und schaute auf die Helmreihen vor sich hinaus. Alle hatten zum besseren Zuhören die Backenklappen hochgeschlagen. Nach einem scheuen Blick über die Reihen fühlte sich Archimedes fehl am Platz, ging zu »Gute Gesundheit« zurück und widmete sich wieder seiner Arbeit an den Sehnen. Entgegen dem Ratschlag des Königs, hatte er das Katapult in Windeseile feuerfertig gemacht, nun mußte man es nur noch stimmen. Er kletterte mit dem Drehkreuz auf den Ladestock.

»Männer«, rief der König mit kräftiger, klarer Stimme, »die Römer haben beschlossen, uns ein paar von ihren Kerlen herzuschicken, um zu testen, ob wir Zähne haben. Wir werden sie so nahe herankommen lassen, wie sie wollen, und dann werden wir so fest zubeißen, daß sich ihre Freunde bei diesem Spektakel vor Angst in die Hosen machen werden.«

Die Soldaten brüllten zustimmend und donnerten mit ihren

Speerenden auf den Boden. Archimedes wartete, bis der Lärm verebbt war, dann schlug er das zweite Sehnenbündel an.

»Gut!« sagte Hieron. Der Ton verstummte. »Also tut nichts, was sie zu früh erschrecken könnte! Kein Gebrüll und absolute Feuerpause, bis ich das Kommando gebe. Und wenn sie dann schön nahe sind, werden wir ihnen ein herzliches Willkommen bereiten. Vermutlich wißt ihr ja, daß wir hier ein paar neue Katapulte stehen haben, die speziell zur Begrüßung der Römer gebaut wurden. Das eine heißt der ›Begrüßer‹ und das andere sagt ›Gute Gesundheit!‹. Wenn dir ein Zwei-Talenter gute Gesundheit wünscht, fehlt dir hinterher nichts mehr!«

Wieder brüllten sie, aber diesmal vor Lachen. Irritiert schaute sich Archimedes um und versuchte dann wieder, die Sehnen anzuschlagen.

»Ich möchte, daß ihr sie *zerschmettert*!« schrie der König und drosch mit der Faust durch die Luft. »Sobald die Katapulte ihre Arbeit getan haben, können die Burschen, die mit mir heraufgekommen sind, hingehen und die Einzelteile einsammeln und sie hierherbringen. Und wenn möglich, will ich Gefangene sehen. Aber die Hauptaufgabe ist heute, daß wir dem Feind zu verstehen geben, was ihn bei einem Angriff auf Syrakus erwartet. Verstanden?«

Als Antwort brachen die Männer in Kriegsgeschrei aus, ein wildes Heulen, das sie unmittelbar vor dem Nahkampf ausstießen: *Alala!* Hieron riß die Arme über den Kopf, daß sein Purpurmantel nur so flatterte, und schrie: »Sieg für Syrakus!« Entnervt setzte Archimedes das Drehkreuz ab. Hieron wandte sich von den jubelnden Truppen ab und drehte sich zu Archimedes um. »Hoffentlich ist es auch *wirklich* feuerbereit?« fragte er wieder mit normaler Stimme.

»Das wäre es schon«, meinte Archimedes empört, »wenn du nur *still* sein würdest!«

Hieron grinste und bedeutete ihm mit einer entschuldigenden Handbewegung, er solle weitermachen. Ein Mann aus der Katapultmannschaft schlug die bereits fixierten Sehnen an, woraufhin

Archimedes seine eigenen Sehnen anriß. Zu tief. Er zog die Sehnen anderthalb Umdrehungen an, riß sie erneut an und nickte dem Katapultmann zu. Während der erste Ton noch nachhallte, schnalzte der Mann einen scharfen, dumpfen Ton heraus. Beide Noten verschmolzen in der Stille zu einem einzigen, tiefen und tödlichen Ton.

»Es ist fertig!« sagte Archimedes atemlos. Der König lächelte kurz, nickte und ging weg, um vom Tor aus zuzusehen.

Nervös tätschelte Archimedes »Gute Gesundheit«, dann ging er zur offenen Schießscharte hinüber, um seinerseits zuzusehen. Nur vage registrierte er die Katapultbewegungen neben sich, als die neue Mannschaft versuchsweise die Position von Winden und Hebeschraube am vorrückenden Feind ausprobierte. Auf den Feldern jenseits der Mauer rückten die Römer langsam, aber stetig über den Hügel auf die Mauern von Syrakus vor.

An der Grenze der Katapultreichweite sah sich der Feind mit einem tiefen Graben und einer Böschung konfrontiert. Einen Augenblick zögerten sie, denn stemmten sie ihre Schilde über die Köpfe und trampelten nacheinander in den Graben hinunter und auf der anderen Seite wieder hinauf. Ihre Schilde waren rot bemalt. Die Männer wirkten bei ihrem Abstieg wie ein Schwarm von Leuchtkäfern.

Archimedes hörte, wie jemand hinter ihm heraufkam. Als er sich prüfend umdrehte, erkannte er Straton. »Oh«, meinte er nur vage und wandte sich wieder dem Aufmarsch der Römer zu.

»Tut mir leid, daß ich deine Vorführung verpaßt habe«, sagte der Wachsoldat so beiläufig, als ob sie sich am Marktplatz getroffen hätten. »Leider hat mich der Hauptmann gerade an dem Tag die Latrinen reinigen lassen.«

Verblüfft schaute Archimedes ihn an, aber Straton grinste nur. »Ich hatte mit ein paar Kameraden aus meiner Einheit gewettet, daß du's schaffst, und dann gab's deswegen ein bißchen Zoff. Der Hauptmann kann Zoff nicht ausstehen. Trotzdem habe ich mit dir und deinem Schiff einen ganzen Monatslohn verdient. Und nun bin ich hier, um mich zu bedanken.«

Archimedes zuckte verlegen die Schultern. »Warum haben die Leute gedacht, daß es unmöglich ist? Ich verstehe das nicht. Schließlich gibt es schon seit Jahrhunderten Flaschenzüge.« Seine Augen wurden wie von einem Magneten von den Römern angezogen. Inzwischen waren sie längst innerhalb der Katapultreichweite angelangt und ähnelten mehr Menschen und weniger Insekten. »Wie nahe will sie König Hieron denn herankommen lassen?« fragte er.

»Du hast's doch selbst gehört!« erwiderte Straton überrascht. »So nahe, wie sie nur wollen! Schau, man hat sie hier heraufgeschickt, damit sie uns aus der Nähe anschauen und herausfinden, was wir zur Verteidigung aufbieten können. Wahrscheinlich haben sie Befehl, sich beim ersten Schuß unsererseits zurückfallen zu lassen. Diese Idioten haben schon jeden Sicherheitsabstand unterschritten – und das auch noch in loser Formation.«

Archimedes kaute an seinem Daumennagel herum. Auch die Absenkung eines Katapults hatte Grenzen: Wenn die Römer zu nahe waren, wären sie innerhalb des Feuerbogens. »Und was passiert, wenn sie die Mauern stürmen?« fragte er.

»Das denke ich nicht«, antwortete Straton. »Wenn diese Kerle auch nur die geringste Ahnung von Katapulten hätten, wären sie nie so nahe herangegangen wie jetzt. Und du brauchst 'ne Menge Erfahrung, bis du deine Füße davon überzeugst, daß es sicherer ist, auf den Feind zuzurennen als von ihm weg. Aber wenn sie schon so dumm sind und es unbedingt ausprobieren wollen – wir haben genug Leute hier, um sie auszulöschen.«

Endlose Minuten standen beide da und starrten auf die Schildreihen hinunter, die immer näher rückten: zwei Blöcke in offener Formation, zwölf Mann tief, mit einer Doppellinie als Vorderfront. Inzwischen konnte man erkennen, daß es sich bei den vordersten Männern um leichtbewaffnete Plänkler handelte, die lediglich mit ein paar Wurfspeeren sowie Helm und Schild bewaffnet waren. Dagegen trugen die Männer im Glied Brustpanzer und schwerere Stoßlanzen. Vor jedem Einzelblock schimmerten die Standarten, vergoldete Adler auf hohen Stangen. Die langen, scharlachroten Banner daran zitterten, während sich die Standartenträger vorsichtig über den unebenen Boden bewegten. »Idioten!« flüsterte Straton. »Kapieren die gar nichts?«

Vielleicht waren die Römer Idioten, aber die Stille auf den Mauern machte sie eindeutig nervös. Ihr Marschtempo wurde immer langsamer. Schließlich hielten sie an.

Archimedes spürte einen Luftzug an seiner Schulter. »Gute Gesundheit« senkte die Schnauze. Er trat von der Schießscharte zurück und ging am Ladestock des Katapults entlang zur neuen Mannschaft hinüber. Insgesamt waren es drei: einer zum Laden, einer zum Feuern und ein Helfer. Alle drei grinsten. Dann ließ der Mannschaftsführer, ein zäher Mann, der zwanzig Jahre älter war als Archimedes, den Auslöser los und trat beiseite. »Willst du dein neues Katapult ausprobieren, Obermechaniker?«

Bei diesem Spitznamen blinzelte Archimedes, nickte aber und ging zum Fuß des Katapults, um am Ladestock entlangzupeilen. Die Maschine war bereits ausgerichtet und geladen. Durch die Schußöffnung starrte er direkt auf die Luft über einem römischen Standartenträger. Der Mann war gerade mal knapp hundert Meter entfernt. Archimedes konnte den sandfarbenen Bart unter dem Wolfsfell ausmachen, das er sich über seinen Helm gebunden hatte. Der Standartenträger hatte seinen Schild gesenkt, während er sich mit einem Mann mit rotem Helmbusch unterhielt. Unter den Augen von Archimedes passierten die leichtbewaffneten Truppen die beiden Männer und fielen in die Formationslücken der schweren Infanterie zurück. Eines stand fest: Die Römer hatten beschlossen, daß sie weit genug vorgestoßen waren und sich nun zurückziehen sollten. Genau auf diesen Moment schien Hieron gewartet zu haben. Von oben und die Stadtmauer entlang gellten Befehle, dann knallten plötzlich Katapultarme gegen die Ladestockplatte. Die Luft wurde dunkel vor Geschossen. Sofort hob der Standartenträger wieder seinen Schild über den Kopf. Aus dem darüberliegenden Stockwerk bellte dumpf der »Begrüßer« auf und dann – nur noch Schreie.

»Jetzt, Herr!« sagte der Katapultführer ungeduldig. »Jetzt!«

Archimedes fummelte am Abzug herum.

Die Stimme von »Gute Gesundheit« war tiefer als die des »Begrüßers«, ein furchterregendes Bellen, das in einem Eisenknall endete. Der Stein flog viel zu schnell, um ihn mit den Augen zu verfolgen. Und dann – lag der Standartenträger am Boden und das Geschoß fegte durch die Reihen hinter ihm wie eine Harpune durchs Wasser. Schreie – sie waren so nahe, daß die Schreie deutlich die höhnischen Hopplarufe übertönten, mit denen die Katapultmannschaft ihr Ziel in die Knie sinken sah. Archimedes taumelte zurück, starrte aber noch immer am Ladestock entlang zur Katapultöffnung und zur Schießscharte hinaus. Der Körper des Standartenträgers lag rücklings verkrümmt auf der Erde. Oben war alles rot. Er hatte keinen Helm mehr – nein, keinen Kopf! Der zwei Talente schwere Stein hatte ihm den Kopf abgerissen und war dann auf seiner Todesspur weitergefegt, auf alles zu, was hinter dem ersten Mann in der Schußlinie stand.

»Schnell!« brüllte der Katapultmann und wand bereits wieder die Sehnen zurück. »Nachladen!«

Seine beiden Helfer hatten den Kran bereits vorbereitet. Ein neuer Stein wurde eingepaßt. Auf dem Stockwerk über ihnen brüllte der »Begrüßer« erneut auf. Bei einem scheuen Blick an der Schußlinie entlang entdeckte Archimedes eine neue Reihe Gefallener im römischen Manipel. Allerdings war sie diesmal nicht so lang. Nach dem vierten, fünften Opfer schien dem Ein-Talenter die Luft auszugehen. Aber als er die Augen hob, sah er, daß auch die hinteren Reihen einbrachen. Die kleinen, weitreichenden Skorpione entlang der Mauerbrüstung attackierten mit ihren Pfeilen systematisch den Schwanz des Römerheeres. Die Römer suchten noch immer unter ihren Schilden Deckung, aber die Katapultbolzen durchschlugen Holz, Leder und Bronze genauso wie Fleisch und Knochen. Von den oberen Forttürmen feuerten die leichteren Steinschleudern eine Salve nach der anderen. Zehn, fünfzehn, ja sogar dreißig Pfund schwere Geschosse donnerten mit brutaler Gewalt in die mittleren Reihen. Unter dem Dauerbeschuß von vierzig Katapulten fielen die Römer wie Gras vor der Sense.

Archimedes hatte nur wenige Sekunden hinausgeschaut. Neben ihm bellte »Gute Gesundheit« schon wieder auf. Wieder zog sich eine blutige Furche von vorne nach hinten durch das Römerheer. Neue Schreie übertönten das andauernde Heulen und endlose Dröhnen der Katapultarme gegen die Ladestockplatten. »Nachladen!« brüllte der Katapultführer aus Leibeskräften. Stöhnend wurde die Sehne wieder zurückgewunden.

Drunten auf dem Feld warfen die Römer jetzt ihre Schilde weg und rannten davon, so schnell es ging. Aber noch im Fliehen folgte ihnen der Todessturm und mähte sie nieder.

»Oh, ihr Götter!« flüsterte Archimedes. Noch nie in seinem Leben hatte er gesehen, wie jemand getötet wurde.

Auch Straton starrte zur Schießscharte hinaus. Sein Gesicht war zu einem Grinsen verzogen, das mehr an ein Zähnefletschen erinnerte. Seine Faust hob und senkte sich im Gleichklang mit dem Dröhnen der großen Katapulte. »*Willkommen* in Syrakus, ihr barbarischen Arschlöcher«, murmelte er. »*Gute* Gesundheit!« Plötzlich richtete er sich auf und zog die Backenklappen seines Helms herunter. »Zeit zum Einsammeln der Überreste«, sagte er und rannte leichten Schritts die Stufen hinunter, um sich seiner Einheit anzuschließen. Als er ging, bellte »Gute Gesundheit« schon wieder auf.

Archimedes verließ die Katapultplattform und setzte sich auf die Stufen. Sobald er die Augen schloß, sah er den kopflosen Leib des Standartenträgers liegen. Was war mit dem sandfarbigen Bart passiert? Über den ganzen Stein verteilt – oh, Apollon! – genau wie das Gehirn und das Blut des Mannes... Sein Katapult!

Plötzlich Trompetengeschmetter und dann erklang der hohe, süße Ton eines Sopran-Aulos, der die Männer zum Gefecht blies. Das Gebell der Steinschleudern verstummte. Nur noch die Pfeilgeschütze schossen dröhnend die fliehenden Römer ab. Aber von den Syrakusern war kein Kriegsgeschrei zu hören. Es war, wie Hieron versprochen hatte: die Römer waren bereits zerschmettert. Die Syrakuser mußten nur noch die Einzelteile einsammeln. Und schließlich verstummte auch das Stottern der Skorpione.

Von den knapp vierhundert Römern, die gegen die Stadt vorgerückt waren, kehrten vielleicht fünfundzwanzig Mann in ihr Lager zurück. Ungefähr weitere dreißig ergaben sich den Syrakusern. Sie hatten sich zu Boden geworfen, um nicht erschossen zu werden. Vierundfünfzig weitere Gefangene mußten in die Stadt getragen werden. Ihre Verletzungen waren so stark, daß sie nicht mehr laufen konnten. Und der Rest war – tot.

Hieron ging durchs Hexapylon und gratulierte seinen Männern. Als er zur Plattform von »Gute Gesundheit« kam, war die neue Katapultmannschaft gerade dabei, die Sehnen zu lockern. Dauerspannung würde die Maschine überlasten, und außerdem war klar, daß die Römer am heutigen Tag keinen weiteren Sturmangriff versuchen würden. Der neue Ingenieur des Königs war spurlos verschwunden.

»Wo ist Archimedes?« fragte Hieron und schaute sich stirnrunzelnd um.

»Heimgegangen, königlicher Herr«, sagte der Katapultführer und kletterte vom Ladestock. »War ein bißchen grün um die Nase. Meiner Meinung nach hat er noch nie so ein Ding in Aktion gesehen. Außerdem war er hier sowieso fertig.«

»Aha«, sagte der König. Die Stirnfalten vertieften sich.

»Das kann ihn doch nicht erschüttert haben!« protestierte der Helfer verblüfft. »Schließlich hat er die Maschine gebaut. Er muß doch gewußt haben, was sie anrichtet.«

»Zwischen Wissen und Wissen ist ein Unterschied«, stellte Hieron leise fest. »Jeder Reiter *weiß* zum Beispiel, daß es gefährlich ist, bergab zu galoppieren. Trotzdem gibt es jede Menge Reitersoldaten, die's ständig tun, weil es so kühn und schneidig aussieht. Ich kannte mal einen, der hat dabei ein Pferd getötet und sich dreifach den Arm gebrochen. Anschließend hatte er *begriffen*, daß es gefährlich war.«

»Und er hat's nie wieder getan?« fragte der Katapulthelfer erwartungsvoll.

Der König warf ihm einen scharfen Blick zu. »Er konnte sich nie wieder zum Galoppieren überwinden. Mußte sogar die Reiterei verlassen. Zwischen Wissen und Wissen ist eben doch ein Unterschied.« Dann fiel sein Blick auf »Gute Gesundheit«. Die Stirnfalten verschwanden. »Ich habe schon bemerkt, daß diese Maschine genauso gut funktioniert wie ihr Bruder.« Der Katapultführer seufzte zufrieden und tätschelte die neue Maschine. »Königlicher Herr«, sagte er, »es ist die beste, die ich je bedient habe. Ich weiß ja nicht, was du dem Burschen dafür bezahlst, aber du solltest die Summe verdoppeln. Bis sie außer Reichweite waren, konnten wir fünfmal feuern. Es war so einfach, wie wenn man mit der Schlinge auf Amseljagd geht. Drei unmittelbare Treffer, ein Teiltreffer, ein Fehlschuß. Die Reichweite beträgt ungefähr hundertzwanzig Meter. Wahrscheinlich hat dieses Schätzchen dreißig oder vierzig Feinden für immer gute Gesundheit gewünscht. Königlicher Herr, eine Maschine wie diese...«

»Ich weiß«, sagte Hieron. »Gut gemacht! Wir haben dem Feind ein, zwei Dinge über Syrakus beigebracht, was?«

Als er die Rede an seine Männer beendet und Anweisungen zur Bewachung der Römer und zur Behandlung der Gefangenen gegeben hatte, ging Hieron wieder zum Torturm zurück, von dem aus er den Sturmangriff beobachtet hatte, und kletterte ins oberste Stockwerk hinauf. Ein einzelner Skorpion kauerte dort verlassen. Sein Schütze war bereits gegangen und hatte zuvor für die Nacht die Sehnenspannung gelockert. Der König starrte zur Schießscharte hinaus zu den Römern hinüber, die sich inzwischen für die Nacht komplett verschanzt hatten. Anschließend drehte er sich um und schaute in die entgegengesetzte Richtung hinaus, auf die Stadt Syrakus.

Von diesem Blickwinkel aus lag der Großteil der Stadt im Schutze des Epipolae-Plateaus versteckt. Nur die Ortygia schob sich in ein leuchtendblaues Meer hinaus, und nach Süden hin konnte er das Seetor und den Flottenhafen erkennen. Rot-weiß schimmerte der Athene-Tempel herüber, während sich die vornehmen Häuser auf der Ortygia als grüne Flecken abzeichneten. Auf der Hafenseite war der Arethusa-Brunnen als leuchtend dunkelgrünes Areal zu erkennen. Die Luft flimmerte in der Nachmittagshitze und ließ die Stadt unwirklich und so wunderschön erscheinen wie eine Traumstadt auf einer Wolke bei Sonnenuntergang.

Hieron stieß einen langen Seufzer aus. Er spürte, wie sich allmählich die heiße, krankmachende Anspannung in ihm löste. Er setzte sich auf die Türschwelle und stützte das Kinn auf die gefalteten Hände. Seine herrliche Stadt, sein Syrakus. In Sicherheit – wenigstens momentan.

Er haßte das Töten. Voller Entsetzen hatte er die beiden römischen Manipel an die Stadt heranrücken sehen. Ihm war sofort klargewesen, was er ihnen antun würde. Jetzt dachte er an das selbstzufriedene Gesicht des römischen Oberbefehlshabers Appius Claudius und schluckte einen Klumpen puren Hasses hinunter. Diese vierhundert Männer auszuschicken, war haarsträubende Dummheit gewesen. Claudius hätte besser ein paar Späher im Schutze der Dunkelheit geschickt – oder mehrere tausend Mann in geschlossener Formation mit Belagerungsgeräten. Aber von Mechanik hatten die Römer keine Ahnung, und als echte Römer gaben sie das nur ungern zu. Vermutlich würde Claudius den fehlgeschlagenen Sturmangriff den Männern in die Schuhe schieben, die dabei gefallen waren. Zu wenig tapfer! Zu wenig entschlossen! Zu wenig vernünftig! Werft die Überlebenden aus dem Lager und gebt ihnen Gerserationen statt Weizen! Der General irrte, und die Männer mußten dafür büßen – so war es bei den Römern Brauch.

Vermutlich hatte es Claudius eilig, einen Sieg zu erringen, deshalb hatte er sofort Sturmangriff befohlen. Er war Konsul, vom römischen Volk in das höchste und mächtigste Amt gewählt – allerdings nur für ein Jahr, und davon war bereits mehr als die Hälfte vorbei. Vermutlich hatte man sich für einen Angriff auf Syrakus statt auf eine Karthagerstadt entschieden, weil sich Claudius eingebildet hatte, er könne schneller eine Stadt erobern, als ein großes, afrikanisches Reich besiegen. Und er wollte doch unbedingt im Triumph heimkehren. Appius Claudius, der Eroberer von Syrakus! Dann könnte er sich eines herrlichen Sieges rühmen und bekäme einen Triumphzug zu seinen Ehren. Zweifelsohne hatte man auch für Hieron längst einen Platz bei dieser Parade reserviert: zu Fuß und in Ketten, gleich hinter dem Triumphwagen. Appius Claudius und der restliche Claudier-Clan waren die eigentlichen Urheber des Krieges auf Sizilien gewesen. Hieron sammelte regelmäßig Gerüchte aus Italien und wußte daher, daß der römische Senat sogar gegen den sizilianischen Feldzug gewesen war. Damals hatte Rom mit Karthago einen Friedensvertrag geschlossen, und die Senatoren hatten das Verhalten der Mamertiner ganz und gar nicht gebilligt. Eine römische Garnison, die sich in Rhegium ähnlich scheußlich aufgeführt hatte, war von ihren eigenen, empörten Landsleuten erschlagen worden. Aber eine Fraktion unter Vorsitz der Claudier hatte die Expansion des römischen Machtbereiches nach Süden favorisiert und auf das Mißtrauen der Römer gegenüber Karthago gesetzt. Damit war es ihnen gelungen, eine Versammlung des römischen Volkes zur Unterstützung dieses dreist-aggressiven Vorgehens zu überreden.

»Habgierige, törichte, eingebildete Ignoranten!« sagte Hieron laut und biß sofort die Zähne zusammen. Der Haß auf Appius Claudius führte zu nichts. Vielleicht würde er sich vor diesem Mann sogar einmal demütigen müssen. Inzwischen mußte auch Claudius begriffen haben, daß Syrakus keine Stadt war, die man quasi als Vorspeise vernichten konnte, ehe man zum eigentlichen Krieg überging. Vielleicht bot er nun sogar vernünftige Friedensbedingungen an, um nicht mit leeren Händen nach Hause gehen zu müssen. Hieron mußte sich darauf einstellen, jedes realistische Angebot anzunehmen, selbst für den Preis, daß Claudius einen Sieg für sich beanspruchte und seine Parade bekam. Syrakus konnte weder allein mit Rom fertigwerden, noch sich auf Karthago verlassen. Wegen dieser beiden unabänderlichen Tatsachen waren ihm die Hände gebunden. Haß war zwecklos. Selbst die Götter waren Sklaven der Notwendigkeit.

Vielleicht würde das römische Volk nun seine Entscheidung für einen Krieg bedauern. Vor Messana hatte Syrakus es schon einmal gedemütigt und nun erneut. Die Männer, die dort draußen ihr Lager aufgeschlagen hatten, würden nicht vergessen, daß sie mit eigenen Augen mitansehen mußten, wie ihre Kameraden abgeschlachtet wurden. Daß sie aufgeben und heimgehen würden – diese Hoffnung wäre zuviel verlangt. Rom hatte noch *nie* einen einmal erklärten Krieg aufgegeben. Aber vielleicht wäre der nächste römische Oberbefehlshaber kompromißbereiter, selbst wenn Claudius stur blieb.

Wieder mußte Hieron an die Römer denken, die im Katapultfeuer gefallen waren, und an den zwei Talente schweren Stein, wie er seine Blutbahn durch die Reihen fetzte. Das mußte sie doch erschreckt haben, oder? Selbst Hieron war entsetzt gewesen, obwohl er auf der richtigen Seite gestanden war! Vielleicht konnte er es arrangieren, daß ein paar Römer den Drei-Talenter zu Gesicht bekamen – falls er funktionierte.

Falls er diesen Drei-Talenter noch rechtzeitig bekommen würde. Der Ingenieur war ganz grün um die Nase heimgegangen. Hieron konnte verstehen, wie er sich fühlte. Genauso hatte er sich auch gefühlt, als er seinen ersten Mann getötet hatte. Er hatte zwei Monate gebraucht, um darüber hinwegzukommen – soweit das überhaupt ging. Noch immer wachte er manchmal nachts auf und sah das Gesicht des Söldners vor sich und spürte sein heißes, klebriges Blut auf den Händen. Jeder Mensch konnte die Nerven verlieren. Jener Reitersoldat, der bergab galoppiert war, hatte es nie überwunden. Sollte er Archimedes folgen und versuchen, ihm im Gespräch über seine Krise hinwegzuhelfen? Nein. Wenn dieser Mann unter Druck weitere Todesapparate erfinden müßte, würde sich die Abneigung, die er inzwischen gegen diese Maschinen empfand, auch auf den König übertragen. Da war es besser, ihn in Ruhe zu lassen. Archimedes war sich über die Bedeutung seiner Arbeit im klaren. Seine Antwort auf das Geld hatte es bewiesen. Wenn es irgendwie ging, würde er sich selbst zu dieser Aufgabe durchringen.

Hieron seufzte. Auch auf ihn warteten am Fuße dieser Treppe jede Menge Aufgaben. Trotzdem blieb er noch eine Weile länger allein oben auf dem Turm sitzen und schaute auf seine schimmernde Stadt hinaus.

10

Erst als Archimedes bereits den größten Teil des Weges zur Achradina zurückgelegt hatte, wurde ihm bewußt, daß er den Hexapylon verlassen hatte. In dem Moment blieb er mitten auf der staubigen Straße stehen und schaute zum Himmel auf. Licht. Wegen seiner Erfindung würden dreißig oder vierzig Männer, die noch heute morgen das Licht gesehen hatten, es nie wieder sehen. Nein – noch mehr. Allein »Gute Gesundheit« hatte dreißig oder vierzig getötet. Auch der »Begrüßer« hatte einige auf dem Gewissen. Die Vorstellung, daß es sich um fremde, kriegslüsterne Eroberer gehandelt hatte, tröstete ihn verblüffend wenig. Sie waren tot, und er hatte ihrem Tod Gestalt verliehen, indem er ihn mit großer Kunstfertigkeit aus Holz und Stein und Frauenhaar geschaffen hatte.

Er hätte nie geglaubt, daß man einem Menschen *tatsächlich* so den Kopf herunterreißen konnte. Jetzt bäumte sich etwas in ihm auf. Schon beim bloßen Gedanken an Katapulte wurde in ihm alles taub und tot. Ein Teil von ihm wollte nichts mehr damit zu tun haben. Jeder Versuch, diesen Teil durch Loyalität und Willenskraft bei der Stange zu halten, war, als ob man einen Esel mit Gewalt durch eine Tür schieben wollte. Und doch war die Stadt auf jedes Verteidigungsmittel angewiesen, das er für sie entwickeln konnte. Vor den Toren lagerten ihre Feinde, und falls sie hereinkämen, würde es jeder innerhalb der Stadt bitter büßen müssen. Der heutige Vorfall würde die restliche römische Armee nur noch mehr aufbringen.

Er setzte sich in den Straßenstaub und verbarg sein Gesicht. Er dachte an Apollon, der vor Troja »wie die Nacht« über die Griechen gekommen war. Seinetwegen hatten die Scheiterhaufen Tag und Nacht gebrannt. Jedes Gebet zu einem solchen Gott war fruchtlos. Deshalb betete er gar nicht, sondern dachte statt dessen an Zylinder. Anfangs waren es noch die Zylinder von Katapultsehnen, aber plötzlich verwandelten sie sich in abstrakte Zylinder, in ideale Formen. Ein Schnitt durch einen Zylinder im rechten Winkel zu seiner Achse war ein Kreis. Er stellte sich diesen Kreis vor. Dann erweiterte er ihn durch Drehen zu einer Kugel, die seinen imaginären Zylinder ganz genau einschloß. Durchmesser, Mittelpunkte und Achsen wirbelten durch seinen Kopf und bildeten ein faszinierend komplexes, betörend schönes Muster.

Schockiert stellte er fest, daß er seit dem Tode seines Vaters über kein geometrisches Problem mehr nachgedacht hatte. Er hatte Phidias geschworen, nie die Mathematik den Katapulten zu opfern, und doch hatte er sich voll und ganz diesen Todesapparaten gewidmet. Er nahm die Hände vom Gesicht und starrte auf den Staub neben sich. Hübsch gleichmäßiger Staub. Er tastete am Straßenrand herum, fand einen Zweig und fing zu zeichnen an.

Zur Abendessenszeit war Archimedes immer noch nicht zu Hause. Also schickten die Frauen der Familie, die mit den vielen Arbeitsstunden ganz und gar nicht einverstanden waren, Marcus zum Hexapylon mit dem Auftrag, seinen Herrn nach Hause zu holen, egal, ob das Katapult fertig war oder nicht. Hungrig und widerwillig machte sich Marcus eilends auf den Weg. Er nahm eine Abkürzung durch die Hintergassen und quer über den Rand des Epipolae-Plateaus, verfehlte seinen Herrn und traf genau in dem Moment auf die Hauptstraße, als man die römischen Gefangenen auf ihrem Weg in die Stadt vorbeiführte.

Die Nachricht von dem Sturmangriff war noch nicht bis zur Achradina durchgedrungen. Auf den ersten Blick wußte Marcus nicht so recht, was diese Menschenschlange zu bedeuten hatte. Die Leute aus dem Tycheviertel, die armen Bewohner der Elendshütten, standen an der Straße und schauten zu. Marcus bahnte sich einen Weg in die vorderste Reihe, um zu sehen, worauf sie starrten. Eine Doppelreihe syrakusischer Soldaten marschierte unter Flötenklängen heran. In ihrer Mitte wankte eine Reihe von Männern in einfacher Tunika daher. Sie führten Bahren mit Verwundeten bei sich. Verblüfft betrachtete Marcus das Schauspiel, dann erkundigte er sich bei seinem Nachbarn, was da los war.

Der Mann, ein älterer Ziegenhirte, spuckte aus und antwortete: »Römer – mögen die Götter dafür sorgen, daß wir auch alle übrigen genauso vorüberlaufen sehen!«

Schockiert schaute Marcus wieder stumm seine Landsleute an. Man hatte sie entwaffnet, aber nicht gefesselt, und auch ihre Wunden waren versorgt worden. Nur der Ausdruck verwirrter Scham auf jedem Gesicht verriet ihre Situation. Die Frage nach dem »Wie?« steckte ihm in der Kehle, aber er sprach sie nicht aus. Wie nie zuvor war er sich seines Akzentes bewußt, der ihn abstempelte.

Die Männer mit den Bahren gingen vorbei, anschließend kam eine kleine Gruppe Verwundeter, die noch laufen konnten. Doch was dann geschah, sollte Marcus später wie ein unvermeidbarer Wink des Schicksals erscheinen: der Dritte in der Gruppe war sein Bruder Gaius.

Gaius trug den rechten Arm in einer Schlinge. Seine Tunika hatte sich über der rechten Schulter gelöst. Man sah, daß auch seine Brust verbunden war. Obwohl er vor Schmerz ganz weiß im Gesicht war, ging er gleichmäßig weiter bis – seine Augen, die bisher wie blind über die Zuschauergesichter geglitten waren, an Marcus hängenblieben. Jetzt stolperte er. Der syrakusische Soldat neben ihm bekam seinen gesunden Arm zu fassen und verhinderte, daß er hinfiel. Keuchend stand Gaius stockjsteif da. Er schwitzte und zitterte vor Schmerz. Eine Wunde war wieder aufgebrochen. Seine Augen hatten sich vor dem übrigen Körper erholt. Erstaunt und ungläubig suchten sie erneut nach Marcus.

Schweigend starrte Marcus zurück. Ein Teil von ihm schien über ihnen beiden zu schweben und die Begegnung zu beobachten, während der andere vor Scham glühte und wie erstarrt war. Gaius hatte ihn zweifelsohne für tot gehalten. Es wäre auch besser gewesen.

»Marcus?« flüsterte Gaius. Marcus konnte seinen Namen nicht hören, aber er las ihn von den Lippen seines Bruders ab. Er antwortete nicht. Statt dessen warf er einen Blick nach hinten über die Schulter, als ob er sehen wollte, wen dieser Fremde meinen konnte.

Der syrakusische Soldat neben Gaius fragte ihn – auf Griechisch –, ob er gehen könne. Gaius antwortete: »Ich nicht griechisch« und ging weiter. Als er an Marcus vorbei war, warf er einen zutiefst erstaunten Blick zurück.

Trotz seiner schlotternden Beine zwang sich Marcus, den Rest des Zuges abzuwarten. Er war erstaunt, daß sich keiner zu ihm umdrehte und fragte: »Wer war dieser Mann, der dich angestarrt hat?« Erst später dämmerte ihm, daß die Begegnung zweier Augenpaare, die ihn wie die Sonne versengt hatten, anderen lediglich wie das ausdruckslose Starren eines Verwundeten erschien, der zufällig dem neugierigen Blick eines Zuschauers begegnet war.

Als sich der Flötenlärm und die Marschschritte auf der Straße entfernt hatten und auch der kleine Menschenauflauf verschwunden war, ging Marcus weiter zum Hexapylon hinauf. Schließlich blieb er stehen und setzte sich auf einen Stein am Straßenrand. In seinem Innersten tobte ein Chaos aus Scham, Verwunderung und Freude. Mehrere Minuten vergingen, bis er sich eines einzigen, klaren Gedankens oder einer Empfindung bewußt wurde. Gaius – lebend und in Syrakus! Gaius hatte ihn gesehen und wußte, daß er hier war. Was sollte er nun tun?

»Marcus?« tönte es da unmittelbar neben ihm. Voller Schuldgefühle zuckte er zusammen und schaute auf. Über ihm stand der Wachsoldat Straton. Er starrte ihn dämlich an, denn mit ihm hatte er nicht gerechnet.

»Hab mir doch gedacht, daß du's bist«, sagte Straton. »Was ist los? Du schaust krank aus.«

Marcus zwang sich zum Aufstehen und nahm sich mühsam zusammen. »Ich bin in der Hitze zu schnell gerannt«, sagte er. »In einer Minute geht's schon wieder. Kommst du gerade vom Hexapylon?«

Straton nickte. »Ich bringe eine Nachricht auf die Ortygia«, erklärte er. »Hat dein Herr etwas im Fort vergessen?«

»Ist er denn nicht dort?« fragte Marcus erstaunt.

Straton war genauso verblüfft. »Er ist schon vor Stunden weg! Ist er nicht daheim?«

Als ihm Marcus seinen eigenen Auftrag erklärte, rollte der Soldat mit den Augen. »Hoffentlich ist ihm nichts passiert!« rief er. »Der König würde ihn nicht für ein ganzes Bataillon eintauschen, und das mit Recht. Allein seine Katapulte ersetzen eines. Hast du's gehört? Die Römer haben die Mauern gestürmt.«

»Ich habe die Gefangenen auf der Straße gesehen«, erwiderte Marcus vorsichtig.

Straton grinste. »Der klägliche Rest von zwei Manipeln«, sagte er stolz. »Das waren die Katapulte. Du hättest mal den Zwei-Talenter sehen sollen!« Er klatschte mit der Faust in die Hand. »Mit jedem Stein zehn oder mehr von ihnen am Boden! Was für ein Probefeuer! Der Rest lagert dort draußen und hat jetzt einiges zum Nachdenken. Wenn die auch nur einen Funken Verstand haben, lassen sie Syrakus ab jetzt in Ruhe.«

»Und was geschieht mit den Gefangenen?« fragte Marcus, ohne zu überlegen, ob eine derart unverblümte Frage klug war, so erschüttert war er noch immer.

Irgendwie hatte Straton die ganze Sache mit der zweifelhaften Nationalität von Marcus vergessen und dachte viel zu sehr an den Triumph, um mißtrauisch zu sein. »Sie werden im Athener Steinbruch eingesperrt«, sagte er. »Der König hat Anweisung gegeben, daß man sie gut behandeln soll. Sicher hat er noch etwas mit ihnen vor. Er wollte unbedingt Gefangene. Glaubst du, daß mit deinem Herrn alles in Ordnung ist?«

»Vermutlich ist er stehengeblieben und zeichnet Kreise«, sagte Marcus. »Das tut er manchmal.« Er drehte dem Hexapylon den Rücken zu und begann, die Straße Richtung Stadt zurückzulaufen.

Straton folgte ihm mit dem Speer quer über den Schultern. »Wird er denn in der Lage sein, einen Drei-Talenter zu bauen?«

»Ja.«

»Und wie steht's mit einem Vier-Talenter?«

»Vermutlich.«

»Ein Fünf-Talenter?«

Wütend funkelte Marcus ihn an. »Du hast es doch selbst gehört! Er kann sie so groß bauen, wie es Holz, Eisen und Sehnen aushalten. Wahrscheinlich viel größer als irgendeiner will. Bis der Einfallsreichtum eines Archimedes erschöpft ist, wird es schon längst kein Eisen mehr geben.«

Straton lachte. »Ich glaub's dir! Als er dieses Schiff bewegt hat, hat er mir einen ganzen Monatsverdienst verschafft. Jetzt gebe ich damit an, daß ich ihn persönlich kenne.«

Marcus grunzte. Seit der Vorführung war der Ruhm von Archimedes stetig gewachsen. Sämtliche Geschäftsleute und Nachbarn waren auffallend höflich geworden, was Marcus gar nicht gefiel. Ständig erkundigten sie sich nach Katapulten. Marcus stellte sich einen zwei Talente schweren Stein vor, wie er seinem Bruder den Arm zerschmetterte. Er zuckte schmerzhaft zusammen.

Straton trat gegen einen losen Stein auf der Straße, dann meinte er: »Da gibt es eine Sache, wegen der mich mein Hauptmann gebeten hat, wenn möglich mal bei dir vorzufühlen. Die Schwester deines Herrn – ist sie schon jemandem versprochen?«

Ruckartig riß Marcus den Kopf hoch und starrte den Soldaten an. Straton zog mit einem verlegenen Grinsen die Schultern hoch. »Schau mal«, sagte er, »der Hauptmann ist nicht verheiratet. Deine junge Herrin ist ihm aufgefallen. Er findet sie charmant. Er ist schwer in Ordnung, und der König hält große Stücke auf ihn. Es wäre eine gute Partie.«

»Das Haus trägt noch Trauer«, sagte Marcus.

»Nun, ja«, räumte Straton ein, »der Hauptmann möchte eigentlich nur wissen, ob es einen Sinn macht, wenn er mit deinem Herrn nach dem Ende der Trauerzeit mal redet.«

Marcus stellte sich Philyra verheiratet vor, mit Dionysios, dem Sohn des Chairephon. Eine gute Partie. Ein Offizier in verantwortungsvoller Position, vom König begünstigt, nicht zu alt, beliebt bei seinen Untergebenen… und obendrein musikalisch. Er stellte sich vor, wie Dionysios sang, während sich Philyras Körper ein wenig steif über die Laute beugte. Er dachte daran, wie ihre tiefe Stimme mit den schnellen Kaskaden der Musik verschmolz, wie sich ihre Hüfte gegen die dünne Tunika abzeichnete, an ihre Haare, ihr Lächeln, ihre strahlenden Augen – alles fort? Fort aus dem Haus, fort aus seinem Leben. Er hatte immer gewußt, daß sie eines Tages gehen würde. Wie töricht von ihm, daß er so an sie gedacht hatte. Wie töricht, daß er sich jetzt so ganz und gar verlassen fühlte. Wie töricht, sich den Kopf über eine Zukunft zu zerbrechen, die er vielleicht nie sehen würde.

Beim letzten Gedanken wurde ihm klar, daß er unbedingt etwas für Gaius tun wollte. Eiskaltes Entsetzen packte ihn.

»Sie ist noch niemandem versprochen«, zwang er sich zuzugeben. Dann merkte er, wie er trotz allem hinzufügte: »Aber damals in Alexandria hat Archimedes immer davon geredet, daß er sie mit einem seiner Freunde verheiraten wolle. Damals war er noch nicht Haushaltsvorstand und konnte es nicht arrangieren, aber vielleicht möchte er es jetzt. Ich weiß es nicht.«

»Ein Freund in *Alexandria*?« fragte Straton verdutzt.

Marcus nickte ernst. Er konnte sich nicht bremsen, auch wenn es ihn innerlich schüttelte. Er log nicht direkt, sagte aber auch nicht die Wahrheit. »Einer aus Samos, Conon heißt er, ein Student am Museion. Er und Archimedes hielten sich gegenseitig für die klügsten lebenden Mathematiker. Conon stammt aus einer sehr guten Familie und ist reich, aber er hätte liebend gern auf jede Mitgift verzichtet, nur um Archimedes ›Bruder‹ nennen zu dürfen.«

Soweit stimmte alles. Außer daß Colons wohlhabender und vornehmer Vater weitaus weniger romantisch veranlagt gewesen war. Er hatte für seinen Sohn schon längst eine Ehe mit einem Mädchen aus Samos arrangiert, sobald das Mädchen im richtigen Alter war. Das ganze Gerede von Brüderschaft war nie über Tagträumereien hinausgekommen.

»Archimedes kann doch nicht ernsthaft vorhaben, nach Alexandria zurückzugehen!« rief Straton.

»Er kann gehen, wohin er will!« erwiderte Marcus scharf.

»A-aber – der Krieg!« stotterte Straton.

»Der dauert auch nicht ewig.«

Straton kaute auf seiner Lippe herum. Marcus wußte genau, woran er dachte: an Katapulte – die größten Katapulte der Welt, die in Alexandria gebaut wurden anstatt in Syrakus. Plötzlich begriff er, daß der König von Anfang an daran gedacht hatte. Plötzlich erkannte er auch den Zweck seiner obskuren Manipulationen.

»Ein loyaler Bürger ...«, fing Straton an, dann – hielt er inne. Soeben hatte er Archimedes erblickt.

Inzwischen hatten sie den Höhenzug hinter sich gelassen und waren auf der Straße bis zum Rand der Achradina gelangt. Die Dämmerung war schon angebrochen, aber es war noch hell genug zum Lesen. Wie ein Grashüpfer mitten auf einem trockenen Erdfleck hockte Archimedes am Rande eines kleinen Platzes, kaute am Ende eines Zweiges herum und starrte vor sich in den Staub. Seine schwarze Trauertunika hatte sich so weit hochgeschoben, daß man seine dünnen Oberschenkel sehen konnte. Er wirkte wie ein zu groß geratener Schuljunge.

Eine ältere Frau, die aus dem Brunnen am Platz Wasser geschöpft hatte, merkte, wie die beiden Männer ihn anstarrten, und blieb neben ihnen stehen. »Er ist schon seit Stunden hier«, vertraute sie ihnen im besorgten Flüsterton an, »und zeichnet im Sand herum. Wir glauben, er ist von einem Gott besessen. Ich bete nur, daß es kein schlechtes Vorzeichen ist!«

»Es handelt sich um Geometrie«, teilte ihr Marcus mit, »und die Geschichte mit dem Gott stimmt.« Er ging hinüber, blieb vor dem Diagrammgewirr auf der Erde stehen und rief: »Archimedes!«

»Hm?« antwortete sein Herr zerstreut.

»Es ist Zeit zum Heimgehen«, sagte Marcus streng. »Deine Mutter und deine Schwester haben mich auf die Suche nach dir geschickt.«

Archimedes hob die Hand, was soviel wie Warte-mal-eine-Minute bedeuten sollte. »Lasch mich dasch nur noch fertig machen«, nuschelte er mit dem Zweig im Mundwinkel.

Vorsichtig war Straton dem Sklaven gefolgt. Jetzt starrte er verblüfft auf das Dickicht aus endlos sich wiederholenden Zylindern und Kugeln, auf Buchstaben und Linien, die in den trockenen Boden geritzt waren. »Was probierst du denn da aus?« fragte er verwundert.

Archimedes nahm den Zweig aus dem Mund, schaute hoch und wandte seinen Blick sofort wieder dem Diagramm vor sich zu, als ob er die Gegenwart eines anderen Wesens gar nicht bemerkt hätte. »Ich versuche, das Verhältnis zwischen dem Volumen eines Zylinders und einer eingeschlossenen Kugel zu finden«, erwiderte er träumerisch. »Das ist nicht einfach. Wenn ich doch nur...«

»Herr«, sagte Marcus, »es wird schon dunkel.«

»Ach, laß mich doch in Ruhe!« rief Archimedes gereizt. »Ich mache das jetzt fertig!«

»Das kannst du auch zu Hause.«

Plötzlich sprang Archimedes völlig unerwartet hoch. »Ich habe dir gesagt, du sollst mich in Ruhe lassen!« brüllte er und starrte den verblüfften Marcus wütend an. »Wenn ich an irgendeiner gottverdammten *Maschine* arbeiten würde, hättest du mir gehorcht, nicht wahr? Aber das hier ist ja nur Geometrie, also unterbrichst du mich. *Sklaven* dürfen bei der Geometrie stören, aber wenn's um Katapulte geht, halten selbst Könige den Mund!« Wütend holte er mit dem Zweig aus und schlug seinem Sklaven auf den Arm, daß er krachend zerbarst. »Katapulte! Sie sind nichts weiter als gottverdammte Brocken aus Holz und ein paar Sehnen. Gottlose Dinge, die Menschen ermorden. *Das* hier ist herrlich und schön! Aber das wirst du nie verstehen – keiner von euch!« Wütend starrte er auch Straton an. »Die Geometrie ist perfekter als alles, was man mit den Augen sehen kann. Dieses Größenverhältnis ist eine unverrückbare Wahrheit. Sie existierte bereits, noch ehe wir alle geboren wurden, und wird noch sein, wenn wir alle längst tot sind. Selbst wenn die Erde nie geschaffen worden wäre, würde sie gelten. Auch dann, wenn niemand sie je entdecken würde. Und diese Wahrheit zählt – wir sind diejenigen, die nicht zählen!«

Schwer atmend hielt er inne. Verwirrt schauten ihn die beiden Männer an. Marcus rieb sich seinen Arm. Einen Moment erwiderte Archimedes ihre Blicke, dann schaute er wieder auf die Berechnungen zu seinen Füßen hinunter – perfekt und ungelöst. Allmählich verebbte sein Zorn, ihn schauderte. Jedes seiner Worte war wahr, aber das würden und könnten sie nie begreifen. Einen schmerzlichen Augenblick wurde er sich seiner Isolation so bewußt wie schon seit Jahren nicht mehr. Damals war er noch ein kleiner Junge gewesen und hatte zum ersten Mal begriffen, daß der Rest der Welt all die Dinge, die für ihn überragende Wunder waren, nur als reinen Unsinn empfand. Er sehnte sich nach seinem Vater, und dann erinnerte er sich wehmütig an Alexandria, das Haus der Aphrodite, wo es alles gab, was man sich erträumen konnte. Alexandria – der Magnet des Geistes.

»Selbst wenn das stimmt«, sagte Marcus schließlich, »kannst du im Dunklen nicht rechnen.«

Da stöhnte Archimedes vor Verzweiflung leise auf, ließ den zerbrochenen Zweig fallen und ging schweigend fort.

Beim Anblick der großen, schwarzen Gestalt, die mit hochgezogenen Schultern und hängendem Kopf davonschlich, schluckte Straton. »Ist er denn oft so?« fragte er Marcus.

Der Sklave schüttelte den Kopf. »Nein«, erwiderte er benommen, »so habe ich ihn noch nie erlebt. Vermutlich hängt es mit dem Krieg und dem Tod seines Vaters zusammen.«

Erleichtert nickte der Soldat. »Das reicht, um jeden aus der Fassung zu bringen. Du kümmerst dich jetzt wohl besser um ihn. Wir *brauchen* seine Katapulte, egal, ob er sie für wertlos hält oder nicht.«

Schweigend gingen sie bis zur Tür des Hauses in der Achradina. Dort blieb Archimedes stehen und starrte das abgewetzte Holz mit leerem Blick an. Er hatte nicht die geringste Lust, hineinzugehen. Alles, was seit seiner Rückkehr von Alexandria passiert war, schien in ihm innerlich Gestalt anzunehmen: der Tod seines Vaters, die Gunst des Königs, Delia – alles. Er begriff, daß er unbedingt den König sprechen mußte, und zwar sofort, solange ihn die Wucht seiner Empfindungen gegen Furcht und Respekt wappnete.

»Herr?« sagte Marcus, aber er schüttelte nur den Kopf.

»Sag ihnen, ich gehe zu König Hieron, um mit ihm zu sprechen«, befahl er und drehte sich auf der Ferse um. Noch einmal rief Marcus »Herr!«, aber er achtete nicht darauf und eilte zornig davon.

Es war Nacht. Als er zur Zitadelle kam, war auf den Straßen alles ruhig. Bis auf das Zirpen der Zikaden und das entfernte Meeresrauschen war kein Laut zu hören. Rasch ging er zum Hause des Königs, klopfte entschlossen an die Tür und erklärte dem überraschten Türhüter: »Ich würde gerne König Hieron sprechen.«

Im Schein der Lampe vertieften sich die Schatten auf Agathons Gesicht. Er warf dem Besucher einen Blick zu, der Steine zermalmen konnte. »Es ist schon spät«, sagte er.

»Ich weiß«, antwortete Archimedes, »schau trotzdem nach, ob er mich empfängt.«

Der Türhüter schnaubte ärgerlich und schloß mit einem Kopfnicken die Tür. Nur sein Sandalengeklapper auf dem Marmorboden verriet, daß er tatsächlich nachsehen ging, ob sein Herr den Besucher sprechen wollte. Erschöpft lehnte sich Archimedes gegen eine Säule in der Vorhalle und wartete. Bald ging die Tür auf, und der Türhüter schaute heraus. Sein Blick war noch mißbilligender als zuvor. »Er wird dich empfangen«, gestand er widerwillig und winkte Archimedes herein.

Archimedes folgte ihm durchs Haus, am marmornen Vorzimmer vorbei, direkt in den Bankettsaal. Zwei Lampenständer verbreiteten ein starkes, aber weiches Licht, und auf der Tafel standen noch die Reste eines späten Abendessens. Hieron lag, wie es bei einem Essen im Kreise der Familie üblich war, auf seiner Liege, während seine Frau und seine Schwester links und rechts neben ihm auf Stühlen saßen. Unmittelbar hinter der Tür blieb Archimedes stehen und nickte dem König und seiner Familie zur Begrüßung zu. Dann verschränkte er die Arme und rieb sich unbehaglich einen Ellbogen. Er merkte, daß er nur eine einfache, schwarze Tunika voller Staub und Ölflecken anhatte. Nicht gerade die passende Kleidung für ein Königshaus. Außerdem war er müde und überreizt und würde vermutlich etwas Dummes sagen. Delia hatte vor Überraschung die Augen aufgerissen. Er versuchte, nicht daran zu denken, wie er sie das letzte Mal gesehen hatte: vom Küssen und vom Flötenspiel erhitzt, hatte sie lachend ihr Mundband abgenommen. Sie hatte ihn gewarnt, aber dann hatte sie versucht, ihre Warnung wieder zurückzunehmen. Wer weiß, wie weit man ihr trauen konnte? Die Königin neben ihr schaute fast so mißbilligend drein wie der Türhüter.

»Gute Gesundheit!« sagte der König lächelnd. »Möchtest du dich nicht setzen und einen Becher Wein trinken?«

Archimedes schlich zur nächsten Liege und setzte sich. Sofort füllte einer der Sklaven einen Becher mit Wein und Wasser und stellte ihn vor ihn hin.

»Weshalb wolltest du mich sprechen?« fragte Hieron.

Archimedes räusperte sich. Seine Augen hingen am König. »Was willst du von mir?« fragte er leise.

Hierons strahlende Miene verschwand, er setzte sich auf, nahm die Beine von der Liege und betrachtete Archimedes abschätzend. Dann erwiderte er gleichmütig: »Du weißt, daß du außergewöhnlich bist.«

Genau wie Delia gesagt hatte. Archimedes nickte rasch, einmal.

»Was, *glaubst* du, will ein König von einem außerordentlichen Ingenieur?« fragte Hieron mit erhobenen Augenbrauen.

Erneut war Archimedes sprachlos. Er schaute ihn längere Zeit an, dann wandte er den Blick ab und betrachtete vor sich den Tisch. »Ich habe eine ... Analysemethode«, sagte er, »eine Art, über geometrische Probleme rein mechanisch nachzudenken. Sie liefert zwar keine Beweise, hilft mir aber, die Eigenschaften der Dinge zu verstehen. Ich stelle mir zweidimensionale Figuren als

Gebilde aus einer Reihe von Linien vor, und dann prüfe ich, ob sie sich entsprechen. Die Art und Weise, wie ein König einen außergewöhnlichen Ingenieur behandelt – das hat ein bißchen Ähnlichkeit damit. Mal angenommen, ich stelle mir das Ganze als Dreieck vor, dann ähnelt die Art, wie du mich behandelt hast, mehr einer Parabel mit derselben Grundlinie und Höhe. Und diese beiden entsprechen einander nicht.«

»Tun sie nicht?« fragte Hieron.

»Nein«, sagte Archimedes, tauchte einen Finger in den Weinbecher und zeichnete sorgfältig eine Parabel auf die Tischfläche – eine große, gebogene Kurve. Sofort war klar, daß die beiden Figuren tatsächlich nicht einander entsprachen. Archimedes blickte hoch und dem König direkt in die Augen. »Die Parabelfläche ist um vier Drittel größer als das Dreieck«, sagte er. »Die Lösung stammt von mir persönlich.«

Hieron reckte den Hals, um besser sehen zu können. Der fragende Blick war wieder da. »Magst du es nicht, wenn du ein Drittel mehr bekommst als erwartet?«

Archimedes machte eine kleine, abweisende Handbewegung. »Ich will einfach nur verstehen, womit ich mich beschäftige. Parabeln haben grundsätzlich andere Eigenschaften als Dreiecke.«

»Unterstellst du meinem Mann Betrug?« mischte sich die Königin wütend ein. »Und das nach all der Freundlichkeit, die er dir erwiesen hat? Was ...«

Hieron hob die Hand. Sie hielt inne. Einen Augenblick schauten sich Mann und Frau an, dann seufzte Philistis, stand auf, ging zu ihrem Mann und strich ihm zärtlich die Haare zurück. »Laß dich nicht von ihm aufregen«, riet sie ihm.

Hieron lächelte liebevoll und nickte. Sie küßte ihn und rauschte aus dem Zimmer.

Delia bohrte sich noch tiefer in ihren Stuhl und redete sich heftig ein, daß sie hier etwas zu suchen hatte, selbst wenn Hieron den Grund dafür nicht kannte. Auch sie hatte hier ein legitimes Interesse. Mit einem ironischen Seitenblick machte ihr Hieron klar, daß er es wohl bemerkt hatte, gab aber keinen Kommentar dazu ab. Schweigend wanderte sein Blick wieder zu Archimedes zurück. Mit einer Handbewegung hieß er ihn fortfahren.

»Du hast mich damals um diese Vorführung gebeten«, sagte Archimedes. »Und du hast auch dafür gesorgt, daß sie am Marktplatz angekündigt wurde, stimmt's?«

Hieron nickte kurz.

»Alle haben gejubelt, als es funktioniert hat«, fuhr Archimedes langsam fort, »und seither ist alles anders geworden. Zuerst habe ich nicht darauf geachtet, aber es war so. Man hatte mich gewarnt«, meinte er ohne einen Blick auf Delia, »daß ich im Falle eines gelungenen Experimentes vorsichtiger sein müßte als beim Scheitern, aber ich habe es nicht verstanden. Ich dachte, es würde sich auf den Vertrag beziehen, aber – ich habe gar keinen bekommen. Inzwischen wissen alle Leute, wer ich bin. Das ist das einzige, was passiert ist. Wenn ich etwas tun will, kommen sie mir schleunigst zu Hilfe. Unbekannte Leute rufen mich bei einem Spitznamen, den du mir gegeben hast. Jeder weiß, was du bei der Totenwache meines Vaters zu mir gesagt hast und weshalb du sein Begräbnis übernommen hast – aus Respekt vor mir. Alle wissen auch, daß das erste Katapult, das ich gemacht habe, deiner Meinung nach tausend Drachmen wert ist, obwohl mir das dein Diener nur unter vier Augen mitgeteilt hatte. Du hast *alles* getan, damit ich berühmt werde, ja? Als Ingenieur, als... *Obermechaniker.*«

»Das wärst du sowieso geworden«, sagte Hieron, »über kurz oder lang.«

»Du hast dafür gesorgt, daß es sofort geschehen ist«, antwortete Archimedes. »Und außerdem hast du dafür gesorgt, daß Eudaimon tut, was ich sage, und Kallippos meinem Rat folgt. Obwohl beide, im Gegensatz zu mir, feste Positionen und Verträge mit der Stadt haben, habe ich irgendwie einen höheren Rang als sie. Auf dieselbe Art hast du auch versucht, mir Geld zu geben – einen Extrabonus für etwas nicht näher Definiertes. Etwas, das nicht von der Stadt kommt und mir trotzdem gehört, weil ich ein großer Ingenieur bin. Dabei habe ich mich nie *freiwillig ent-*

schieden, ein großer Ingenieur zu sein. Diesen Zustand hast du, genau wie den Ruhm, bewußt gesteuert.«

»Schön und gut«, sagte Hieron mit völlig neutraler Stimme, »du hast das alles gemerkt. Was *glaubst* du denn, was ich von dir will?«

Archimedes blinzelte ihn eine lange Minute an, dann sagte er bedächtig: »Meiner Meinung nach willst du von mir nur das, was jeder König von einem außerordentlichen Ingenieur haben will. Aber aus irgendeinem Grund glaubst du nicht, daß ich es dir geben werde, also versuchst du, mich in einen Raum zu... zu manövrieren, zu dem nur du den Schlüssel hast. Und wenn ich drin bin, wirst du die Tür hinter mir absperren, und ich werde nie wieder herauskönnen.«

Wieder schaute ihn der König eine Weile an, dann schüttelte er den Kopf und stieß einen langen Seufzer aus. Ein Zeichen seiner Zustimmung und seiner Abscheu. »Ach, beim Zeus!« rief er. »Ich hab's vermasselt, stimmt's? Ich hätte wissen müssen, daß du intelligenter bist als ich.« Er rückte auf seiner Liege nach vorne und schlug auf den Tisch. »Aber schau mal, ich kann dich nicht irgendwo einsperren, weil es – *leider!* – keinen Raum gibt, zu dem nur ich den Schlüssel habe. Deine Parabel hat dieselbe Grundlinie und Höhe wie dein hübsches, einfaches Dreieck. Ich will nur das, was jeder König von einem Ingenieur haben möchte: daß du Dinge für mich baust. Und als Gegenleistung kann ich dir nur das bieten, was Könige geben können: Geld und Ansehen.«

Archimedes hatte vor Wut rote Wangen bekommen. »Du hast mir diesen ›Obermechaniker‹ wie ein Buchschild angehängt! Wenn ich in einem Jahr oder so versuchen würde, zu behaupten, daß ich in Wirklichkeit Mathematiker bin, würden mich alle nur auslachen und sagen, ich soll mal schön bei meiner richtigen Arbeit bleiben. Meine eigene Familie würde den Abakus vor mir verstecken, obwohl ich meinem Vater auf seinem Totenbett geschworen habe, daß ich die Mathematik nie aufgeben werde. Aber du...«

»Nein!« rief Hieron beschwörend. »Die Götter mögen mich

vernichten, wenn das mein Plan gewesen ist! Ich weiß, daß du nur Maschinen baust, um das Geld für deine mathematischen Übungen zu bekommen. Und das ist auch der Hauptgrund, warum ich dir keinen Vertrag angeboten habe. Ich möchte dir die Freiheit lassen, genau dies zu tun.«

»Und was *steckt* dann hinter all deinen Plänen?« wollte Archimedes wissen.

»Dich in Syrakus zu halten! Falls dir Ptolemaios von Ägypten eine Stelle im Museion anbietet, dann wollte ich dafür sorgen, daß dich jeder, den du kennst – angefangen von deinem eigenen Haushalt bis zum Gemüsehändler –, anfleht, daß du auf keinen Fall annehmen darfst. Daß es Verrat an deiner Geburtsstadt wäre, wenn du Syrakus verläßt. Wenn ich wirklich Erfolg gehabt hätte, hättest du nicht einmal ein syrakusisches Schiff gefunden, das dich freiwillig nach Alexandria gebracht hätte. Und dann hättest du bleiben müssen, zutiefst beschämt. Aber ich schwöre bei allen Göttern, daß ich dir ansonsten nur Reichtum und Ehre zugedacht habe. Momentan bist du empört, weil du mitansehen mußtest, was Katapulte Menschen antun können, und das verstehe ich sogar. Wirklich! Auch ich hasse das Töten! Aber wenn du dich wieder beruhigt hast und dann darüber nachdenkst, wirst du einsehen, daß dich keine meiner Handlungen dazu verpflichten wird, die Mathematik aufzugeben. Keine! Mit dem Feind vor unseren Toren kennen alle nur einen einzigen Gedanken – Krieg. Aber ich bete zu allen Göttern, daß wir bald wieder Frieden haben, und dann wird auch Platz für schönere Dinge sein.«

Archimedes blinzelte ihn lange Zeit an. »Warum bist du dir so sicher, daß mir Ptolemaios eine Stelle anbieten wird?« fragte er schließlich. »Er hat doch schon ein paar sehr schlaue Leute in Alexandria!«

»Er wird dich genau aus denselben Gründen wollen wie ich!« meinte Hieron ungeduldig. »Meiner Meinung nach kannst du noch gar nicht einschätzen, wie außergewöhnlich du wirklich bist. Du glaubst, kombinierte Flaschenzüge und Hebeschrauben sind Sachen, die jeder zur Lösung der technischen Probleme be-

nutzt hätte, mit denen du konfrontiert warst. Und sie sind es ja auch – jetzt. Jetzt scheint das für alle die logischste Sache der Welt zu sein. Aber letzten Monat war es anders, weil man diese Dinge noch nicht erfunden hatte.«
»Aber – Flaschenzüge werden doch ständig benutzt!« protestierte Archimedes. »Und Schrauben hat man seit Urzeiten verwendet, um Dinge *unten* zu halten.«
»Also ist es völlig natürlich, daß man einen Flaschenzug zum Antreiben eines zweiten benutzt? Und eine Schraube, um etwas in die Höhe zu heben? Sicher, aber niemand hat es getan. Nur einer, der mit dem theoretischen Problem von Schrauben und Flaschenzügen glücklicher ist als mit den Objekten selbst, war in der Lage, sie derart anzupassen. Du näherst dich der Technik über die Mathematik – und vermutlich ist Mathematik das gewaltigste Spielzeug, mit dem sich der menschliche Verstand je beschäftigt hat. Das war mir bereits klar, noch ehe ich von dir gehört hatte. Und als ich von dir erfuhr, vermutete ich sofort, daß du dich als etwas Außergewöhnliches entpuppen würdest. Ptolemaios hatte Euklid als Hauslehrer, er kennt den wahren Wert von Geometrie noch besser als ich. Vermutlich hat er dir nur deshalb bisher noch keine Stelle angeboten, weil die Probleme, an denen du in Ägypten gearbeitet hast, ihrer Zeit derart weit voraus sind, daß nur ein halbes Dutzend Männer auf der Welt in der Lage waren, sie zu begreifen. Zufälligerweise gehörte der Leiter des ptolemäischen Museions nicht zu diesem halben Dutzend. Aber wenn du nicht hierhergekommen wärest, hätte man dir im Laufe dieses Sommers wahrscheinlich sowieso eine Stelle angeboten. Inzwischen hat sich dein Ruf auch in Ägypten herumgesprochen, auch wenn es eine kleine Weile gedauert hat. Kürzlich habe ich mich mit dem Kapitän eines Schiffes unterhalten. Er hat mir von einem Bewässerungsapparat erzählt, den ein gewisser Archimedes von Syrakus erfunden haben soll. Damit kann Wasser bergauf fließen.«
»Nicht ganz«, murmelte Archimedes, »man muß es drehen.«
Völlig verblüfft saß er einen Augenblick da und dachte darüber

nach, was ihm Hieron soeben erzählt hatte. Die undurchdringlichen Mauern, von denen er sich eingeschlossen gefühlt hatte, waren in Wirklichkeit doch nur so niedrig, daß man sie überspringen konnte. Er verfügte über eine Macht, die ihm nicht nur Reichtum und die Gunst der Könige verschaffen konnte, sondern auch die Freiheit. Das Meer lag offen vor ihm, und es war allein seine Entscheidung, wohin der Kurs ging!

Sein Blick wanderte zu Hieron zurück. Er brachte ein unsicheres Lächeln zustande. »Danke, daß du mir das erzählt hast«, sagte er.

»Das hätte ich nicht«, antwortete der König verdrossen, »wenn du es nicht binnen kurzem selbst herausgefunden hättest. Ich will dich immer noch behalten. Das Museion kann ich dir nicht bieten, aber sonst steht dir alles zur Verfügung, was du dir auch von Ägypten versprechen würdest.«

Archimedes grinste, hob seinen Weinbecher hoch und trank ihn durstig in einem Zug leer. Dann stand er auf. »Ich werde es mir merken.«

»Tu das!« sagte Hieron scharf. »Und merke dir auch das noch: Wenn sich Alexandria die besten Köpfe aus der ganzen Welt nimmt, dann verarmt der Rest der Welt. Syrakus ist deine eigene Stadt, eine große und wunderschöne Stadt, die die Liebe all ihrer Kinder in jeder Hinsicht verdient.«

Archimedes zögerte und betrachtete den König neugierig. Dann antwortete er impulsiv: »Diese Berechnung von Parabel- und Dreiecksflächen – mich hat dabei die Parabel interessiert, nicht das Dreieck.«

Zum ersten Mal blieb Hieron die Sprache weg. Er konnte Archimedes nur noch unverblümt und erstaunt anstarren.

Wieder grinste Archimedes. Zum ersten Mal, seit er den Raum betreten hatte, wanderten seine Augen kurz zu Delia hinüber. Es war ein Blick, als ob er mit ihr einen Scherz teilen wollte. »Ich wünsche euch einen schönen Tag«, sagte er zu ihnen und stolzierte aus dem Raum.

Am nächsten Morgen brach Archimedes zur gewohnten Zeit in die Katapultwerkstatt auf. Er wirkte müde, aber entschlossen. Marcus sah ihn gehen, dann ging er selbst leise zum Haus hinaus und begab sich in die entgegengesetzte Richtung, zum Athener Steinbruch. Sämtliche Steinbrüche von Syrakus lagen innerhalb der Stadtmauer. Das Epipolae-Plateau bestand hauptsächlich aus Kalkstein. Wie eine große Trockeninsel lag es auf der Felsküste. Nach Süden, zur Stadt zu, fiel es in steilen Klippen ab. Hier hatten die Syrakuser eine Reihe von Steinbrüchen für ihre Bauvorhaben angelegt. Der athenische war der berühmteste davon. Sein Name stammte noch aus der Zeit vor hundertfünfzig Jahren, als man ihn als Gefängnis für siebentausend athenische Kriegsgefangene benutzt hatte. Hier hatte der Versuch der Stadt Athen, Sizilien zu unterwerfen, sein verheerendes Ende gefunden. In diesen Kalksteinmauern mußten die Athener ein grauenvolles Schicksal erdulden. In einer engen Grube waren die Lebenden mit den Toten zusammengepfercht. Viele starben damals, und noch immer lagen ihre Skelette unter dem Steinbruch begraben.

Aber heute merkte man diesem Ort rein äußerlich nichts mehr von seiner schrecklichen Vergangenheit an. Soeben ging die Morgensonne über den vorspringenden Klippen auf und warf lange, kühle Schatten über die Steinbruchwände hinunter. Ein dichtes Gestrüpp aus Zistrosen und Wacholder bedeckte den felsigen Boden mit einem süß duftenden, grünen Dach. Allerdings riegelte eine Mauer den Zugang zum Steinbruch ab, und das einzige Tor war bewacht. Mutig marschierte Marcus zum Tor hinauf und wünschte den Wachsoldaten einen guten Tag.

Mißtrauisch musterte ihn die Wache, die aus sechs Soldaten bestand. »Was willst du, mein Freund?« fragte ihr Anführer.

»Ich bin der Sklave von Archimedes, dem Sohn des Phidias«, antwortete Marcus und merkte, wie sehr sich das Interesse verstärkt hatte, als der bekannte Name fiel. »Er will, daß ich die Steinbrüche prüfe, welcher die beste Katapultmunition liefern kann.«

Bei dieser Bemerkung schwand auch der letzte Funken Mißtrauen. »Baut er denn einen Drei-Talenter?« fragte der jüngste Soldat eifrig.

»Heute morgen fängt er damit an«, antwortete Marcus, »vermutlich wird er in sechs bis sieben Tagen fertig sein.«

»Beim Zeus! Ein Drei-Talenter!« rief der junge Wachsoldat glücklich. »Mehr als Ein-Mann-Lebendgewicht! Stell dir vor, wenn dich so was trifft!«

Marcus zwang sich, zurückzugrinsen. »Sie werden ihn ›Schönen Gruß‹ nennen«, sagte er.

Die ganze Wachtruppe lachte und machte sich gegenseitig auf die Namen der beiden anderen neuen Katapulte auf dem Hexapylon aufmerksam. In Erinnerung daran, wie gut die Katapulte funktioniert hatten, führten sie wahre Luftkämpfe auf.

»Aber warum möchte der Obermechaniker, daß du die Steinbrüche prüfst?« fragte der oberste Wachsoldat, diesmal nicht argwöhnisch, sondern ehrlich verblüfft.

»Denk doch mal nach«, sagte Marcus. »Steine für ein Dreißig-Pfund-Geschoß gibt's überall, aber ein Drei-Talenter ist schon ein mächtiges Stück Felsen. Wenn der nicht in Ordnung oder uneben ist, dann fliegt er vielleicht nicht gerade. Deshalb hat mich Archimedes beauftragt, zu allen Steinbrüchen hinauszugehen und zu prüfen, welche Stücke am besten für die Munition geeignet sind, die er braucht.« Er grub in seinem Ledersack herum, den er bei sich trug, und holte Hammer und Meißel heraus. »Außerdem hat er mir aufgetragen, ich soll ihm noch mehrere Proben mitbringen.«

Der Anführer der Wache nahm Hammer und Meißel und betrachtete sie nachdenklich. Marcus wartete. Er versuchte, sich nichts anmerken zu lassen und auch nicht an das zu denken, was er jetzt oder demnächst vorhatte. Falls man Archimedes diesen Besuch hintertragen würde, hätte er schon genug Schwierigkeiten, allerdings nicht so viele, wie wenn er weiterhin hierbliebe.

»Das kann ich dich nicht mit hineinnehmen lassen«, meinte der Anführer bedauernd. »Wir haben hier im Steinbruch römische

Gefangene. Ich kann nicht riskieren, daß ihnen so etwas in die Hände fällt.«

»Römer?« fragte Marcus. Die innere Anspannung ließ seine Stimme gepreßt klingen, was man genausogut als Überraschung werten konnte. »Hier? Nun, das Unglück möge sie treffen!«

»Du bist Italiener, oder?« fragte der Anführer.

»Samnite«, bejahte Marcus. »Und wegen Rom ein Sklave. Aber seit dreizehn Jahren schon Syrakuser. Was hat denn der König mit diesen Römern vor?«

Die Wachsoldaten zuckten die Schultern. »Er möchte sie für irgend etwas«, sagte ihr Anführer. »Sie bekommen das beste Essen, und der Leibarzt des Königs versorgt ihre Verwundeten. Eben jetzt ist er sogar da.«

»Mit eigener Wache?« fragte Marcus.

»Natürlich!« rief der junge Wachsoldat. Die Vorstellung, daß sich der Leibarzt des Königs ohne Begleitschutz unter Feinden bewegen könnte, hatte ihn zutiefst schockiert. »Wir sind hier draußen insgesamt eine halbe Schlachtreihe.«

Marcus grunzte. »Nun, sei's drum, das Unglück möge die Römer trotzdem treffen!« meinte er. »Kann ich hinein und den Steinbruch überprüfen, selbst wenn ich keine Proben entnehmen kann? Vielleicht kann ich ja auch vom bloßen Anschauen entscheiden, daß der Stein hier nicht für das Katapult meines Herrn geeignet ist.«

»Na klar«, sagte der Anführer der Wache lächelnd, »dein Herr verdient jede Hilfe, die wir seinen Katapulten geben können. Viel Glück für ihn!« Mit einer Handbewegung wies er seine Männer an, das Tor zu öffnen.

Der jüngste Wachsoldat begleitete Marcus in den Steinbruch. Der östliche Teil lag noch immer im Schatten, aber die Morgensonne schien bereits warm auf ein großes, leeres Steinfeld. »Wo sind denn die Römer?« fragte Marcus.

Der Wachsoldat deutete auf die Nordseite des Felsabbruchs, wo sich unter einem Überhang mehrere Hütten duckten. »Dort drinnen«, sagte er angewidert. »Hübsch bequem und nicht in der Sonne.«

Marcus prüfte die Hütten. Insgesamt waren es drei, drei langgestreckte, niedrige, fensterlose Gebäude. Vermutlich hatte man sie als Behausung für Sklavenarbeiter errichtet, als der Steinbruch noch in Betrieb war. An den Türen konnte er jeweils Wachsoldaten erkennen. »Ihr habt aber nur zwei Mann für jede Hütte!« wandte er ein.

»Mehr braucht's auch nicht«, antwortete der Wachsoldat. »Die meisten Römer sind verwundet, und dem Rest haben wir Fußeisen angelegt. Die Männer bei den Hütten müssen lediglich die Gefangenen herauslassen, wenn sie die Latrinen benutzen wollen. Ich werde ihnen mal erzählen, wer du bist, dann kannst du dich ungestört hier umsehen.« Mit knirschenden Schritten entfernte er sich, um den übrigen Wachsoldaten die Anwesenheit von Marcus zu erklären.

Langsam arbeitete sich Marcus auf dem Steinbruchgelände vorwärts, wobei er immer wieder betont auffällig die Bruchsteinhaufen untersuchte und gelegentlich einen Kalksteinbrocken aufhob und in seinem Sack verstaute. Als er endlich in die Nähe der Hütten kam, sah er zu seiner Erleichterung den Leibarzt des Königs in Begleitung von drei Wachen aus der nächsten Hütte kommen.

Der Arzt sah und erkannte ihn und kam herüber, um sich zu erkundigen, was er denn hier mache. Marcus erklärte es ihm. Da seufzte der Arzt und schüttelte traurig den Kopf. »Manchmal wünsche ich mir, daß man die Katapulte nie erfunden hätte!« rief er. »Diese schrecklichen Verletzungen – aber schließlich ist's zum Wohle der Stadt. Ich wünsche dir einen schönen Tag!«

Marcus wartete, bis der Mann ein gutes Stück vom Weg zum Tor zurückgelegt hatte, dann ging er langsam zur Hütte hinauf. Die Wachen standen am anderen Ende und beachteten ihn nicht. Trotzdem hatte sich sein Magen so verkrampft, daß er dachte, er müsse sich übergeben. Als er die Holzwand erreicht hatte, lehnte er sich zitternd dagegen. Zwischen den rauhen Brettern war ein Spalt. Er preßte ein Auge dagegen und starrte hinein.

Lediglich durch die vielen Löcher in den unebenen Wänden drang Licht hinein, und so dauerte es eine Weile, bis sich seine

Augen daran gewöhnt hatten. Die Hütte hatte einen offenen Lehmboden. Im Winter wäre es sicher kalt und zugig gewesen, aber für einen syrakusischen Sommer war es ganz angenehm. Drinnen befanden sich ungefähr dreißig Männer. Einige lagen ganz still auf ebenerdigen Strohmatratzen, während die anderen mit ihren Fußfesseln in kleinen Gruppen zusammenhockten und redeten oder Würfel spielten. Leise zwängte sich Marcus zwischen dem Felsen und der Rückseite der Hütte hindurch. Um sich auch weiter im Halbdunkel orientieren zu können, schirmte er seine Augen gegen das Licht ab und musterte nacheinander jeden Gefangenen. Aber schon bald stand fest, daß Gaius nicht darunter war.

Er wartete, bis beide Wachen an der Hüttentür das Gesicht dem Gebäude zugedreht hatten und die Gefangenen beobachteten, dann schlich er hinter der ersten Hüttenwand hervor und kroch zur nächsten hinüber. Wieder fand er eine Lücke zwischen den Brettern und starrte hindurch.

Sein Blick fiel sofort auf Gaius. Er lag ungefähr auf der halben Längsseite der Hütte, auf der sich auch Marcus aufhielt, rücklings auf einer Matratze und hatte den verletzten Arm über die Brust gelegt. Geräuschlos schlich Marcus an der Hüttenwand entlang zu seinem Bruder hin. Auf der entgegengesetzten Seite standen die Wachen an der Tür und redeten. Er konnte sie hören. Seine Haut prickelte vor Anspannung. Er redete sich ein, daß er ihnen selbst für den Fall des Entdecktwerdens immer noch erklären könnte, warum er hier war. Er war einfach neugierig und wollte die Gefangenen sehen. Trotzdem prickelte seine Haut, denn im Grunde genommen fürchtete er sich nicht so sehr vor den Wachen.

Als er bei Gaius angelangt war, kniete er sich schweigend mehrere Minuten lang hin und beobachtete ihn durch einen Spalt. Nur wenige Zentimeter und ein dünnes Brett trennte sie. Gaius war wach und starrte mit offenen Augen an die dunkle Decke. Er hatte die Tunika um die Taille gelöst und die Brust verbunden.

Marcus klopfte leicht an die Wand. Langsam drehte Gaius den Kopf. Ihre Blicke trafen sich.

Gaius setzte sich auf, stützte sich gegen die Wand und versuchte, mehr von seinem Bruder zu sehen, als durch den Spalt zu erkennen war. »Marcus?« flüsterte er. »Bist du's wirklich?«

»Ja«, flüsterte Marcus. Das latinische Wort *sic* hinterließ einen fremden Nachgeschmack in seinem Mund. Lange Zeit hatte er Latein nur noch in seinen Träumen gesprochen. Jetzt sprach er es laut und kam sich vor, als ob er immer noch träume.

»Marcus!« wiederholte Gaius. »Ich dachte, du bist tot. Ich dachte, du bist bei Asculum gestorben!« Der Mann links von Gaius schlief noch immer, deshalb hob sein Nachbar zur Rechten beim Klang der lauteren Stimme den Kopf.

»Leise!« zischte Marcus. »Schau mich nicht an, die Wachen könnten es merken. Setz dich mit dem Rücken zu mir und sprich ganz leise. Gut so. Also, ich habe dir ein paar Sachen mitgebracht...«

»Was machst du hier?« flüsterte Gaius, der steif an der Wand hockte und seinem Bruder den Rücken zudrehte. »Wieso *lebst* du noch?«

»Ich bin ein Sklave«, antwortete Marcus offen. Ihm fiel auf, daß der Mann rechts neben Gaius immer noch lauschte. Genau wie Gaius schaute er zwar nicht her, aber aus seinem Gesichtsausdruck konnte man erkennen, daß er ganz genau zuhörte. Er war hager, schmal und dunkel und hatte etwas Gefährliches an sich. Bis auf seinen Kopfverband schien er unverletzt zu sein. Seine Füße waren mit Eisen gefesselt.

»*Wie?*« wollte Gaius im wütenden Flüsterton wissen. »Niemand wurde bei Asculum versklavt! König Pyrrhus hat alle Gefangenen ohne Lösegeld zurückgegeben.«

»Alle *römischen* Gefangenen hat er zurückgegeben«, verbesserte ihn Marcus. »Die übrigen Italiener wurden für ein Lösegeld angeboten, und wenn es niemand aufgebracht hat, wurden sie verkauft. Damals wurden mehrere tausend Menschen versklavt, Gaius, und nicht ›niemand‹, das kannst du...« Er merkte, daß er sich nicht mehr an das latinische Wort für ›drehen und wenden‹ erinnerte. Verlegen brach er ab.

»Keine Römer!« betonte Gaius nochmals wütend.
»Zumindestens einer«, sagte Marcus bitter. »Gaius, sei nicht dumm. Wenn dir schon keiner erzählt hat, was passiert ist, dann mußt du es dir doch gedacht haben. Ich bin während der Schlacht von meinem Posten desertiert. Ich hatte entsetzliche Angst, und da bin ich einfach gerannt.«

Gaius zuckte schmerzhaft zusammen. Römer desertierten nicht. Ein Römer, der so etwas tat, würde von seinen Kameraden zu Tode geprügelt. Bei Asculum hatten die Römer den bitteren Geschmack der Niederlage aus den Händen von König Pyrrhus von Epirus kennenlernen müssen. Aber selbst hier hatte sich der Großteil der römischen Truppen so sehr vor dieser Strafe gefürchtet, daß sie bis zum Tode Widerstand geleistet hatten. Pyrrhus hatte seinen Sieg so teuer bezahlen müssen, daß er ihn letztlich den gesamten Feldzug gekostet hatte.

»Unser Karree ist zerbrochen«, sagte Marcus ohne Beschönigung, »die meisten Männer starben. Mir war klar, daß mich die Überlebenden auf alle Fälle zu den Deserteuren rechnen würden. Also habe ich nach der Schlacht gesagt, ich sei nur ein Verbündeter oder ein Sabiner oder Marser, egal was, nur kein Römer. Man hat mich nicht zurückgegeben, und natürlich hat niemand Lösegeld für mich bezahlt. Man hat mich an einen Kampaner verkauft, der dem Krieg wie ein Geier gefolgt war und die Überreste aufpickte. Der hat mich dann hier in Syrakus an einen Bürger verkauft.«

»Oh, ihr Götter und Göttinnen!« flüsterte Gaius.

»Es war meine eigene Wahl«, sagte Marcus mit rauher Stimme. »Ich wollte leben.«

Lange Zeit herrschte Schweigen. Ein unglückliches Schweigen, das die schlimmsten Befürchtungen, die sich Marcus im voraus ausgemalt hatte, voll und ganz bestätigte. Er hatte das Leben als Sklave dem Tod als Römer vorgezogen, und dafür gab es weder Mitleid noch eine Entschuldigung.

»Wie steht's zu Hause?« fragte er schließlich.

»Mutter ist vor acht Jahren gestorben«, sagte Gaius. »Valeria hat Lucius Hortensius geheiratet und hat drei Töchter. Der Alte ist immer noch für den Hof verantwortlich, obwohl's seiner Lunge nicht gutgeht.« Er zögerte, dann fügte er leise hinzu: »Ich werde ihm nicht erzählen, daß du noch lebst.«

Wieder trat Stille ein. Marcus dachte an seine tote Mutter, an die verheiratete Schwester und an seinen Vater... Sein Vater würde diese Schande nicht erfahren. Gut, gut, gut. Schon beim bloßen Gedanken an die Wut des Alten zuckte er innerlich zusammen. Lieber wäre es ihm gewesen, wenn sein Vater tot wäre. Dann hätte er zu seiner Mutter zurückgehen können. Gleichzeitig schämte er sich dieses Gedankens.

»Danke«, sagte er schließlich. »Ich bin gekommen, um dir zu helfen. Ich habe dir ein paar Sachen mitgebracht.«

»Kannst du mir helfen, daß ich hier herauskomme?«

Genau diesen Satz hatte Marcus von seinem Bruder erwartet. Er seufzte. »Gaius, hier drinnen bist du besser dran! Der König«, er benützte den griechischen Titel, »wollte unbedingt Gefangene. Das heißt, er möchte sie gegen irgend etwas austauschen. Wenn du hier bleibst, bist du bis zum Austausch in Sicherheit. Außerdem hast du doch einen gebrochenen Arm, oder?«

»Arm und Schlüsselbein«, erklärte Gaius kategorisch. »Und noch drei Rippen. Kannst du mir bei der Flucht helfen?«

»War's ein Katapult?« fragte Marcus unglücklich. Irgendwie schien es lächerlich, daß er unbedingt wissen wollte, ob das Gerät seines eigenen Herrn seinen eigenen Bruder verwundet hatte.

»Ja natürlich«, antwortete Gaius ungeduldig. »Mögen es die Götter vernichten!«

»Wie groß war das Geschoß?«

Gaius wollte sich schon umdrehen, da fiel ihm ein, daß er das nicht tun sollte. Statt dessen lehnte er wieder den Kopf gegen die Wand. »Marcus, ich habe nur gemerkt, daß es mich erwischt hat! Ringsherum hat es Katapultsteine gehagelt, darunter auch ein paar riesige. Wieso ist das wichtig?«

Marcus gab keine Antwort. »Ich habe dir ein bißchen Geld mitgebracht«, sagte er statt dessen. »Wenn du die linke Hand nach oben an den Spalt legst, schieb ich's durch. Für ein Handgeld besorgen dir die Wachen vielleicht etwas. Es sind dreiundzwanzig Drachmen!«

»Dreiundzwanzig!« rief Gaius mit erstickter Stimme. »Wie hast du das – Marcus, dein Herr wird merken, daß etwas fehlt!«
Plötzlich fiel Marcus wieder ein, wie rar Silbermünzen in Rom waren. Schockiert erinnerte er sich daran, wie seine Familie fast alles eintauschen und für den Rest einzig und allein das schwere Bronzegeld verwenden mußte. Mit sechzehn Jahren wären ihm dreiundzwanzig Drachmen wie ein Vermögen vorgekommen. Offensichtlich war es bei Gaius immer noch so.

»Das Geld gehört mir«, sagte Marcus. »Bisher habe ich noch nie gestohlen, aber um dir zu helfen, würde ich sogar das tun. Es ist nicht so viel, wie du denkst – ein Monatslohn für einen Soldaten. Aber vielleicht doch ganz nützlich.«

Gaius legte die Hand an den Spalt, und Marcus steckte die Münzen einzeln durch. »Was sind das für welche?« flüsterte Gaius, als er das Silber in seine offene Hand fallen sah. »Sie sehen so... fremd aus.«

»Es sind ägyptische«, antwortete Marcus. »Wir waren ein paar Jahre in Alexandria. Keine Angst, sie wiegen genausoviel wie syrakusische. Die Leute hier werden sie akzeptieren.«

Gaius starrte wortlos das Silber an. Wieder mußte Marcus an eine Zeit denken, als für ihn Alexandria so weit weg gewesen war wie der Mond. Aber das hatte sich schon vor seinem Besuch dort geändert. In Syrakus begegnete man Schiffen aus der ganzen, griechischsprachigen Welt. Selbst er hatte sich längst an die Idee des Reisens gewöhnt, bevor er selbst verreist war. Aber in Mittelitalien waren die Menschen nicht viel gereist. Bis auf die Zeit in der Armee war Gaius noch nie fort gewesen. Er hatte sich während des Pyrrhuskrieges zu den Legionen gemeldet und war danach vermutlich wieder auf den Bauernhof der Familie zurückgekehrt. Dann hatte er sich erneut für den Sizilienfeldzug eingeschrieben. Seine verwirrten, aufgewühlten Gefühle machten Marcus zu schaffen. Schließlich war es ganz und gar nicht in Ordnung, daß er sich seinem älteren Bruder überlegen fühlte, er, ein Sklave und ein Feigling.

»Ich habe hier auch noch eine Säge und ein Messer«, sagte er. Die innere Verwirrung verlieh seiner Stimme einen barschen Unterton. »Und ein Seil. Aber das lasse ich besser hier draußen liegen. Wenn du die Sachen haben möchtest, werde ich sie verstecken.« Im Grunde genommen wollte er seinem Bruder gar nicht zur Flucht verhelfen. Er war hier am besten aufgehoben, davon war er ehrlich überzeugt. Und doch konnte er sich auch irren. Vielleicht würde man die Gefangenen doch noch hinrichten, oder eine aufgebrachte Syrakusermeute würde sie wegen irgendwelcher römischen Grausamkeiten ermorden.

»Wie bist du hier hereingekommen?« fragte Gaius. »Wie hast du die Wachen dazu gebracht, daß du Säge und Seil mitbringen durftest?«

»Sie wußten nicht, was ich dabei hatte«, antwortete Marcus. »Nur meinen Hammer und den Meißel haben sie mir abgenommen. Ich habe ihnen erzählt, es wäre ein Auftrag meines Herrn, und weil sie meinen Herrn kennen, haben sie mich durchgelassen. Außerdem habe ich ihnen erzählt, ich sei Samnite, damit sie mich nicht verdächtigen, ich wolle helfen. Jetzt hör mal zu. Wenn du mich brauchst, kann ich mir einen neuen Auftrag ausdenken und wiederkommen, aber wenn ich das zu oft mache, wird irgendeiner mal mißtrauisch werden. Und deshalb wär's besser, wenn ich nicht so schnell wiederkomme. Ich muß es jetzt wissen: Wirst du einen Fluchtversuch unternehmen?«

»Kannst du die Säge hereinreichen?« warf der Mann rechts von Gaius ein.

»Wer bist du?« wollte Marcus wissen.

»Quintus Fabius«, antwortete der andere, »ein Freund und Zeltkamerad deines Bruders. Ohne Hilfe wird er's nicht schaffen, hinauszukommen.«

»Wenn ihr bleibt, wo ihr seid, seid ihr sicherer!« warnte Marcus.

»Wenn wir können, werden wir uns davonmachen«, sagte

Gaius. »Ich habe nicht die geringste Lust, herauszufinden, weshalb der Tyrann von Syrakus Gefangene haben möchte.«
»König Hieron ist kein schlechter Mensch«, sagte Marcus. »Er ist schlauer als ein Fuchs und glitschiger als ein Aal, aber grausam ist er nicht.«
»Er ist ein sizilianischer Tyrann!« protestierte Gaius erstaunt. »Er kocht seine Feinde bei lebendigem Leibe in einem Bronzestier!«
Marcus riß den Mund auf. »Mach dich nicht lächerlich!« rief er, nachdem er sich ein wenig gefaßt hatte. »Er hat noch keinen einzigen Bürger umgebracht, geschweige denn ihn lebendig gekocht. Der mit dem Stier, das war Phalaris von Akragas – ein Mann, der vor Jahrhunderten gelebt hat und in einer ganz anderen Stadt.«
Daraufhin herrschte verwirrtes Schweigen, bis Gaius sagte: »Ich habe gehört, Hiero habe«, er benutzte die latinische Namensform, »Hunderte von Frauen und Kindern seiner Feinde pfählen lassen.«
Da begriff Marcus, daß sein Bruder zweifelsohne Dutzende von Horrorgeschichten über den Syrakuser gehört hatte. Einige hatten sicher die Mamertiner verbreitet, als sie die Römer um Hilfe gebeten hatten, und dann waren noch mehr in den Legionen selbst entstanden, als sie sich für den Krieg gerüstet hatten. Der Senat mußte gewußt haben, daß sämtliche Geschichten falsch waren, aber er hatte nichts dagegen unternommen.
»Ihr seid auf einen dreisten Lügner hereingefallen«, fauchte sie Marcus empört an, »auf einen stinkenden Banditen, der nur eine Entschuldigung für seine eigenen Verbrechen gesucht hat.«
»Wie kannst du dir da so sicher sein?«
»Gaius, ich lebe hier! Ich habe Hieron kennengelernt und bin in seinem Haus gewesen! Wenn auch nur etwas entfernt Ähnliches vorgefallen wäre, wüßte ich es. König Hieron hat noch nie einen Bürger getötet oder ungerecht behandelt – und das ist mehr, als man von den Leuten behaupten kann, zu deren Unterstützung ihr nach Sizilien gekommen seid!«

»Du bist sehr griechisch geworden«, sagte Fabius leise.

»Ich muß mich nicht in einen Griechen verwandeln, um zu behaupten, daß die Mamertiner nur eine Horde Banditen sind!« antwortete Marcus hitzig. »Für das, was sie getan haben, verurteilen wir unsere *eigenen* Leute zum Tode. Aber ihr kommt und kämpft und sterbt für dieses dreckige, kampanische Mordsgesindel.« Er unterbrach sich selbst, schluckte einen Zornesklumpen hinunter und fuhr dann wesentlich gemäßigter fort: »Aber was ich damit sagen wollte: Fallst du glaubst, daß du unbedingt fliehen mußt, weil dir König Hieron wahrscheinlich übel mitspielen wird, dann überleg's dir noch einmal. Man wird dich bis zum Austausch gut behandeln. Vermutlich wird sich deine Situation bei einem Fluchtversuch eher verschlechtern, als wenn du bleibst, wo du bist.«

»Ich will aber auf alle Fälle fliehen«, sagte Gaius, »wenn's irgendwie geht.«

Wieder seufzte Marcus. Etwas anderes hatte er nicht erwartet. »Vermutlich schaffe ich es, zwei aus der Stadt herauszuschaffen«, sagte er, »aber mehr nicht.«

»Kannst du uns die Säge durchschieben?« fragte Fabius.

Marcus schob die Säge hindurch. Zuvor mußte er allerdings den Griff abnehmen, damit sie durch den Spalt paßte. Fabius versteckte sie unter seiner Matratze.

»Damit und mit deinem Messer und dem Seil kommen wir hinaus«, sagte er. »Verstecke beides unter einem Felsen neben diesem Brett. Dir ist nicht zufällig aufgefallen, wie viele Wachen hier sind und wo sie postiert werden?«

»Eine halbe Schlachtreihe«, sagte Marcus, »sechs Mann am Tor und je zwei vor den Hütten. Vermutlich stehen die restlichen sechs an der Mauer, obwohl ich sie beim Hereinkommen nicht gesehen habe. Den Weg über die Klippen könnt ihr euch gleich aus dem Kopf schlagen, sie hängen über. Vermutlich bietet euch der Bruchsteinberg an der Westkante der Mauer die beste Chance: er ist hoch und ziemlich dicht bewachsen. Damit habt ihr genug Deckung, um abzuwarten, bis euch ein Wachtposten den Rücken zukehrt. Wenn es euch gelingt, dann kommt zu unserem Haus. Ich werde euch aus der Stadt schaffen. Aber wartet zuerst noch mindestens drei Nächte ab, das ist meine einzige Bitte an euch. Wenn ihr sofort kommt, wird sich garantiert einer daran erinnern, daß ich hier war. Und dann weiß man, wo man euch suchen muß. Ein paar Tage Abstand vergrößern die Chance, daß sie's vergessen. Und außerdem braucht Gaius sowieso noch Zeit, um wieder zu Kräften zu kommen.«

Er gab ihnen ganz genaue Anweisungen, wie sie das Haus finden konnten.»Der Ziegel auf halber Höhe links vom Türrahmen ist brüchig«, sagte er zum Schluß.»Den könnt ihr nicht verfehlen. Von heute an in drei Nächten werde ich mir eine Ausrede einfallen lassen, um unten im Hof zu schlafen. Und wenn ihr dann nachts kommt, lasse ich euch insgeheim ein. Falls ihr nicht kommt – und ich sage euch noch einmal, daß ihr meiner Meinung nach besser bleibt, wo ihr seid! –, dann bin ich in zehn Tagen mit noch etwas mehr Geld wieder da.«

»Wem gehört das Haus?« erkundigte sich Fabius.

»Danach dürft ihr keinesfalls fragen!« sagte Marcus.»Damit wäre alles verraten.«

»Ich will es ja nur wissen«, sagte Fabius.»Wer ist denn dein Herr und Meister, den alle Wachsoldaten kennen und der beim König aus und ein geht?«

»Er heißt Archimedes«, gestand Marcus.»Und ist Ingenieur.«

»Der Katapultmacher!« sagte Gaius und drehte den Kopf, um durch den Spalt hinauszustarren.

»Schau nicht her!« knurrte Marcus.»Ja, er baut Katapulte.«

»Sie haben uns schon im Fort von ihm erzählt. Sie haben uns eines der Katapulte gezeigt und gesagt, er würde sogar ein noch größeres bauen.«

Marcus erwiderte nichts.

»Sie meinten, das nächste würde das größte Katapult der Welt. Sie meinten, es würde garantiert funktionieren, weil seine Katapulte immer funktionieren. Sie sagten, wir sollten nicht hoffen, daß wir Syrakus im Sturm erobern könnten, denn Syrakus hätte den größten Ingenieur der ganzen Welt. Und der ist dein Herr?«

»Wenn ihr sein Haus betretet«, stieß Marcus plötzlich zwischen den Zähnen hervor, »dann dürft ihr ihm kein Haar krümmen. Das müßt ihr mir schwören.«

Schweigen. »Es wäre besser für Rom, wenn ein solcher Mann tot wäre«, sagte Fabius langsam.

»Wenn ihr nicht schwört, daß ihr ihm kein Haar krümmt, dürft ihr nicht ins Haus«, sagte Marcus. »Ich dulde nicht, daß irgendeiner in diesem Hause verletzt wird.«

Wieder Stille. »Hat er dich gut behandelt?« fragte Gaius schließlich. Es klang erstaunt und beschämt zugleich.

»Ach, möge ich doch zugrunde gehen!« murmelte Marcus. »Er *vertraut* mir. Und – und außerdem muß er einfach am Leben bleiben. Einer wie er – solche gibt es nicht oft, nicht einmal in Alexandria. Er kann einfach alles: Er kann das Wasser bergauf fließen lassen, eigenhändig ein Schiff bewegen und dir erzählen, wie viele Sandkörner man braucht, um das Universum zu füllen. Niemand profitiert davon, wenn ein solcher Mann tot ist. Es würde nur bedeuten, daß die menschliche Rasse plötzlich eine ganze Menge Dinge nicht mehr tun könnte, die sie mit ihm einmal tun hätte können.« Er hielt inne. Vor Verwirrung war ihm ganz schlecht. Plötzlich hatte er das Gefühl, er wäre gestorben, ohne es gemerkt zu haben. Jener Marcus, der damals bei Asculum desertiert war, hätte nie derartige Dinge gedacht, die ihm nun im Kopf herumgingen.

Wieder herrschte Schweigen, dann meinte Gaius resigniert: »Ich schwöre, daß ich ihm nichts antun werde. Mögen mich sämtliche Götter und Göttinnen vernichten, falls ich es tue.«

»Ich schwöre es auch«, murmelte Fabius.

»Dann kommt, wenn ihr wollt«, sagte Marcus, »und ich werde euch helfen, soweit es in meiner Macht steht.«

11

Archimedes fand heraus, daß es letztendlich doch möglich war, den Endzweck eines Katapultes zu kennen und es trotzdem zu bauen. Der Trick war, jeden einzelnen Konstruktionsschritt unabhängig von allen anderen zu erledigen und sich auf die technischen Probleme zu konzentrieren, ohne auf das Endprodukt zu achten.

Nicht daß die technischen Probleme interessant gewesen wären. Für einen Drei-Talenter mußte man den Durchmesser des Bohrlochs lediglich um Dreifingerbreiten erweitern, was einer Vergrößerung um insgesamt drei Fünfundzwanzigstel entsprach. Sicher, zum Rechnen eine umständliche Zahl, aber noch keine schwierige. Wenn er über seine Arbeit glücklicher gewesen wäre, hätte er sich ein neues Drehsystem ausgedacht. Das wußte er genau. Aber das alte erfüllte seinen Zweck noch voll und ganz.

Was ihn am meisten bei der Arbeit an einem neuen, noch größeren Katapult beunruhigte, war die Art und Weise, wie jeder in der Werkstatt ständig *grinste*. Selbst Eudaimon. Der alte Ingenieur kam herauf, während er gerade die Ausmaße ausarbeitete, scharrte mit den Füßen und räusperte sich ein paarmal, um auf sich aufmerksam zu machen. Dann bat er ihn – ganz bescheiden! – um die Pläne für »Gute Gesundheit«, »da ich es auf Wunsch des Königs kopieren soll«. Archimedes suchte ihm seine Notizen heraus und gab noch ein paar Erklärungen dazu. Eudaimon nickte und schrieb sich selbst einiges auf, aber dann meinte er *grinsend*: »Hätte mir nie träumen lassen, daß ich je 'nen Zwei-Talenter baue, was? Bau als nächstes mir zuliebe ein wahres Prachtstück, Obermechaniker!« Damit trabte er mit den Notizen in der Hand davon. Archimedes konnte nur noch bestürzt hinter ihm herschauen.

Eines stand fest: Um dem Vorgehen des Königs ein Ende zu setzen, genügte es nicht, wenn man es nur durchschaut hatte. Archimedes war sich nicht sicher, was er dagegen tun sollte, ja, er war sich nicht einmal sicher, ob er etwas dagegen tun *wollte*. Wie er auf seinen wachsenden Ruhm reagieren würde, hing davon ab, ob er nach Alexandria ging oder in Syrakus blieb. Und diese Frage hatte er innerlich noch nicht entschieden. Beide Möglichkeit hatten ihr Für und Wider, aber es waren und blieben zwei grundverschiedene Dinge, die er nicht ausbalancieren konnte. Er fand Hieron viel interessanter als König Ptolemaios – aber das Museion befand sich in Alexandria. Seine Familie war *hier*, seine besten Freunde *dort*. Und immer wieder drängte sich Delias Bild dazwischen und verwirrte ihn vollends. Sie schickte ihm keine Nachricht mehr, um ein Stelldichein zu arrangieren, und er wußte nicht recht, ob er am Boden zerstört oder erleichtert sein sollte. Er hatte keine Ahnung, was er mit ihr anfangen sollte, noch weniger als mit Alexandria. Rein instinktiv wollte er alles vertagen. Schließlich schien es keinen dringenden Grund zu geben, weshalb er sich sofort entschließen müßte. Alles, was mit Delia geschah oder auch nicht, lag allein in ihren Händen. Und was Alexandria betraf – ganz sicher würde er seine Heimatstadt Syrakus nicht im Stich lassen, solange der Feind vor ihren Toren stand. Das Problem Alexandria konnte er beruhigt liegenlassen, bis er Zeit und Kraft dafür übrig hatte.

Das einzige Problem war nur, daß andere Leute dies nicht so sahen. Zwei Tage, nachdem er mit dem Bau des neuen Katapultes begonnen hatte, erhielt Philyra eine Einladung in die königliche Villa, um mit der Schwester des Königs ein wenig zu musizieren. Diese herablassende Haltung von königlicher Seite machte sie zutiefst mißtrauisch. Trotzdem ging sie hin, aber als Archimedes am selben Abend heimkam, fand er eine tobende Schwester vor und daneben eine ruhige, aber energische Mutter.

»In Wahrheit wollte sich die Schwester des Königs nur über *dich* unterhalten!« erklärte ihm Philyra empört. »Und die Königin war auch da und meinte, der König hätte versprochen, dich reich zu machen! Medion, was geht hier vor? Warum hast du *uns* kein Wort davon erzählt?«

Archimedes schnappte nach Luft und stammelte ein paar Entschuldigungen. Er wäre so beschäftigt gewesen und das Haus noch immer in Trauer, und außerdem wäre ihm der Zeitpunkt nicht günstig genug erschienen. Aber noch während er sich abzappelte, wurde ihm klar, warum er tatsächlich die Machenschaften des Königs für sich behalten hatte: Er wußte ganz genau, daß weder Mutter noch Schwester nach Alexandria gehen wollten. Weshalb sollte er mit ihnen darüber streiten, wenn sogar er sich vielleicht zum Bleiben entschließen würde? Und was Delia betraf – nun, *damit* würden sie ganz gewiß nicht einverstanden sein, oder?

»Mein Liebling«, sagte Arata mit einer stillen Entschlossenheit, die wesentlich schwerer zu ertragen war als Philyras Zorn. »Du darfst uns solche Sachen nicht über Dritte herausfinden lassen. Seit deiner Rückkehr von Alexandria ist der Tyrann wie ein Verliebter hinter dir her. Er hat Leute ausgeschickt, die Erkundigungen über dich eingezogen haben, er hat dich in sein Haus eingeladen und dir riesige Geldsummen angeboten. Er hat Komplimente über dich fallenlassen, wo sie andere Leute garantiert hören konnten...«

»Genausogut hätte er ›Archimedes ist schön‹ an die Wände schreiben lassen können!« warf Philyra erbost ein, beruhigte sich aber wieder nach einem warnenden Seitenblick ihrer Mutter.

»Erwartest du, daß wir das nicht merken?« fuhr Arata fort. »Glaubst du, wir machen uns keine Sorgen, wenn du uns nichts erzählst?«

»Tut mir leid!« rief Archimedes hilflos. »Mama, es *gab* nie einen Grund zur Sorge. Ich hätte dir doch gesagt, wenn es *irgendeinen* Grund dafür gegeben hätte.«

»Was will der König von dir?« wollte Arata wissen.

»Nur daß ich Maschinen baue«, protestierte ihr Sohn. »Es ist nur so, daß ich ein paar Dinge mache – ich dachte, sie wären so selbstverständlich, daß sie zuvor schon andere Leute gemacht hätten. Aber jetzt stellt sich heraus, daß es ganz neue Dinge sind, und da meint der König – nun, wißt ihr, keiner hat bisher ein Drei-Talenter-Katapult gebaut oder ein Verbundsystem aus Flaschenzügen oder eine Hebeschraube. Also hat Hieron schätzungsweise doch recht.«

»Das Ganze hat aber schon begonnen, bevor du irgend etwas gebaut hast«, sagte Arata argwöhnisch.

»Nun«, erwiderte Archimedes, »Hieron ist ein schlauer Mann. Er weiß genug, um zu begreifen, wie wichtig Mathematik für den Maschinenbau ist. Kaum hatte er von mir gehört, kam ihm deshalb auch der Gedanke, daß ich ein außergewöhnlicher Ingenieur sei. Schätzungsweise hat er mich nur um diese Vorführung gebeten, um zu prüfen, ob er recht hatte. Er ist ein guter König, denn er weiß ganz genau, welche Bedeutung Ingenieursarbeiten für die Sicherheit und das Wohlergehen von Städten haben. Deshalb möchte er, daß ich für ihn arbeite. Und als Gegenleistung hat er Reichtum und Ehre versprochen. Siehst du? Kein Grund zur Sorge.«

Arata schaute ihrem Sohn unverwandt in die Augen. »Das ist noch nicht alles«, folgerte sie.

Sie hatte immer gewußt, wenn er sie zu täuschen versucht hatte. Die zerbrochenen Töpfe, an denen der Wind schuld gewesen war, der Küchenmörser oder die Webstuhlgewichte, die er sich zuerst für eine Maschine ausgeborgt und dann angeblich nie angefaßt hatte – mit nichts hatte er sie zum Narren halten können. Seufzend hob er beide Hände zum Zeichen seiner Niederlage. »Er will mich unbedingt in Syrakus halten. Mama, letzte Nacht habe ich ihm genau dieselbe Frage gestellt wie du eben mir. Und da hat er zugegeben, daß er meinen Ruf bewußt aufgeblasen hat, um mir das Fortgehen möglichst schwer zu machen. Er glaubt, Ptolemaios würde mir über kurz oder lang Reichtum, Ehre *und* eine Stelle im Museion anbieten.«

Lange Zeit herrschte Stille. Langsam lief Arata rot an. »Bist du *so* gut?« fragte sie schließlich. Vor Stolz blieb ihr fast die Luft weg. So gut, daß selbst Könige um seine Dienste buhlten?

»Ja«, stimmte Archimedes zu, »wenigstens glaubt es Hieron. Ich kann das nicht beurteilen. Für mich sind Flaschenzugsysteme *immer noch* selbstverständlich. Ich bin sicher, wenigstens Ktesibios hätte an sie gedacht.«

Auch Philyra hatte ein knallrotes Gesicht bekommen, allerdings in ihrem Fall nicht vor Stolz. »Du wirst doch nicht wieder nach Alexandria gehen!« rief sie.

»Ich weiß es nicht«, sagte Archimedes ehrlich. »Bis dieser Krieg vorbei ist, werde ich nirgendwohin gehen, also, warum sollen wir uns jetzt darüber den Kopf zerbrechen?«

Aber sein Ausweichmanöver stand unter schlechten Vorzeichen, denn sofort fing Philyra zu jammern an, sie wolle nicht nach Alexandria. Außerdem – und das war noch viel schlimmer – war sie felsenfest überzeugt, daß auch er nicht gehen dürfe, wenn er wirklich so gut war, wie der König glaubte. Sie meinte, das wäre Verrat an Syrakus. Und daran änderte sich auch nichts, als ihr Archimedes erzählte, daß Hieron genau mit dieser Reaktion gerechnet hatte. Sie liebte ihre Stadt und war erbost darüber, daß er überhaupt daran denken konnte, sie im Stich zu lassen.

Arata war gefaßter und bereit, eine Diskussion zu verschieben, die möglicherweise nie relevant wurde. Aber auch sie machte deutlich, daß sie Syrakus nicht verlassen wolle. Daraufhin deutete Archimedes vorsichtig an, Philyra könnte im Fall der Fälle einen Syrakuser heiraten und Arata bei ihr leben, während er selbst nach Ägypten ginge. Aber auch dies beruhigte die aufgebrachten Gemüter nicht. Wie ihre Tochter fand es auch Arata nicht richtig, wenn ihr Sohn die Stadt verlassen würde. Allerdings war sie viel zu friedliebend, um diesen entscheidenden Punkt anzusprechen, ehe er relevant wurde.

Als Arata diplomatisch vorschlug, sie sollten jetzt etwas zu Abend essen, wurde der Streit endlich vorübergehend beigelegt, flammte aber nach der Mahlzeit sofort wieder auf. Zum Zeichen des Friedens versuchten sie, ein wenig gemeinsam zu musizieren, aber dann sagte Philyra während des Lautestimmens zu ihrem Bruder: »Übrigens, die Schwester des Königs liebt dein Flöten-

spiel.« Als sie sah, wie er vor Entzücken strahlte, erstarrte sie förmlich.
»Ach, Medion!« platzte Philyra heraus, der wieder ein Punkt klargeworden war. »Du wirst mir doch nicht etwa erzählen wollen, daß auch *sie* sich für Ingenieursarbeit interessiert?«
»Nein«, sagte Archimedes ausweichend, »für Auloi. Sie ist sehr gut, stimmt's?«
»Wann hast du sie denn schon spielen gehört?«
»Im Hause des Königs. Sie war im Garten, und...«
Philyra sprang auf die Beine und hob die Laute, als ob sie ihn damit schlagen wollte. »Auch *davon* hast du nie etwas erwähnt! Du gehst hin und machst Sachen, die unser aller Leben verändern, und dann denkst du anscheinend, wir hätten nicht einmal das Recht, dies zu erfahren!«
»Aber ich habe doch gar nichts gemacht!« protestierte Archimedes matt. »Ich habe mich mit Delia doch nur ein paarmal unterhalten!«
»Delia! Oh, Zeus! Warum *erkundigt* sie sich dann ständig nach dir?«
Verblüfft warf Arata Archimedes einen beunruhigten Blick zu und rief: »Medion! Willst du damit andeuten, daß die Schwester des Königs...«
Archimedes floh in den Oberstock und vergrub sich in Rechenaufgaben auf dem Abakus.
Er war erleichtert, als ihn Dionysios am folgenden Abend zum Essen einlud. Damit konnte er den Fragen zu Hause entrinnen, aber dann stellte sich heraus, daß sich auch Dionysios über Alexandria unterhalten wollte und – über Philyra.
»Tut mir leid, daß ich dieses Thema zu einem solchen Zeitpunkt anspreche«, meinte der Hauptmann entschuldigend, als sie sich in der *Arethusa* zu Tische legten. »Ich weiß, dein Haus trägt immer noch Trauer, und außerdem ist da ja auch noch der Krieg. Aber ich habe gehört, daß du deine charmante Schwester mit einem Alexandriner verheiraten möchtest. Deshalb habe ich mir gedacht, ich gebe besser mein Angebot ab, bevor's zu spät ist.«

Archimedes verschluckte sich derart an einem Mundvoll Thunfisch, daß man ihm auf den Rücken klopfen und einen Becher Wasser bringen mußte. Als er wieder Luft bekam, erklärte ihm der Hauptmann allen Ernstes, daß es seine Pflicht sei, in Syrakus zu bleiben. »Selbstverständlich würde ich mir nie erlauben, dir vorzuschreiben, mit wem du deine Schwester verheiraten sollst«, fuhr Dionysios fort, »aber als loyaler Bürger muß ich dich beschwören, daß du unsere schöne Stadt nicht verläßt. Der König...«

»Wer hat dir gesagt, daß ich meine Schwester mit einem Alexandriner verheiraten will?« unterbrach ihn Archimedes.

Dionysios war überrascht. »Ich glaube, dein Sklave hat so etwas zu einem meiner Männer gesagt«, gestand er. »Stimmt's denn nicht?«

»Es hat nie irgendeinen *Alexandriner* gegeben«, antwortete Archimedes nachdenklich. »Mein Freund Conon und ich, wir beide haben zwar immer von einer brüderlichen Verbindung zwischen uns geredet, aber er stammt aus Samos. Und wir haben nie... das heißt, ich habe davon nie etwas zu Hause erzählt. Ach, bei den Göttern, sag das bloß nicht weiter! Ich habe mit meiner Schwester schon Schwierigkeiten wegen anderer Dinge, die ich ihr nicht erzählt habe. Wenn sie nun meint, ich hätte versucht, sie mit einem Ausländer zu verheiraten, ohne das vorher mit ihr zu besprechen, zieht sie mir die Kithara über den Schädel. Du willst sie heiraten? Ist das wirklich dein Ernst?«

Offensichtlich war es so, denn Dionysios zählte sofort seine Qualitäten auf: seinen Rang, seine Aussichten, seinen Besitz. Er entschuldigte sich für seine mangelhafte Kinderstube. Er stamme aus armen Verhältnissen und hätte sich stückweise nach oben gearbeitet. An Heirat hätte er bisher nie gedacht. Erst seit der letzten Beförderung hätten sich seine finanziellen Verhältnisse so verbessert, daß er nun als gute Partie dastehe. Allerdings habe er bereits im Süden etwas Land erworben und besitze ein Drittel eines Handelsschiffes. Außerdem hege er die berechtigte Hoffnung, daß er nach dem Kriege gut gestellt sein werde. Der König halte große Stücke auf ihn, und bei der Armee werde er respektiert. Philyra sei ihm schon zweimal aufgefallen: im Haus von Archimedes und dann bei der Vorführung. Er finde sie äußerst charmant. Übrigens habe er erfahren, daß sie musikalisch sei. Er habe doch schon immer die Musik geliebt und wolle unbedingt ein Mädchen heiraten, mit dem er seine Begeisterung teilen könnte. Sollte er das große Glück haben und sie gewinnen, dann würde er sie selbstverständlich mit allem Respekt behandeln, der der Schwester eines Mannes wie Archimedes zustehe.

Erstaunt hörte ihn Archimedes an. Der Gedanke an eine Heirat Philyras schien genauso unvorstellbar wie die Tatsache, daß er derjenige sein sollte, der über den zukünftigen Mann entscheiden müßte. Mal angenommen, sie war tatsächlich im heiratsfähigen Alter und er tatsächlich der Haushaltsvorstand – selbst dann schien alles unvorstellbar. Darauf hatten ihn die Tagträumereien mit seinem Freund Conon nicht vorbereitet. Und dann noch Dionysios! Er mochte den Mann ganz gut leiden – ein angenehmer, intelligenter und fähiger Umgang mit einer schönen Stimme. Und alles, was er über seine Zukunftsaussichten erzählt hatte, war hundertprozentig wahr. Davon war er überzeugt. Aber wollte er wirklich so einen Mann zum Bruder? Und angenommen, seine Entscheidung wäre falsch, und Dionysios würde Philyra unglücklich machen? Wie könnte er unter diesen Umständen eine derartige Entscheidung treffen?

»Ich kann dir nicht sofort eine Antwort geben«, sagte er, als der Hauptmann endlich innehielt und nur noch dasaß und ihn ängstlich anblinzelte. »Wie gesagt, das Haus trägt noch Trauer. Es wäre sicher nicht in Ordnung, wenn meine Schwester heiraten würde, solange sie noch wegen des Begräbnisses kurze Haare hat.«

»Natürlich«, sagte Dionysios hastig, »aber – danach?«

»Ich muß unbedingt darüber nachdenken.« Einen Augenblick saß er ganz still da und versuchte sich vorzustellen, wie Mutter und Schwester auf diese Nachricht reagieren würden. In Aratas Augen wäre der Hauptmann der Ortygia-Garnison sicher eine gute Partie. Trotzdem würde auch sie ihn gerne persönlich kennenlernen, ehe sie sich zu einem Ja entschloß. Philyra würde sicher begeistert sein. Sie wird zwar gar nicht gerne von zu Hause weggehen, dachte er, aber der Gedanke, daß ein solcher Mann um ihre Hand angehalten hatte, würde sie faszinieren. Und dann käme – das Abwägen. Sie würde mehr über Dionysios wissen wollen. Er schaute dem Hauptmann in seine ängstlichen Augen und erklärte plötzlich: »Ich weiß ja nicht, wie du über Frauen denkst, aber ich hatte schon immer das Gefühl, daß sie genauso begabt sind wie die Männer, zumindest was den Alltag betrifft. Meine Schwester ist ein sehr vernünftiges Mädchen. In Wirklichkeit sind sie und meine Mutter viel besser in der Lage, praktische Angelegenheiten zu regeln, als ich. Ich weiß nicht, was du davon hältst.« Seine Augen ließen nicht von Dionysios. Viele Männer würden es lächerlich finden, daß er sich seine Entscheidungen von seinen Frauen vorschreiben ließ. Ihm war klar, daß er durch dieses Geständnis Dionysios mit einem Test konfrontiert hatte, und überlegte, was der andere wohl sagen würde, um zu bestehen.

Dionysios, der fähige Soldat und erfahrene Offizier, wurde rot. »Als ich deine Schwester bei der Vorführung gesehen habe, habe ich mir schon gedacht, daß sie vermutlich zu dieser Art gehört«, murmelte er. »Sie wirkte so selbstbewußt und fröhlich. Sag ihr und deiner Mutter, daß... ich sie mit allem Respekt grüßen lasse.«

Archimedes nickte. Eines war ihm jetzt klar: Hätte Dionysios auch nur im geringsten an Philyras Verhalten Anstoß genommen, dann hätte er sich gegen diese Heirat gestellt, selbst wenn Philyra dafür gewesen wäre. Aber nun würde er im Gespräch mit seiner Schwester sogar noch die guten Seiten von Dionysios herausstreichen. Dionysios war bereit, auf Philyra zu hören, und er mochte ihre selbstbewußte, fröhliche Art – er hatte bestanden.

»Also versteifst du dich nicht auf diesen Alexandriner oder Samier oder was immer er ist?« fragte der Hauptmann hoffnungsvoll.

Archimedes schüttelte den Kopf. »Philyra hat bereits betont, daß sie Syrakus nicht verlassen möchte.«

Trotzdem stellte er sich in Gedanken wehmütig das strahlende Mondgesicht von Conon aus Samos vor. In Alexandria hatte er mit Conon viele Stunden in billigen Schänken zugebracht, wo sie ihre Berechnungen auf Tische oder Wände geschrieben hatten. Sie hatten sich über die mathematischen Fehler der anderen Leute krumm gelacht und sich gegenseitig Witze erzählt, die sonst keiner verstand. Immer hatte einer dem anderen zuerst seine Neuentdeckungen erzählt, und dabei hatte es nie enttäuschte Gesichter gegeben. Wie erwartet war immer alles enthusiastisch aufgenommen worden. Ihre Unterschiede hatten die Freundschaft nur noch beflügelt. Conon war klein und dick und liebte Essen und Trinken und Tanzen, aber sobald es musikalisch wurde, sang er ständig falsch. Er war reich und stammte aus einer vornehmen Familie, deshalb hatte er seinem Freund häufig Geld geborgt. Ungefragt und oft unbemerkt, hatte er es ihm in die Tasche geschoben. Archimedes hatte keine Ahnung, wie hoch die Summe letztlich gewesen war. Dafür hatte er Conon ein Diopter gebaut, ein astronomisches Zielgerät, das Conon später mehr geschätzt hatte als seinen anderen Besitz. Conon hatte mit seinen pummeligen Patschhänden kein Geschick zum Basteln, dafür sprang sein Geist eidechsenflink zwischen den Sternen herum.

Conons Familie hätte nie einer Heirat mit Philyra zugestimmt, selbst wenn Philyra einverstanden gewesen wäre. Aber er und Conon hatten einander sowieso wie Brüder geliebt. Am besten beließ man es dabei.

Dionysios grinste. »Viel Glück deiner loyalen Schwester! Hoffentlich planst auch du nicht, wegzugehen.«

Archimedes murmelte irgend etwas Unverständliches und widmete sich wieder seinem Essen.

»Verzeihung?« meinte der Hauptmann höflich, aber hartnäckig. »Das habe ich nicht verstanden.«

Archimedes unterbrach das Essen und sagte: »Schau mal, wie kann ich über etwas Versprechungen machen, was ich, von heute aus gesehen, in drei oder fünf Jahren tun werde? Bis dahin könnten wir alle schon tot sein! Ich habe nicht vor, zu gehen, solange ich zum Katapultebauen benötigt werde. Warum könnt ihr euch nicht damit zufriedengeben?«

Aber auch Dionysios konnte dieses Thema genausowenig übergehen wie Philyra. Um einen Mann, den er zum Schwager haben wollte, nicht zu beleidigen, ging er äußerst vorsichtig vor. Trotzdem fühlte er sich »als loyaler Bürger« verpflichtet, Archimedes zum Bleiben in Syrakus zu überzeugen. Über seinen taktvollen Versuchen ging das restliche Essen zu Ende. Als der Kellner zum Tischabdecken kam, hatte Archimedes die Nase restlos voll. Nachdem die Teller abgeräumt waren, wurden wieder die Flötenmädchen der *Arethusa* hereinkomplimentiert. Aber Dionysios löste sich sofort von dem hübschen, jungen Ding, das sich ihm an den Hals geworfen hatte. »Ich habe morgen Frühdienst«, sagte er. Sein Seitenblick auf Archimedes verriet allerdings, daß er sich genierte, es vor den Augen eines Mannes, bei dem er gerade um die Hand seiner Schwester angehalten hatte, mit einer Hure zu treiben. »Aber vielleicht mein Freund...?« Aus dem Blick wurde eine Frage.

Plötzlich wollte Archimedes nichts lieber, als sich betrinken und mit dem Flötenmädchen schlafen, um vor den Fragen zu fliehen und Delia zu vergessen und seinen makellos präzisen, überaktiven Verstand im Alkohol zu ertränken. »Ja!« sagte er und streckte die Hand nach dem Mädchen aus.

Sofort kam sie herüber und setzte sich verführerisch auf seine Knie. »Du bist Archimedes, stimmt's?« sagte sie mit rauchiger Stimme und streichelte seine Wange. »Der, den sie den Obermechaniker nennen?«

»Sag das nicht zu mir!« erklärte er verzweifelt. Sie hielt einen Satz Flöten in der Hand, aber noch ehe sie mit dem Spielen anfangen konnte, nahm er sie ihr weg: »Hier! Ich werde dir etwas zeigen, das sich vielmehr lohnt als Katapulte.«

Im Haus am Löwenbrunnen verbrachte ein nervöser Marcus den ersten Teil des Abends. Er argwöhnte, was wirklich hinter der Einladung von Dionysios steckte, und schon der Gedanke daran machte ihn krank. Sein Abwehrversuch schien den Hauptmann nur erst recht zu sofortigem Handeln angestachelt zu haben. Wie würde Archimedes darauf reagieren?

Nach dem Abendessen setzten sich Arata und Philyra in den Hof, um in der kühlen Dämmerung zu musizieren. Die zarten, klaren Saitenklänge beruhigten Marcus, und die Verzweiflung, die ihn in den vergangenen drei Tagen bedrückt hatte, wurde ein wenig erträglicher. Sein Besuch im Steinbruch hatte kein Nachspiel gehabt. Die römische Armee lagerte noch immer vor dem Nordtor, vermutlich plante sein Bruder zusammen mit seinem Freund die gemeinsame Flucht, aber hier im Hause ging das Leben weiter wie immer. Er war sich des familiären Streites wohl bewußt, aber gleichzeitig wußte er auch ganz genau, daß der Streit eigentlich nur an der Oberfläche tobte und nicht im geringsten die tiefe Zuneigung berührte, die alle Familienmitglieder miteinander verband. Während er im Hofe schweigend der Musik lauschte, empfand er das Haus als einen noch reicheren und ruhigeren Ort zum Leben als je zuvor.

Dabei war längst alles in Bewegung geraten. Die Familie war auf dem Weg zu Reichtum und Einfluß, Philyra würde heiraten und fortziehen, und er – er würde auch gehen, irgendwohin.

Als Arata zu Bett gegangen war und Philyra ihre Laute wegpackte, tauchte Marcus neben ihr auf und nahm die Kithara, die sie bereits in ihren Kasten gepackt hatte. »Danke!« sagte sie, ohne ihn anzusehen.

Er zuckte die Schultern. »Herrin«, begann er unglücklich, hielt aber dann inne, weil er nicht wußte, was er zu ihr sagen sollte.

Irgend etwas in seiner Stimme beunruhigte sie. Sie hob den Kopf zu ihm hoch und versuchte, sein Gesicht in der hereinbrechenden Nacht zu sehen. »Was ist?«

»Du – du glaubst doch nicht noch immer, daß ich Archimedes in Alexandria bestohlen habe, oder?« fragte er.

Sie starrte ihn an, sein ernster Ton verblüffte sie. Sie hatte ihre Verdächtigungen fast schon vergessen. Seit dem Tode ihres Vaters war eine Menge Geld hereingekommen, um das sich Marcus sehr sorgfältig gekümmert hatte. Ständig brachten Boten ganze Säcke voll Münzen von der Königsvilla herunter – insgesamt bisher hundertachtzig Drachmen für Katapulte und dazu noch die Ausgaben für das Begräbnis. Archimedes warf kaum einen Blick darauf. Die Buchführung blieb Marcus und ihr überlassen. Bei dieser Frage des Sklaven wurde ihr klar, wie peinlich genau er jeden Obolos abgerechnet hatte. »Nein«, sagte sie, wobei sie sich vor sich selbst schämte. Falls jemand ihren Bruder in Alexandria betrogen haben sollte, dann gewiß nicht Marcus.

»Da bin ich aber froh«, sagte er leise. »Ich möchte nicht, daß du schlecht von mir denkst. Egal, was passiert, ich habe diesem Hause nie auch nur im geringsten schaden wollen, bitte glaube mir.«

»Egal, was passiert?« wiederholte Philyra beunruhigt. »Was meinst du damit?«

»Ich – habe nur an den Krieg gedacht, Herrin. Ich weiß, da draußen sind meine Landsleute, aber sie sind hierhergekommen, weil man ihnen Lügen erzählt hat. Und ich will nicht – Philyra, falls sie hereinkommen sollten, würde ich kämpfen, um dich zu verteidigen.«

Gerührt beugte sie sich hinüber und legte einen Moment ihre Hand auf seine. »Danke, Marcus«, sagte sie, dann richtete sie sich auf, nahm ihre Laute und erklärte mit Nachdruck: »Aber sie werden nicht hereinkommen! Die Gunst der Götter ist mit Syrakus!«

»Ich bete, daß es wahr ist«, sagte er.

Er trug ihr die Kithara nach oben und schaute zu, wie sie in ihr Zimmer ging: ein schlanker Schatten in schwarzer Trauerkleidung im dunklen Hause. Anschließend ging er wieder hinunter und setzte sich in den Hof. Er preßte die Hand, die sie berührt hatte, gegen seine unrasierte Wange. Seine Gefühle schnürten ihm die Kehle zu. Es hatte keinen Sinn, er war doch nur ein Stück Besitz. Und trotzdem wünschte er sich, daß er tatsächlich für sie kämpfen könnte: Er würde sie vor seinen Landsleuten retten und in Sicherheit bringen und ihr Mut machen, während sie sich an ihn klammerte, und – es hatte keinen Sinn. Wenn doch nur ihr Bruder heimkäme und ihm erzählen würde, was er Dionysios geantwortet hatte.

Stundenlang wartete er im dunklen Innenhof und schaute den Sternen zu. Endlich war an der Tür ein leises Klopfen zu hören. Marcus zog sich hoch und machte eilends auf. »Herr...«, setzte er an.

»Marcus!« flüsterte sein Bruder und drückte ihn mit einem Arm fest an sich. Neben ihm huschte Quintus Fabius wie Rauch durch die Tür.

Beinahe hätte Marcus vergessen, daß dies die erste Nacht war, in der er mit ihnen rechnen konnte. Er stolperte rückwärts, dann verschloß er hastig hinter ihnen die Tür und verriegelte sie. »Ist man euch gefolgt?« flüsterte er und mußte die Frage sofort auf latinisch wiederholen.

Fabius war derjenige, der antwortete. »Nein«, sagte er, »allerdings mußten wir einen Wachtposten töten. Sie werden den Knaben sicher noch vor dem Morgen vermissen, und dann werden sie nach uns suchen. Du sagtest, du könntest uns helfen, aus der Stadt zu kommen. Hoffentlich schaffst du's heute nacht!«

»Ja«, erwiderte Marcus bestürzt. Welchen Wachtposten hatten sie getötet? Den jungen Mann? Den Anführer? Oder einen von den anderen, die gelacht und Luftkämpfe aufgeführt hatten, während sie die Namen der Katapulte seines Herrn aufgesagt hatten? Getötet, zweifelsohne mit seinem Messer. Als er das Messer dort gelassen hatte, hatte er gewußt, daß es dazu kommen konnte, aber er hatte gehofft... »Sprecht ganz leise«, befahl er. »Schließlich wollt ihr doch niemanden wecken. Gaius, wie geht's dir?«

»Tut weh«, antwortete Gaius, »aber ich halt's aus. Der Griechendoktor hat genau gewußt, was er tat.« Wieder streckte er die Hand aus und drückte den Arm seines Bruders. »Welche Pläne hast du, um uns herauszuschaffen?«

»Habt ihr immer noch das Seil, das ich euch gegeben habe?«

Schemenhaft ein doppeltes Kopfschütteln. »Wir haben es an der Mauer hängen lassen«, flüsterte Fabius.

»Dann werde ich ein neues besorgen«, sagte Marcus.

Plötzlich klopfte es wieder leise an die Haustür.

»Ich bin verloren!« rief Marcus, zog Gaius rasch zur Tür des

Eßzimmers hinüber und schob ihn hinein.»Verstecken!« befahl er, als Fabius an ihm vorbeiglitt.

Es klopfte zum zweiten Mal, diesmal lauter. Marcus machte hinter den beiden Flüchtlingen die Eßzimmertür zu. Gerade als er hinüberging, um die Tür zur Straße aufzumachen, rief Archimedes von draußen:»Marcus!«

»Entschuldigung, Herr«, sagte er und öffnete die Tür.»Ich war eingeschlafen.«

Archimedes wankte unsicher herein und sackte auf der Bank an der Wand zusammen. Er roch nach Wein und billigem Parfüm. Marcus machte die Tür wieder zu.»Du gehst besser ins Bett«, erklärte er seinem Herrn.

»Noch nicht«, sagte Archimedes.»Mir geht da eine Melodie im Kopf herum, die ich mir unbedingt einprägen will, bevor ich sie wieder vergesse. Hol meine Flöten.« Sein Redeschwall klang ziemlich undeutlich. Mit Entsetzen erinnerte sich Marcus an diese Stimmung. Immer wenn sein Herr so fröhlich betrunken war, versuchte er, seiner Umgebung die ganze Nacht über Geometrie beizubringen.

»Herr?«

»Meine Flöten! Sopran und Tenor.«

»Aber, Herr, es ist doch schon nach Mitternacht! Die Nachbarn...«

»Ach, beim Zeus! Sollen sie aufwachen, ist doch nur Musik!«

Marcus blieb stehen, wo er war. Er war sich der Gegenwart von Gaius und Fabius, die im Eßzimmer am Boden kauerten, so intensiv bewußt, als ob die ganze Nacht ein einziger Felsbrocken wäre, in dem er mit ihnen, erstarrt vor Furcht, eingemeißelt war. Voller Entsetzen merkte er, daß er ihnen nicht traute. Gaius würde nie einen Eid brechen, das wußte er, aber Fabius? Der Mann hatte etwas Hartes, Tödliches an sich. Er hatte den Katapultbauer, dessen sich die Stadt gerühmt hatte, umbringen wollen. Und nun saß Archimedes betrunken und nichtsahnend hier bei sich zu Hause. In einem unbewachten Augenblick wäre es für Fabius ein leichtes, herauszuschleichen und – was war eigentlich mit dem Messer passiert?

»Marcus!« sagte Archimedes ungeduldig. »Muß ich sie selbst holen gehen?«

Gute Götter und Göttinnen, dachte Marcus, sind die Flöten etwa im Eßzimmer? »Nein, Herr!« sagte er hastig. »Ich hole sie.« Im Eßzimmer konnte er Gaius und Fabius mit Mühe erkennen. Sie kauerten genau dort, wo er es sich vorgestellt hatte, direkt in der Nähe des Fensters. Er tastete auf der Truhe nach den Flöten, konnte sie aber nicht finden.

»Marcus, hast du einem der Männer von Dionysios erzählt, daß ich Philyra mit Conon verheiraten will?« rief Archimedes vom Hof herein.

»Schon möglich«, antwortete Marcus. Es hatte keinen Zweck, er mußte eine Lampe anzünden. Schwitzend vor Angst tastete er herum und fand eine, die normalerweise auf dem Tisch stand.

»Warum hast du das gesagt?« fragte Archimedes. »Du weißt doch, Conons Vater hätte nie zugestimmt.«

»Aber du hast doch selbst immer davon geredet«, sagte Marcus und suchte geistesabwesend nach dem Feuerstein zum Lampenanzünden. »Ich dachte, weil wir doch jetzt reich sind, vielleicht...«

»Nein«, sagte Archimedes, »nein, er muß doch nächstes Jahr dieses Mädchen aus Samos heiraten. Daran hättest du wirklich denken müssen. Und außerdem weißt du genau, daß Philyra nicht von Syrakus weg will. Du hättest gar nichts sagen dürfen. Wenn sie herausbekommt, daß ich auch nur mit dem *Gedanken* gespielt habe, sie an jemanden in Alexandria zu verheiraten, wird sie toben. Und Dionysios war auch ganz schön aufgebracht darüber. Weißt du, was er gemacht hat? Er hat selbst um Philyras Hand angehalten!«

Marcus erstarrte, zwang sich dann aber mit zitternden Händen dazu, ein Licht anzuzünden. Der Lampendocht fing sofort Feuer und tauchte den Raum in ein warmes, gelbes Licht, das sich in den Augen der beiden Männer unter dem Fenster widerspiegelte. Jetzt sah man auch, daß Fabius auf einer Wange blutverschmiert war und in der Hand das Messer hielt. Marcus schüttelte den Kopf und bedeutete dem Mann mit verzweifelten Gesten, er solle das Messer wegstecken. Dann schaute er sich im Zimmer nach den Flöten um, die aber nirgends zu sehen waren. »Herr, wo *sind* denn deine Flöten?« fragte er besorgt.

»Ich weiß es nicht«, antwortete Archimedes und gähnte. »Mach schnell und such sie!«

Marcus ging mit der Lampe in den Hof zurück. »Welche Antwort hast du Dionysios gegeben?« fragte er.

Sein Herr lümmelte in Trauerkleidung, aber ohne Mantel, breitbeinig auf der Bank herum und hatte sich einen Petersilienkranz ganz nach hinten auf die geschorenen Haare geschoben. Petersilie galt als Heilmittel gegen Trunkenheit, aber in diesem Fall hatte sie wohl versagt. »Keine«, sagte Archimedes. »Ich werde es Philyra überlassen. Obwohl er vielleicht keine schlechte Partie wäre.«

»Aber Philyra ist doch noch ein Mädchen!« beschwor ihn Marcus. Selbst jetzt noch fand er die Zeit, sich den Kopf zu zerbrechen, ob sie vielleicht die Meinung ihres Bruders teilen könnte. »Und von einer Sechzehnjährigen kannst du doch keine vernünftige Entscheidung über ihre Zukunft erwarten.«

Archimedes lachte laut auf. »Ach, bei Apollon! Marcus, du weißt doch nur allzugut, daß du von *mir* nicht einmal eine vernünftige Entscheidung darüber erwarten kannst, was wir auf dem Markt einkaufen sollen! Wie kannst du glauben, daß ich in der Lage wäre, für Philyra einen Ehemann zu suchen, wenn ich nicht einmal Oliven einkaufen kann?« Er zog die Knie an und schlang die Arme herum. »Philyra wird eine wesentlich vernünftigere Entscheidung treffen, als ich es je könnte. Die vernünftige Philyra. Marcus, du hältst doch Geometrie für absoluten Blödsinn, stimmt's?«

»Nein.«

»Nein? Aber das hast du doch bisher immer getan. Wenn du die Gelehrten ins Museion gehen sahst, hast du normalerweise ein Gesicht gezogen wie ein... wie ein Bankier, der zuschauen muß, wie ein Erbe sein Vermögen verschleudert. Soviel Intelligenz einfach in die Luft verpufft! Ganz tief drinnen teilt Dionysios deine

Meinung. Bei unserer ersten Begegnung hat er zwar das Loblied auf Alexandria angestimmt und es das Haus der Aphrodite genannt, aber heute abend hat er mir immer nur aufgezählt, was ich Syrakus schuldig sei. Ich glaube, meine Flöten liegen vielleicht bei mir im Zimmer.«

»Ich werde sie holen«, krächzte Marcus hilflos. Er stellte die Lampe neben seinen Herrn in der Hoffnung, daß ihn ihr Licht ein wenig beschützen würde, dann rannte er drei Stufen auf einmal nach oben und stürmte ins Schlafzimmer. Unter der grauen Fensteröffnung zeichnete sich die Kleidertruhe als schwarzer Kasten ab. Er tastete sich daran entlang. Zuerst fand er den gekerbten Abakusrahmen und dann einen Stapel glatter Holzschachteln – die Flötenschatullen. Er fühlte sich wie nach einem Schwall frischer Luft während eines Sandsturmes. Klopfenden Herzens schnappte er sich alle Schachteln und rannte wieder hinunter.

Archimedes saß noch immer still auf der Bank, drehte im Lampenschein eine Hand hin und her und beobachtete, wie sich Licht und Schatten auf seiner Handfläche abwechselten. Marcus machte einen Moment die Augen zu. Vor Erleichterung fühlte er sich ganz matt.

Sofort stürzte sich Archimedes auf die Auloi und suchte eifrig nach der Sopran- und nach der Tenorflöte. Dann schob er die Rohrblätter hinein, regulierte die Metallringe und stürzte sich ohne ein weiteres Wort in eine komplizierte Melodie.

Zuerst war es ein Tanz, ein rasches, fröhliches Tremolo auf der Sopranflöte, begleitet von einem schnellen, regelmäßigen Takt in der Tenorflöte. Ein Reigen, ein Reihentanz, eine Melodie, um auf der Straße zu tanzen. Aber dann veränderte sie sich unter seinen schnellen Fingern. Der Rhythmus wechselte in die Sopranflöte, und plötzlich übernahm die Tenorflöte mit beunruhigenden Tempiwechseln die Melodie. Sie beschleunigte und wurde wieder langsamer. Beinahe klang es, als würde sie aus dem Takt geraten, aber dann fing sie ihn im letzten Moment plötzlich doch wieder ein. Ohne Vorwarnung wechselte die Tonart, die Melodie wurde klagend und bekam einen Unterton, der die Dunkelheit widerspiegelte. Die Unruhe wuchs. Was zuerst schon schnell gewesen war, verwandelte sich nun in einen Höllentanz. Hals über Kopf schossen die Töne über einem Chaos von Dissonanzen dahin, Tenor und Sopran kämpften miteinander, ein Gewirr von Noten hetzte hintereinander her, haarscharf am Desaster vorbei. Doch auf einmal gingen alle Noten ineinander über und bildeten eine einzige Harmonie: jene wahre Harmonie, die es in der griechischen Musik so selten gab. Zwei Töne sangen einen Akkord, der in Schauern den Rücken hinabrieselte. Und ihre Melodie klang traurig und langsam. Das Tanzthema kehrte zurück, aber jetzt als Marsch, als langsamer Abschiedsmarsch. Die Harmonie wurde einstimmig und erklang leise in die Nacht hinaus, bis sie sich schließlich ganz sanft in Stille auflöste.

Lange Zeit herrschte Schweigen. Markus merkte, daß er keine Ahnung hatte, wie lange das Musikstück gedauert hatte, denn während der ganzen Zeit hatte er an nichts anderes gedacht. Archimedes betrachtete blinzelnd die Flöten in seinen Händen, als ob er vergessen hätte, wozu sie dienten.

»Mein Schatz«, erklang Aratas Stimme aus einem Fenster im Oberstock, »dies hat ein Gott geschickt, aber vielleicht wissen es die Nachbarn trotzdem nicht zu schätzen. Und außerdem solltest du längst im Bett sein.«

»Ja, Mama«, rief Archimedes sofort, zog die Rohrblätter aus den Auloi und legte die Instrumente wieder in ihre Schachteln zurück. Dann stand er auf und fuhr mit der Hand durch seine struppigen Haare.

»Was war das?« fragte Marcus mit erschütterter Stimme.

Archimedes zögerte. »Ich denke, es war ein Abschiedslied für Alexandria«, antwortete er abwesend. »Aber die Entscheidung eilt ja nicht.« Er schwankte über den Hof, und dann hörte Marcus die Treppe knarren, als er zu seinem Bett hinaufkletterte.

Marcus setzte sich auf die Bank und blieb eine kleine Weile bebend dort sitzen. Endlich fiel ihm auf, daß die Lampe rußte, und er blies sie aus.

Geräuschlos öffnete sich die Tür zum Eßzimmer, die beiden

Flüchtlinge schlüpften heraus. »Beim Jupiter!« flüsterte Fabius. »Ich dachte schon, der junge Narr würde nie mehr aufhören zu spielen!«

»Sei bloß still!« flüsterte Gaius wütend zurück. »Götter und Göttinnen, dieser Junge kann vielleicht Flöte spielen!«

»Für Konzerte ist jetzt keine Zeit!« antwortete Fabius. »Wenn wir zur Stadt hinaus wollen, müssen wir jetzt gehen!«

»Schscht!« machte Marcus. »Laßt erst den Haushalt zur Ruhe kommen.«

Gaius setzte sich auf die Bank. Marcus spürte die straffe Leinenschlinge, die den gesplitterten Arm seines Bruders stützte. Schweigend saßen sie beisammen. Jeder spürte die Körperwärme des anderen in der warmen, milden Nacht. Marcus mußte an früher denken: Acht Jahre alt war er damals gewesen, und sein Vater hatte ihn geschlagen. Und Gaius war genauso neben ihm gesessen – ohne Körperkontakt. Sein Vater hatte ihn grün und blau geschlagen, und jede Berührung hätte zusätzlich weh getan. Aber bereits die Gegenwart seines Bruders hatte ihn getröstet. Jetzt brach sich die Liebe, die er immer für seinen Bruder empfunden hatte und die unter seiner eigenen Schande und Verwirrung wie ein unterirdischer Fluß dahingetrieben war, ihre Bahn. Und mit ihr kam die Trauer, blind und verstörend, daß ein Wiedersehen nur unter solchen Umständen möglich war.

Im Hause war alles still, ganz still. Falls sich die Nachbarn durch das Konzert gestört gefühlt hatten, hatten sie beschlossen, nichts dazu zu sagen, und waren wieder schlafen gegangen. Endlich erhob sich auch Marcus und ging in die Vorratskammer neben der Küche. Archimedes hatte während seiner Kindheit Maschinen gebaut. In der Vorratskammer standen noch immer die Ergebnisse seiner Experimente herum. Hier gab es genügend Seile. Es hatte eine Zeit gegeben, in der jede Maschine eine Art Kran wurde. Marcus nahm alle Seile und steckte sie in einen großen Weidenkorb, den er sich über die Schulter schlang. Dann fügte er noch eine Winde und einen kleinen Holzanker hinzu, die zu einem Flaschenzug gehört hatten. Bestens gerüstet ging er wieder in den Hof hinaus.»In Ordnung«, flüsterte er,»wir können gehen.«

Als er den Türriegel zurückschob, bemerkte er aus dem Augenwinkel heraus einen schwachen Widerschein. Bei einem schnellen Blick zurück sah er, wie Quintus Fabius das Messer prüfte. Er zitterte. Aber dann redete er sich ein, daß dieser Mann letztlich doch seinen Eid gehalten hatte, und trat ins Freie.

Die Hintergassen der Achradina lagen dunkel und verlassen unter den Sternen. Ein Wachhund schlug an, als sie vorbeigingen, verstummte dann aber wieder. Marcus führte die beiden Männer rasch durch das Straßengewirr und anschließend einen schmalen Pfad hinauf, der in Zickzacklinien die Anhöhe zur Epipolae überwand. Schließlich kamen sie gegenüber dem Tychetempel auf dem Hochplateau heraus. Aus Ehrerbietung vor der Glücksgöttin küßte er seine Finger und trabte dann rechts an ihrem Tempel vorbei. Rasch hatten sie die letzten Hütten des Tycheviertels hinter sich gelassen und bahnten sich nun einen Weg durch das dürre Gestrüpp des Höhenzugs.

»Wo gehen wir hin?« fragte Fabius, der plötzlich neben ihm auftauchte, und dank der unbewohnten Gegend die Gelegenheit zum Reden ergriff.

»Ich habe vor, euch an der Seemauer herunterzulassen, dort, wo das Plateau ins Landesinnere abbiegt«, antwortete Marcus.»Da ihr keine Flotte habt, stehen dort nicht sehr viele Wachen. Die Mauer verläuft oben an den Steilklippen, aber wir haben ja genügend Seile. Unten am Fuß müßt ihr dann ein bißchen über zerborstene Felsen klettern, aber sobald ihr die überwunden habt, müßt ihr euch nur immer nach Norden und ein wenig ins Landesinnere hinein halten, dann kommt ihr zu eurem Lager.«

»Du redest immer von ›euch‹«, stellte Fabius fest.»Eigentlich sollte es doch ›wir‹ heißen, oder?«

»Nein«, antwortete Marcus gelassen.»Nicht, solange ihr Syrakus belagert.«

»Marcus!« rief Gaius, der jetzt gleichfalls nach vorne kam.»Du kommst mit uns!«

»Nein.«

»Du bist ein Römer!« protestierte Fabius verärgert. »Du gehörst nicht hierher!«

»Ich bin ein Sklave«, sagte Marcus barsch. »Ein Römer wäre bei Asculum gestorben.«

»Hör auf!« schrie Gaius. »Asculum ist lange vorbei. Du bist in Panik geraten, aber schließlich warst du ja auch erst sechzehn und hattest nur eine dreiwöchige Ausbildung. Eigentlich hättest du noch gar nicht bei der Legion sein dürfen. Ich war derjenige, der dich mitgenommen hat. An diesem Vorfall bin ich mehr schuld als du.«

»Lügner«, sagte Marcus müde. »Du weißt genau, daß ich derjenige war, der unbedingt mitkommen wollte. Ich wollte nicht mit Vater zu Hause bleiben. Ich war derjenige, der fortgelaufen ist, genauso wie ich mich später entschieden habe, am Leben zu bleiben.«

»Du hast diesem Flötenspieler erzählt, eine Sechzehnjährige könne unmöglich eine vernünftige Entscheidung über die Zukunft treffen«, sagte Fabius. »Warum nimmst du dich selbst davon aus?«

»Du sprichst Griechisch?« fragte Marcus erstaunt.

»Ein bißchen.«

»Asculum ist Vergangenheit«, sagte Gaius, um wieder auf das Thema zurückzukommen. »Du kannst jetzt wieder zurück.«

»Um meine Strafe anzutreten?« wollte Marcus wissen.

»Nein!« sagte Gaius und faßte ihn an der Schulter. »Um heimzukommen. Ich bin sicher, daß man dich begnadigen wird. Die Sache ist doch schon so lange her, und außerdem hast du's dadurch wettgemacht, daß du uns zur Flucht verholfen hast. Du kannst zum Konsul gehen und ihm beichten, was du über die Verteidigungsmaßnahmen von Syrakus weißt. Er wird dir Amnestie gewähren, ganz sicher.«

»Ach ja?« fragte Marcus bitter. Derselbe Gedanke war ihm auch schon gekommen. »Aber was ist, wenn ich ihm nicht erzähle, was ich über die Verteidigungsmaßnahmen von Syrakus weiß? Was passiert dann?«

»Warum solltest du's ihm nicht erzählen?«
»Weil ich *niemandem* helfen werde, Syrakus zu erobern«, sagte Marcus entschieden. »Mögen mich die Götter vernichten, wenn ich's tue!«
»A-aber Marcus!« stotterte Gaius ungläubig.
»*Ihr* seid diejenigen, die hier nichts zu suchen haben!« rief Marcus und attackierte ihn wütend. »Siehst du das denn nicht ein? Rom und Karthago haben beide ihr Machtgebiet erweitert. Keiner traut dem anderen. Schon lange haben sie zum Krieg gerüstet. Schön! Das macht ja alles noch Sinn, aber jetzt verbündet sich Rom mit *Messana* und greift *Syrakus* an! Was ist daran sinnvoll?«
»Der Senat und das Volk von Rom haben sich nach reiflicher Überlegung dafür entschieden«, erklärte Fabius tadelnd. »Glaubst du, du weißt es besser als sie?«
»Ja!« behauptete Marcus. »Ich kenne Syrakus, während ihr mir selbst bestätigt habt, daß es das römische Volk nicht tut. Irgend so ein Bandit spuckt eine dreiste Lüge über Syrakus aus, und das große römische Volk schnappt danach wie ein Hund! Meiner Meinung nach hat Rom seit Beginn dieses Krieges nicht mehr gewußt, was es tat, wie ein General, der euer Manipel gegen die Katapulte geschickt hat. Tut mir leid, Gaius, aber es ist wahr.«
»Marcus«, beschwor ihn Gaius, »Marcus, du *mußt* mit uns kommen. Den Wachtposten wird wieder einfallen, daß du zu uns gekommen bist, und dann werden sie vermuten, daß du derjenige warst, der uns geholfen hat. Wenn du hierbleibst, werden sie dich kreuzigen!«
»Du hast wirklich keine Ahnung von Syrakus«, erklärte ihm Marcus empört. »Die Karthager kreuzigen. Die Griechen enthaupten oder töten durch Gift. Aber ich glaube nicht, daß sie das tun werden, keines von beiden. Niemand weiß, daß ich dich gesehen habe. Und was die Wachtposten betrifft, so habe ich mich lediglich im Steinbruch umgesehen. Mein Herr ist gut bekannt und eine Vertrauensperson. Sein guter Ruf wird mich beschützen. Und selbst wenn man mich erwischt – hörst du, Gaius! –, selbst wenn man mich erwischt, bin ich bereit, die Strafe zu bezahlen.

Ich habe einmal meinen Posten verlassen und mußte damit leben. Ich habe meinen Platz im Leben zerstört und mich wie ein Hund in die Sklaverei geflüchtet. Jetzt ist mein Platz hier. Ich werde meinen Posten nicht zum zweiten Mal verlassen.«

»Ach, ihr Götter und Göttinnen!« rief Gaius aufgeregt. »Marcus, das kannst du nicht machen! Ich dachte, du wolltest mit uns kommen! Wenn ich gewußt hätte, daß du bleiben willst, hätte auch ich nie einen Fluchtversuch unternommen!«

»Na und?« antwortete Marcus. »Ich habe dir gesagt, du sollst es nicht tun. Ich habe dir gesagt, daß es besser für dich wäre, wenn du bleibst, wo du bist. Du hast es nicht gewollt. Aber niemand hat mich gezwungen, dir zu helfen, es war meine eigene, freie Entscheidung. Wenn ich mit den Konsequenzen leben kann, warum dann du nicht?«

»Ich mußte bereits einmal mit deinem Tod auf meinem Gewissen leben! Zwing mir das nicht noch einmal auf! Du *mußt* mit uns kommen!«

»Nein.«

»Beim Jupiter!« rief Fabius nach einer gewissen Pause. »Und das alles wegen *Syrakus*. Was hatte der Sohn deines Herrn über die Alexandriner gesagt?« Er wiederholte den Satz auf Griechisch mit schwerem Akzent: »Soviel einfach in die Luft verpufft!«

Da blieb Marcus stehen und musterte ihn stirnrunzelnd. »Der *Sohn* meines Herrn?« fragte er.

»Na, dann eben der Neffe«, sagte Fabius, »oder sein Liebhaber, wenn er's denn sein sollte. Ich weiß ja, daß diese Griechen eine gewisse Neigung haben. Der Flötenspieler.«

»Du hast also nicht begriffen, wer er war!« rief Marcus. Jetzt war er hundertprozentig überzeugt, daß ihn sein instinktiver Argwohn doch nicht getrogen hatte. Wenn Fabius begriffen hätte, wer dort gesessen war, hätte Archimedes sterben müssen.

»Also, wer war's denn dann?« fragte Fabius ungeduldig.

»Mein Herr und Meister«, sagte Marcus mit Befriedigung und ging wieder weiter.

»Dieser *Knabe*?« sagte Gaius erstaunt.

»Er ist zweiundzwanzig«, antwortete Marcus. »Ursprünglich wurde ich an seinen Vater verkauft.«

»Aber du hast doch gesagt – und im Fort haben sie's auch gesagt – und da dachte ich...« Gaius brach ab. Plötzlich lachte er schallend los. »Oh, beim Jupiter! Ich habe ihn mir immer als alten Mann mit schrecklichen Augen und weißem Bart vorgestellt! Ein furchterregender Magier, dachte ich. Ich habe mich schon gewundert, was dieser geschwätzige, junge Flötenspieler im selben Hause zu suchen hatte!«

Plötzlich überflutete Marcus eine neue Welle der Liebe zu seinem Bruder. Er stimmte in sein Lachen ein. »Furchterregender Magier?«

Gaius wedelte wegwerfend mit seiner gesunden Hand. »Du hast gesagt, er könne die Sandkörner zählen und das Wasser bergauf fließen lassen. Für mich klingt das wie Magie.«

Wieder lachte Marcus. »Das ist es eigentlich auch«, sagte er. Plötzlich hätte er seinem Bruder am liebsten alles erzählt, was er seit seiner Versklavung gesehen und getan hatte. »Auch für mich hat die Wasserschnecke noch immer etwas Magisches, obwohl ich beim Bau geholfen habe. Gaius, das ist diese Maschine, die das Wasser bergauf fließen läßt, eine Art – nein, du mußt sie gesehen haben, wirklich, erst dann kannst du es richtig einschätzen. Es ist...«

Plötzlich hörte Gaius zu lachen auf. »Marcus, komm mit uns!« wiederholte er. »Bitte!«

»Gaius, wenn ich mitkomme, werde ich sterben«, antwortete Marcus kläglich. »Das weißt du ganz genau.«

»Wirst du nicht! Nicht wenn du als loyaler Römer zurückkehrst, der uns zur Flucht verholfen hat.«

»Und zum Beweis dafür müßte ich Syrakus verraten! Und das werde ich nicht tun, dafür verdanke ich dieser Stadt zuviel.«

»Was kannst du schon einer Stadt verdanken, wo du Sklave warst?«

Marcus zuckte die Schultern. Er dachte an die Musik, an die Familienkonzerte, an die öffentlichen Aufführungen, die er im

Dienste der Familie gehört hatte, und an die Theaterstücke. Und dann waren da die Menschen – Nachbarn, die anderen Haussklaven, Arata, Archimedes. Und Philyra. Aber darüber hinaus gab es noch etwas: das ungeheuere Ausmaß einer Welt, die er nur am Rande gestreift hatte, der stetige Ideenstrom, der an ihm vorbeigeflogen war, unbegreifbar und verwirrend, aber im Rückblick doch eine Erweiterung seines Horizontes. Er hatte seine Sklaverei gehaßt und tat es noch immer – aber alles übrige konnte er nicht bedauern.

»Mehr als ich erklären kann«, sagte er leise. »Jeder Versuch, darüber zu sprechen, ist wie der Versuch, die Dinge in ein winziges Hohlmaß zu pressen – ich kann es nicht. Aber, Gaius, glaube mir, wenn ich Syrakus verraten würde, würde ich den letzten Funken Ehre und Loyalität zerstören, der in mir noch übrig ist. Verlang das bitte nicht von mir.«

Gaius berührte sachte seine Schulter. »Dann bete ich zu allen Göttern«, flüsterte er, »daß du recht hast und daß dich niemand verdächtigt. Marcus, wenn man dich tötet, weil du mir geholfen hast, dann... weiß ich nicht, was ich tun werde.«

12

Beim nächsten Morgengrauen weckte Agathon den König mit der Nachricht, Dionysios, der Sohn des Chairephon, sei soeben angekommen und bitte um Audienz.

»Bankettsaal«, befahl Hieron kurz und bündig. »Sag ihm, ich bin in einer Minute bei ihm.«

Eine Minute später erschien der König barfuß und spärlich bekleidet im Bankettsaal, wo ihn der Hauptmann der Ortygia-Garnison in Habtachtstellung neben der Tür empfing. Dionysios machte einen zerknitterten, übermüdeten Eindruck wie einer, der sich den Großteil der Nacht um die Ohren geschlagen hat. Sein Gesichtsausdruck verhieß nichts Gutes.

»Setz dich«, sagte Hieron, wobei er seinen angestammten Platz auf der Liege im Mittelpunkt einnahm und auf den Platz zu seiner Rechten deutete. »Was ist los?«

Dionysios ignorierte die Einladung zum Hinsetzen und sagte statt dessen ohne Umschweife: »Vergangene Nacht sind zwei römische Gefangene geflohen. Meine Truppen hatten sie bewacht. Ich übernehme die volle Verantwortung.«

Hieron musterte ihn, dann seufzte er. »Wurde jemand verletzt?«

Dionysios verzog das Gesicht. »Ein Wachsoldat wurde ermordet – Straton, der Sohn des Metrodoros, ein guter Mann, einer meiner Besten. Ich hatte ihn zur Beförderung vorgesehen. Seine Familie habe ich bereits informiert.«

Hieron blieb einen Augenblick stumm, dann sagte er schließlich: »Möge die Erde leicht auf ihm ruhen! Schildere mir den genauen Vorgang, soweit du ihn kennst, und – Hauptmann? *Ich* werde entscheiden, wer hier verantwortlich ist, nicht du. Also, setz dich endlich, oder ich verrenke mir noch das Genick.«

Dionysios setzte sich steif. »Ungefähr eine Stunde nach Mitternacht«, sagte er, »fiel dem Posten im mittleren Abschnitt der Steinbruchmauer auf, daß sich Straton, der im westlichen Teil Wache hatte, nicht auf seinem Platz befand. Als er hinüberging, um ihn zu suchen, fand er ihn mit durchschnittener Kehle oben auf der Mauer liegen. Neben ihm hing auf der Vorderseite der Mauer ein Seil herunter. Sofort schlug der Wachtposten Alarm, woraufhin der verantwortliche Reihenführer im Steinbruch – ein gewisser Hermokrates, Sohn des Dion – konsequent die Wachen auf der Mauer verdoppelt und einen Eilboten zu mir geschickt hat. Er selbst überprüfte persönlich die Gefangenen, von denen die meisten tief und fest schliefen. Die Hüttenposten waren wach und an ihren Plätzen. Lediglich aus der mittleren Hütte fehlten zwei Leute: Gaius Valerius und Quintus Fabius, zwei schwere Fußsoldaten aus demselben Manipel. Fabius war wohl eine Art Offizier – *tesserarius*, so lautet meiner Meinung nach der Titel.«

»Wachkommandant«, übersetzte Hieron, »der niederste Unteroffiziersrang innerhalb einer Centurie.«

»Die beiden fehlenden Männer waren direkt nebeneinander gelegen«, fuhr Dionysios fort. »Valerius war verwundet – hatte den Arm und mehrere Rippen gebrochen – und deshalb nicht angekettet, während Fabius in Fußeisen lag. Irgendwie hat er es geschafft, sie loszuwerden. Vermutlich hat er sie einfach von den Füßen gestreift, denn sie lagen noch völlig unversehrt an Ort und Stelle. Die Hüttenposten meinten, die Fesseln wären schon alt gewesen und der Gefangene so geschmeidig wie eine Schlange. Hinter der Stelle, wo die beiden gelegen hatten, waren an der Hüttenwand zwei Bretter durchgesägt und anschließend wieder eingefügt worden. Hermokrates hat die Hütte durchsuchen lassen und die Säge unter einer Matratze versteckt gefunden.« Dionysios holte das Beweisstück aus einer Mantelfalte und legte es auf den königlichen Eßtisch: ein ganz gewöhnliches, eisernes Sägeblatt, um das anstelle eines Griffes ein Stück Stoff gewickelt war. Hieron nahm es hoch, prüfte es und legte es dann wieder hin. Der Hauptmann fuhr fort: »Als ich ankam, hat Hermokrates gerade die anderen Gefangenen verhört. Sie behaupten, nichts von der Flucht bemerkt zu haben, obwohl es offensichtlich ist, daß wenigstens ein paar von ihnen etwas gemerkt haben müssen. Ich hatte zwei Reihen Soldaten mitgebracht, die ich sofort auf die Suche nach den Flüchtigen geschickt habe, aber inzwischen war so viel Zeit verstrichen, daß sie ihre Flucht gut zu Ende führen konnten. Hermokrates hat nicht sofort alle Straßen durchkämmen lassen. Und obwohl wir keine Spur von ihnen gefunden haben, möchte ich hiermit klarstellen, daß ich seine Entscheidung voll und ganz unterstütze. Denn anfänglich kannte er weder das wahre Ausmaß der Fluchtaktion, noch hatte er genügend Männer, um gleichzeitig den Steinbruch zu sichern und die Straßen zu durchsuchen.«

»Ich teile diese Ansicht«, sagte Hieron. »Hast du die Hauptmänner in den Forts auf der Stadtmauer informiert?«

»Das habe ich sofort nach meiner Ankunft im Steinbruch erledigt. Inzwischen müßten sie jeden im Auge haben, der die Stadt verlassen möchte.«

»Gut. Dann halten sich die beiden Männer aller Wahrscheinlichkeit nach noch immer in der Stadt auf. Vermutlich verstecken sie sich bei demjenigen, der ihnen die Säge, das Seil und die Waffe gebracht hat, die sie gegen diesen armen Wachsoldaten eingesetzt haben. Wer hat mit den Gefangenen Kontakt gehabt?«

Dionysios zuckte müde die Schultern. »Du, ich, ihre Wachen, dein Leibarzt. Mehr weiß ich nicht. Du weißt ja, daß ursprünglich die Garnison des Hexapylons für sie verantwortlich war. Ich habe mit meinen Männern erst gestern übernommen. Allerdings kann ich mir nicht vorstellen, daß Hauptmann Lysias nachlässig gewesen ist. Aber da wäre trotzdem noch eine Sache...« Er zog ein zusammengeknotetes Stück Stoff aus seiner Börse, legte es auf den Tisch und knüpfte es auf. Zum Vorschein kam eine Silbermünze. »Einer der Wachen behauptet, die hätte ihm Valerius gestern gegeben und ihn gebeten, Öl zu kaufen. Der Posten hat mit ein bißchen Kleingeld das Öl gekauft, die Münze aber hat er behalten und sie mir dann letzte Nacht ausgehändigt.«

Hieron hob die Münze auf und prüfte sie eingehend. Auf der

Rückseite waren eine Krone und ein Blitz abgebildet, während von der Vorderseite das Profil von Ptolemaios II. samt Stirnband lächelte. »Überraschend«, sagte Hieron mit neutraler Stimme, dann fügte er mit einem milden Blick auf Dionysios hinzu: »Gehe ich recht in der Annahme, daß dein Wachsoldat ebenfalls überrascht war? Schließlich hat er dir die Münze ja ausgehändigt.«

Dionysios nickte. »Er hat gesagt, er hätte einige Bemerkungen gemacht, als man ihm die Münze angeboten hatte. Daraufhin hätte der Gefangene ihm erklärt, daß sie genausoviel wiege wie die sizilianischen.«

»Was natürlich auch stimmt«, sagte Hieron. »Allerdings kommt diese Münze in den Händen eines Römers nicht gerade häufig vor.« Er legte die Münze wieder hin. »Vielleicht hat das ja nichts zu bedeuten«, fügte er nach einer Weile hinzu. »Falls ein Römer eine derart seltene Münze bekommt, könnte ihn das vielleicht dazu veranlassen, sie als Glücksbringer zu behalten. Vielleicht hat er sie als eine Art Talisman um den Hals getragen und erst dann ausgegeben, als man ihm sein übriges Geld bei der Gefangennahme abgenommen hatte. Vielleicht hat er unbedingt etwas Öl kaufen wollen, damit sein Freund die Ketten besser abstreifen konnte.«

»Ach, beim Zeus!« rief Dionysios verblüfft, dem an der Bitte nach Öl nichts Merkwürdiges aufgefallen war. Öl wurde wie Seife verwendet, und so hatte er es mit dem verständlichen Bedürfnis in Verbindung gebracht, daß sich selbst ein Gefangener waschen möchte.

Hieron lächelte ihn verkniffen an. »Andererseits *könnte* sie aus derselben Quelle stammen wie das Seil. Ich nehme an, du hast überprüft, ob einer deiner Männer vor kurzem in Ägypten gewesen ist. Befinden sich italienische Söldner darunter? Oder Griechen aus einer der Städte in Italien?«

»Zwei sind Taraser«, gestand Dionysios, »aber ich kann mir nicht vorstellen – das heißt, ich weiß, daß wenigstens der eine ein fanatischer Romgegner ist. Das hat uns schon immer Probleme bereitet.«

»Überprüfe trotzdem ihre Herkunft«, befahl der König. »Vergewissere dich, ob möglicherweise Erpressung dahintersteckt. Und noch etwas: Überprüfe, ob irgend jemand zwar den Steinbruch besucht hat, aber nicht die Gefangenen.«

»Was?« fragte der Hauptmann überrascht.

»Die Säge hat keinen Griff«, betonte Hieron. »Würde ein Mann, der eine Säge einschmuggelt, bewußt eine ohne Griff wählen? Ich behaupte, es ist viel wahrscheinlicher, daß der Griff abgenommen wurde, um das Werkzeug durch einen Spalt in der Wand schieben zu können.«

»Beim Zeus!« rief Dionysios zum zweiten Mal mit großen Augen. »Ein Mann ist mir bereits bekannt, der den Steinbruch besucht hat und nicht die Gefangenen. Aller Wahrscheinlichkeit nach hat er nichts damit zu tun, aber vielleicht haben andere den gleichen Auftrag vorgeschoben.«

»Und welcher Auftrag war das?«

»Steine für besonders große Katapulte«, sagte der Hauptmann. »Lysias hat mir erzählt, daß Archimedes seinen Mitarbeiter herumgeschickt hat, um zu testen, welcher Steinbruch die beste Munition für den Drei-Talenter liefern könnte.«

Hieron fuhr herum und starrte Dionysios alarmiert mit weit aufgerissenen Augen an. »Ach, ihr Götter!« rief er.

»Was ist los?« fragte Dionysios überrascht. »Es war tatsächlich der Sklave von Archimedes. Dein Arzt war gleichzeitig da und hat den Mann erkannt, hat Lysias gesagt.«

Hieron schüttelte den Kopf und klatschte in die Hände. Agathon tauchte mit mürrischem Gesicht im Türrahmen auf. »Nimm eine halbe Reihe Soldaten aus den Wachbaracken«, befahl der König, »und begib dich eilends zum Haus von Archimedes in der Achradina. Ich glaube, du weißt, wo es liegt. Es handelt sich um zwei entflohene Kriegsgefangene, die sich vielleicht dort verstecken. Bring die Hausbewohner in Sicherheit und durchsuche dann das Haus nach den Gefangenen. Die Bürger müssen absolut höflich behandelt werden. Bitte Archimedes, er soll hier heraufkommen. Und falls dieser italienische Sklave von ihm in der

Nähe ist, schick ihn, unter Bewachung, ebenfalls mit. Beeil dich! *Lauf!*«

Der erstaunte Agathon nickte mit dem Kopf und eilte davon. Hieron erhob sich und kaute angespannt auf seinem Daumen herum. Bestürzt starrte ihn Dionysios an.

»Königlicher Herr!« rief er. »Du wirst doch nicht denken, daß Archimedes...«

»Besagter Sklave ist ein Latiner«, sagte Hieron. »Und außerdem war er in Ägypten. Hätte Archimedes tatsächlich einen Spezialstein für seinen Drei-Talenter gebraucht – und mir ist nichts dergleichen berichtet worden! –, dann hätte er sicher einen Mann aus der Werkstatt auf die Suche geschickt. Bisher war er nämlich immer übervorsichtig und hat genau diesen Sklaven von allen strategisch wichtigen Dingen ferngehalten.«

»Woher weißt du...«, begann Dionysios matt.

»Weil ich's überprüft habe!« schnauzte ihn Hieron an. »Der Sklave behauptet, ein Samnite zu sein, was offensichtlich eine Lüge ist. Er ist schon seit dreizehn Jahren in Syrakus – mit anderen Worten, seit dem Pyrrhuskrieg. Damals hat man eine ziemlich große Anzahl Latiner und auch andere römische Verbündete versklavt. Möglicherweise hat er unter den Gefangenen Bekannte entdeckt und sich bereit erklärt, ihnen zur Flucht zu verhelfen, wenn sie ihm ihrerseits helfen würden, wieder als freier Mann nach Hause zu kommen. Beim Herakles, hoffentlich irre ich mich! Hoffentlich finden wir nicht auch noch Archimedes wie diesen armen Wachsoldaten mit durchschnittener Kehle vor!«

»Er war letzte Nacht mit mir zusammen«, sagte Dionysios matt. »Ich hatte ihn in die *Arethusa* zum Essen eingeladen. Ich... wollte ihn fragen, ob ich seine Schwester heiraten könnte. Als ich fortging, hat er noch mit einem Mädchen Flöte gespielt. Das war ungefähr eine Stunde vor Mitternacht.«

»Hoffentlich hat sie ihn bis zum Morgengrauen beschäftigt!« sagte der König und setzte sich wieder.

»Warum sollte Archimedes einen Sklaven behalten, wenn er wußte, daß er nicht loyal ist?« fragte Dionysios.

»Sei doch nicht dumm!« meinte Hieron ungeduldig. »Der Mann hat seiner Familie dreizehn Jahre lang gedient und ihn nach Alexandria begleitet. Offensichtlich ist ihm nie der Gedanke gekommen, daß der Kerl nicht loyal sein könnte! Aber genauso offensichtlich hat er aus irgendwelchen Gründen der Nationalität dieses Sklaven nicht getraut. Um jeden patriotischen Gewissenskonflikt von vornherein auszuschließen, hat er ihn deshalb ausschließlich zu Diensten innerhalb des Haushaltes verpflichtet. Was hätte er denn sonst tun sollen? Schließlich schickst du keinen Menschen, der seit deiner Kindheit zum Haushalt gehört hat, ohne guten Grund in die Steinbrüche!« Erschöpft rieb sich der König übers Gesicht, dann schaute er wieder Dionysios an. »Hoffentlich habe ich unrecht«, wiederholte er düster.

Marcus war erst eine halbe Stunde wieder im Haus, als die Wache an die Tür klopfte.

Er war im Morgengrauen zu Hause angekommen. Nachdem er durch die Tür geschlüpft war, die er vorsichtshalber nicht verriegelt hatte, hatte er seinen Werkzeugkorb verstaut und war dann, wie immer, direkt an seine erste Tagesarbeit gegangen: ans Latrinenreinigen. Mitten bei dieser Arbeit hörte er das Klopfen und dann die aufgeregt schrille Stimme von Sosibia, die einem Mann Antwort gab. Einen Augenblick blieb er wie erstarrt an Ort und Stelle stehen und hörte zu, dann erhob er sich, wusch sich sorgfältig die Hände und trat in den Innenhof hinaus, wo sich bereits der restliche Haushalt versammelte.

Archimedes war aus dem Tiefschlaf völlig verkatert aufgewacht und stolperte mit Kopfschmerzen die Treppe herunter. Er hatte in seiner schwarzen Tunika geschlafen, die nun völlig verknittert war. Ihm war übel. Verblüfft musterte er Agathon und den Anführer der halben Reihe aus der Ortygia. Sie erklärten ihm, daß während der Nacht zwei römische Gefangene entflohen waren und sich vielleicht irgendwo in seinem Hause versteckt hätten.

»Wo?« fragte er empört. »Das Haus ist nicht gerade groß, da sollten wir zwei Römer doch bemerkt haben.«

»Herr, wir sollen es auf Anweisung des Königs durchsuchen«, sagte der Reihenführer. »Er war um deine Sicherheit besorgt.«

»Ist ja lächerlich! Du siehst doch selbst, daß hier außer meinem eigenen Haushalt niemand ist!«

Der Reihenführer überblickte prüfend die kleine Gruppe im Hof, die seine Männer in die verschiedenen Türöffnungen gescheucht hatte. Schließlich wanderte sein Blick wieder zu dem zerzausten Hausherrn zurück. »Trotzdem bin ich zur Durchsuchung verpflichtet«, sagte er. »Einer deiner Sklaven kann hierbleiben und uns den Grundriß des Hauses erklären, aber die übrigen Bewohner sollten zu einem Nachbarn gehen, damit ihnen nichts passiert. Glaube mir, Herr, wir haben strikte Anweisungen, keine Unordnung zu hinterlassen.«

»Beim Zeus!« rief Archimedes empört.

»Ich bin überzeugt, daß uns Euphanes gern aufnehmen wird«, meinte Arata beschwichtigend. Sie hatte sich in der Hast einen Mantel als Schleierersatz gegriffen und stand neben Philyra in der Tür zur Werkstatt.

Archimedes machte den Mund auf, um etwas zu antworten, aber Agathon erklärte ihm barsch: »Der König wünscht, daß *du* sofort zu einer Unterredung mitkommst.«

Archimedes drehte sich um und funkelte ihn wütend an. »Nein«, erklärte er rundheraus, »delischer Apollon, allein diese *Anmaßung*! Jagt da meine Familie aus unserem eigenen Haus und erwartet, daß ich angelaufen komme, wenn er in die Hände klatscht! Wenn Hieron meint, ich sei sein Privatbesitz, dann wird er mich bald von einer anderen Seite kennenlernen!«

Arata schnappte nach Luft und ließ den Schleier fallen. Der königliche Türhüter lief vor Empörung knallrot an und richtete sich zu seiner vollen, wenn auch nicht besonders eindrucksvollen, Größe auf.

Aber noch ehe er etwas sagen konnte, schlug Archimedes erneut wütend zu. »Das ist mein Haus, und ich habe dich nicht hereingebeten! Hinaus!«

Der Reihenführer schaute Agathon ratsuchend an, aber der

brachte nur ein Stottern heraus. Da wanderte sein Blick wieder zu Archimedes zurück. Ihm fiel ein, wie sehr der König diesen Mann geehrt hatte, und er beschloß, daß jetzt eine versöhnliche Taktik angebracht war. »Herr«, sagte er, »dies alles geschieht aus Sorge um deine Sicherheit, und nicht weil...«

»Auf Anweisung des Königs soll ihm ferner dein Diener Marcus unter Bewachung vorgeführt werden«, erklärte Agathon, der seine Stimme wiedergefunden hatte.

»Das ist...«, setzte Archimedes an, aber dann schaute er zu Marcus hinüber und brach ab. Obwohl das Gesicht des Sklaven regungslos und starr wie eine Tonmaske war, wußte er sofort, daß die angedeutete Anklage wahr war. Verwunderlich war nur, daß er sich weder verwirrt noch überrascht zeigte. Der Reihenführer erzählte noch immer etwas von der königlichen Sorge um seine Sicherheit.

Mit erhobener Hand gebot Archimedes Schweigen. Der Reihenführer hielt inne. Plötzlich herrschte eine Stille, die wie ein fallender Stein immer schwerer wurde. Er und Marcus schauten einander an. »Sind sie hier?« fragte er schließlich. Die Worte tropften in die Stille.

»Nein«, antwortete Marcus mit rauher Stimme. »Laß sie suchen.«

Archimedes betrachtete ihn noch einen Moment lang. Als Marcus ihm in die Augen schaute, spürte er zum ersten Mal, daß er die volle Aufmerksamkeit seines Herrn hatte. Bisher hatte er immer nur vage etwas hinter oder neben ihm fixiert. Erst jetzt konzentrierte sich die geballte geistige Energie, die sich hinter diesen Augen verbarg, voll und ganz auf jenen Platz im stillen Hof, wo er stand. Im Vergleich dazu wirkt die Schußöffnung eines Drei-Talenters geradezu harmlos, dachte er.

»*Waren* sie hier?« fragte Archimedes ruhig.

Marcus zögerte, dann – nickte er. »Letzte Nacht«, flüsterte er. »Als du von deinem Essen zurückkamst, waren sie schon da. Sie haben sich im Eßzimmer versteckt, bis es wieder ruhig war. Jetzt sind sie weg.« Dem ganzen Haushalt zuliebe, besonders aber für das Mädchen, das ihn erstaunt und schockiert zugleich beobachtete, richtete er sich auf und fuhr fort: »Einer davon ist mein Bruder. Ich habe ihm geholfen, weil ich dazu verpflichtet war, aber zuvor hat er mir schwören müssen, daß niemandem in diesem Hause auch nur ein Haar gekrümmt wird. Er hat mich beschworen, mit ihm zu fliehen, aber ich habe es abgelehnt. Ich wollte nicht am Angriff auf Syrakus beteiligt sein. Ich bin bereit, die Folgen meiner Tat auf mich zu nehmen.«

»Wo sind sie?« wollte der Reihenführer wissen.

»Schon nicht mehr in der Stadt«, antwortete Marcus stolz. »Inzwischen müßten sie bereits wieder in ihrem eigenen Lager sein. Du kannst so viel suchen, wie du willst, du wirst sie nicht mehr finden.«

»Du wirst mit uns kommen, wie es der König befohlen hat«, sagte der Reihenführer. Sofort senkte Marcus zustimmend den Kopf.

»Ich werde – auch mitkommen«, sagte Archimedes heiser.

Er ging über den Hof zu seiner Mutter, nahm sie in die Arme und küßte ihre Wange. »Mach dir keine Sorgen«, erklärte er ihr. »Die Männer sollen ruhig das Haus durchsuchen. Allerdings wäre es meiner Ansicht nach unsinnig, Euphanes zu dieser morgendlichen Stunde zu belästigen. Bleib hier und vergewissere dich, daß sie nichts mitnehmen. Und sieh zu, daß sie nicht frech werden.« Sein Blick wanderte von Arata zum Reihenführer hinüber. Was nun kam, war an die ganze Truppe gerichtet: »Schließlich sind wir keine unbedeutenden Leute.«

Sie überließen den Reihenführer seiner Hausdurchsuchung und brachen Richtung Ortygia auf: Agathon, Archimedes und Marcus. Letzterer ging zwischen zwei Wachleuten, aber auf Drängen von Archimedes nicht gefesselt. Obwohl Agathon keinen Ton sagte, drückte jeder Muskel an seinem kerzengeraden Rücken und jeder Seitenblick aus seinem säuerlich verkniffenen Gesicht seine totale Mißbilligung aus. Während Marcus mit gesenktem Kopf schweigend dahinging, spürte er jeden einzelnen dieser Blicke wie ein Fingerschnalzen auf seinem Gesicht. Aber noch mehr schmerzten ihn die unglücklichen, besorgten Blicke von Archimedes.

Als sie zur Villa des Königs kamen, fanden sie Hieron und Dionysios noch immer im Bankettsaal vor. Bei ihrem Eintritt sprang der König hoch und strahlte Archimedes an. »Dir gute Gesundheit und Dank den Göttern!« rief er, während er zum Händeschütteln herüberkam. »Verzeih mir, falls ich dich unnötigerweise gestört haben sollte, aber...«

»Der Sklave hat bereits gestanden«, unterbrach ihn Archimedes barsch. »Er sagt, er habe die beiden Gefangenen letzte Nacht aus der Stadt geschmuggelt.«

Hieron wandte sich zu Marcus. Noch immer lagen Spuren des Lächelns, das er Archimedes geschenkt hatte, auf seinen Lippen, aber die Augen hatten längst einen völlig anderen Ausdruck angenommen. »Wie?« fragte er.

Marcus räusperte sich. »Ich habe sie an der Stelle abgeseilt, wo die Seemauer ins Landesinnere abbiegt. Auf diesem Abschnitt gibt es nur einen Wachtposten, und der ist nicht heruntergekommen, um die ebenerdige Katapultplattform zu überprüfen. Da kein Mond schien, mußten wir lediglich abwarten, bis er außer Reichweite war.« Er schaute Archimedes an. »Ich habe mir den Kran ausgeborgt, den du gebaut hast, als ich das letzte Mal das Dach neu gedeckt habe. Den mit der Winde, mit der man Sachen festhalten kann. Weißt du noch? Wir haben sie an der Schießscharte verankert, und dann habe ich Gaius im Ziegelkorb abgeseilt. Er hatte sich einen Arm und mehrere Rippen gebrochen und hätte unmöglich selbst am Seil hinunterklettern können. Fabius ist einfach hinter ihm hergerutscht. Dann habe ich den Korb wieder hochgezogen, die Winde abgemacht und bin nach Hause gegangen.«

»Warum?« fragte der König sanft. Seine klaren, dunklen Augen ruhten mit einem undurchschaubaren Ausdruck auf Marcus.

Marcus straffte die Schultern. »Einer der entflohenen Männer ist mein Bruder. Gaius Valerius, Sohn des Gaius, aus dem Stammtribus der Valerier.«

»Ein römischer Bürger«, sagte der König.

»Ja«, sagte Marcus, »auch ich war einmal Römer.« Er warf einen kurzen Blick auf die verschiedenen Gesichter, die ihn umringten: das mißbilligende des Türhüters, Archimedes' wie vom Donner gerührt und unglücklich, Dionysios und die beiden Wachen waren wütend und verwirrt und der König – undurchschaubar. Es hatte keinen Sinn, irgend etwas zu verheimlichen, also konnte er genausogut weitersprechen. Selbst ohne sein Geständnis hätten sie gewußt, was er getan hatte. Man hatte die Wache zu ihm geschickt, also mußte sich jemand an seinen Besuch im Steinbruch erinnert haben. »Ich habe zufällig gesehen, wie man die Gefangenen in die Stadt marschieren ließ. Dabei habe ich Gaius wiedererkannt, und auch er hat mich gesehen. Ich konnte ihn nicht einfach so gehen lassen. Er war verwundet, und – ich konnte ihn nicht mit dem Gedanken fortlassen, daß ich alles vergessen hätte, was ich einmal gewesen war. Also bin ich am nächsten Tag zu ihm gegangen, um mit ihm zu reden. Aber das wißt ihr ja schon. Fabius, der zweite Mann, lag direkt neben Gaius und hat unser Gespräch mitgehört. Deshalb mußte ich auch ihn beteiligen.«

»*Ich* weiß noch nichts davon«, sagte Archimedes wie betäubt.

»Das stimmt«, bestätigte Marcus und schaute wieder zum König zurück. »Königlicher Herr, vermutlich hast du es ja schon gemerkt, aber ich kann es nur bestätigen: Archimedes hatte von der ganzen Sache keine Ahnung. Ich habe ihm nicht einmal erzählt, daß ich Römer war.« Er wandte sich wieder an seinen Herrn. »Herr, ich habe der Wache im Steinbruch erzählt, daß ich dein Sklave bin und du mich geschickt hättest, um zu prüfen, welcher Steinbruch das beste Material für den Drei-Talenter liefern würde. Sie haben mich sofort hineingelassen. Dann bin ich zur Hütte hinaufgegangen und habe mit Gaius durch die Wand geredet. Er hat mich gebeten, ihm bei der Flucht zu helfen. Ich habe ihm erklärt, daß er am jetzigen Ort besser aufgehoben sei, aber er hat's nicht geglaubt. Man hat ihnen eine Menge dummer Geschichten über dich erzählt, königlicher Herr«, fügte er, zu Hieron gewandt, entschuldigend hinzu.

»Wirklich?« fragte Hieron. »Und welche dummen Geschichten?«

Marcus zögerte, aber der König sagte: »Bitte! Ich werde dich nicht dafür tadeln, wenn du ihre Worte wiederholst. Ich würde es nur liebend gerne wissen.«

»Sie haben dich mit Phalaris von Akragas verwechselt«, sagte Marcus peinlich berührt. »Sie haben mir erklärt, du würdest Menschen bei lebendigem Leibe in einem Bronzestier kochen. Und dann haben sie noch behauptet, du hättest Leute pfählen lassen.«

»Ts, ts«, machte Hieron. »Gibt es jemand Speziellen, den ich gekocht oder gepfählt haben soll, oder habe ich meine Opfer wahllos ausgesucht?«

»Meines Wissens sollst du deine Gegner gekocht haben«, sagte Marcus, der immer verlegener wurde. »Und ihre Frauen und Kinder hast du gepfählt. Wenn ich mich recht erinnere, war von Hunderten die Rede. Ich habe Gaius erklärt, alles sei nur erlogen, aber, wie gesagt, er hat es mir vermutlich nicht richtig geglaubt. Sein Freund hat mir erklärt, ich sei schon ganz griechisch geworden. Dabei haben sie weder von Griechen eine Ahnung, geschweige denn von Syrakus.«

»Ich pfähle also Kinder, ja?« sagte Hieron nachdenklich. »Bei den Göttern! Na schön, mach weiter. Du hattest dich also verpflichtet, deinem Bruder und seinem Freund bei der Flucht zu helfen. Du hast ihnen Geld, eine Säge, ein Stück Seil und irgendeine Waffe gegeben.«

»Ein Messer«, sagte Marcus, »ja. Ich hatte gehofft, sie würden es nicht benutzen, aber ich habe gehört, daß sie's doch getan haben. Es tut mir leid um den Mann, egal, wer's war.«

»Er hieß Straton, der Sohn des Metrodoros«, sagte der König. »Ich glaube, du hast ihn gekannt.« Dieser Punkt hatte sich herausgestellt, während er mit Dionysios gewartet hatte.

Kreidebleich starrten ihn Archimedes und Marcus an. »Straton?« fragte Marcus entsetzt. »Aber – es waren doch gar nicht die Einheiten von der Ortygia, die...«

»Ich erhielt gestern das Kommando über die Gefangenen«, sagte Dionysios kalt. »Straton hatte vergangene Nacht am westlichen Mauerende Dienst. Sie haben ihm die Kehle durchgeschnitten.«

»Oh, ihr Götter!« stöhnte Marcus und schlug die Hände vors Gesicht. Er konnte die Augen nicht mehr ertragen, die ihn beobachteten. Die ganze, lange, schlaflose Nacht und die Anspannung des vorausgegangenen Tages holten ihn mit voller Wucht ein. Gleich würde er in Tränen ausbrechen. Straton! Kein namenloser Wachsoldat, sondern ein Mann, den er gekannt hatte. Ein gutmütiger Spielertyp, ein Kerl, der gerne Witze gemacht hatte, ein Mann mit dem gleichen ehrlichen Lebenshunger wie er selbst.

»Du hast ihn gemocht«, tönte leise die Stimme des Königs.

Marcus nickte hinter seinen Händen. »Ich... ja, ich mochte ihn. Er war ein Mann, der ein langes Leben verdient hätte. Oh, ihr Götter! Ich hätte ihnen nie etwas anderes als Geld geben dürfen! Gaius hat gesagt, er hätte keinen Fluchtversuch unternommen, wenn er gewußt hätte, daß ich nicht mitkommen wollte.«

»Und warum bist du nicht mit ihnen gegangen?« fragte der König. »Weshalb bist du überhaupt hier? Schließlich erwartet man nicht, einen römischen Bürger als Sklaven vorzufinden. Ich hatte vermutet, du wärest lediglich ein römischer Verbündeter und hättest jemanden wiedererkannt, der dir helfen könnte. Aber offensichtlich ist die ganze Situation wesentlich komplizierter.«

Marcus senkte die Hände. »Sie ist nicht kompliziert«, erklärte er bitter. »Ich habe mich beim Pyrrhuskrieg zu den Legionen gemeldet. Beim Angriff der Epiroten vor Asculum bin ich in Panik geraten, habe meinen Schild weggeworfen und bin gerannt. Danach habe ich behauptet, ich wäre kein Römer, um nicht zurückgeschickt zu werden.«

»Aha«, sagte Hieron mit einem empörten Unterton.

»Das verstehe ich nicht!« rief Archimedes. »Warum...«

»Die Römer töten Männer, die von ihren Posten desertieren«, sagte der König. »Sie reißen dem unglücklichen Deserteur die Kleider vom Leib und stellen ihn vor seinen Kameraden auf, die ihn dann mit Stöcken und Steinen zu Tode prügeln sollen. Sie betrachten dies als großartigen Ansporn zur Tapferkeit, was es zweifelsohne auch ist – falls man bereit ist, für Tapferkeit einen derart hohen Preis zu bezahlen.« Hieron trat näher an Marcus heran und schaute ihm prüfend ins Gesicht. Er kam ihm so nahe, daß Marcus seinen heißen Atem fühlen konnte. Leider war er zwischen den Wachen eingeklemmt und konnte nicht zurückweichen. Unter diesem prüfenden Blick fühlte er sich an diesem Morgen zum ersten Mal wirklich als Gefangener.

»Aber trotz ihrer Einstellung sind sie gar nicht immer so versessen darauf, derart scharfe Strafen zu verhängen«, fuhr der König fort. »Männer, die nur aus Panik fliehen, kommen normalerweise mit einer Prügelstrafe davon. Und außerdem ist Asculum lange her. Meiner Ansicht nach hättest du nach so langen Jahren im Exil eigentlich zurückkehren können.«

»Sie hätten von mir Informationen über die Verteidigungsanlagen von Syrakus verlangt«, sagte Marcus. Seine Stimme klang flach, er fühlte sich wie erschlagen. Wer würde ihm glauben? Er hatte den Feinden von Syrakus ein Messer gegeben, das sie benutzt hatten, um einen Bürger zu töten. Wie konnte er danach noch behaupten, er wäre loyal? Trotzdem fuhr er fort: »Wenn ich mich geweigert hätte, sie ihnen zu geben, hätten sie mich getötet.«

»Und du hättest dich geweigert?«

»Ja!« Todesmatt raffte sich Marcus mit letzter innerer Kraft auf und starrte in diese undurchdringlichen Augen. »Ob du es glaubst oder nicht, ich hätte mich geweigert. Syrakus hat sich gegenüber dem römischen Volk nichts zuschulden kommen lassen, also hat auch Rom keinen Anlaß, es anzugreifen. Was mich betrifft, so hat mir diese Stadt ein Überleben ermöglicht. Daß es das Leben eines Sklaven war, war nicht ihre Schuld. Außerdem hat sie mir Dinge gegeben, von denen ich nicht einmal gewußt hatte, daß es sie gibt. Ich stehe in ihrer Schuld, eine Schuld, die ich nie durch Unrecht bezahlen werde. Mögen mich die Götter vernichten, wenn ich's doch tun sollte – und mögen die Götter Syrakus gewogen sein und ihr die Siegeskrone schenken!«

»Dieses Gebet hätte ich am allerwenigsten von einem Römer erwartet«, bemerkte Hieron trocken. »Trotzdem hast du dem Mord an einem ihrer Verteidiger Vorschub geleistet und damit dieser Stadt bereits Unrecht zugefügt.« Er ging zu seiner Liege am Tisch zurück und setzte sich. »Laßt uns zu den Ereignissen der letzten Nacht zurückkehren. Bist du zum Steinbruch gegangen, um deinem Bruder und seinem Freund über die Mauer zu helfen?«

»Er war bei mir im Haus«, warf Archimedes dazwischen. »Wenn er fort gewesen wäre, hätten wir ihn abends vermißt. Außerdem hat er mich hereingelassen, als ich heimkam. Das war noch mehrere Stunden vor Mitternacht.«

»Er hat behauptet, sie wären schon dagewesen«, sagte Agathon. »Im Versteck.«

Marcus nickte und zählte noch einmal wie betäubt die Tatsachen auf: »Sie waren kurz vor Archimedes angekommen. Ich hatte ihnen gesagt, sie sollten, wenn möglich, zum Haus kommen, und zwar ab der dritten Nacht, nachdem ich mit ihnen gesprochen hatte. Ich ließ sie schwören, daß sie keinem Bewohner ein Haar krümmen durften.« Schaudernd fiel ihm wieder ein, wie Fabius mit dem Messer in der Hand und mit glitzernden Augen und blutiger Wange unter dem Eßzimmerfenster gekauert war. Aber es gab keinen Grund, warum er das dem König gegenüber erwähnen sollte.

»Königlicher Herr«, beschwor ihn Archimedes, »dieser Mann gehört mir.«

»Fraglich«, antwortete Hieron. »Anscheinend ist er römischer Bürger, er dürfte also gar kein Sklave sein. Marcus – *Valerius*, so heißt er schätzungsweise. Sohn des Gaius, aus dem Stammtribus der Valerier.«

»Mein Vater hatte ihn ganz legal erworben«, beteuerte Archimedes hartnäckig. »Er ist schon lange in meiner Familie und hat sich bis heute immer vertrauenswürdig erwiesen. Selbst jetzt hätte er sich nie unloyal verhalten, wenn er sich nicht durch eine ältere Bindung zu seinem Bruder verpflichtet gefühlt hätte. Er hat sich geweigert, seine eigene Sicherheit durch Verrat an der Stadt zu erkaufen, und ist hiergeblieben, um die Folgen seines Vergehens zu ertragen.«

»Tatsächlich?« fragte der König. »Oder hat er nur gehofft, daß man ihn nicht erwischt?«

»Ich hatte tatsächlich gehofft, daß man mich nicht erwischt«, warf Marcus rasch ein. »Trotzdem hatte ich mich im Falle eines Falles darauf eingestellt, die Folgen zu ertragen. Ich bin auch jetzt bereit dazu, mein König.« Er wünschte, sie würden endlich Schluß machen.

»Und was glaubst du, woraus diese Folgen bestehen?« bohrte Hieron weiter.

Schweigend starrte ihn Marcus an. Das runde Gesicht mit den strahlenden Augen war immer noch undurchschaubar. »Du wirst mich zum Tode verurteilen müssen«, sagte er. Er war stolz, wie ruhig es sich anhörte.

»Aha, Tod!« rief der König, lehnte sich auf die Liege zurück, legte die Beine hoch und überkreuzte sie. »Phalaris von Akragas, bin ich das? Weißt du, Archimedes, ich habe mich schon immer über diesen Bronzestier gewundert. Geht das technisch überhaupt? Ich meine nicht das Gießen einer hohlen Statue, sondern den ganzen Rest: daß man die Schreie der Opfer zu einem Stiergebrüll verzerrt hat.«

Archimedes blinzelte. »Technisch ist es möglich, Klänge zu verzerren, ja, natürlich. Aber...«

»Also könnte es diese Statue doch gegeben haben? Was für eine Schande. Keine Angst, ich werde dich *nicht* bitten, mir eine zu bauen! Marcus Valerius, *wofür* sollte ich dich zum Tode verurteilen? Ein braver Mann ist wegen deines Verhaltens gestorben – aber du hast ihn nicht selbst getötet, ja, du hast eindeutig seinen Tod nicht gewollt und warst bei dem Mord nicht anwesend. Man könnte dir höchstens anlasten, daß du eine Mordwaffe zur Verfügung gestellt hast, was aber üblicherweise nicht als Kapitalverbrechen gewertet wird. Es ist auch kein Kapitalverbrechen, wenn man einen Verwandten aus dem Gefängnis befreit. Und sonst hast du dir, soweit ich weiß, nichts zuschulden kommen lassen. Gewiß, du hast das Vertrauen deines hervorragenden Herrn mißbraucht und sein Haus in Gefahr gebracht, aber er scheint eher dazu zu neigen, für dich zu bitten, als dich anzuklagen. Und da ich *nicht* Phalaris von Akragas bin, werde ich dich auch nicht wegen Verbrechen zum Tode verurteilen, für die du vor Gericht eine leichtere Strafe erhalten würdest.

Deine Vergehen sind zwar keine Kapitalverbrechen, wiegen aber dennoch schwer. Welche Strafe du dafür verdienst, hängt allerdings von deinem Status ab. Und der ist, wie gesagt, fraglich. Du behauptest, ein römischer Bürger zu sein. Archimedes behauptet, du seist sein Sklave. Wenn du als Sklave deinen Herrn getäuscht, deine Stadt verraten und dem Mord an einem Bürger Vorschub geleistet hast, müßte man dich auspeitschen und zur Arbeit in die Steinbrüche schicken. Hingegen bist du als Römer ein Staatsfeind. Damit hängt deine Behandlung einzig und allein von der militärischen Oberhoheit von Syrakus ab, mit anderen Worten – von mir.« Er schaute sich prüfend im Raum um, ob irgendeiner damit nicht einverstanden war. Als sein Blick Archimedes traf, hielt er einen Moment inne.

»Ich ziehe meine Ansprüche auf diesen Mann zurück«, sagte Archimedes leise mit unsicherer Stimme. »Oder ich werde ihn nötigenfalls freilassen. Er ist in deinen Händen, mein König.«

Zum Zeichen seines Einverständnisses senkte Hieron den Kopf. »Ich denke, es genügt, wenn du deine Ansprüche zurückziehst. Möchtest du eine Entschädigung für ihn? Wieviel hat er gekostet?«

»Ich will keine Entschädigung.«

Erneut ein Nicken, dann wandte sich der König wieder an Marcus: »Marcus Valerius, Sohn des Gaius, vom Stammtribus der Valerier in der Stadt Rom, du hast zwei Landsleuten zur Flucht aus dem Gefängnis verholfen, wo man sie eingesperrt hatte. Meines Erachtens ist es nur recht und billig, wenn du ihren Platz im Gefängnis einnimmst und dann mit deinen Mitbürgern, die bewaffnet gefangengenommen wurden, mit oder ohne Lösegeld ausgetauscht oder entlassen wirst. Solltest du der Meinung sein, daß ich dich auf diese Weise schließlich doch noch zum Tode verurteilen und dein eigenes Volk zu deinem Henker machen würde, dann möchte ich hinzufügen, daß du, soweit es mich betrifft, Appius Claudius gerne über die Verteidigungsmaßnahmen von Syrakus berichten kannst. Nichts, was du erzählst, könnte diese großartige Stadt verletzen. Vielleicht könnte es ihr sogar helfen. Ich hatte sogar tatsächlich geplant, deinen Mitgefangenen genau diese Verteidigungsanlagen zu zeigen, als Heilmittel gegen die Verachtung, die der Konsul offensichtlich uns gegenüber hegt.

Und nun zu Straton, dem Sohn des Metrodoros: Er ist unter den Händen der Feinde von Syrakus gestorben. Hiermit verfüge ich, daß er ein Staatsbegräbnis bekommt und seine Familie finanziell so versorgt wird, als ob er im Kampf gefallen sei. Denn wie alle, die bei der Verteidigung der Stadtmauern sterben, ist auch er während seines Wachdienstes für diese Stadt gefallen.«

Hieron hielt inne und musterte prüfend die Anwesenden. Archimedes neigte sofort den Kopf. Dionysios zögerte und wollte offensichtlich Einwände erheben, aber nach einem Seitenblick auf Archimedes verzichtete er. Jetzt nickte auch Hieron befriedigt.

»Bringt den Gefangenen anstelle seines Bruders in den Steinbruch«, befahl er den beiden Wachsoldaten. »Hauptmann Dionysios, was den Verantwortlichen für diesen Vorfall betrifft, so widerspreche ich voll und ganz deiner Annahme. Im nachhinein können wir feststellen, daß nicht genügend Wachen im Steinbruch waren. Wir haben uns zu sehr auf die Wunden der Gefangenen verlassen. Nimm eine weitere halbe Reihe und verbessere die Situation. Agathon, bitte Nikostratos hierher. Er soll ein paar Briefe schreiben. Ich muß unbedingt die Wache an der Seemauer verdoppeln. Archimedes...« Der König zögerte. »Vielleicht möchtest du zum Frühstück bleiben?«

Archimedes schüttelte den Kopf.

»Dann betrachte, bitte, mein Haus als das deinige. Vielleicht möchtest du dich noch vor dem Heimgehen ein wenig ausruhen und sammeln.«

Die Wachen brachten Marcus hinaus, der ruhig mitging. Nur

sein Gesicht, auf dem sich Scham und Verwirrung widerspiegelten, wollte ganz und gar nicht zu einem Mann passen, der soeben gehört hatte, daß er aus der Sklaverei befreit und seinen eigenen Leuten zurückgegeben wird. Auch Dionysios ging mit ihm, um die Sicherheitsmaßnahmen für den Steinbruch neu zu regeln. Der Sekretär Nikostratos kam herein, um Hierons Briefe entgegenzunehmen, und Archimedes ging in den Garten hinaus. Er war froh über die Gelegenheit, sich ausruhen und besinnen zu können, ehe er sich wieder auf die Straße wagte. Der ganze Vorfall hatte ihn doch mehr erschüttert und verwirrt, als er es je für möglich gehalten hätte.

Als Delia auf dem Weg zum Frühstück in den Garten kam, saß er neben dem Brunnen und kräuselte das Wasser mit seinen Fingern. Abrupt blieb sie stehen, hielt die Luft an und beobachtete ihn eine Minute stumm.

Seit Hieron seinem außergewöhnlichen Ingenieur Reichtum und Ehre versprochen hatte, hatte eine Möglichkeit in ihr Form angenommen, die sie bisher vollkommen verworfen hatte. Sie hatte nicht gewußt, was sie damit anfangen sollte. Ihr Bruder wollte Archimedes auf alle Fälle in Syrakus halten, aber das hieß noch lange nicht, daß er deswegen seine eigene Schwester mit einem Lehrerssohn aus der Mittelschicht verheiraten wollte. Und dieses Wissen machte sie todunglücklich. Trotzdem flüsterte ihr ein unzuverlässiger Teil ihres Gehirns immer wieder hinterlistig ein, daß Hieron vielleicht unter Zwang doch so eine Heirat akzeptieren würde, auch wenn er sie eigentlich nicht haben wollte. Wenn sie zum Beispiel ihre Liebe zu Archimedes erklären würde, und wenn dann Archimedes damit drohen würde, er würde nach Alexandria gehen, falls Hieron seine Zustimmung zu dieser Verbindung verweigern würde.

Es war wie mit den geheimen Stelldicheins: Sie hätte nie darüber nachdenken dürfen. Sie war ihrem Bruder durch ihre Heirat einen politischen Vorteil schuldig. Es war das einzige, wie sie die vielen Geschenke erwidern konnte. Außerdem hatte er jeden nur möglichen Vorteil verdient. Hieron hatte eine Stadt übernommen, die von den Pyrrhuskriegen erschüttert war, eine bankrotte Stadt, die ihre Flotte und ihre Schätze verloren hatte, eine Stadt, deren Bürger in Aufruhr waren und deren Armee meuterte. Er hatte sie zusammengeschweißt und wieder stark und reich gemacht. Dies war bereits eine außerordentliche Leistung, aber für die Tatsache, daß alles ohne Gewalt oder Ungerechtigkeit vonstatten gegangen war, gab es in der gesamten Geschichte von Syrakus noch keine Parallele. Sie wußte, was sie tun müßte, sie hatte es schon immer gewußt: Sie mußte Archimedes erklären, daß sie einander nicht mehr treffen durften, und sich dann in ihr Schicksal fügen. Aber schon beim bloßen Gedanken an ihn verspürte sie keinen Funken Resignation mehr.

Aber die andere Idee war genauso entsetzlich: Sie ging zu Hieron und gestand ihm, was sie getan hatte und noch tun wollte, und mußte dann seinen Zorn ertragen oder, was noch viel schlimmer war, seinen verständnislosen Schmerz.

Außerdem hatte sie keine Ahnung, ob Archimedes sie heiraten wollte. Manchmal hatte sie das Gefühl, er würde sie lieben, dann aber wieder kam es ihr vor, als ob er sie als schamlose Person verachten müsse. Die Art, wie sie sich ihm an den Hals geworfen hatte, war ja auch wirklich schamlos gewesen! Ob er tatsächlich vorhatte, nach Alexandria zu gehen? Wollte sie die Fessel sein, die ihn an Syrakus band? Sie hatte Angst, ihn wiederzusehen, Angst, daß er ihren unmöglichen Vorschlag zurückweisen würde.

Schließlich hatte sie beschlossen, sich mit seiner Schwester zu unterhalten. Vielleicht konnte sie auf diese Weise herausbekommen, was er über sie dachte. Aber genau das war eine Katastrophe gewesen. Anscheinend hatte Philyra noch gar nichts von ihr gehört, weder im Guten noch im Bösen, und obendrein hatte sie sie nicht gemocht. Der Grund dafür war ihr nicht recht klar, aber vermutlich hatte es, wie sooft bei ihr, daran gelegen, daß sie das Gespräch falsch geführt hatte. Königin Philistis war mit dieser Einladung ganz und gar nicht einverstanden gewesen, obwohl sie zugeben mußte, daß daran absolut nichts ungebührlich gewesen war. Während des Besuches von Philyra war sie die ganze Zeit über im Zimmer gewesen und hatte jedesmal die Stirn gerunzelt, wenn der Name Archimedes fiel. Philistis war mit Archimedes insgesamt nicht einverstanden. Sie hielt ihn für einen eingebildeten, jungen Mann, der längst mit mehr Respekt behandelt wurde, als ihm gebührte, und dem es nicht zustand, ihren Mann am Ende eines besonders aufreibenden Tages zu belästigen und ihm dann auch noch Betrug zu unterstellen. Nur weil Hieron die Beziehung zu diesem Mann unbedingt aufrechterhalten wollte, machte Philistis das Spiel mit, aber trotzdem konnte sie ihn nicht leiden.

Und jetzt war Archimedes persönlich hier. Zerknittert und müde starrte er traurig ins Brunnenbecken, während rings um ihn das frühe Morgenlicht zarte Schatten durch die Blätter des Gartens warf.

Als Delia vortrat, schaute er auf. Er war nicht überrascht, sondern blinzelte sie nur zerstreut an. In Gedanken war er immer noch bei dem, was er dort im Wasser betrachtet hatte.

»Gute Gesundheit!« sagte sie und bemühte sich, ihre Stimme ruhig zu halten. »Was führt dich so früh hierher?«

Bei dieser Bemerkung machte er eine Grimasse, zog die Schultern hoch und stand auf. »Nichts Angenehmes«, erzählte er unglücklich, »mein Sklave Marcus hat zwei römischen Gefangenen bei der Flucht geholfen. Einer der Wachsoldaten wurde dabei getötet, ein Mann, den ich kannte, ein guter Mann.«

»Ach, bei den Göttern!« rief sie betroffen, dann fügte sie rasch hinzu: »Ich bin überzeugt, daß dir mein Bruder keinerlei Schuld am Verhalten deines Sklaven gibt.«

Er schüttelte den Kopf, aber seine verkrampfte Haltung blieb unverändert. »Er wird anstelle der Gefangenen eingesperrt – Marcus, meine ich –, obwohl Hieron angedeutet hat, man würde ihn mit den anderen Römern austauschen oder freilassen. Ich – schäme mich.«

»Du bist doch nicht schuld daran, wenn ein Sklave etwas Böses tut!«

Er schüttelte den Kopf. »Damit hat es gar nichts zu tun! Ich habe Marcus zuvor noch nie richtig wahrgenommen, er war einfach immer nur *da*. Dabei ist er wirklich ein ganz außergewöhnlicher Mensch. Eigentlich ist er ja römischer Bürger und hat diesen Männern zur Flucht verholfen, weil einer von ihnen sein Bruder ist. Er hätte ebenfalls fliehen können, was er aber nicht getan hat, weil er Syrakus nicht verraten wollte. Und ich habe jetzt begriffen, daß dies völlig zu ihm paßt. Er fühlte sich gegenüber seinem Bruder genauso verpflichtet wie gegenüber Syrakus. Also hat er beide Verpflichtungen so gut wie möglich erfüllt. Dann ist er dagestanden und hat erwartet, daß er dafür sterben muß. Er hat sich nicht einmal darüber beklagt. Er war immer absolut ehrlich und gewissenhaft. Das hätte mir unbedingt auffallen müssen, aber ich nehme die Leute selbst dann nicht wahr, wenn sie mir direkt vor den Augen stehen. Ich habe doch nur Augen für die Mathematik.«

Sie wußte nicht recht, was sie darauf antworten sollte. So ging sie nur zum Brunnen hinüber und setzte sich auf den Rand. »Vermutlich ist Mathematik etwas Rationales und Menschen nicht«, sagte sie.

Er schnaubte reumütig. »Kennst du das Lied der Sirenen?

›Lenke dein Schiff ans Land und horche unserer Stimme.
Denn hier fuhr noch keiner im schwarzen Schiffe vorüber,
Eh' er dem süßen Gesang gelauscht aus unserem Munde,
Dann aber scheidet er wieder, beglückt, und weiß um ein Neues...
Denn wir wissen dir alles,
Wissen, was irgend geschieht auf der vielernährenden Erde!‹«
Mit gedämpfter Stimme fuhr er fort:
»›Also riefen mir süß die Singenden, daß mir das Herz schwoll,
Länger zu lauschen, und mich zu lösen, hieß ich die Freunde,
Doch sie legten nur noch mehr Fesseln an und banden mich stärker.‹

Mathematik ist wie eine Sirene, schätzungsweise ist es gut, daß sich ein Großteil der Welt die Ohren mit Wachs verstopft hat und sie nicht hören kann. Das klingt jetzt, als ob ich mich dafür schämen würde, aber ändern werde ich mich trotzdem nicht. Sobald sie wieder für mich zu singen anfängt, werde ich jeden und alles vergessen.«

Lange Zeit versank sie in Schweigen und dachte über ihn und sich und über ihren Bruder nach. Schließlich wiederholte sie leise: »Ketten – weißt du, Hieron hat davon gesprochen, dich an Syrakus anzuketten. Ist dir dieser Gedanke verhaßt?«

Er antwortete nicht sofort. Als ihn Hieron heute morgen zu sich zitiert hatte, war er sich wie ein Sklave vorgekommen. Er hatte sich verraten gefühlt. Das Ausmaß seiner Empörung darüber hatte ihn selbst erstaunt. Er hatte gar nicht realisiert, wie sehr er bereits in dem Glauben gelebt hatte, er würde in Syrakus bleiben und mit dem König zusammenarbeiten. *Mit* dem König – das war der springende Punkt. Nicht *für* ihn. Früher hatte er es für unvermeidlich gehalten, unter dem Befehl eines anderen Mannes zu stehen, und hatte sich bereits mehr oder weniger damit abgefunden. Aber je mehr er seine eigene Macht schätzen gelernt hatte, um so mehr war diese Resignation abgebröckelt. Die Art und Weise, wie ihn Hieron zu steuern versucht hatte, hatte ihn beeindruckt. Er hatte es nicht gemocht, aber interessant war es dennoch gewesen und auf seine Weise so elegant wie ein geometrischer Beweis. Er hatte es als klares Signal dafür gewertet, daß der König in Wahrheit die Kunst der Überredung bevorzugte und nicht das Dekret. Außerdem hatte er allmählich eine gewisse Sympathie für Hieron selbst entwickelt: für seinen Scharfsinn, die rasche Auffassungsgabe und seine effiziente Reaktion und für seinen guten Humor. Und dann war da noch Delia. Sie war es wert, in Syrakus zu bleiben – falls er sie bekommen konnte. Und über diese Möglichkeit dachte er inzwischen immer intensiver nach. Schließlich hatte ihm Hieron fast alles versprochen.

Aber vielleicht war das nur wieder ein neuer Trick? Die Position, die Hieron für ihn erfunden hatte, hatte ihn deutlich mehr beeindruckt als irgendein simpler Vertrag, den er in Ägypten bekommen konnte. Aber was dann, wenn es in Wirklichkeit etwas deutlich Geringeres war? Wenn es nur eine Vortäuschung falscher Tatsachen war, um ihn zu betrügen? Wäre er ein Freund und Ratgeber des Königs auf gleicher Basis oder – nur ein bezahlter Dienstbote?

»Ich stehe tief in der Schuld deines Bruders«, sagte er endlich langsam, »und vermutlich möchte er mich genau dort haben. Aber nichts von dem, was er mir bisher gegeben hat, könnte ich nicht zurückzahlen – nicht einmal das Leben von Marcus. Was ich konstruieren kann, ist sehr viel wert, also mache ich mir da auch keine Gedanken. Ketten. Nun ja.« Stirnrunzelnd betrachtete er seine eigenen, flachen, grobknochigen Handgelenke, als ob er Fesseln betrachten würde. »Sirenen fressen Menschen. Odysseus konnte ihren Gesang nur wegen seiner Ketten überleben. Vielleicht brauche ich sie. Vielleicht muß ich an eine Stadt und an Menschen gebunden sein, die nichts mit Mathematik zu tun haben. Und außerdem würde es überall Ketten geben. Falls mir König Ptolemaios eine Stelle anbieten würde, dann wäre es wegen Wasserschnecken und Katapulten und nicht wegen reiner Mathematik. Also bleibt mir in Wirklichkeit nur die Wahl, für wessen Ketten ich mich entscheide und wie schwer sie sind.«

»Also denkst du *immer noch* daran, nach Alexandria zu gehen?« fragte sie.

Er schaute zu ihr auf und stöhnte. »Ach, bitte nicht! *Jeder* hat mit mir über dieses Thema gestritten.«

»Ich will nicht, daß du gehst!« sagte sie unvorsichtig, dann wurde sie rot.

Er nahm ihre Hand. Ihre hübschen, starken Flötenspielerfinger klammerten sich um seine. »Delia«, fing er beschwörend an, brach dann aber ab, weil er nicht wußte, was er eigentlich sagen wollte. Eine Zeitlang schauten sie einander tief in die Augen, nicht aus liebevoller Verzückung, sondern nur in dem verzweifelten Versuch, den Willen und die Gedanken des anderen zu ergründen.

»Dann möchte ich dir jetzt eine Frage stellen«, sagte er schließlich. »Gibt es eine Chance, daß du der Grund für mein Bleiben werden könntest?«

Sie errötete noch mehr. »Vielleicht würde Hieron...«, flüsterte sie. »Vielleicht... nein!« Sie hatte sich geschworen, keinen Versuch zu unternehmen, um Hierons Einverständnis zu erzwingen, und all seine Güte mit dieser – dieser Unverschämtheit zu vergelten. Sie wandte den Blick ab und versuchte es noch einmal. »Ich kann nicht...« Da merkte sie, daß sie sich noch immer an die Hand von Archimedes klammerte, und hielt inne. Vor Scham schossen ihr die Tränen in die Augen. Soweit war es also mit ihrer Willensstärke gekommen: Während sie versuchte, diesen Mann aufzugeben, konnte sie nicht einmal seine Hand loslassen. Sie schüttelte den Kopf und schluchzte verzweifelt: »Ich *kann nicht!*«

»Das liegt auch nicht an dir«, erklang seine Stimme neben ihr, »sondern an deinem Bruder. Ich werde mit ihm reden.«

Sie riskierte einen Blick hinüber und sah, daß er vor Freude übers ganze Gesicht strahlte. Er hatte genug verstanden – ihre Gedanken.

»Bis auf das Museion hat er mir *alles* versprochen«, erklärte er ihr vernünftig. »Dabei habe ich von den Göttern nie soviel Gunst erwartet. Warum soll ich nicht um mehr bitten? Das schlimmste, was passieren kann, ist, daß er nein sagt. Ich werde ihn fragen. Ich werde einen guten Zeitpunkt abpassen und ihn dann fragen. Wenn der Drei-Talenter fertig ist, dann werde ich ihn fragen.«

13

Marcus wurde buchstäblich an die Stelle seines Bruders gesteckt: in die mittlere der drei Steinbruchhütten, mit den Fußeisen von Fabius an den Knöcheln. Die anderen Gefangenen reagierten auf seine Ankunft erstaunt und mißtrauten seinem Lebensbericht. Ihm war das ziemlich egal. Den ersten Gefängnistag verschlief er zum Großteil. Gegen Mittag weckten ihn die Wachen, als sie die Gefangenen im Zuge der verstärkten Sicherheitsmaßnahmen aneinander ketteten. Die durchgesägten Bretter der Hüttenwand hatte man schon vor seiner Ankunft ausgetauscht. Nun bezogen zwei weitere Wachen jeweils im Inneren der Hütte an den Seitenwänden Position. So konnten sie all das im Auge behalten, was den beiden Türposten eventuell entging. Aber auch das war Marcus – wie inzwischen fast alles – herzlich egal. Eigentlich hätte er ein Gefühl von Freude und Begeisterung empfinden müssen – schließlich sollte er allem Anschein nach wieder ein freier Mensch sein und am Leben bleiben. Aber er war viel zu erschöpft. Sie mußten ihn nicht einmal töten, er fürchtete bereits die Anstrengung, die ihn das Eingewöhnen unter seine Landsleute kosten würde. Er verzehrte das Essen, das ihm die Wachen gebracht hatten, und legte sich wieder schlafen.

Er erwachte mit dem Gefühl, beobachtet zu werden, und setzte sich abrupt auf. Am Ende seiner Matratze kauerte Archimedes mit besorgter Miene und ließ die Hände über die Knie baumeln. Argwöhnisch beäugten die übrigen Gefangenen von allen Seiten stumm den Besucher. Wenige Schritte entfernt stand ein Wachsoldat nervös herum. Im Dämmerlicht der Hütte konnte man nicht sehr viel erkennen, aber Marcus hatte das Gefühl, als ob es Abend wäre.

»Tut mir leid, daß ich dich aufgeweckt habe«, sagte Archimedes.

»Ich habe den ganzen Tag verschlafen«, antwortete Marcus verlegen. Er wußte nicht, was er sagen sollte. Der andere Mann kam ihm fast wie ein Fremder vor, und doch kannte er Archimedes genauso in- und auswendig wie Gaius. Er hatte ihn aufwachsen sehen, vom Kind zum Mann, gemeinsam hatten sie in einem fremden Land Logis und eine knappe Kasse geteilt. Innerlich hatte er Archimedes nur selten als seinen Herrn und Meister betrachtet, aber sein Sklaventum hatte dennoch die Grenzen ihrer Beziehung festgelegt. Inzwischen hatte sich laut dem Urteil Hierons herausgestellt, daß er, rein rechtlich gesehen, eigentlich nie ein Sklave gewesen war. Nachdem auch dieses Band zerschnitten war, trieb er jetzt nur noch hilflos in einem Meer aus vagen Gefühlen herum.

»Ich, äh, habe dir ein paar Sachen mitgebracht«, sagte Archimedes, der genauso verlegen war wie Marcus, und stellte ein Bündel ans Matratzenende.

Marcus erkannte sofort, worin das Bündel eingewickelt war: in seinen eigenen Wintermantel. Er zog es zu sich her und knotete die Enden auf. Drinnen lag seine zweite Tunika, die für den Winter, eine Terracottastatue der Aphrodite, die er in Ägypten mit dem Geld aus den Wasserschnecken gekauft hatte, sowie einige andere Kleinigkeiten, die er im Laufe der Jahre aufgehoben hatte. Außerdem befand sich ein kleiner Lederbeutel darin, in dem es klingelte, und eine längliche Schatulle aus poliertem Pinienholz. Erst starrte er die Schatulle nur an, dann hob er sie auf und öffnete sie: drinnen lag der Tenoraulos von Archimedes. Das harte Bergahornholz war rund um die Grifflöcher schon ganz dunkel und hatte glänzende Gebrauchsspuren. Schockiert blickte er hoch.

»Ich, äh, dachte, du könntest dir vielleicht selbst das Spielen beibringen, solange du hier bist«, sagte Archimedes. »Es wäre eine Beschäftigung, während du auf den Austausch wartest.«

Marcus nahm die Flöte in die Hand. Das Holz fühlte sich unter seinen Händen warm und so glatt wie Wasser an. »Das kann ich nicht, Herr«, sagte er. »Sie gehört dir.«

»Ich kann mir eine andere kaufen. Endlich kann ich mir das leisten. Ich weiß gar nicht, warum du bisher nie ein Instrument gelernt hast.«
»Das ist nicht Römerart«, erklärte ihm Marcus hilflos. »Mein Vater hätte mich geschlagen, wenn ich darum gebeten hätte.« Archimedes blinzelte. »Nur wegen der ganzen Witze über Flötenjungen?«
»Nein«, erwiderte Marcus leise. »Nein – er hielt Musikunterricht für einen unmännlichen Zeitvertreib. Außerdem hätte er gesagt, Musik sei ein Luxus, und Luxus verderbe die Seele. Während der Arbeit oder als Zeitvertreib hat er sie toleriert, aber sonst hat er immer behauptet, Landwirtschaft und Krieg wären die einzigen Dinge, die es wert sind, daß sich ein Mann mit ihnen intensiv beschäftigt.«

Wieder blinzelte Archimedes, während er versuchte, sich geistig auf diese bizarre Idee einzustellen. Auch die Griechen vertraten die Meinung, Luxus führe ins Verderben, aber Musik war für die Griechen kein Luxus, sondern etwas Lebensnotwendiges. Ohne sie waren Menschen keine wahren Menschen. »Dann willst du sie also nicht haben?« fragte er und gab es auf, darüber nachzudenken.

Marcus fuhr mit seinem schwieligen Daumen über die Flöte, dann flüsterte er: »Ich will sie, Herr.« Aber plötzlich klopfte sein Herz schneller. Wenn er zu seinem eigenen Volk zurückging, dann mußte das noch lange nicht heißen, daß er alles aufgab, was er gelernt hatte. Warum sollte er nicht Flöte spielen? Mit seinem Vater war er sowieso nie einer Meinung gewesen! »Danke.«

Archimedes lächelte. »Gut. Ich habe drei Rohrblätter in die Schatulle gesteckt, das sollte eine Weile reichen. Solltest du länger hier sein, werde ich dir Nachschub bringen. Oder du kannst dir auch von deinen Wärtern ein paar besorgen lassen. Und sobald du mit dieser Flöte zurecht kommst, wirst du eine zweite wollen. Du kannst selbst entscheiden, welche Stimmlage sie haben soll. Hier ist ein bißchen Geld.« Er deutete vage auf den Lederbeutel.

»Danke«, sagte Marcus erneut. »Herr, es tut mir leid.«

Archimedes schüttelte rasch den Kopf. »Du konntest doch deinen eigenen Bruder nicht im Stich lassen.«

Marcus schaute ihm in die Augen. »Vielleicht nicht. Trotzdem habe ich dein Vertrauen mißbraucht und dich in Gefahr gebracht. Wenn Fabius damals, als du hereinkamst, klargewesen wäre, wer du bist, hätte er dich vermutlich getötet. Ich hätte ihn nie in dieses Haus bringen und ihm nie dieses Messer geben dürfen. Deshalb – verzeih mir.«

Archimedes blickte zu Boden, er wurde rot im Gesicht. »Marcus, mein Vertrauen wurde zu Recht mißbraucht. Weißt du noch, wie wir damals nach dem Bau der Wasserschnecken wieder nach Alexandria zurückgekommen sind? Wie ich dir gesagt habe, du sollst das ganze Geld in unsere Wohnung bringen? Später haben mir meine Freunde erklärt, ich sei ein Idiot, weil ich dir einen derart hohen Betrag anvertraut habe, aber ich bin einfach nie auf den Gedanken gekommen, daß du es stehlen könntest.«

Marcus schnaubte. »Ich schon!«

»Tatsächlich? Nun, warum auch nicht! Schließlich hätte es für dich Freiheit und Unabhängigkeit bedeutet. Aber du hast es nicht gemacht. Du hast es nach Hause getragen und mich dann tagelang bedrängt, bis ich es auf eine Bank gebracht habe. Aber was ich damit sagen wollte: Ich hatte kein Recht, dich mit soviel Vertrauen zu belasten. Das war arrogant von mir. Ich hatte nie etwas getan, um eine derart hohe Loyalität zu verdienen. Ich war ein nachlässiger, leichtsinniger Herr, der sich voll und ganz auf dich verlassen hat. Nie habe ich auch nur im entferntesten daran gedacht, wieviel Anerkennung du dafür verdienst, daß du mich nicht enttäuscht hast. Also – verzeih auch du mir.«

Marcus spürte, wie ihm heiß wurde. »Herr...«, fing er an.

»Du mußt mich nicht so nennen.«

»Selbst vor diesem Morgen stand ich schon wegen vieler Dinge in deiner Schuld. Die Musik ist eines davon, die Mechanik ein anderes. Jawohl, das ist eine Schuld. Ich habe, glaube ich, noch nie so gerne gearbeitet wie beim Bau der Wasserschnecken. Und seit heute morgen schulde ich dir noch mehr. Wenn ich der Sklave eines anderen gewesen wäre, hätte man mich ausgepeitscht und in die Steinbrüche geschickt. Der König hat mich milde behandelt, weil du dich für mich eingesetzt hast. Und das weißt du genausogut wie ich. Ich habe keine Möglichkeit, meine Schuld zurückzuzahlen. Deshalb belaste mich nicht auch noch mit deinen Entschuldigungen.« Archimedes schüttelte den Kopf, gab aber keine Antwort. Nach einem Moment wechselte er das Thema und fragte:»Möchtest du, daß ich dir zeige, wie man diese Flöte spielt?«

Es folgte eine kurze Lektion im Aulosspiel: Fingersatz, Atemtechnik und die Positionierung der Metallringe. Marcus spielte zittrig einige Tonleitern, dann saß er da und streichelte das seidige Holz. Allein das Berühren war wie ein Versprechen für die Zukunft. Es verlieh ihm unerwartet Hoffnung.

Archimedes räusperte sich verlegen.»Nun«, meinte er,»ich werde daheim erwartet. Wenn du etwas brauchst, benachrichtige mich.« Marcus öffnete den Mund, aber Archimedes beschwor ihn:»Tu's nicht! Seit ich ein Kind war, warst du ein Mitglied meines Haushaltes. Verständlicherweise möchte ich dir helfen, wenn ich kann.«

Plötzlich verstand Marcus, warum er sich so betäubt gefühlt hatte. Zum zweiten Mal in seinem Leben verlor er Heim und Familie.

»Bitte sage allen im Haus«, flüsterte er,»wie leid es mir tut. Und richte Philyra aus, ich hoffe, daß sie in ihrer Ehe sehr glücklich wird, ob mit Dionysios oder mit einem anderen. Ich wünsche euch allen eine gute Zeit.«

Archimedes nickte und stand auf.»Ich wünsche dir auch alles Gute, Marcus.« Er wandte sich zum Gehen.

Bei diesem Anblick überwältigte Marcus urplötzlich ein Gefühl größter Dringlichkeit, das fast schon an Panik grenzte. Irgend etwas zwischen ihnen war noch offen. Schon der Gedanke, daß er mit diesem unverdauten Klumpen von Gefühlen zurückbleiben sollte, jagte ihm entsetzliche Angst ein. Er sprang hoch, daß die Fußeisen nur so klirrten, rief»Medion!« und biß sich sofort auf die Zunge. Zum ersten Mal hatte er den familiären Kosenamen verwendet.

Archimedes schien das gar nicht bemerkt zu haben, er schaute nur fragend zu Marcus zurück. In der hereinbrechenden Dunkelheit konnte man seine Miene gerade noch erkennen.

Einen Augenblick lang wußte Marcus nicht, was er sagen sollte, aber dann hielt er ihm die Flöte hin und fragte: »Könntest du mir die Melodie vorspielen, die du letzte Nacht gespielt hast?«

Langsam streckte Archimedes die Hand aus und nahm das Instrument. Er regulierte den Metallring. »Eigentlich bräuchte ich dazu auch noch die Sopranflöte«, meinte er entschuldigend. »Ohne die wird's nicht so klingen.« Trotzdem setzte er die Flöte an die Lippen und intonierte sofort dieselbe liebliche Tanzmelodie, die in der vergangenen Nacht den Innenhof erfüllt hatte.

Die Hütte schien den Atem anzuhalten. Einer der Wächter war fortgegangen, um eine Lampe zu holen. Nun war er wieder da und stand stumm im Mittelgang und lauschte. Ringsherum leuchteten die Augen der Gefangenen im Lampenschein auf. Auch sie wurden von diesem Tanz magnetisch angezogen, bis sich diese unerklärliche Trauer in die Musik schlich und sie verwirrte. Auf einer Einzelflöte klang die Melodie klarer, die Tempi- und Tonlagenwechsel waren präziser zu hören. Aber eines blieb gleich: das Gefühl des Auseinanderbrechens und die Auflösung, die am Ende wie ein Wunder schien. Und zum Schluß ging der vertraute Trauermarsch ganz sanft in Stille über. Einen Augenblick blieb Archimedes mit gesenktem Kopf stehen und betrachtete seine Finger auf den Grifflöchern.

»Und jetzt wünsche ich dir alles Gute«, sagte Marcus leise in die Stille hinein.

Archimedes schaute auf, ihre Blicke trafen sich. Das Ungelöste zwischen ihnen hatte sich wie von selbst gelöst, die Bindungen vertieft. Mit einem traurigen Lächeln gab Archimedes Marcus die Flöte zurück. »Möge dich wirklich nur Gutes erwarten, Marcus Valerius«, sagte er. Der fremde Familienname ging ihm ein wenig zögernd über die Lippen.

»Dich auch, Archimedes, Sohn des Phidias«, sagte Marcus. »Mögen dir die Götter gewogen sein.«

Langsam ging Archimedes vom Steinbruch durch die dunklen Straßen nach Hause. Weil er nicht an Marcus denken wollte, dachte er statt dessen über die Melodie nach, die er gespielt hatte. Ein Lebewohl für Alexandria hatte er es genannt. Es gefiel ihm gar nicht, daß sich sein Inneres anscheinend bezüglich Alexandria entschieden hatte, ohne ihn vorher gefragt zu haben. Und das obendrein, ehe die Sache mit Delia entschieden war. Wenn Delia...

Einen Augenblick verlor er sich in der Erinnerung an Delias Kuß, dann gingen die Gedanken weiter, allerdings wesentlich grimmiger. Er mußte jetzt unbedingt wissen, ob ihn Hieron als Verbündeten betrachtete oder nur als wertvollen Sklaven.

Delia war der Test dafür. Hieron könnte sein Einverständnis zu dieser Verbindung aus vielen, guten Gründen verweigern, falls aber schon die Bitte als Beleidigung aufgefaßt würde, wäre er in Ägypten besser aufgehoben, und wenn er Syrakus dazu bei Nacht und Nebel incognito verlassen müßte.

Zu Hause brannten Lampen im Innenhof, die Familie erwartete ihn: Arata und Sosibia beim Spinnen, die kleine Agatha wickelte Wolle auf, Philyra spielte Laute, und Chrestos saß ohne Beschäftigung unter der Tür. Archimedes war den ganzen Tag nicht zu Hause gewesen. Er hatte lediglich einen von Hierons Sklaven nach Hause geschickt, um der Familie den Vorfall berichten zu lassen und Chrestos anzuweisen, er solle sämtliche Habseligkeiten von Marcus zusammenpacken und zu ihm in die Katapultwerkstatt bringen. Er hatte nicht mit seiner Familie reden wollen, weder über Marcus, noch über Delia – noch nicht. Jetzt warteten alle auf ihn, um mit ihm zu sprechen.

Mit ihrer üblichen Geduld und ihrem klaren Sinn für Prioritäten erkundigte sich Arata zuerst, ob er schon gegessen habe. Als er verneinte, brachte sie ihn ins Eßzimmer und setzte ihm einen Teller Fischeintopf vor. Philyra saß mit roten Augen schniefend am Tisch, stützte die Ellbogen auf und schaute ihm beim Essen zu.

Die Sklaven standen verstört herum, und selbst seine Mutter runzelte besorgt die Stirn. Nach den ersten Bissen gab er auf und begann, ihnen die ganze Geschichte von Marcus zu erzählen.

»Wird's ihm wieder gutgehen?« fragte Philyra und kaute auf ihren Fingernägeln herum, obwohl ihre Mutter energisch dagegen angekämpft hatte. Jetzt fiel sie nur noch in diese Gewohnheit zurück, wenn sie zutiefst unglücklich war.

»Ich hoffe es«, war alles, was Archimedes dazu sagen konnte. »Hieron hat gesagt, er dürfe gerne jede Frage des römischen Generals beantworten. Und außerdem ist ja noch sein Bruder da, um für ihn einzutreten. Ich würde schon meinen, daß er wieder in Ordnung kommt.« Innerlich war er sich leider nicht so sicher. Eigentlich *müßte* Marcus wieder in Ordnung kommen – aber er war so kompromißlos ehrlich. Er hatte einem Taraser Söldner nicht den Gefallen getan, für die Zerstörung Roms zu beten, und er würde es auch nicht für die Eroberung von Syrakus tun, nicht einmal einem römischen Konsul zuliebe.

Aber vielleicht würde es der römische Konsul gar nicht verlangen. Man würde Marcus mit achtzig weiteren Gefangenen ausliefern, und dann würde ihn wahrscheinlich sein Bruder im Heer begrüßen und beschützen. Eigentlich *müßte* er wieder in Ordnung kommen.

»Sie sind Barbaren«, sagte Philyra, der schon wieder die Tränen in den Augen standen. »Die wären in der Lage, ihm alles anzutun! Kann er denn nicht einfach wieder zu uns kommen? Es war doch nicht seine Schuld. Medion, das hast du doch auch dem König erzählt, oder? Ich meine, es war sein eigener Bruder, sonst hätte er nicht...«

»Der König hat bereits große Milde walten lassen«, sagte Arata ruhig. »Deinem Bruder zuliebe, Philyra. Mehr können wir nicht verlangen. Schließlich wurde durch die Tat von Marcus ein Mann getötet.«

Unglücklich räusperte sich Archimedes und sagte dann: »Als ich vor kurzem bei Marcus war, hat er, äh, gesagt, ich soll allen ausrichten, wie leid es ihm tut. Er wünscht uns alles, alles Gute.

Und dann hat er noch gesagt, Philyra, er hofft, daß du sehr glücklich wirst, egal, ob du Dionysios heiratest oder einen anderen.«

Philyra nahm ihre zerkauten Finger aus dem Mund und starrte ihn an. Da begriff er, daß er ihr noch gar nichts von Dionysios erzählt hatte.

»Dionysios hat erst letzte Nacht um deine Hand angehalten«, sagte er zu seiner Verteidigung. »Ich wollte es dir, äh, heute morgen mitteilen.«

Anschließend erzählte er ihr von Dionysios. Es folgte eine beträchtliche Diskussion über den Mann und seinen Antrag, bis man sich schließlich darauf einigte, daß Archimedes den Hauptmann zum Essen einladen würde, damit ihn auch die restliche Familie näher begutachten könne. Aber als die anderen zu Bett gingen, saß Philyra noch eine Weile allein im Hof unter den Sternen und spielte auf der Laute. Ihre Gedanken waren nicht bei Dionysios.

»Ich möchte nicht, daß du schlecht von mir denkst«, hatte Marcus ihr erst letzte Nacht erklärt. »Egal, was passiert, ich habe diesem Haus nie auch nur im geringsten schaden wollen, bitte glaube mir.«

Sie glaubte ihm tatsächlich, und sie dachte nicht schlecht von ihm. Durch sein ruhiges Geständnis hatte das Wort Mut seit heute morgen eine neue Definition für sie bekommen. Sie merkte, daß sie ihn nicht mehr als Sklaven betrachtete. Wenn sie nun an ihn als freien Mann dachte, dann war es ein Mann, den sie liebte. Ein tapferer, ehrenwerter und stolzer Mann, der sie – das erkannte sie inzwischen klar – geliebt hatte.

»Weißt du noch«, sang sie und zupfte sachte die Lautensaiten, »Weißt du noch, als ich zu dir
dies heilig' Wort gesagt?
›Die Zeit ist süß, doch schnell vorbei,
kein Flügelschlag sie je erreicht.‹
Sieh her! Sie liegt im Staub, die Blume dein.«

Vermutlich würde sie ihn bis ans Ende ihres Lebens als etwas in Erinnerung behalten, das auf tragische Weise gescheitert war – eine versäumte Verabredung, ein verlegter Brief, eine Person, die man mit schrecklicher und unwiederbringlicher Konsequenz mißverstanden hat. Aber es war längst zu spät, um das Verwehte zurückzuholen. Die zerpflückten Blütenblätter lagen zerstreut im Staub. Sie spielte noch eine Weile weiter, dann legte sie die Laute weg und ging zu Bett.

In derselben Nacht griff eine römische Streitmacht im Schutze der Dunkelheit die Seemauer von Syrakus an, aber Hieron hatte zusätzlich Wachen aufgestellt. Sie sahen die heimlichen Truppenbewegungen, die sich vor der schimmernden Meeresoberfläche abzeichneten, und schlugen Alarm. Als die Römer entdeckt wurden, hatten sie bereits die Katapultreichweite unterlaufen, waren jedoch schon so nahe am Kliff, daß man sie mühelos direkt von den Mauern aus mit Katapultgeschossen bombardieren konnte. Einigen Zentnern Steinen folgten mehrere Katapultkartätschen, die explodierten und die Angreifer mit brennendem Pech und Öl bespritzten. Kleidung und Körper der Männer fingen Feuer und erhellten die Szenerie. Auf der Flucht vor dem Feuer sprangen viele Römer ins Meer, aber die starke Strömung riß ihnen die Beine weg. Sie ertranken. Die übrigen flohen. Am Morgen konnte man sehen, daß sie Seile und Leitern mitgebracht hatten, die aber für die hohen Klippen jämmerlich zu kurz gewesen waren. Jetzt lagen sie zusammen mit den Leichen über das ganze Geröllfeld am Fuße der Klippen verteilt – darunter auch noch ein paar verwundete Gefangene für den Steinbruch.

In der nächsten Nacht zogen die Römer ab. Die Syrakuser, die weiterhin auf der Nordmauer Wache hielten, sahen, wie sich das Lager abends für die Nacht einrichtete. Die dunklen Stunden über brannten die Lagerfeuer, aber am Morgen war das Heer fort. Zurück blieben nur noch die Feuerstellen und fein säuberliche Abdrücke im Gras, wo die Zelte gestanden hatten.

Hieron schickte seine Späher hinter ihrer Fährte her und außerdem einen Brief an den karthagischen Oberkommandierenden.

Weil sein Sekretär zu so früher Morgenstunde noch nicht in der Villa eingetroffen war, hatte er ihn eigenhändig geschrieben. Er warnte General Hanno vor, daß die Römer vielleicht nun in seine Richtung marschieren würden, und bot ihm an, sie von hinten anzugreifen, falls die Karthager von sich aus den Kampf eröffnen würden. Als die Römer zum ersten Mal vor Syrakus erschienen waren, hatte er schon einmal eine ähnliche Nachricht abgeschickt, in der er die Karthager zu einem ähnlichen Kunststück eingeladen hatte, aber es war keine Antwort gekommen.

Während er den Brief versiegelte, grübelte er darüber nach, wie lange es wohl dauern würde, bis die Karthager begriffen hatten, daß sie angesichts eines Feindes wie Rom auf ein intaktes, starkes Syrakus an ihrer Seite angewiesen waren. Pure Dummheit, dachte er, als er sein Lieblingssiegel ins Wachs drückte, das die rote Briefkordel zusammenhielt. Auch der römische Feldzug war ein Akt von eklatanter Dummheit. Wenn ihnen die Karthager tatsächlich in den Rücken gefallen wären, wären sie äußerst übel drangewesen. Außerdem hatten sie Messana nur unter leichter Bewachung zurückgelassen, obwohl dort der überwiegende Teil ihres Nachschubs und ihre gesamten Schiffe lagerten, die sie von Italien herübergebracht hatten. Hätten die Karthager dort während ihrer Abwesenheit einen Sturmangriff gestartet, wäre die gesamte Armee gezwungen gewesen, sich zu ergeben. Diesen Streich hätte Hieron am liebsten selbst ausgeführt: seine eigene Armee auf die eigene Flotte zu verfrachten, einige große Katapulte und Brandsätze auf einzelne Schiffe zu montieren und dann die Küste hinaufzusegeln, mitten in den messanischen Hafen hinein. Und dann – Feuer frei auf die Römerschiffe und die Stadt gestürmt!

Ja, aber das hieße auch, Syrakus zu schwächen, während die Römer noch ungemütlich nahe waren. Und wer wußte schon, wie die Karthager reagieren würden? Sie wollten Messana immer noch für sich. Und das letzte, was sich Hieron leisten konnte, war, sie in ein offenes Bündnis mit Rom hineinzutreiben.

Gut möglich, daß sie längst mit Rom gewisse Abmachungen getroffen hatten. Vielleicht unternahmen sie gegenwärtig nur deshalb nichts, weil sie versprochen hatten, sich in keinen römischen Feldzug gegen Syrakus einzumischen. Aber selbst wenn es ein derartiges Versprechen geben sollte, war und blieb Appius Claudius ein schrecklicher Narr, wenn er sich darauf verließ. Genauso ein Narr wie Hanno, wenn er sich die einzige Chance auf einen Sieg entgehen ließ. Hierons Gesandter war aus Karthago mit der Nachricht zurückgekehrt, daß der karthagische Senat allmählich die Geduld mit seinem General verlor. Es war äußerst dumm von Hanno, zu glauben, er hätte genügend Zeit, nichts zu unternehmen. Dummheit. So wie der ganze Krieg dumm, blind und sinnlos war. Und er war noch längst nicht vorbei, davon war Hieron überzeugt. Diese Gewißheit machte ihn ganz krank. Er warf den versiegelten Brief auf seinen Schreibtisch und klatschte in die Hände, um einen Boten herbeizuholen.

Der Bote kam herein und mit ihm Agathon, der ein Bündel weiterer Tagespost in der Hand hielt. Der Bote nahm den Brief des Königs in Empfang, schwor, ihn innerhalb von drei Tagen an Hanno auszuhändigen, salutierte und marschierte hinaus. Agathon schaute ihm nach, dann legte er die übrigen Briefe auf Hierons Schreibtisch. Hieron nahm sie zur Hand und blätterte sie flüchtig durch. Neben dem Schreibtisch stand ein Lampenständer. Obwohl es Morgen war, machte sich der Türhüter daran, den Docht an einer Lampe zu kürzen und sie anzuzünden. Hieron hielt inne und schaute fragend zu seinem Sklaven hoch.

Wie üblich lächelte Agathon säuerlich. »Du hast gesagt, du möchtest alle Briefe sehen, die für Archimedes aus Alexandria kommen«, bemerkte er. »Gestern kam einer. Ich habe ihn vom Zollbeamten umleiten lassen.« Damit zog er eine kleine, dünne Klinge aus seinem Gürtel und begann, die Messerspitze in der Lampenflamme zu erwärmen.

Hieron sah ganz unten im Bündel nach, fand den entsprechenden Brief und reichte ihn ihm. Schon lange vor seiner Königszeit hatte er es sich gemeinsam mit Agathon angewöhnt, die Post anderer Leute abzufangen. Sollte er darüber je irgendwelche Gewissensbisse empfunden haben, dann waren sie längst verschwunden. Vorsichtig schob Agathon das heiße Messer zwischen Pergament und Wachssiegel, anschließend überreichte er dem König mit einer Verbeugung den Brief. Hieron setzte sich zurück und las ihn. Zu dieser Zeit war es üblich, laut zu lesen, aber zur Enttäuschung seines Sklaven las Hieron fast unhörbar und bewegte kaum die Lippen dabei.

Conon, der Sohn des Nikias von Samos, an Archimedes, den Sohn des Phidias von Syrakus, mit den besten Grüßen.

Liebster α ...

Hieron runzelte leicht die Stirn: »Liebster *Alpha*«. Hatte der Schreiber diese Anrede benutzt, weil es der erste Buchstabe im Namen von Archimedes war – oder weil er gleichbedeutend mit der Nummer eins war?

»Liebster Alpha, Du bist jetzt noch kaum einen Monat fort, aber ich schwöre beim delischen Apollon, daß es mir wie Jahre vorkommt, und obendrein noch leere Jahre mit nichts als nassen Nachmittagen darin. Immer wenn ich eine Flöte höre, muß ich an Dich denken, und seit Deiner Abreise gibt es keinen, der auch nur annähernd etwas Intelligentes über die Tangenten von Kegelschnitten zu sagen hat. Eines schönen Tages hat Diodotos irgend etwas über Hyperbeln gequatscht. Da habe ich ihm erklärt, was du über das Verhältnis gesagt hast. Da hat er sich wie ein Frosch aufgeblasen und mich zu einem Beweis aufgefordert. Natürlich konnte ich das nicht. Statt dessen habe ich ihm aber eine Liste mit Thesen gegeben. Später kam er dann wieder an und meinte, er hätte tatsächlich eine davon bewiesen, was nicht stimmt. Aber davon später noch mehr.

Denn das ist der Hauptgrund für meinen Brief: Ich habe eine Stelle im Museion, und Du kannst auch eine haben! Eigentlich habe ich's ja Dir zu verdanken, daß ich jetzt meine eigene Stange im Vogelkäfig der Musen habe. Der König hat bei Arsinoiton viel Geld in gigantische, technische Konstruktionen investiert, und als er zur Besichtigung hinaufgefahren ist, fiel sein Blick zuerst auf eine Wasserschnecke. ›Was ist denn das?‹ fragte der König. »Beim Zeus, so etwas habe ich in meinem ganzen Leben noch nicht gesehen!« Und kurz danach hat Kallimachos...«

Der Dichter? überlegte Hieron. Der Leiter der Bibliothek von Alexandria?

»...Kallimachos höchstpersönlich schweißgebadet an meine Tür geklopft und gesagt: ›Du bist mit Archimedes von Syrakus befreundet, wo ist er? Der König möchte ihn kennenlernen.‹ Also habe ich ihm erklärt, Du wärest wieder nach Syrakus zurück. Daraufhin hat er beim Hades und der Herrin der Dreiwege (Hekate, A. d. Ü.) losgeflucht (ganz ehrlich! Auch wenn man das einem solchen Dichter und Gelehrten nicht zutrauen würde) und als Ersatz *mich* zum König geschleift. Ptolemaios hat mich erstaunlich höflich behandelt und zum Essen eingeladen, und anschließend haben wir uns unterhalten. Kallimachos war auch dabei, saß aber nur da, zupfte an seinen Fingernägeln herum und machte den Sklavenjungen schöne Augen. Aber der König versteht wirklich eine Menge von Mathematik – Du weißt ja, Euklid war sein Lehrer. Er hat gemeint, der Ausspruch von Euklid, daß es keinen Königsweg zur Geometrie gäbe, würde schon stimmen. Er wäre damals selbst dabei gewesen. Was ich ihm über die Sonnenfinsternis erzählt habe, hat ihn sehr interessiert, und er hat mich gefragt, wann die nächste sein würde. Aber das hat nun gar nichts mit dem Grund meines Briefes zu tun. Also, nachdem wir noch ein wenig geplaudert hatten und ich ihm noch mehr von Dir erzählt hatte (glaube mir, Alpha, ich habe Dich in höchsten Tönen gelobt!), hat er gemeint, das hätte er liebend gern früher gewußt. Dann bat er mich, Dir zu schreiben und Dich einzuladen, zurückzukommen und eine Stelle im Museion anzutreten, samt

Riesengehalt und allem Drum und Dran. Anschließend hat er auch mir eine Stelle angeboten (Dionysios ist schon ganz grün vor Neid), aber eigentlich möchte er Dich haben. Meiner Meinung nach ist er in Wirklichkeit hinter technischen Sachen her. Er hat mir immer wieder erzählt, wie toll diese Wasserschnecke sei, und als ich ihm meinen Diopter gezeigt habe, wollte er ihn unbedingt kaufen. Da habe ich ihm erklärt, daß ich eher mein Haus und meinen letzten Mantel verkaufen würde. Daraufhin hat er gelacht und gemeint, er würde es mir nicht übelnehmen. Ich habe ihn aber schon vorgewarnt, daß du kein Interesse hast, noch mehr Wasserschnecken zu bauen, und er meinte, das ginge schon in Ordnung. Ich weiß ja, daß Du gern Maschinen baust, wenn's nur nicht immer dieselben sind und sie Dich nicht von der Geometrie abhalten. Schreibe ihm oder auch mir, wenn Du willst, dann wird er Dir sofort eine Bevollmächtigung schicken. Bitte, Alpha, komm schnell zurück! Warum willst Du in Syrakus arm bleiben, während Du hier in Alexandria reich sein kannst? Falls Du Dir Sorgen um Deine Familie machst, dann bring sie doch einfach mit. Hier ist es sowieso sicherer, und keine knoblauchfressenden Barbarenheere weit und breit. Was mich betrifft, ich sieche während Deiner Abwesenheit dahin, besser gesagt, ich würde es tun, wenn ich nicht zum Trost hin und wieder Doras Kuchen verspeisen würde. Übrigens: die Bankette im Museion haben homerische Ausmaße. Die These, die Diodotos angeblich bewiesen hat, ist ...«

Es folgten mehrere Seiten mit abstrusen, geometrischen Erörterungen, die Hieron überblätterte. Er las nur noch den herzlichen Abschiedsgruß und die noch innigere Hoffnung, daß der Schreiber den Empfänger recht bald wiedersehen möge, »bei Hera und allen Unsterblichen!« Dann faltete er den Brief wieder zusammen und legte ihn mit einem Seufzer hin.

»Nun?« fragte Agathon.

»König Ptolemaios bietet ihm das Museion an«, sagte der König resigniert.

Agathon nahm den Brief zur Hand und musterte ihn mit einem schiefen Blick. »Es ist nicht das königliche Siegel«, stellte er fest.

»Nein«, pflichtete ihm Hieron bei. »Das Angebot kommt über einen Freund – ein enger Freund, dem Ton nach zu urteilen. Aber meiner Meinung nach ist es zweifelsohne ernst gemeint. Offensichtlich war Ptolemaios von einem Bewässerungsapparat schwer beeindruckt. Ich werde Archimedes fragen müssen, wie er funktioniert.« Er wedelte mit der Hand Richtung Brief. »Versiegle das besser wieder und gib ihn zurück.«

»Du willst nicht, daß er verlorengeht?«

Niedergeschlagen schüttelte Hieron den Kopf. »Er würde es merken. Ich möchte lediglich die Antwort sehen.« Damit wandte er sich wieder seinen anderen Briefen zu. Die meisten kamen aus der Stadt selbst und waren geschäftlicher Art, aber einer stach ihm ins Auge. Agathon war schon im Gehen begriffen, da hob er die Hand, um den Türhüter aufzuhalten. »Eine Nachricht von Archimedes persönlich«, sagte er, dann überflog er sie. »Er meint, der Drei-Talenter wäre in drei Tagen fertig. Nach dem Probeschießen lädt er mich auf dem Rückweg in die Stadt zu einem kurzen Besuch in sein Haus ein, entweder zum Essen oder einfach nur zu Wein und Kuchen.«

»Er will etwas«, erklärte Agathon kategorisch.

»Gut!« antwortete Hieron. »Er kann es haben.« Er klopfte mit der Einladung gegen den Tisch. »Dieser andere Brief – *verzögere* ihn, bis ich weiß, was er will. Und erkläre demjenigen, der ihn übernimmt, er soll sagen, man hätte den Brief verlegt, bis er persönlich gekommen sei, um das Schiff abzufertigen.«

Agathon schaute seinen Herrn zweifelnd an. »Findest du nicht, daß du an diesen Mann mehr Zeit verschwendest, als er verdient?«

Hieron warf ihm einen entnervten Blick zu und erwiderte: »Aristion, denk doch mal eine Minute nach. Vor kurzem habe ich noch die Idee einer Flottenattacke auf Messana durchgespielt. Wenn ich so etwas wirklich durchführen möchte, müßte ich dafür mehrere Schiffe miteinander vertäuen und darauf Plattformen für Geschütze montieren. Das Ganze müßte stabil genug sein, um das Gewicht des Katapults auszuhalten, sonst wären beim ersten Schuß nur noch Trümmer übrig. Außerdem müßte ich den messanischen Hafenverteidigungsanlagen contra geben können, das heißt, ich bräuchte jemanden, der noch aus sicherer Entfernung ihre Reichweite und Schlagkraft berechnen kann. Anschließend bräuchte ich Sturmleitern – und das in der richtigen Höhe, sonst hätten wir wegen nichts und wieder nichts eine Menge Toter. Ferner Rammböcke, die stark genug sind, um ihren Zweck zu erfüllen, und im Einsatz doch wieder leicht zu handhaben. Mit anderen Worten, Erfolg oder Scheitern eines derartigen Angriffs hinge voll und ganz von meinem Ingenieur ab. Nun, Kallippos ist zwar gut, trotzdem würde ich nicht meine ganze Flotte in der Hoffnung aufs Spiel setzen, daß er's richtig macht. Dagegen gäbe es bei Archimedes kein Risiko. Erstklassige Technik – das ist der eigentliche Unterschied zwischen Sieg und Niederlage. Nein, meiner Ansicht nach verschwende ich nicht zuviel Zeit damit.«

»Oh«, machte Agathon beschämt.

»Du und Philistis«, fuhr der König lächelnd fort, »ihr mögt Archimedes nicht, weil ihr glaubt, er hätte mich respektlos behandelt.«

»Hat er ja auch!« sagte Agathon erregt. »Noch gestern früh...«

»Aristion! Wenn einer kommen würde, um *dich* zu verhaften, würde *ich* mich auch respektlos benehmen!«

Agathon grunzte ärgerlich. Unter diesem Aspekt hatte er darüber noch gar nicht nachgedacht.

»In Wirklichkeit hat er mich genauso behandelt, wie ich es mir wünsche. Außerdem hat er mir erklärt, ich sei eine Parabel. Ich finde, das ist das ungewöhnlichste Kompliment, was man mir je gemacht hat. Gut möglich, daß ich's mir auf mein Grabmal meißeln lasse.«

»Wenn du das sagst«, antwortete Agathon, der keine Ahnung hatte, was eine Parabel war. Er war noch längst nicht überzeugt. Nach einem Moment fragte er mit tiefer Stimme: »Und was wird aus der Flottenattacke?«

Hieron schüttelte den Kopf und wandte sich wieder seiner Post zu. »Geht nicht, solange ich nicht weiß, wo die Römer stecken und wie sich die Karthager im Falle eines Erfolges verhalten würden. Aber die Sache mit der erstklassigen Technik stimmt. Wenn wir unsere Katapulte nicht gehabt hätten, würden die Römer noch immer vor der Nordmauer hocken und sich von den Feldern unserer Bauern ernähren.«

Der Drei-Talenter »Schönen Gruß« wurde genau zur festgelegten Zeit im Hexapylon installiert. Archimedes war damit nicht zufrieden. Er ließ sich nur schwer drehen, der Lademechanismus war heikel, und die Reichweite lag seinem Gefühl nach unter dem, was möglich war. Alle anderen waren dagegen über die Maschine entzückt – das größte Katapult der Welt! Als sich nachmittags beim Probeschießen der erste Riesenstein genau in das Feld bohrte, wo erst eine Woche vorher Römer gestorben waren, brach ein riesiges Jubelgeschrei aus. Der Königssohn Gelon hatte gebettelt, daß er mit seinem Vater zu diesem Schauspiel gehen durfte. Sein schriller Jubel übertönte alle anderen.

Den ganzen Weg zur Stadt zurück redete der kleine Junge begeistert auf Archimedes ein. Er saß vor seinem Vater im Sattel und beugte sich herunter, um seine Ideen für eine Verbesserung der Verteidigungsanlagen von Syrakus zu erklären. Archimedes reagierte irritiert und erleichtert zugleich auf das plappernde Kind, denn innerlich scheute er wie ein Hund vor einem Skorpion vor dem Moment zurück, in dem er den König um die Hand seiner Schwester bitten mußte. Alles war einfacher als ein Gespräch mit Hieron. Aber auch ohne die bedrückende Last seiner unerhörten Bitte, die drohend immer näher rückte, hätte Archimedes die Gesellschaft Hierons als anstrengend empfunden. Der König versuchte ständig, ihn zu überzeugen, er solle sich doch ein Pferd leihen. Für Archimedes waren Pferde gefährliche, übellaunige Riesentiere, die ihn höchstwahrscheinlich abwerfen und zertrampeln würden. Deshalb blieb er lieber auf seinen eigenen Füßen.

Anläßlich des königlichen Besuches hatte sich das Haus am

Löwenbrunnen beinahe bis zur Unkenntlichkeit verändert. Entsetzt hatten Arata und Philyra erfahren, daß Archimedes den König zu Kuchen und Wein eingeladen hatte. Es war schon schockierend genug gewesen, daß eine derart hochgestellte Persönlichkeit während der Totenwache aufgetaucht war, aber damals war es wenigstens nicht nötig gewesen, für eine Unterhaltung zu sorgen, die dem Status des Gastes angemessen war. Weil man aber Hieron schlecht wieder ausladen konnte, hatten sie sich darangemacht, die Familienehre zu wahren. Man hatte das Haus gefegt, frisch mit Lehm verputzt und mit Girlanden verziert, und aus dem Hof waren sämtliche Waschbretter und Eimer verschwunden. Jetzt wirkte er ziemlich leer und traurig. Im Eßzimmer tropfte Honig aus den Sesamkuchen vom besten Zuckerbäcker in ganz Syrakus auf die schönsten Taraser Tonteller, und in der antiken, rotfigurigen Mischschale zitterte dunkler Wein vom besten Weinhändler. Die Sklaven hatten neue Kleider bekommen und standen bei Hierons Ankunft frisch gewaschen und verlegen an der Tür, um ihn zu begrüßen. Der König sah sie an und wußte sofort, daß er sich schwer anstrengen mußte, wenn dieser Besuch ein Erfolg werden sollte.

Er wies einen seiner Begleiter an, sein Pferd zum nächsten öffentlichen Platz zu bringen und sich dort darum zu kümmern. Den Rest schickte er auf die Ortygia zurück und betrat das Haus nur in Begleitung seines Sohnes und Dionysios', der ebenfalls eine Einladung zu diesem nachmittäglichen Treffen hatte, das anstelle eines großen Abendessens stattfand. Bei einem derart zwanglosen Anlaß untertags durften auch Arata und Philyra ihr Gesicht zeigen. Sie tauschten mit den Gästen steife Grüße aus und boten ihnen Kuchen und Wein an. Dann begab man sich ins Eßzimmer, wo sich die Sklaven ängstlich darum bemühten, Essen und Getränke anzubieten. Schließlich sagte Hieron beiläufig zu Archimedes: »Ich habe aus Alexandria Näheres über deine Wasserschnecke erfahren. Könntest du mir erklären, wie sie funktioniert?«

»Ich habe den Prototyp hier«, antwortete Archimedes, der die

Formalitäten nur allzugern fallenließ. »Marcus hat ihn irgendwo verstaut. Mar...« Mitten im Wort hielt er inne und errötete.

»Ich denke, er liegt im Vorratsraum«, sagte Philyra rasch.

Die Wasserschnecke wurde herbeigeschafft, und mit ihr kehrten auch die Waschbretter und Eimer an ihren rechtmäßigen Platz zurück. Gelon, der sich bisher still mit Sesamkuchen vollgestopft hatte, vergaß alle Süßigkeiten und stürzte sich auf dieses neue Spielzeug, sobald es aufgestellt worden war. Er durfte gerne daran drehen. Nach einer Erklärung und dem Rat, *langsam* zu drehen, schaute er mit ungetrübter Begeisterung zu, wie das Wasser oben aus der Maschine herauslief.

»Bei Apollon!« sagte Hieron leise, kauerte sich neben seinen Sohn und betrachtete aufmerksam die Maschine. Er hatte sich nach dem Gerät erkundigt, um Archimedes zu beruhigen, aber bei diesem Anblick vergaß er völlig, daß es dazu je einen anderen Grund gebraucht hatte als seine eigene Begeisterung für geniale Erfindungen. »Ich glaube, das ist das schlaueste Ding, das ich je im Leben gesehen habe«, sagte er und strahlte den Erfinder mit der gleichen kindlichen Freude wie sein Sohn an.

Innerhalb von Minuten war auch der letzte Rest von steifer Atmosphäre verschwunden. Der König von Syrakus, sein Sohn und bald auch der Hauptmann der Ortygia-Garnison hockten im Hof und spielten mit der Wasserschnecke. Gelon wurde naß – was ihm an einem heißen Sommertag besonderen Spaß machte. Auch Dionysios wurde naß. Rasch mußte man Lumpen herbeischaffen, um seine Rüstung trockenzureiben, bevor sie Flecken bekam. Beim Anblick des Hauptmannes, der im scharlachroten Mantel an sich herumputzte, mußte Philyra kichern. Verlegen schaute er zu ihr hoch, aber beim Anblick ihrer Augen mußte auch er grinsen. Ein Kuchenteller wurde auf den Boden gestellt, damit sich die Gäste selbst bedienen konnten, und prompt trat einer hinein. Kurz danach konnte man aus dem hinteren Teil des Hauses eine schimpfende Sosibia hören, die Chrestos die Schuld daran gab.

»Ach, sei nicht so hart zu dem Jungen!« rief ihr Hieron zu. »Wir sind selbst daran schuld, wenn wir auf dem Boden sitzen.«

Als die Faszination der Wasserschnecke nachließ, zog Philyra weitere Maschinen ihres Bruders aus dem Durcheinander im Vorratsraum hervor: ein astronomisches Instrument, einen Kran und eine Kombination von Geräten, die sich lediglich gegenseitig drehten. »Das sollte mal ein Teil einer Hebemaschine werden«, gestand Archimedes schamrot, »aber sobald man ein Gewicht daranhängt, ist alles blockiert.«

»Du hast eine Maschine gebaut, die nicht funktioniert?« fragte Dionysios sehr amüsiert. »Ich bin schockiert.«

»Er war doch erst vierzehn!« protestierte Philyra. »Ich habe sie trotzdem immer gemocht.« Liebevoll drehte sie das oberste Rad. »Seht ihr? Alle drehen sich unterschiedlich schnell.«

»Gelon mag sie auch«, sagte Gelons Vater trocken, als er die Gier im Gesicht des Jungen bemerkte, der mit offenem Mund dastand.

Archimedes räusperte sich. »Nun«, sagte er, »ähem – Gelon, Sohn des Hieron, möchtest du das gerne haben?«

Gelon schaute mit strahlenden Augen zu ihm auf, nickte und schnappte sich die Geräte.

»Gelonion«, sagte Hieron scharf, »wie sagt man?«

»Danke!« sagte der Junge mit aller erforderlichen Wärme.

Einen Moment lächelte Hieron über die Begeisterung seines Sohnes, dann schaute er Archimedes fragend an. Er spürte, daß es Zeit war, sich die persönliche Bitte von Archimedes anzuhören.

Auch Archimedes fühlte, daß sich wie von selbst die ideale Gelegenheit ergeben hatte. »Ähem«, sagte er und versuchte, seine flatternden Magennerven zu beruhigen, »königlicher Herr, könnte ich dich einen Augenblick privat sprechen?«

Sie gingen ins Eßzimmer zurück. Zum Fenster drangen verschiedene Geräusche herein: Arata redete mit dem kleinen Gelon, Dionysios fragte Philyra etwas über Musik. Während es sich Hieron auf der Liege bequem machte, setzte sich Archimedes auf den Rand eines Stuhles. Jetzt, im entscheidenden Moment, war sein neues Selbstbewußtsein wie weggeblasen. Er hatte geglaubt, es wäre besser, die Frage in seinem eigenen Hause zu stellen, wo er der Herr war. Aber auch herausgeputzt und mit Girlanden geschmückt, blieb das Haus, was es war: das Wohnhaus eines Lehrers aus der Mittelschicht, ein Haus mit verputzten Wänden und einem gestampften Lehmboden. Wenn er es mit der Villa auf der Ortygia und ihrem Marmorboden verglich, schämte er sich. Er gehörte nicht zu jener Schicht, die um die Schwester eines Königs anhalten konnte. Trotzdem räusperte er sich und sagte so leise, daß es die anderen im Hof nicht hören konnten: »Königlicher Herr, vergib mir, falls meine Bitte zu kühn ist, aber du selbst hast mich ermutigt, um Dinge zu bitten, die jenseits meiner Erwartung liegen.«

»Ich habe dir alles versprochen, was du auch in Ägypten bekommen kannst, mit Ausnahme des Museions«, antwortete Hieron ernst. »Ich freue mich, wenn du mich um etwas bitten möchtest.«

»Was ich möchte, könnte ich in Ägypten nicht bekommen«, sagte Archimedes. Er ballte seine großen, knochigen Hände zusammen und holte tief Luft. »Mein Herr und König, du hast eine Schwester, die...«

Unter den völlig erstaunten Blicken von Hieron war seine schön vorbereitete Rede wie weggeblasen. »Das heißt«, redete er stockend weiter, »Sie – ich...« Erneut mußte er daran denken, wie er sie geküßt hatte. Er spürte, wie ihm ganz heiß im Gesicht wurde. »Ich weiß, ich habe weder Reichtümer noch eine vornehme Abstammung noch andere Qualitäten vorzuweisen, die mich ihrer würdig machen. Außer dem, was mein Verstand ersinnen und meine Hände formen können, habe ich nichts zu bieten. Wenn das genügt, gut, und wenn nicht, nun, dann habe ich dich um das gebeten, was ich wollte, und du hast nein gesagt.«

Lange Zeit sagte Hieron kein Wort. Er war fassungslos, auch wenn ihm sofort klar wurde, daß er diese Bitte vorhersehen hätte müssen. Doch gerade weil er es nicht getan hatte, war er schockiert. Er hatte sich daran gewöhnt, in Delia das kluge, abenteuerlustige Kind zu sehen, das er vor ihrem schrecklichen Onkel gerettet hatte. Ein Mädchen, dessen scharfe Beobachtungsgabe und kluger Verstand ihn wegen der Ähnlichkeit mit ihm selbst begeistert hatte. Er hatte bemerkt, daß sie ins heiratsfähige Alter gekommen war, aber dieses Wissen schien etwas zu sein, das mit Delia selbst nichts zu tun hatte – etwas für die Zukunft, etwas, das jenseits des Krieges lag. Er hatte ebenso bemerkt, daß sie sich für Archimedes interessierte, hatte dies aber als oberflächliches, zufälliges Interesse gewertet, das bald abflauen würde. Aber er hatte sie nicht verstanden. Betrübt und beschämt dachte er über sein eigenes Versagen nach.

»Du weißt«, sagte der König schließlich, »daß Delia den gesamten Besitz unseres Vaters erbt.«

Archimedes wurde noch röter im Gesicht. »Nein«, krächzte er, »das wußte ich nicht.«

»Vor dem Gesetz bin ich nicht ihr Bruder«, erklärte Hieron rundheraus. »Vor dem Gesetz ist sie das rechtmäßige Kind unseres Vaters, und ich nicht. Unser Vater war ein reicher Mann. Um ihretwillen habe ich mich sorgfältig um seinen Besitz gekümmert. Das Gesamteinkommen im letzten Jahr betrug vierundvierzigtausend Drachmen.«

»Ich will den Besitz nicht«, sagte Archimedes, der inzwischen blaß geworden war. »Du kannst ihn behalten.«

»Ich könnte es – wenn ich das Gesetz brechen und sie bestehlen würde«, sagte Hieron kalt. »Ich bin immer davon ausgegangen, daß ich ihn nur für ihren zukünftigen Ehemann treuhänderisch verwalte. Ich habe nie Geld herausgezogen, sondern es immer wieder investiert, um den Besitz für sie zu vergrößern.« Er hielt inne. »Du hast bereits mit Delia darüber gesprochen, nicht wahr?«

»Ich…«, flüsterte Archimedes, »das heißt – sie würde nie gegen deinen Wunsch handeln.«

»Mit anderen Worten, sie liegt nachts wach und grübelt darüber nach, wie meine Antwort ausfallen könnte. Ich dachte mir schon, daß sie müde und unglücklich aussieht. Zeus!« Er nahm sich einen Weinbecher, schöpfte ihn aus der Mischschale voll und stürzte die Hälfte auf einen Schluck hinunter. »Und wenn ich nein sage, wirst du dich vermutlich nach Alexandria begeben?«

»Ich habe noch keinen festen Entschluß gefaßt«, sagte Archimedes langsam. »Auf alle Fälle werde ich alles zur Verteidigung der Stadt tun, was ich kann. Aber, nun ja.« Er hielt inne, dann sagte er mit ziemlichem Nachdruck: »Ich bin kein gedungener Handwerker.«

»Na schön, solltest du vorhaben, sie nach Ägypten mitzunehmen, dann werde ich sicher nicht ja sagen!« sagte Hieron. »Gesetzt den Fall, du heiratest meine Schwester, dann wirst du schön hierbleiben und dafür sorgen, daß du mich tatsächlich mit allem versorgst, was dein Verstand erfinden und deine Hände formen können.«

»Du meinst... du würdest vielleicht ja sagen?« fragte Archimedes zuerst atemlos, rief dann aber entsetzt: »Du meinst doch nicht etwa, ich soll die Mathematik aufgeben? Ich habe dir gesagt...«

»Ja, ja, du hast es deinem Vater auf seinem Totenbett geschworen, und so weiter! Nein, ich habe damit nicht gemeint, daß du die göttliche Mathematik aufgeben sollst.« Er betrachtete den verschreckten jungen Mann und setzte dann seinen Weinbecher ab. »Schau mal«, sagte er, »ich werde dir jetzt erzählen, welche Gesichtspunkte für mich in Betracht kommen, wenn ich an einen Ehemann für meine Schwester denke. Erstens: Geld spielt dabei keine Rolle. Ich brauche ihr Geld nicht, ich habe selbst genug davon, aus den verschiedensten Quellen. Und sie hat auch selbst genug und muß es sich nicht erheiraten. Zweitens: Politik.« Er machte eine wegwerfende Handbewegung. »Sicher gibt es Situationen, wo es nützlich ist, ein Bündnis durch eine Heirat zu verstärken. Ohne meine Heirat mit Philistis wäre ich vermutlich noch im selben Jahr gestorben, in dem ich Tyrann wurde. Es war Leptines, der mir die Stadt gesichert hat. Aber insgesamt gesehen, wird ein Bündnis aller Wahrscheinlichkeit nach auch mit einer Heirat nicht halten, wenn es ohne sie zerbrechen würde. Und, ehrlich gesagt, ist es etwas anderes, ob ich jemandem eine Halbschwester verspreche, die vor dem Gestz gar nicht mit mir verwandt ist, oder ob ich selbst die Tochter eines anderen heirate. Also: Politik zählt, steht aber nicht an erster Stelle. Was wirklich an erster Stelle steht...«, er unterbrach sich. Draußen im Hof stimmte Philyra ihre Laute. »Dionysios hat um deine eigene Schwester angehalten«, sagte Hieron wesentlich gelassener. »Wenn du dich entscheiden mußt, was zählt in erster Linie dabei für dich?«

»Ich halte mich für keinen besonders guten Richter«, antwortete Archimedes blinzelnd. »Das überlasse ich Philyra und meiner Mutter. Ich möchte nur, daß Philyra glücklich wird – und daß ihr Ehemann ein Mensch ist, mit dem ich gerne verwandt bin.«

Hieron lächelte. »Ganz genau«, sagte er leise, hob wieder den Becher an und rollte ihn zwischen seinen Handflächen hin und her. »Du weißt, daß ich ein Bastard bin«, fuhr er fort, wobei er konzentriert in den flachen Becher hineinschaute. Der Obermanipulator fürchtete sich, einen winzigen Teil seines eigenen Herzens bloßzulegen. »Vermutlich schätze ich deswegen meine Familie mehr als diejenigen, für die sie selbstverständlich ist. Ich habe gerne eine Schwester und wußte auch immer ganz genau, daß ich sie nie an einen Fremden verheiraten würde, egal, wie wichtig er ist. Ich möchte durch sie eine Familie bekommen und nicht verlieren. Und ich will *sehen*, daß sie glücklich ist.« Wieder trank er einen Schluck Wein, dann wanderte sein Blick zu Archimedes zurück. »Nun, eines läßt sich bestimmt nicht leugnen: Du bist nicht im entferntesten der Mann, den ich mir als künftigen Schwager vorgestellt habe. Aber – bei allen Göttern! –, glaubst du wirklich, daß gerade ich wegen Geld und Abstammung Einwände erheben könnte? Du weißt genau, daß ich beidem nicht das geringste verdanke! Von Natur aus könntest du sicher mehr mit mir verwandt sein als einer, der lediglich in eine wichtige Position *hineingeboren* wurde. Und obendrein mag ich dich. Ich möchte nun zu Delia zurück und mit ihr reden und mich selbst überzeugen, daß sie eine bewußte Entscheidung getroffen hat. Aber wenn sie glücklich damit ist und du versprichst, mit ihr in Syrakus zu bleiben, dann lautet die Antwort ja.«

Archimedes schaute ihn eine lange Weile nur an. Hinter dem Nichtglaubenkönnen brach langsam eine ungläubige Freude durch, die schließlich in ein breites Grinsen aus reinstem Entzücken überging.

Hieron grinste ebenfalls. »Offensichtlich zweifelst du nicht an ihrer Antwort«, stellte er fest. Vergnügt registrierte er, daß sein zukünftiger Verwandter rot wurde, und fügte scherzhaft hinzu: »Normalerweise gilt Bescheidenheit bei einem jungen Mann als schickliche Tugend.«

Archimedes lachte. »Und du, o König von Syrakus, warst du ein sehr bescheidener junger Mann?«

Hierons Grinsen bekam einen boshaften Zug. »Ich bin als junger Mann arrogant gewesen, denn ich war mir ziemlich sicher, daß ich wußte, wie man diese Stadt viel, viel besser regiert als all die Leute, die sie tatsächlich regiert haben.« Er hielt inne und ließ diese Zeit mit Befriedigung vor seinem inneren Auge passieren, dann fügte er leise hinzu: »Und ich hatte auch recht.«

14

Delia erwartete ihren Bruder bereits, als er nach Hause kam. Den ganzen Nachmittag saß sie im ersten Innenhof, wo sie die Leute schon beim Betreten des Hauses hören konnte. Zuerst versuchte sie es mit Lesen, dann mit Flötespielen, aber sie konnte sich nicht konzentrieren. So saß sie am Ende einfach nur da und sah dem Flirren der Blätter im Garten zu und lauschte den leisen Geräuschen, die aus dem Hause drangen. Während die Stunden langsam vergingen, steigerte sie sich aus Verzweiflung in eine erhebliche Wut hinein. Zwei Männer, die sie gern hatte, waren irgendwo und beschlossen – vielleicht sogar im Streit – ihr Schicksal, während sie wie ein nutzloser Gegenstand einfach nur hilflos dasaß.

Gegen Abend ging endlich die Tür auf, Gelons schrille, aufgeregte Stimme drang herein. Mit einem Satz sprang Delia hoch und rannte durch den Garten. Sie mußte sich förmlich zwingen, die Eingangshalle mit gemessenem Schritt zu betreten.

Gelon zeigte gerade Agathon sein neues Spielzeug. Als seine Tante auftauchte, rief er ihr sofort zu, sie müsse es sich auch ansehen. »Schau mal, was mir Archimedes gegeben hat!« krähte er. »Schau, wenn du dieses Rad drehst, laufen alle Räder in der Schachtel mit. Ein paar gehen in die Richtung, ein paar in die andere, und schau mal, das kleine da geht schneller! Schau!«

Delia warf einen flüchtigen Blick darauf, dann schaute sie ihren Bruder an. Archimedes hatte seine Frage tatsächlich gestellt, das konnte sie aus Hierons Gesicht ablesen, aber seine mögliche Antwort war, wie üblich, hinter einer strahlend freundlichen Maske versteckt. Hieron lächelte sie so undurchdringlich an wie eh und je, dann sagte er zu seinem Sohn: »Warum gehst du nicht und zeigst das deiner Mutter, Gelonion? Ich muß mich kurz mit Tante Delia unterhalten.«

Gelon sauste davon, um seiner Mutter das Gerät zu zeigen, während Hieron auf seine Bibliothek deutete.

Drinnen in dem kleinen, stillen Raum zündete der König die Lampen an, dann setzte er sich auf die Liege und bat Delia, sich ebenfalls zu setzen. Sie gehorchte steif. Sie war noch immer über ihre eigene Ohnmacht wütend und verzweifelt und dementsprechend verkrampft. »Hat dich Archimedes gefragt, ob er mich heiraten könne?« wollte sie wissen, bevor Hieron noch die geringste Chance zum Sprechen gehabt hatte.

Er nickte. Ihre Hast verblüffte ihn.

»Er sagte, er würde es tun«, erklärte Delia. Sie warf einen raschen Blick auf ihre Hände, die sie fest gegeneinandergepreßt hatte. Dann schaute sie ihrem Bruder direkt in die Augen. »Ich habe ihn nicht darum gebeten«, erklärte sie stolz. »Hieron, ich werde heiraten, wen du willst, und wäre froh, wenn du davon einen Nutzen hättest. Ich schwöre bei Hera und allen unsterblichen Göttern, daß ich lieber mein ganzes Leben Jungfrau bleibe, als gegen deinen Willen zu heiraten.«

Plötzlich wurden seine Züge vor tiefer Zuneigung weich. »Ach, Delia!« rief er und ergriff ihre beiden wütenden Hände. »Mein Herzensschatz, du hast dir schon immer einen Platz in meinem Herzen erwerben wollen und hast nie geglaubt, daß du ihn längst besitzt.«

Auf Zorn war sie gefaßt gewesen, aber dieser Zärtlichkeit war sie nicht gewachsen. Sie fing zu weinen an und zog ihre Hände weg, um die Tränen zurückzudrängen, aber vergeblich.

Er machte keine Anstalten, sie festzuhalten. Er kannte sie und wußte, daß sie wegen ihrer Tränen auf sich selbst wütend war und keinen Wert auf Mitgefühl legte. Statt dessen fuhr er leise fort: »Ich habe Archimedes lediglich gesagt, daß ich mit dir reden und mich vergewissern möchte, ob du eine bewußte Entscheidung getroffen hast. Anscheinend hat er gedacht, das wäre auch in deinem Sinne.«

Sie weinte noch heftiger. »Nicht, wenn du's nicht willst.«
»Schwester«, sagte er mit einem Anflug von Ungeduld, »*ich* will doch diesen Mann nicht heiraten. Ich versuche doch nur, herauszufinden, ob *du* ihn heiraten willst.«
Sie schluckte mehrmals. »Ja, aber nicht gegen deinen Willen!« brachte sie dann heraus.
»Laß meine Wünsche mal für einen Augenblick beiseite! Ich möchte sichergehen, daß du verstehst, was du von einem solchen Ehemann erwarten kannst. Du magst sein Flötenspiel, aber eine Ehe ist mehr als Musik. Du weißt, daß die ganze Seele dieses Menschen der reinen Mathematik gewidmet ist, ja? Wenn du ihn heiratest, wird er sich regelmäßig an Einfällen berauschen und darüber alles andere vergessen, einschließlich dich. Er wird nie rechtzeitig zu Hause sein oder daran denken, dir an Festtagen ein Geschenk zu kaufen. Genausowenig wird er an das denken, was er auf deinen besonderen Wunsch hin vom Markt mitbringen sollte. Er wird sich nicht im geringsten für deinen Alltag interessieren. Wenn du ihn bittest, deinen Besitz zu verwalten, dann wäre das dasselbe, wie wenn du von einem Delphin erwartest, daß er einen Ochsenkarren zieht. Du müßtest alles selbst in die Hand nehmen. Er wird auch nie merken, wenn du dich über etwas aufregst, bis du ihn mit der Nase daraufstößt, und dann wird er total perplex sein. Er wird dich enttäuschen und zur Weißglut bringen, viele, viele Male, in vielen, vielen Dingen.«
Sie konnte ihn nur anstarren. Der Schock hatte ihre Tränen versiegen lassen. Sie erkannte sofort, daß alles ziemlich der Wahrheit entsprach – Archimedes hatte sie ja tatsächlich vor sich selbst gewarnt. Und doch hatte sie genug von ihm gesehen und gehört, um zu wissen, daß dies nicht die ganze Wahrheit war. Denn trotz seiner Liebe zu dieser Sirene mit der honigsüßen Stimme hatte er ein warmes Herz und liebte seine Familie ohne Einschränkung. Die Aussicht auf Tausende von kleinen Frustrationen konnte nicht im geringsten die großartige Aussicht auf einen lebenslangen Tanz am Rande der Unendlichkeit trüben. Sie hob den Kopf und sagte entschlossen: »Vielleicht wird er mich in Kleinigkeiten ent-

täuschen, aber nie in großen Dingen. Und was die Musen betrifft – sie sind große, wunderbare Gottheiten, denen ich selbst diene. Und«, ihre Stimme wurde lauter, »und – zur Verwaltung meines Besitzes brauche ich ihn nicht. Ich würde *gerne* lernen, wie das geht, um die Dinge selbst in die Hand nehmen zu können. Ich möchte nicht«, ihre Hand schnappte hilflos nach Luft, »die ganze Zeit nur dasitzen und warten müssen!«

»Aha«, sagte Hieron, »du weißt also, wie er ist, und willst ihn *trotzdem* heiraten? Dann hör mir mal gut zu. Sagen wir mal, ich würde Philistis gerne ein Geschenk kaufen. Ich könnte ihr eine Olivenpresse für einen ihrer Bauernhöfe kaufen oder ein Faß zum Ansetzen von Fischsauce oder vielleicht auch einen neuen Weinberg – alles nützliche und erstrebenswerte Dinge, für die sie sich zweifelsohne bedanken würde. Aber wenn ich ihr einen Seidenmantel mit gestickter Bordüre schenken würde, bekäme sie strahlende Augen und ich einen Kuß. Diesbezüglich kennst du sie genausogut wie ich. Doch nun zu dir: Du hättest mir einen neuen Verwandten mit Einfluß oder mit Beziehungen oder mit Geld bringen können, und ich hätte mich bei dir dafür bedankt. Aber als Archimedes um deine Hand angehalten hat, hat er mir alles angeboten, was sein Verstand erfinden und seine Hände formen können. Philistis war sicher noch nie so glücklich über einen Seidenmantel wie ich darüber. Schwesterherz, du hättest keinen Mann aussuchen können, der mir besser gefällt.«

Sie sah ihn genauso an wie Archimedes: zuerst ungläubig, dann erstaunt und schließlich glückselig. Zuletzt umarmte sie ihn stürmisch und küßte ihn.

Am nächsten Tag wurde die Verlobung offiziell bekanntgegeben. Dieses Ereignis verdrängte in der Stadt selbst die Römer für einige Zeit als Hauptgesprächsthema. Allgemein kam man zu der Auffassung, der König hätte seine Schwester für die größten Katapulte der Stadt eingetauscht, eine Geste, die ihm die Bürger von Syrakus als Ausdruck höchsten Gemeinschaftssinnes anrechneten. Nur einige Frauen fanden das doch ein bißchen hart für die

Schwester. Königin Philistis war schockiert, faßte sich aber rasch wieder und ging sofort daran, der Verbindung wenigstens einen Hauch von Ehrbarkeit zu verleihen. Es gelang ihr, die Frauen der Aristokratie und selbst ihren entsetzten Vater zu gewinnen. Klein-Gelon war hellauf begeistert, wogegen Agathon absolut mißbilligend reagierte.

Die Reaktion im Hause in der Achradina schwankte zwischen Verblüffung und Panik. »Aber Medion!« jammerte Philyra. »Was sollen wir nun mit dem Haus anfangen? Du kannst doch unmöglich die Schwester des Königs *hier* leben lassen!«

Archimedes betrachtete das Haus, in dem er geboren worden war, und meinte dann zögernd: »Wir werden umziehen. Es gibt da ein Haus auf der Ortygia, das zu Delias Erbe gehört.«

»Ich will aber nicht auf der Ortygia wohnen!« protestierte Philyra wütend.

»Aber Dionysios muß es«, sagte Archimedes erstaunt, »und ich dachte...« Unter den wütenden Blicken seiner Schwester hielt er verblüfft inne. Philyra und Arata hatten an Dionysios Gefallen gefunden und Archimedes erklärt, er könne zu einem passenden Zeitpunkt seine Zustimmung zu dieser Verbindung geben. Jetzt wußte er nicht, was am gegenwärtigen Zeitpunkt unpassend war, aber Mutter und Schwester verzogen gemeinsam das Gesicht über diese ungebührliche Hast.

»Jetzt geht's doch um das Haus selbst!« rief Philyra kläglich. Sie war den Tränen nahe. »Medion, warum mußt du nur alles so *schnell* verändern?«

»Was soll ich denn tun?« wollte er entnervt wissen. »Mich weigern, Katapulte zu bauen, wenn die Stadt sie braucht? Mich dumm stellen? *Delia ignorieren?*«

»Ich weiß es nicht!« schrie Philyra. »Ich weiß es nicht, aber alles geschieht viel zu schnell!« Damit drehte sie sich auf dem Absatz um und ging weg, um sich auszuweinen.

Auch Arata hätte am liebsten geweint, ließ es aber bleiben und sah sich nur tieftraurig in dem alten Haus um. Hier war sie glücklich gewesen, auch wenn sie schon seit einiger Zeit gewußt hatte, daß sie eines Tages ausziehen würden. Das war ihr in dem Moment klargeworden, als sie begriffen hatte, daß sich Könige um die Talente ihres Sohnes reißen würden. Sie hatte sich mit dem Umzug abgefunden und war bereit, einen neuen Lebensstil zu lernen. Die Aussicht auf eine königliche Schwiegertochter beunruhigte sie, aber dann dachte sie sich, daß das Mädchen beim näheren Kennenlernen sicherlich nett sein müßte, da ihr Sohn über diese Verbindung so ungeheuer glücklich war. Wenn doch nur nicht all diese Veränderungen auf einmal gekommen wären. Das war der einzige Wunsch, den sie mit Philyra teilte. Im Juni hatte ihr Mann noch gelebt, und sie hatte gedacht, ihr ruhiges Mittelschichtleben würde immer so weitergehen. Jetzt war es August, ihr Sohn würde demnächst die Schwester des Königs heiraten und ihre Tochter den Hauptmann der Ortygia-Garnison, die Familie war auf dem besten Weg zu unvorstellbarem Reichtum und – ihr Mann war tot. Diese letzte, brutale Tatsache betäubte noch immer ihre Sinne und verwandelte alle anderen Veränderungen in beinahe unüberwindliche Hindernisse.

»Und ich dachte, sie wäre glücklich, wenn wir alle auf der Ortygia leben würden!« beklagte sich Archimedes gereizt bei seiner Mutter. »Ich dachte, sie wollte uns in der Nähe haben!«

»Ja, mein Schatz«, sagte Arata geduldig, »das wird sie sicher auch sein. Es geht doch nur darum, daß alle Veränderungen auf einmal anstehen und uns der Verlust deines Vaters noch immer schmerzt.«

Bei diesen Worten kam ihr Sohn herüber und umarmte sie. »Ich wünschte, er würde noch leben und könnte uns sehen.«

Arata lehnte ihren Kopf an sein Schlüsselbein und stellte sich in Gedanken vor, wie Phidias mit tiefster Freude bei der Hochzeit seines Sohnes zuschauen würde. Dieses Bild trieb ihr die Tränen in die Augen. »Er wäre so stolz gewesen«, flüsterte sie und fand sich damit ab, daß sie weitermachen mußte.

Im Athener Steinbruch erfuhr Marcus von den Wachen die Neuigkeit.

Zuerst hatten ihn die Männer der Ortygia-Garnison rauh angefaßt und jede Gelegenheit genutzt, um ihn zu bestrafen. Sie wußten, daß er den Mördern Stratons geholfen hatte, und Straton hatte viele Freunde gehabt. Trotzdem war Marcus der einzige unter den Gefangenen, der wirklich fließend Griechisch sprach, weshalb man seine Dienste als Dolmetscher jeden Tag Dutzende Male in Anspruch nehmen mußte. Die Wachen konnten es kaum vermeiden, mit ihm zu reden, und nach einer absolut normalen Unterhaltung ließ sich auch ihr abgrundtiefer Haß nicht mehr aufrechterhalten. Die angekündigte Verlobung half wieder ein Stück weiter, denn die Garnison war daran genauso interessiert wie der Rest der Stadt, und die Gelegenheit, den Sklaven von Archimedes darüber auszufragen, war viel zu günstig, um sie sich entgehen zu lassen. Nachdem Marcus seinen anfänglichen Schock überwunden hatte, erzählte er bereitwillig von Flöten und von Alexandria und beteuerte, daß es dem König in erster Linie nicht um Katapulte gegangen war. »Archimedes hätte auf alle Fälle so viele gebaut, wie gebraucht werden«, sagte er. »Dafür mußte ihm der König nicht das Mädchen geben. Nachdem er den ›Begrüßer‹ gebaut hatte, wollte ihm der König zweihundert Drachmen mehr bezahlen, als vereinbart, aber er hat es abgelehnt. ›Ich bin Syrakuser‹, hat er gesagt, ›ich werde mich nicht an dem bereichern, was Syrakus braucht.‹«

Das beeindruckte die Wachen, nur einer fragte zynisch: »Und was hast du davon gehalten?«

»Ich habe mich gefreut«, sagte Marcus ruhig. »Ich habe immer geglaubt, daß ein Mann seine Heimatstadt lieben sollte.«

Nachdem die Wachen wieder auf ihre Posten gegangen waren, lehnte sich Marcus gegen die Hüttenwand und dachte lächelnd über die Neuigkeiten nach. Er wußte noch genau, wie Archimedes gestrahlt hatte, als er Delias Warnung bekommen hatte. Und er dachte daran, wie begeistert Delia bei dem mechanischen Versuch Beifall geklatscht hatte. Sein Stolz und seine Freude waren merkwürdig diffus. Es waren weder die Gefühle eines Freundes noch die eines Dieners. Vielleicht hatten sie etwas von einem älteren Bruder an sich, aber auch dieser Vergleich paßte nicht. Als loyaler Römer hätte er sich wünschen müssen, daß Archimedes Syrakus verließ, aber seine Freude kannte kein Bedauern. Der Junge hatte seine Sache gut gemacht, und nun wünschte er ihm viel Glück!

Am nächsten Morgen fingen die Besichtigungstouren an. Dreißig Gefangene wurden in Zehnergruppen aneinandergekettet und dann im Gleichschritt zum Hafen hinunter befördert. Dort zeigte man ihnen die Seemauern, die Handelsschiffe, die am Kai entlang vertäut waren und trotz des Krieges unbehindert ihrem Geschäft nachgingen, sowie die Kriegsschiffe, die man in die Bootsschuppen hinaufgezogen hatte. Marcus hatte man zum Übersetzen mitgenommen. »Falls die Gefahr einer Flottenattacke droht«, teilte der Reihenführer, der für die Gruppe verantwortlich war, den Gefangenen mit, »läßt sich der gesamte große Hafen mit einer Barriere absperren. Aber dazu habt ihr Kerle sowieso nicht die richtigen Schiffe, stimmt's?«

»Warum zeigen sie uns das?« fragte einer der Gefangenen Marcus.

»Das verstehst du doch sicher, oder?« antwortete Marcus entrüstet. »Damit du dem Konsul erzählen kannst, daß er Syrakus nicht aushungern kann.«

Nachmittags wurden zwanzig weitere Gefangene ausgewählt und an der Stadtmauer entlang zum Euryalus-Fort gebracht, wo man ihnen die Katapulte zeigte. Dort standen zwei Hundert-Pfünder und die beiden Zwei-Talenter-Kopien von »Gute Gesundheit«. »In ein paar Tagen bekommen auch wir noch einen Drei-Talenter«, teilte ihnen der Hauptmann des Forts genüßlich mit. »Der Obermechaniker arbeitet schon daran.«

»Ich dachte, der käme auf den Hexapylon«, sagte Marcus.

Der Hauptmann des Forts starrte ihn überrascht an, während der Reihenführer murmelnd erklärte, wer Marcus sei. Der Hauptmann warf ihm einen ärgerlichen Blick zu. »Der Hexapylon hat den ersten bekommen«, gab er zu, »aber man hat uns gesagt, *unserer* würde noch besser.«

»Du hättest ihn statt dessen um einen Zweihundert-Pfünder bitten sollen«, sagte Marcus.

Der Hauptmann zögerte unschlüssig. Einerseits gebot ihm sein Stolz, die Anmerkung eines Sklaven zu ignorieren, andererseits war er ganz versessen darauf, ein größeres Katapult als der Hexapylon zu haben. Die Gier behielt die Oberhand. »Könnte er das denn?« fragte er eifrig.

»Ganz bestimmt«, sagte Marcus, »aber nun hat er den Drei-Talenter schon zur Hälfte gebaut. Zum Fragen ist's jetzt zu spät.«

»Erklär *denen* da, daß er einen Zweihundert-Pfünder bauen könnte«, befahl der Reihenführer und deutete mit der Hand zu den übrigen Gefangenen hinüber.

Marcus nickte, drehte sich zu seinen Mitgefangenen um und berichtete lakonisch, das Fort erwarte einen Drei-Talenter und hätte gerne als nächstes einen Zweihundert-Pfünder.

»Gebaut von deinem ehemaligen Herrn, dem Flötenspieler?« fragte einer der Gefangenen.

»Ja«, gab Marcus zu, »das kann er wirklich, glaube mir.«

Die Gefangenen betrachteten die Munitionshaufen neben den Forttürmen – Hundert-Pfund-Geschosse und Zwei-Talenter-Steine – und sackten innerlich zusammen. »Warum zeigen sie uns das?« wollte einer wütend wissen.

»Damit wir es dem Konsul berichten«, antwortete Marcus. »Damit er weiß, daß er Syrakus nicht im Sturm nehmen kann.«

»Und warum wollen sie, daß wir ihm das berichten?«

Eine Minute stand Marcus stumm da und betrachtete die Gefangenen in ihren Ketten und die Wachsoldaten in ihren Rüstungen. »Damit er ein Friedensangebot macht«, sagte er. Sein Herz schlug schneller. Da wußte er, daß er recht hatte.

Am nächsten Tag gab es noch mehr Besichtigungstouren: eine auf die Ortygia und die andere zum Hexapylon, wo der Drei-Talenter vorgeführt wurde. Nicht alle Gefangenen waren so gesund, daß man sie durch die ganze Stadt schleifen konnte, aber jeder, der noch gehen konnte, bekam eine intensive Vorführung von syrakusischer Stärke und Pracht. Anschließend diskutierten sie untereinander unglücklich darüber und suchten Marcus auf, um Genaueres zu erfahren. Zuerst hatten sie ihn bei seinem Erscheinen als getarnten Spion verdächtigt, aber die anfängliche, feindselige Haltung der Wächter und seine offenmütig geäußerten Sympathien hatten sie davon überzeugt, daß er wirklich der Mensch war, als der er sich vorgestellt hatte. Wie Fabius waren auch sie der Ansicht, er sei sehr griechisch geworden, aber sie akzeptierten, daß man ihn wegen seiner Loyalität zu Rom mit ihnen eingesperrt hatte. Und so glaubten sie das meiste, was er ihnen erzählte.

Früh am nächsten Morgen kamen zwei unbekannte Wächter in die Hütte und gingen die Reihen der Gefangenen entlang, bis sie zu Marcus kamen. Dann schlossen sie seine Fußeisen auf und sagten ihm, er solle aufstehen. Langsam erhob sich Marcus und wartete im Stehen stumm auf weitere Befehle, bis ihm der eine Mann einen Hieb versetzte. »Der König will dich sehen«, sagte er. »Mach schon!«

Bevor er dem Befehl gehorchte, bückte er sich noch rasch und nahm die Flötenschatulle mit – nur für den Fall, daß er nicht mehr wiederkommen sollte.

Die beiden Männer brachten ihn zum Pförtnerhaus hinunter, wo sie ihm einen Eisenkragen umlegten und die Hände fesselten. Er schaffte es gerade noch, sich die Flötenschatulle in den Gürtel zu stecken, ehe sie sie ihm entreißen konnten. Dann befestigten sie an dem Kragen eine Kette, als ob er ein Hund wäre, und rissen probehalber so heftig daran, daß er taumelte. »Ich werde bestimmt keinen Fluchtversuch unternehmen«, erklärte er ihnen milde, als er wieder Tritt gefaßt hatte.

»Ihr müßt nicht grob sein«, pflichtete der verantwortliche Reihenführer im Steinbruch bei, der das Ganze beobachtet hatte. »Er ist ein Philhellene.«

Bei diesem Attribut blinzelte Marcus. Also fanden auch die Wächter, daß er ganz griechisch geworden sei? Aber die Fremden starrten ihn nur wütend an, und einer sagte barsch: »Er hat mitgeholfen, Straton zu töten.« Jetzt konnte der Reihenführer nur noch die Schultern zucken.

Die beiden Neuen aus der Ortygia brachten Marcus durchs Tor auf die Straße hinaus, dann bogen sie nach rechts ab, Richtung Neapolis. Beinahe wäre Marcus durch die Kette erneut umgerissen worden. Er hatte damit gerechnet, daß sie direkt zur Ortygia marschieren würden. »Wohin gehen wir?« fragte er amüsiert, bekam aber keine Antwort.

Sie gingen am Amphitheater vorbei und kletterten dann auf das Epipolae-Plateau hinauf, das an dieser Stelle gänzlich unbewohnt war und nur aus verdorrtem Gestrüpp bestand. Jetzt begriff er, daß sie erneut Richtung Euryalus gingen. Nach einem kurzen Seitenblick auf seine Wächter beschloß er, keine weiteren Fragen zu stellen. Er würde den Zweck dieser Reise noch früh genug erfahren.

Der Euryalus lag auf dem höchsten Punkt der Kalksteininsel Epipolae, eine Trutzburg, von der aus das Land nach zwei Seiten hin abfiel. Als sie den Innenhof betraten, fanden sie dort jede Menge Soldaten vor, ein ganzes Bataillon aus zweihundertsechsundfünfzig Mann. In der Nähe des Äußeren Tores stand ein Pferd angebunden, das Marcus wiedererkannte. Sein Geschirr war mit Purpur behängt und mit goldenen Ziernägeln beschlagen. Die Wächter marschierten mit ihm zum Torturm hinüber und anschließend in den Wachraum hinauf. König Hieron war tatsächlich hier, mitten in einer Diskussion mit einer Anzahl hochrangiger Offiziere, von denen Marcus keinen kannte. Seine Wächter donnerten ihre Speere auf den Boden und blieben in Habachtstellung stehen, woraufhin der König flüchtig herüberschaute.

»Aha«, sagte Hieron, »gut.« Er ging durch den Raum, die Offiziere in ihren roten Mänteln hinterdrein wie der Seetang hinter einem Schiff. Vor Marcus blieb er stehen und musterte die Fesseln mit hochgezogenen Augenbrauen. »Ihr habt wohl eine Vorliebe für Ketten, was?« Seine Bemerkung war an die Wächter gerichtet. »Aber vermutlich war's ja gut gemeint. Marcus Valerius, wie geht's deiner Stimme?«

»Meiner Stimme, königlicher Herr?« wiederholte Marcus erstaunt.

»Hoffentlich hast du dich nicht erkältet«, sagte Hieron. »Du siehst so aus, als ob du ein Paar kräftige Lungen hättest. Kannst du dir normalerweise Gehör verschaffen, falls es nötig ist?«

»Jawohl, königlicher Herr«, sagte Marcus, dem wilde Bilder von schreienden Menschen in einem Bronzestier durch den Kopf schossen. Obwohl er nicht daran glaubte, waren sie da.

»Gut. Deine Landsleute haben soeben beschlossen, auf diesem Weg zurückzukommen. Ich möchte ein paar Worte mit ihnen reden. Weil ich aber kein Latein spreche, brauche ich einen Dolmetscher. Du scheinst mir dafür der richtige zu sein. Bist du bereit, meine Worte so genau wie möglich zu übersetzen?«

Marcus schüttelte sich erleichtert, daß die Ketten nur so rasselten. Die meisten gebildeten Römer sprachen Griechisch, also ganz sicher auch der Konsul. Wenn Hieron einen Dolmetscher haben wollte, bedeutete das, daß er mit Absicht nicht nur von den Offizieren verstanden werden wollte, sondern auch von den Truppen. Wenn ihn aber der König tatsächlich mit den anderen Gefangenen zurückgeben wollte, könnte er Probleme bekommen, falls er jetzt als syrakusischer Dolmetscher auftrat. Da er andererseits gefesselt und offensichtlich ein Gefangener war, könnten ihm seine Leute schlecht einen Vorwurf daraus machen, daß er die Worte seiner Wächter übersetzt hatte. Außerdem hatte ihn Hieron immer gnädig behandelt. Beim Gedanken an die Freiheit wollte in ihm noch immer keine rechte Freude aufkommen, aber inzwischen konnte er sich vorstellen, daß sich die Freude rechtzeitig einstellen würde. Eine Sache war er der Gnade also noch schuldig. »Ich bin bereit, Herr«, sagte er.

Hieron lächelte, schnippte mit den Fingern und ging in den Hof hinaus. Die Wächter eskortierten Marcus hinter dem König her, während die Offiziere mit flatternden Scharlachmänteln und schimmernder Goldrüstung den Abschluß bildeten.

Der König bestieg seinen Schimmel, und unter Trompetengeschmetter öffneten sich die Tore des Euryalus. Hieron ritt voran, gefolgt von den Offizieren in Speerformation. Marcus fand sich zwischen seinen Wächtern unmittelbar hinter dem königlichen

Pferd wieder. Ringsherum wogte die prächtig schimmernde Reiterschar der Offiziere. Nach ihm kam das Syrakuser Bataillon, das zu fröhlichen Flötenklängen in geschlossener Formation marschierte. Die langen Spitzen der Speere über den Schultern glitzerten in der Sonne, während ihre Schilde eine bewegliche Mauer bildeten, auf der eine endlose Reihe von Sigmas prangte, das Symbol ihrer Stadt.

Hinter einem Pferd und zwischen zwei kräftigen Wachsoldaten eingeklemmt, konnte Marcus zuerst nicht viel von der Szenerie vor sich erkennen, aber als sie die Anhöhe hinter sich gelassen hatten, machte die Straße eine Kurve und gab einen klaren Blick frei. Jetzt sah er mit eigenen Augen, daß die römische Armee tatsächlich nach Syrakus zurückgekehrt war. Auf dem flachen, fruchtbaren Land südlich des Plateaus hatte man ein neues Lager aufgeschlagen, ein schnurgerades Rechteck, das mit Wall und Graben und einem Palisadenzaun befestigt war. Davor stach ihm ein purpurgoldener Fleck ins Auge, und dann ein Reiter, der nur knapp unter ihnen den Hügel heraufkam. Aber dann waren sie auch schon um die Kurve herum, und der glänzende Rumpf von Hierons Pferd versperrte wieder den Blick.

Wenige Augenblicke später trabte der Reiter, der ihm aufgefallen war, den Hügel herauf und reihte sich neben dem König ein. Marcus sah, daß es ein Herold war. Zum Zeichen seines Ranges hielt er einen vergoldeten Stab über den Knien, der auf der ganzen Länge mit zwei ineinander verschlungenen Schlangen verziert war. Herolde standen unter dem Schutz der Götter, wer sich an ihnen verging, beging ein Sakrileg. Sie konnten sich frei zwischen feindlichen Armeen bewegen. Offensichtlich hatte man diesen hier schon früher vorausgeschickt, um die Verhandlung vorzubereiten.

»Er hat sich geziert«, erzählte der Herold Hieron. Seine Stimme ging im Dröhnen der Marschschritte beinahe unter.

»Aber er hat zugestimmt?« fragte der König.

»Er konnte sich schlecht weigern«, antwortete der Herold. »Das ist er, dort unten, direkt vor uns. Allerdings hat er sich ausgebeten, daß du's kurz machst.«

»Königlicher Herr«, sagte einer der Offiziere und lenkte sein Pferd näher an das des Königs heran, »ist es weise, wenn wir direkt zu ihnen hinaufreiten?«

Mit einem sanft tadelnden Blick wandte sich der König zu ihm und sagte: »Sie brechen keinen Waffenstillstand. Das ist eine ihrer guten Seiten. Selbst wenn mich Claudius am liebsten auf der Stelle eigenhändig umbringen möchte, wüßte er ganz genau, daß ihn dann sein eigenes Volk bestrafen würde, weil er den Namen Roms entehrt und die Götter beleidigt hätte. Und darin sind sie sehr abergläubisch. Solange wir uns an den Waffenstillstand halten, werden wir in Sicherheit sein.« Damit ritt er im gemütlichen Trab weiter.

Marcus folgte ihm. Inzwischen hatte er wirklich Angst. Unten am Fuße des Hügels wartete Appius Claudius, Konsul von Rom, widerwillig und ungeduldig auf Hieron. Marcus hatte es zwar immer abgelehnt, sich von Rang und Namen beeindrucken zu lassen, aber ein Konsul verkörperte die Majestät Roms, der die tiefste Ehrerbietung gebührte. Das hatte man ihm von Kindesbeinen an beigebracht. Und nun ließ er sich von Claudius beeindrucken. Er schämte sich vor sich selbst. Verstohlen schaute er an sich herunter: auf seine Tunika aus ungebleichtem Leinen, die schon vor dieser Woche andauernder Gefangenschaft nicht gerade sauber gewesen war, auf seine staubigen Beine, auf die abgetragenen Sandalen. Mit Bartstoppeln und in Ketten sollte er nun vor den Augen eines Konsuls für einen König übersetzen. Wieder fiel sein Blick nach oben, auf Hierons Rücken unter dem Purpurmantel. Da begriff er: Der König hatte ihn vermutlich *bewußt* in diesem Zustand ausgewählt – um Rom zu demütigen. *Ich bin der König von Syrakus – und das hier ist ein römischer Bürger.* Nie hätte er vergessen dürfen, wie raffiniert der König war. Und doch – etwas war er der Gnade schuldig.

Sie kamen den Hügel herunter. Direkt auf der Straße vor ihnen standen die Pferde der gegnerischen Abordnung. Hinter dem purpurgoldenen Geleitzug des Konsuls funkelten die Standarten der Legionen. Dahinter standen vielleicht zehn Manipel, alle fein säuberlich in Quadraten aufgereiht, einer hinter dem anderen, bis zum Palisadenwall hinüber, auf dem es von Zuschauern nur so wimmelte. Der Herold hob seinen Stab und trabte voraus, der Geleitzug des Königs gelassen hinterdrein. Erst als sie sich mit normaler Lautstärke unterhalten konnten, zogen sie die Zügel an. Mit einer Handbewegung bedeutete Hieron den Wächtern, sie sollten Marcus nach vorne bringen. So blickte also Marcus von der Seite des Königs mit beschämter Miene dem Feind von Syrakus ins Gesicht: seinem eigenen Herrscher.

Wie Hieron ritt auch Claudius einen Schimmel und trug einen Purpurmantel. Sein Brustpanzer und der Helm waren vergoldet und schimmerten in der Sonne. Links und rechts von ihm standen die Liktoren, deren Aufgabe es war, jeden seiner Befehle auszuführen. Sie trugen rote Mäntel und in den Händen die Rutenbündel mit den Äxten, das Symbol seiner Amtsgewalt. Er durfte strafen und töten. Hinter ihnen saßen die Tribunen seiner Legionen auf ihren eigenen Rössern. Ihre Mäntel waren aus phönizischem Purpur und ihre Rüstung aus Gold. Marcus starrte sie mit trockener Kehle an. Sie wirkten auf ihn völlig unpersönlich, ihre Majestät war ihr einziges Kennzeichen.

»Gute Gesundheit, Konsul der Römer!« sagte Hieron. »Und auch euch, Männer von Rom. Ich habe heute morgen um eine Unterredung mit euch gebeten, um die Lage eurer Landsleute zu klären, die wir gefangengenommen haben.« Er stupste Marcus leicht mit dem Fuß an der Schulter und fügte leise hinzu: »Übersetze!«

Marcus fing an. Er beeilte sich, die Worte des Königs zu übersetzen und schrie so laut, daß man es noch möglichst weit entfernt verstehen konnte.

Claudius zog ein finsteres Gesicht. Zum ersten Mal wurde Marcus bewußt, wie der Konsul tatsächlich aussah: ein großgewachsener Mann mit Hängebacken und einem fleischigen Gesicht, aus dem nur die Nase messerscharf herausragte. »Wer ist das?« wollte der Konsul auf Griechisch wissen und starrte dabei Marcus an.

»Einer der Gefangenen«, sagte Hieron. »Er spricht fließend

Griechisch. Ich habe ihn als meinen Dolmetscher mitgebracht, damit auch alle deine Offiziere meine Worte so gut verstehen wie du selbst, o Konsul der Römer. Ich habe in der Vergangenheit bemerkt, daß sie unsere Sprache nicht so gut beherrschen wie eure eigene.« Wieder berührte sein Fuß Marcus an der Schulter.

Marcus fing zu übersetzen an, aber sofort schnauzte ihn Claudius auf Latein an: »Halt!« Marcus hielt inne. Claudius funkelte ihn einen Augenblick wütend an, dann sagte er zu Hieron: »Er wird nicht gebraucht.«

»Möchtest du denn nicht, daß mich deine Männer verstehen?« fragte Hieron. Seine Stimme klang leicht überrascht. »Du möchtest ihnen doch sicher nicht die Neuigkeiten über ihre Freunde und Kameraden vorenthalten?«

Als Marcus einen raschen Blick auf die Gesichter hinter dem Konsul warf, sah er unbehagliche und unzufriedene Mienen. Möglicherweise sprachen die römischen Offiziere nicht so gut Griechisch wie ihr Konsul, aber sie verstanden genug und waren nicht glücklich, daß Claudius das Schicksal der Gefangenen vor den gemeinen Soldaten verheimlichen wollte. Auch Claudius mußte dies bemerkt haben, denn er sagte mit finsterer Miene: »Ich habe vor meinen loyalen Gefolgsleuten nichts zu verheimlichen. Wenn es dein ausdrücklicher Wunsch ist, dann laß diesen Mann übersetzen, Tyrann. Trotzdem ist er überflüssig.«

Hieron lächelte, und sofort war Marcus überzeugt, daß Claudius soeben einen bösen Fehler gemacht hatte.

Hieron fing an. Er redete rasch und deutlich und machte nach jedem Gedanken eine Pause, damit Marcus seine Übersetzung lauthals verkünden konnte: »Als das Fatum einige eurer Leute in meine Hände gab, o Römer, hatte ich die Absicht, sie so schnell wie möglich zu euch zurückzuschicken. Ich habe erwartet, daß ihr einen Herold sendet, um euch nach dem Lösegeld zu erkundigen, aber ihr habt keinen geschickt. Statt dessen habt ihr Syrakus bei Nacht und Nebel verlassen und eure Leute mir ausgeliefert. Liegt dir denn nichts an ihnen, o Konsul?«

Claudius richtete sich kerzengerade auf und starrte Hieron wütend an. »Wenn Römer Krieg führen, Tyrann von Syrakus«, erklärte er auf lateinisch, »dann akzeptieren sie den Tod und stellen sich tapfer diesem Risiko. Alle, die das nicht tun, sind keine wahren Männer und damit auch kein Lösegeld wert. Wie dem auch sei, vielleicht hast du ja schon vernommen, daß wir die Stadt Echetla, deine Verbündeten, belagert und erobert haben. Wenn du es wünschst, werden wir die Frauen von Echetla gegen unsere eigenen Leute eintauschen. Die Männer haben wir getötet.«

»Was hat er gesagt?« wollte Hieron von Marcus wissen. Während Marcus rasch übersetzte, dachte er über Echetla nach. Die Stadt lag nordwestlich von Syrakus und war eigentlich eine syrakusische Kolonie. Wer sie als Stadt bezeichnete, verzerrte damit die Dimension des Kampfes. Es handelte sich lediglich um einen befestigten Marktflecken, der gegen eine riesige Römerarmee keine Chance gehabt hatte. Zweifelsohne waren die Römer bei ihrem Angriff gereizt und wütend über ihre Verluste vor Syrakus gewesen. In dieser Stimmung kamen für sie weder Verhandlungen noch Gnade in Frage. Innerlich sah er den verzweifelten Widerstand und das Massaker an allen waffenfähigen Männern vor sich. Ihm wurde schlecht.

»Ich hatte nicht vor, für deine Leute Lösegeld zu fordern, Konsul der Römer«, sagte Hieron vorwurfsvoll. »Wie Pyrrhus von Epirus, an dessen Seite ich einst gekämpft habe, hätte ich sie ohne Bezahlung zurückgegeben. Denn genau wie er ehre auch ich den Mut des römischen Volkes.«

Als Marcus dies übersetzte, ging zum ersten Mal ein Flüstern durch die römischen Ränge. Männer, die seine Worte mit eigenen Ohren gehört hatten, wiederholten sie für diejenigen, die weiter hinten standen. Der Name von König Pyrrhus war ein guter Einfall, dachte Marcus, denn vor ihm hatten die Römer mehr Respekt als vor jedem anderen Feind, gegen den sie je gekämpft hatten.

»Dann gib sie ohne soviel Gerede zurück, Tyrann!« fauchte ihn Claudius an. »Und wir werden die Echetlaner als unsere Sklaven behalten.«

Hieron legte eine Pause ein, damit seine nächsten Worte auch wirklich deutlich zu verstehen waren, dann antwortete er: »Was die Echetlaner betrifft, o Konsul, so nenne mir einen Preis und ich werde sie freikaufen. Aber was deine eigenen Leute betrifft, so läßt mich deine Antwort zögern. Ich habe meine Gefangenen mit all dem Respekt behandelt, der tapferen Feinden gebührt. Sie bekamen gut zu essen und eine ordentliche Unterkunft, und ihre Wunden hat mein eigener Leibarzt versorgt. Allerdings ist mir aufgefallen, daß du vor deinem Aufbruch ihre überlebenden Kameraden dazu gezwungen hast, ihre Zelte außerhalb des Lagers aufzuschlagen. Und jetzt sieht es so aus, als ob du herzlich wenig Wert auf die Männer, die in meiner Gewalt sind, legen würdest. Du stellst sie auf eine Stufe mit Sklaven. Wodurch haben sie dich beleidigt?«

»Sie haben keinen Mut«, antwortete der Konsul barsch. »Sie haben sich ergeben. Wir Römer sind nicht wie ihr Griechen. Wenn wir versagen, nehmen wir die gebührende Strafe auf uns.«

»Sie haben keinen Mut?« wiederholte Hieron. »Die Männer in meinem Gefängnis haben Wunden aushalten müssen, die der beste Beweis für ihre Tapferkeit sind. Nur wenige von ihnen sind unverletzt. Unmöglich war allerdings die Aufgabe, die man ihnen abverlangt hat. Man hat zwei Manipel in loser Formation ohne Belagerungsgeräte bei hellem Tageslicht gegen schwere Geschütze geschickt. Dies war kein Befehl zur Schlacht, sondern zur Exekution! Ich bin erstaunt, daß sie trotzdem gehorcht haben. Was ihnen gefehlt hat, war sicher nicht der Mut, sondern ein kluger General.«

Claudius machte den Mund auf, aber im selben Augenblick verwandelten sich die Flüsterparolen in ein wütendes Knurren und schließlich in ein Gebrüll aus voller Kehle. Hinter ihm donnerten die Legionen ihre Speere auf den Boden und ließen die beiden hingeschlachteten Manipel wütend hochleben. Die Männer, die von den Palisaden aus zusahen, schlugen ihre Schanzwerkzeuge klirrend gegen den Wall. Claudius lief knallrot an, dann wirbelte er zu den Tribunen herum und brüllte: »Ruhe! Sorgt dafür, daß dieser Pöbel still ist!«

Wegen des Tumults tänzelte Hierons Pferd unruhig hin und her, der König tätschelte ihm den Hals.

»Meine Soldatenkameraden!« bellte Claudius, als der Lärm endlich zu verebben begann. »Meine Soldatenkameraden, hört nicht auf diesen Mann! Er versucht nur, eure Disziplin aufzuweichen. Und du, Soldat« – das galt Marcus – »hör auf, seine Lügen zu wiederholen!«

Marcus mußte wieder an Gaius denken, wie er mit bleichem Gesicht und schmerzhaftem Keuchen in die Stadt geführt worden war. Plötzlich packte ihn selbst eine brennende Wut. Später sollte er sich an diesen Moment wie ein Augenzeuge an einen tödlichen Unfall erinnern. In Gedanken schrie er sich selbst an: *Nein, hör auf, nicht so, du Narr!* Aber er konnte nicht aufhören. Wegen diesem Mann hatte Gaius leiden müssen. Wegen diesem Mann hatte er selbst alles verloren. Es durfte nicht angehen, daß Claudius diese Schuld einfach wegwischte.

»Er spricht die Wahrheit!« rief Marcus leidenschaftlich und deutete mit beiden Fesseln den Hügel zum Euryalus hinauf. »Was *dachtest* du denn, was sie dort oben haben? Kinderschleudern? Kennst du nicht die durchschnittliche Reichweite eines Katapults? Oder hast du einfach erwartet, daß eine Stadt wie ein Ei zerbricht, die die Karthager mit einer zehnmal so großen Armee wie diese hier belagert haben? Beim Jupiter! Du hattest keine Ahnung, was du gemacht hast. Es ist unentschuldbar, daß du dein eigenes Versagen den Männern in die Schuhe schiebst, die darunter leiden mußten! Wenn du wirklich ein Römer bist, Konsul, dann solltest auch du die Strafe auf dich nehmen!«

Wieder brach ein Tumult aus. Claudius starrte Marcus erstaunt und wütend an, Hieron beklommen. »Was hast du gesagt?« fragte der König, aber Marcus gab keine Antwort, sondern senkte seine gefesselten Hände und erwiderte mit stolzer Haltung den wütenden Blick des Konsuls.

»Ich hoffe, dieser Mann hat dich nicht beleidigt«, sagte Hieron und wandte sich im normalen Tonfall direkt an Claudius. »Sein Bruder wurde während eurer Attacke schwer verwundet, daher vielleicht diese erregte Rede. Du mußt ihn entschuldigen. Ich selbst habe nicht den Wunsch, dich oder dein Volk zu beleidigen.«

Jetzt funkelte Claudius Hieron wütend an. »Ist es etwa keine Beleidigung, wenn behauptet wird, ich sei kein kluger General?« fragte er.

Hieron lächelte. »Mit Belagerungen hast du sicher wenig Erfahrung, o Konsul – wenigstens was die Belagerung von griechischen Städten betrifft, die eine gute Artillerieausrüstung haben. Bist du denn nicht auch der Meinung, daß ein kluger General immer dann vorsichtig agiert, wenn er nicht so gut Bescheid weiß? Falls du besser verstehen möchtest, was dich erwartet, bist du gerne eingeladen, unter meinem persönlichen Schutz auf die Wehrmauer zu steigen und die Verteidigungsanlagen zu besichtigen. Konsul, du hast uns unterschätzt und mit einer Verachtung behandelt, die wir keinesfalls verdienen.«

Claudius spuckte aus. »Dein persönlicher Schutz ist genauso wertlos wie deine Prahlerei, Tyrann! Ich traue keinem von beiden!«

»Du hast recht mit deiner Behauptung, daß beide gleich wertvoll sind«, antwortete der König. Erneut flaute der Lärm ab. Mit erhobenen Armen wandte sich Hieron wieder an die Armee, und sofort fing Marcus lauthals zu übersetzen an. Claudius versuchte zu protestieren, aber nicht einmal seine eigenen Offiziere achteten auf ihn. Mit einem Schlag wurde es in der Truppe still, alle wollten hören, was Hieron zu sagen hatte. Während der Konsul vor Wut kochte, trug eine neue Flüsterwelle die Worte des Königs weiter: »Männer von Rom, Berichten zufolge soll ich arrogant und grausam sein, aber diese Berichte lügen, denn ich habe immer mit Bedacht gehandelt und die Götter geehrt.« (»Und das stimmt«, fügte Marcus mit einem trotzigen Blick auf den Konsul hinzu. »Diese Geschichten von Bronzestieren und Pfählungen haben die Mamertiner erfunden, um die Hilfe Roms zu bekommen.«) »Bis jetzt gibt es in ganz Syrakus keinen einzigen Bürger, der gegen mich Anzeige erstattet hat. Meine schöne Stadt ist genauso einig wie stark – und ihre Stärke habt ihr ja alle selbst gesehen. Wenn ich eure Landsleute zurückgebe, können sie sich dafür verbürgen. Solltet ihr sie in allen Ehren in Empfang nehmen, dann werde ich sie euch noch heute zurückgeben, und wie versprochen, ohne Lösegeld. Wenn nicht, werde ich ihnen kein Haar krümmen und sie so lange behalten, bis mich der erstbeste Römer um ihre Freilassung bittet.«

»Das ist ein Trick!« brüllte Claudius.

»Das ist ein ehrenvolles Angebot in gutem Glauben«, antwortete Hieron. »Wünschest du, daß ich sie schicke?«

Claudius sah aus, als ob er jeden Moment platzen wollte. »Der Wunsch nach Frieden treibt dich zum äußersten, Tyrann!« schrie er. »Wo sind die Verbündeten, die du vor Messana im Stich gelassen hast?«

»Und du hast es mit einem Triumph ziemlich eilig, Konsul!« erwiderte Hieron scharf. »Dafür bist du sogar bereit, den Karthagern zu trauen. Nur für die vage Möglichkeit, daß sie sich heraushalten, bist du bereit, das Leben all deiner Männer aufs Spiel zu setzen. Ja, wo sind die Karthager? Hinter deinem Rücken? In Messana? Plündern sie in deiner Abwesenheit die Stadt und zerstören die Schiffe, auf denen du nach Hause segeln wolltest? Statt gegen Karthago zu kämpfen, hast du dich für einen Kampf gegen Syrakus entschieden und dabei vergessen, daß du damit beiden den Kampf angesagt hast. Seid ihr dazu fähig, ihr Römer? Aber, Konsul, du hast mir noch nicht meine Frage beantwortet. Zweiundneunzig deiner Leute sind meine Gefangenen. Willst du sie zurückhaben?«

Während Claudius lange Zeit nichts sagte, verbreiteten sich die Flüsterparolen in seiner ganzen Armee. Das Gemurmel wütender Diskussionen übertönte beinahe die Übersetzung. Endlich sagte der Konsul mit erstickter Stimme: »Ja. Gib sie zurück.«

»Du wirst sie ehrenhaft empfangen?«

»Da du sagst, sie hätten tapfer gekämpft, so werden sie auch wie tapfere Männer empfangen«, knirschte der Konsul.

Hieron neigte gnädig das Haupt. »Und die Frauen von Echetla – welchen Preis willst du für sie?«

»Gar keinen!« rief plötzlich eine Stimme aus den Legionen. Claudius fuhr herum, aber inzwischen war schon ein Dutzend weiterer Stimmen eingefallen: »Ehre denen, die das römische Volk ehren! Gib die Echetlaner ohne Lösegeld zurück!« Speere donnerten auf den Boden, und dann brüllten alle lauthals: »Ehre dem römischen Volke!«

Claudius schaute wieder Hieron an. Noch nie hatte Marcus einen derart rachsüchtigen Blick gesehen. »Du sollst sie ohne Lösegeld haben«, murmelte er.

»Ich werde deine Männer aus dem Gefängnis holen und sie dir hier übergeben lassen«, sagte Hieron. »Das wird vielleicht vier Stunden dauern. Ich nehme an, daß dieser Waffenstillstand bis dahin hält?«

Claudius nickte, dann wendete er sein Pferd. Er mißtraute seinen eigenen Worten.

Hieron schnippte mit den Fingern, und der Syrakuser Aulist stimmte wieder das Marschlied an. Die Reihen teilten sich, um eine Gasse für den König freizumachen. Marcus folgte seinen beiden Wächtern. Hinter ihm machte das Syrakuser Bataillon eine Kehrtwendung und marschierte den Hügel hinauf.

Als sich die Tore des Euryalus hinter ihnen geschlossen hatten, zog der König die Zügel an und schaute nachdenklich auf Marcus hinunter. »Was hast du zum Konsul gesagt?« fragte er.

»Daß deine Worte wahr waren«, antwortete Marcus kurz.

Hieron seufzte. »Das war unklug.«

»Es war wahr.«

»Normalerweise ist es keine gute Idee, wenn man zu Königen – oder zu Konsuln – die Wahrheit sagt. Trotzdem werde ich dich zurückgeben müssen. Wenn ich dich behalte, wird Claudius behaupten, du wärst ein verkleideter Grieche gewesen. Damit könnte er seine Armee leichter überzeugen, daß er letztlich doch recht gehabt hat.«

Marcus nickte. Hieron betrachtete ihn noch einen Augenblick, dann seufzte er wieder. »Du bist ein echter Römer, stimmt's? Du bist bereit, die Strafe für deine Handlungen auf dich zu nehmen – ob sie gerechtfertigt ist oder nicht. Was hast du denn da in deinem Gürtel?«

Marcus wurde heiß im Gesicht. »Eine Flöte«, sagte er. »Mein Herr und – Archimedes hat sie mir gegeben. Er dachte, im Gefängnis hätte ich Zeit, um es zu lernen.«

»Ich bete, daß dir die Götter die Zeit schenken, bis du so vollendet spielen kannst wie er selbst!« Hieron schnippte mit den Fingern und sagte zu den Wächtern: »Nehmt ihm die Ketten ab und bringt ihn irgendwo in den Schatten, bis die anderen kommen. Gebt ihm etwas zu essen und zu trinken. Der Weg hierher war lang, und Übersetzen macht durstig.«

Die Wächter brachten Marcus in einen Raum in einem der Türme, auf eine Katapultplattform ohne Geschütz. Sie nahmen ihm die Ketten ab und gaben ihm Brot und Wein. »Nichts für ungut«, sagte einer der Wächter, als er ihm den Wein anbot, »ich hätte Apollodoros glauben sollen, als er gesagt hat, daß du ein Philhellene bist.«

Marcus trank durstig den mit Wasser gemischten Wein, hatte aber keinen Appetit auf das Brot. Immer wieder mußte er daran denken, mit welchem Blick Claudius Hieron angeschaut hatte. Der Konsul hätte seinen Feind liebend gern bei lebendigem Leibe gekocht, ob in oder außerhalb eines Bronzestieres. Hieron würde hinter den Mauern von Syrakus außer Reichweite sein, aber er, Marcus, mußte ihm in ungefähr vier Stunden wieder gegenübertreten.

Am liebsten hätte er seine zusätzliche Bemerkung rückgängig gemacht. Wenn er sich doch nur darauf beschränkt hätte, Hierons Wort zu übersetzen, und sonst nichts! Schließlich war Hieron nicht auf Hilfe angewiesen gewesen. Inzwischen kam ihm die Verhandlung von heute morgen wie ein Ringkampf vor, bei dem Claudius in jeder Hinsicht unterlegen war. Claudius war eindeutig ein Mensch, der sich liebend gern einen Sündenbock für seine eigenen Fehler suchte. Und Marcus wäre geradezu ideal dafür: ein abtrünniger Hellenenfreund, ein Feigling, der sich seiner gerechten Strafe durch Flucht in die Sklaverei entzogen hatte. Möglicherweise würde Claudius versuchen, die Wahrheit in Mißkredit zu bringen, indem er den Mann, der sie ausgesprochen hatte, entehren und hinrichten ließ.

Aber vielleicht würde es der Konsul vorziehen, Marcus einfach zu vergessen. Eine rachsüchtige Bestrafung würde nur seinen Ruf als gefühlloser und arroganter Mensch bestätigen, den ihm Hieron eben erst angehängt hatte. Marcus blieb nur noch eine Hoffnung: daß der Konsul intelligent genug war, dies einzusehen.

Die Zeit verging. Die Wächter ließen ihn allein im Turmzimmer. Während des Wartens beobachtete er das Römerlager durch die Schießscharte. In der Nähe des Tores konnte er eine graubraune Menschenmasse erkennen, zweifelsohne die Frauen von Echetla. Vermutlich hatte es keine Möglichkeit zur Rettung von Echetla gegeben. Als Hierons Späher herausgefunden hatten, daß die Römer dorthin marschiert waren, war es für jede Hilfe längst zu spät. Trotzdem tat ihm Echetla immer noch leid.

Vier Stunden hatte Hieron gesagt. Das müßte ungefähr stimmen. Zuerst mußte man einen Reiter in den Steinbruch schicken, um den Wachen mitzuteilen, daß alle Gefangenen zum Stadttor gebracht werden sollten. Erst dann konnte man die notwendigen Vorbereitungen treffen: Fußeisen abnehmen, Begleitwachen zusammenstellen und Tragbahren für die Männer suchen, die immer noch nicht gehen konnten. Schließlich mußte der ganze Zug noch den langen Marsch zum Euryalus herauf zurücklegen. Vier Stunden – Marcus kam es vor, als wären vier Jahre vergangen, als der Sonnenhöchststand vorbei war.

Um wenigstens irgendeine Beschäftigung zu haben, zog er den Aulos hervor und fing zu üben an. Seitdem er ihn geschenkt bekommen hatte, hatte er täglich geübt und konnte jetzt schon ganz einfache Melodien spielen, allerdings nur sehr, sehr langsam. Mühsam arbeitete er sich durch ein Lied der Nilfischer. Doch dann stieg in ihm eine schmerzhafte Sehnsucht nach verschwundener Sicherheit auf. Plötzlich spielte er ein Wiegenlied, das seine Mutter zu Hause am Herd gesungen hatte.

»Das kenne ich nicht«, sagte Hieron. »Ist es römisch?«

Marcus setzte den Aulos ab und stand auf. Er hatte nicht gehört, wie sich die Tür geöffnet hatte. Der König war allein. Er schien sehr hart geritten zu sein, sein Mantel war ganz staubig.

»Ja«, sagte Marcus mit leiser Stimme, »es ist römisch, königlicher Herr.«

»Seltsam«, meinte Hieron. »Man möchte nicht glauben, daß deine Leute irgend etwas Zärtliches hervorbringen. Ist noch Wein in der Phiale drin?«

Ein bißchen Wein war noch übrig. Hieron trank ihn in einem Zug aus, dann setzte er sich. Das kleine Turmzimmer war unmöbliert. Deshalb machte er es sich im Schneidersitz auf dem Boden bequem und gab Marcus ein Zeichen, er solle es ihm gleichtun. Marcus sank ihm gegenüber in die Hocke und beobachtete ihn argwöhnisch.

Hieron schaute grüblerisch zurück. »Ich wollte mit dir reden«, sagte er, »und hatte gehofft, daß noch genug Zeit dafür bleibt. Es gibt da ein oder zwei Dinge, die ich sagen wollte.«

»Mir?« fragte Marcus verwirrt.

»Warum nicht? Du glaubst also, ich hätte dich wegen Archimedes verschont, nicht wahr?«

Marcus sagte nichts, sondern schaute ihn nur mit der undurchdringlichen Miene eines Sklaven an.

»Mit Archimedes hatte das gar nichts zu tun. Übrigens, seine Freunde in Alexandria haben ihn Alpha genannt, ja? Weißt du, warum?«

»Weil er immer als erster eine Antwort wußte, wenn jemand auf ein mathematisches Problem gestoßen war«, erwiderte Marcus verblüfft und dann: »Wie...«

»Ich dachte mir schon, daß es so etwas sein könnte«, sagte Hieron. »Alpha – kein schlechter Spitzname, und ich brauche einen für ihn. Sein richtiger Name will einem nicht so recht von den Lippen. Nein, ich habe dich verschont – du mußt schon entschuldigen –, weil ich dich brauchen konnte. Du bist der einzige hellenisierte Römer, den ich kenne.«

Marcus starrte ihn an.

»Ich weiß. Griechisch ist die erste Fremdsprache, die deine Leute lernen, trotzdem beherrschen es die meisten nur sehr schlecht. Eure Münzen – falls ihr Silbergeld prägt –, basieren auf unseren. Ob Keramik, Mode, Möbel und so weiter – alles eine Nachahmung. Ihr dingt griechische Architekten, um Tempel im griechischen Stil zu bauen und sie mit griechischen Götterstatuen zu füllen – oft sogar mit den griechischen Göttern selbst. Ihr verehrt doch Apollon, oder? Aber alles wirkt irgendwie schal, wie ein Wasserfilm über einem Granitblock. Ein bißchen Tünche über eure eigene Natur, die hart und brutal ist und jeder Phantasie zutiefst mißtraut. Schon möglich, daß ein römischer Edelmann unsere Lyrik liest und unserer Musik lauscht. Trotzdem wäre es für ihn unter seiner Würde, wenn er selbst dichten oder spielen würde. Unsere Philosophie wird als atheistischer Nonsens abgetan, unsere Sportarten gelten als unmoralisch und unsere Politik – nun, Tyrannei ist etwas Schlechtes und Demokratie ein solches Übel, daß einem dafür die Worte fehlen. Bin ich ungerecht?«

Marcus sagte nichts. Trotz seiner Betroffenheit blieb er mißtrauisch. Bei einem Mann wie Hieron schien es ratsam zu sein, daß man sich vor einer Antwort erst einmal vergewisserte, was hinter dieser Rede steckte.

Hieron lächelte. »Ich freue mich, daß du auch vorsichtig sein kannst«, bemerkte er. »Na schön, ich werde mal an deiner Stelle die Position deiner Landsleute vertreten. Ihr seid mutig, diszipliniert, fromm, ehrenwert und außergewöhnlich hartnäckig. Wir können nicht darauf hoffen, mit euch so umzugehen, wie es sonst die Griechen mit Barbaren machen: sie auszahlen und zum Abzug überreden. Ihr habt ganz Italien erobert. Solltet ihr beschließen, auch Sizilien zu erobern, dann gibt es nichts, was Syrakus tun könnte, um euch aufzuhalten. Auch Karthago wird immer mächtiger und damit kein ebenbürtiger Gegner mehr für uns.« Plötzlich stand er auf und ging zur offenen Tür hinüber, wo er sich gegen den Türrahmen lehnte und über das Plateau auf die Stadt schaute. »Bevor Alexander die Welt erobert hat«, sagte er leise, »haben Menschen in Stadtstaaten gelebt. Jetzt leben sie in König-

reichen, und die Stadtstaaten müssen so gut wie möglich überleben. Ich habe versucht, Syrakus auf Karthago auszurichten, aber dort gibt es nicht viel zu hoffen. Die Antipathie ist viel zu alt. Bleibt nur noch Rom übrig. Allerdings sind die Römer für meinen Geschmack... schwierig.«
»Mit Appius Claudius bist du aber spielend fertig geworden«, sagte Marcus ärgerlich. »Drei Schultersiege, und er war draußen.«
Hieron warf rasch einen Blick zurück, dann drehte er der Aussicht den Rücken zu und schaute ihn lächelnd an. »Du magst Ringkämpfe, stimmt's?« fragte er. »Ich war nie gut darin.«
»Du hast Appius Claudius gezwungen, mit dir zu sprechen«, sagte Marcus bestimmt. »Einer Verhandlung über die Gefangenen konnte er sich nicht entziehen. Du hast ihn dazu gebracht, mich als Dolmetscher zu akzeptieren, und dann – hast du dich mit jeder Rede über seinen Kopf hinweg direkt an die Legionen gewandt. Er ist Senator und Patrizier, während sie, genau wie ich, Plebejer sind. Wie ein Mann, der einen Ziegel aus einer kaputten Mauer bricht, hast du deinen Finger bewußt auf diesen Unterschied gelegt und darin herumgebohrt. Du hast gesagt, er sei arrogant und unfähig und würde sie zu Unrecht für seine eigenen Fehler verantwortlich machen. Du hast gesagt, er würde Karthago unterschätzen und damit ihrer aller Leben in Gefahr bringen, nur um seinen eigenen Ehrgeiz zu befriedigen. Und dann hast du noch gesagt, du wärest ein ehrlicher, bescheidener Mann, der das römische *Volk* ehre. Dem allen konnte er nichts entgegensetzen. Aber das römische Volk im Heer hat es gierig aufgesaugt und dich hochleben lassen. Claudius wird weder einen Triumph bekommen noch zum zweiten Mal das Oberkommando über die römischen Streitkräfte in Sizilien.«

Hieron holte tief Luft und atmete langsam aus. »Andererseits«, bemerkte er, »werden der Senat und das Volk von Rom ganz sicher beschließen, daß man nicht genug Truppen geschickt hat, um mit der Situation auf Sizilien fertigzuwerden. Die Stadt Syrakus ist eben doch mächtiger, als sie zuerst geglaubt hatten, und an Karthago hat man bisher noch nicht einmal gekratzt. Sie werden sich nie zurückziehen, stimmt's? Also werden sie noch mehr Männer unter einem neuen General schicken. Unter wem? Ich gestehe, daß ich unbedingt folgendes erreichen wollte: Ich wollte die Partei der Claudier in Mißkredit bringen und damit einen winzigen Einfluß auf den weiteren Kriegsverlauf nehmen. Aber vielleicht wird das römische Volk auf seine übliche, unbeugsame Art einen zweiten Claudius oder einen Aemilius aussuchen, der meiner Meinung nach fast genauso schlimm sein würde. Wäre das möglich?«

»Ich weiß es nicht«, antwortete Marcus hilflos, »es ist lange her, seit ich in Rom war. Ja, vermutlich. Die Aemilier und die Claudier sind von jeher Verbündete und wollten schon immer die Vorstöße nach Süden durchsetzen.«

Hieron nickte. »Selbst wenn der nächste General kein Aemilius oder Claudius ist, besteht die Chance, daß ich nicht wissen werde, welche Partei er repräsentiert. Und selbst wenn, wird es für mich wenig genug zum Bearbeiten geben. Ich verstehe die Römer nicht. Zum Beispiel habe ich nicht erwartet, die Echetlaner umsonst zu bekommen. Griechen hätten dafür Geld gefordert. Ehre ist zwar eine feine Sache, aber Lösegeld ist auch nicht schlecht. Bei Griechen weiß ich, woran ich bin. Römer sind da wesentlich schwieriger, und doch – muß ich sie verstehen, wenn ich für Syrakus einen sicheren Weg zum Frieden finden soll. Also siehst du«, er löste sich von der Tür und kauerte sich vor Marcus hin, um ihm Auge in Auge gegenüberzusein, »ein hellenisierter Römer wie du könnte für mich möglicherweise äußerst nützlich sein.«

»Nützlich als was?« fragte Marcus hart.

»Nicht als Spion, das schlag dir mal gleich aus dem Kopf! Agathon meinte, du wärest ein so schlechter Lügner, daß du einem schon wieder leid tätest. Und er hat recht! Nein. Du bist anders als die anderen, dein Hellenismus ist nicht nur eine Tünche. Deine Sympathien sind ehrlich und gleichmäßig verteilt, zwischen uns und deinem eigenen Volk. Für dich zweifelsohne eine ungemütliche Situation, aber für mich unschätzbar wertvoll, falls wir Frieden oder auch nur einen soliden Waffenstillstand schließen sollten. Du könntest mir die Art deiner Landsleute erklären und mir helfen, daß sie auch uns verstehen. Das würde ich *gerne* von dir bekommen. Geh zu deinem eigenen Volk zurück, mach dich wieder mit ihm vertraut und warte, bis Syrakus diesen Krieg überstanden hat. Und ich bete zu allen Göttern, daß ich das recht bald schaffen werde! Und dann komm wieder hierher zurück. Ich würde dir sofort eine Stelle als Lateindolmetscher geben. Dein Gehalt kannst du selbst bestimmen. Wir werden in Zukunft mit deinem Volk noch viele Jahre verhandeln müssen, und dazu müssen wir es verstehen.«

Marcus starrte ihn noch einen Moment mit heißem Gesicht an, dann sagte er:»Das würde ich liebend gerne tun, königlicher Herr. Allerdings weiß ich nicht, ob ich morgen noch leben werde.«

Hieron seufzte. »Hier liegt natürlich das Problem. Ich wünschte, du hättest dich dem Konsul gegenüber ein bißchen weniger unverblümt verhalten. Genauso wie ich mir wünschen würde, daß ich es wagen würde, dich hier zu behalten. Aber ich habe ziemlich hart daran gearbeitet, um Claudius bloßzustellen. Nun darf man ihm nicht die geringste Gelegenheit bieten, um sich selbst zu decken. Zuviel hängt davon ab. Aber hör auf mich und – denke immer daran, was ich zu dir gesagt habe: lüge, wenn es geht. Wenn dir ein Fluch auf Syrakus das Leben retten kann, dann verfluche es. Die Götter lachen über erzwungene Eide. Es wäre kein Verrat.«

»Ich werde es versuchen«, flüsterte Marcus, »aber...«

Wieder seufzte Hieron, dann fügte er mit ganz leiser Stimme hinzu:»Versuch's. Und falls du es nicht schaffst, habe ich hier – ein Geschenk für dich.«

Er griff in eine Mantelfalte und zog einen kleinen, runden Tonflakon mit schwarzer Glasur hervor. Er war ungefähr so groß wie eine Kinderfaust. Sein Verschluß bestand aus einem Stück Holz, das man in einen kleinen Lappen gezwängt hatte. Schweigend hielt er ihn Marcus hin. Marcus nahm ihn langsam, seine Hände waren plötzlich eiskalt.

»Es dauert ungefähr eine halbe Stunde, bis es wirkt«, sagte der König. »Ein Drittel davon dämpft Schmerzen, falls es sich nur ums Auspeitschen oder eine Prügelstrafe dreht. Wenn es aber ein Todesurteil sein sollte, dann trinke alles.«

»Königlicher Herr«, sagte Marcus, »du warst zweimal gnädig zu mir. Ich danke dir dafür.«

Hieron schüttelte ärgerlich den Kopf. »Ich habe dich verschont, weil ich mich deiner bedienen wollte. Und was diese Gnade betrifft, so flehe ich die Götter an, daß du sie nicht brauchen wirst. Hast du einen Platz, wo du es verstecken kannst? Gut. Dann wünsche ich dir alles Gute, Marcus Valerius, und hoffe, daß wir uns wiedersehen.«

Marcus schluckte und nickte, dann sagte er: »Sag Archimedes und seinem Hause, daß ich für die Sicherheit von Syrakus bete. Und – danke.«

Hieron berührte leicht seine Schulter, dann stand er entschlossen auf und verließ mit großen Schritten den Raum.

Marcus stellte den Flakon vorsichtig in die Flötenschatulle, an die Stelle, in der normalerweise die Rohrblätter steckten. Er war bei seinem letzten Rohrblatt angelangt und überlegte, ob er wohl noch ein neues brauchen würde. Er machte die Schatulle zu und schob sie sich durch den Gürtel.

Als er in den Innenhof hinunterstieg, sah er, daß die Wächter vom Steinbruch sein kleines Gepäckbündel mitgebracht hatten. Er schlang es sich über die Schulter und nahm seinen Platz in der Reihe der anderen Gefangenen ein, die vor Freude über ihre Entlassung lachten. Die Tore des Euryalus flogen auf, die Flöte stimmte einen Marsch an, und dann begann sein Abstieg von Syrakus zum Römerlager hinunter.

15

In diesem Sommer griffen die Römer Syrakus nicht mehr an. Nach dem Austausch der Gefangenen kehrten sie nach Messana zurück, wo die Truppen den Winter verbrachten, während Appius Claudius nach Rom ging. Er wurde nicht wiedergewählt. Bei seiner Rückkehr hatten sich die Berichte, wie sehr die Armee unzufrieden mit ihm gewesen war, bereits in ganz Rom verbreitet. Man empfing ihn kühl, ohne jede Ehrung und Dank. Keiner der beiden Konsuln, die im Januar gewählt wurden, gehörte der Partei der Claudier an.

Trotzdem kam man zu dem Schluß, daß die beiden Legionen in Sizilien in Anbetracht der schwierigen Situation nicht ausreichten. Weitere sechs Legionen mit Spezialverstärkung wurden ausgehoben. Im Frühling brachen beide Konsuln mit ihren riesigen Armeen nach Sizilien auf. Nach ihrer Landung in Messana proklamierten sie günstige Bedingungen für jede sizilianische Stadt, die Syrakus im Stich lassen würde. Daraufhin fielen alle Kolonien sowie sämtliche Freunde und Verbündeten auf der Insel ab.

Im Frühsommer traf das vierzigtausend Mann starke Römerheer vor Syrakus ein, belagerte die Stadt und riegelte sie von der Landseite her gänzlich durch Wall und Graben sowie eine Mauer aus Erde und Holz ab. Griechische Ingenieure aus den unterworfenen Städten Tarentum und Kroton konstruierten Belagerungsmaschinen: Wandeltürme und Leitern, Enterhaken und Katapulte, außerdem sogenannte Schildkröten, bewegliche Karren mit dicken Dächern, die darunter nach allen Seiten offen waren und massive Rammböcke schützen konnten. Im Hochsommer versuchten die Belagerer, Syrakus zu erstürmen.

Die Niederlage war verheerend. Den ganzen vorigen Sommer

über hatte Hieron die syrakusischen Verbündeten um Nachschub gebeten: Getreide, um die Stadt während einer Belagerung ernähren zu können, sowie Holz, Eisen und Haare zum Bau von Verteidigungswaffen. Ägypten und Rhodos, Korinth und Kyrene hatten reagiert. Im neuen Jahr war die Stadt noch unangreifbarer als je zuvor. Rings um die Stadtmauern hatte man in Katapultreichweite zusätzliche Gräben ausgehoben, damit die Angreifer ihre schwerfälligen Belagerungsmaschinen zuerst einen steilen Abhang hinunterkarren mußten und dann wieder hinauf und erneut hinunter. Und das alles unter dem Dauerbeschuß der syrakusischen Katapulte. Und dieser Beschuß hatte eine Wucht, wie es sich die Ingenieure der romanisierten Griechen Italiens nie hatten träumen lassen. Riesige Steine zerschmetterten die Schildkröten und warfen die Belagerungstürme um. Bei dem Versuch, sie wieder aufzurichten, fielen die Männer unter einem Bolzenhagel. Brandsätze krachten in die zerstörten Maschinen und setzten sie in Brand. Die Rammböcke kamen gar nicht erst in die Nähe der Mauern, sondern wurden wie Käfer auf den Anhöhen des Epipolae zerdrückt und von den flüchtenden Angreifern im Stich gelassen. Die Syrakuser nahmen Hunderte von Römern gefangen, die verwundet oder in den Maschinenwracks eingesperrt waren.

Nach dem Angriff beriet sich der ältere der römischen Konsuln, Manius Valerius Maximus, mit seinem Amtskollegen und den ranghöchsten Ratgebern. Zur besseren Anschauung ließ er einen der syrakusischen Katapultsteine zu sich ins Zelt rollen. Er wog über zweihundert Pfund. Die Römer starrten ihn entsetzt an.

»Mir ist zu Ohren gekommen«, sagte der tarentinische Oberingenieur ehrfurchtsvoll, »daß Archimedes von Syrakus, der Ingenieur König Hierons, angeblich Drei-Talenter baut. Ich dachte, diese Geschichten wären übertrieben.«

»Anscheinend nur knapp daneben getippt«, sagte Valerius Maximus, »wie unser Angriff.«

Der Taraser hatte keine Ahnung, was er der syrakusischen Artillerie entgegensetzen sollte, und außerdem hatte er Angst. Selbst wenn es einer Belagerungsmaschine tatsächlich gelingen sollte, in die Nähe der Stadtmauern zu kommen, war es durchaus denkbar, daß ein Mann, der Drei-Talenter bauen konnte, noch weit schlimmere Dinge bereit hielt. Die Römer überlegten, ob es eine Möglichkeit gäbe, die Stadt vom Meer zu blockieren, kamen aber zu dem Schluß, daß schon ein Versuch sinnlos war. Außer den wenigen Schiffen der italienischen Griechen und den Transportkähnen, die sie über die Meerenge gebracht hatte, hatten sie keine Flotte. Dagegen besaßen die Syrakuser zur Verteidigung ihrer Schiffahrt achtzig Kriegsschiffe mit Zwischendecks. Und diese Anzahl war garantiert, denn die Syrakuser selbst hatten ihre Flotte im vergangenen Sommer stolz vor ihren römischen Gefangenen zur Schau gestellt.

Aber eine andere Nachricht war aus römischer Sicht noch viel beunruhigender: General Hanno, der Karthagergeneral in Sizilien, war nach Afrika zurückbeordert und anschließend vom Karthagischen Senat vor Gericht gestellt und wegen seiner Untätigkeit zum Kreuzestod verurteilt worden. Inzwischen kursierten Gerüchte, daß Karthago Söldnertruppen anwarb und den Krieg allen Ernstes vorantreiben wollte.

»Wir müssen mit Hieron von Syrakus Frieden schließen«, folgerte Maximus. »Der Hauptfeind ist Karthago, aber solange wir ein feindliches Syrakus im Rücken haben, können wir nicht mit den Karthagern kämpfen. Und eines ist klar: Wir können Syrakus nicht mit Gewalt in die Knie zwingen. Seit Beginn des Krieges hat Karthago Syrakus keinerlei Unterstützung zukommen lassen. Vielleicht ist Hieron bereit, sein Bündnis aufzugeben.«

Niemand hatte etwas gegen diese geänderte Taktik einzuwenden. Die Gerüchte von syrakusischen Grausamkeiten fanden in der breiten Öffentlichkeit kaum mehr Widerhall. Denn die römischen Gefangenen, die man letztes Jahr freigelassen hatte, lobten König Hieron in den höchsten Tönen.

Am nächsten Morgen schickte Maximus einen Herold nach Syrakus, um König Hieron um eine Unterredung zu bitten. Der König war sofort damit einverstanden. Auf der Ebene unterhalb des Euryalus-Forts trafen der römische Konsul und der griechische

Monarch zusammen. Zu seiner Überraschung mußte Maximus feststellen, daß Hieron ein angenehmer und vernünftiger Mann war. Laut Appius Claudius hatte er ein verschlagenes, kriegslüsternes Monster erwartet.

Die Verhandlungen erstreckten sich über drei Tage. Sobald sich Rom auf einen Kampf eingelassen hatte, hatte es die Angewohnheit, nichts anderes als die völlige Unterwerfung seines Gegners zu akzeptieren. Und auch wenn es sonst seine Besiegten durchaus großzügig behandelte, so forderte es von seinem neuen »Verbündeten« doch immer, daß er Truppen zum Kampf für Rom zur Verfügung stellte. Dies war genau die Bedingung, die Hieron am entschiedensten ablehnte. Wenn Syrakuser kämpfen und sterben sollten, dann nur für ihre eigene Stadt und nicht für Fremde. Syrakus würde souverän und unabhängig bleiben, oder der Krieg ginge weiter. Syrakus konnte nicht auf einen Sieg hoffen, aber andererseits konnten auch die Römer weder darauf hoffen, es zu schwächen, noch konnten sie es sich leisten, diese Stadt zu ignorieren. Endlich gab Rom nach vielem Zögern nach und schloß einen Vertrag, wie es ihn noch nie vorher geschlossen hatte.

Rom erkannte nicht nur die Unabhängigkeit von Syrakus an, sondern garantierte der Stadt außerdem das Recht, das ganze östliche Sizilien zu regieren. Ein Gebiet, das von Tauromenion, knapp südlich von Messana, bis Helorus auf der Südspitze der Insel reichte. Damit behielt Syrakus faktisch das gesamte Territorium, das es schon vor dem Krieg besessen hatte, einschließlich sämtlicher Städte, die kürzlich zu Rom übergelaufen waren. Das ganze Land wurde zur kriegsfreien Zone erklärt, das heißt, es war selbst gegen die Angriffe der Mamertiner, dieser miesesten Verbündeten Roms, geschützt. Dagegen erklärte sich Syrakus für seinen Teil bereit, den Römern Nachschub für einen Feldzug gegen die Karthager in Sizilien zu liefern und im Laufe von fünfundzwanzig Jahren eine Kriegsentschädigung von hundert Silbertalenten zu zahlen. Der jüngste Schub römischer Gefangener wurde ohne Lösegeld zurückgegeben.

Der Vertrag wurde mit einem Austausch von Eiden und Opfern

an die Götter besiegelt. Beide Seiten feierten das Ereignis mit Festen und ehrlicher Erleichterung. Rom konnte sich nun auf Karthago konzentrieren, und Syrakus war nach gefährlicher Fahrt im friedlichen Hafen eingelaufen.

Während sich die Römer zur Rückkehr nach Messana rüsteten und dazu ihre Belagerungsmaschinerie abbauten, gingen zwei Männer der Zweiten Legion zu ihren Tribunen und baten um die Erlaubnis, sich in die Stadt begeben zu dürfen, um eine Schuld zu begleichen. Da der eine ein Centurio der Legion war und der andere sein Stellvertreter, wurde die Erlaubnis gewährt. So stiegen Quintus Fabius und Gaius Valerius langsam die Straße zu jener Stadt hinauf, die sie im Jahr zuvor bei Nacht verlassen hatten.

Es war ein Morgen im August, und ringsherum lag das Land ausgedörrt in der Sommersonne. Auf den offenen Feldern zirpten laut die Zikaden, die Straße war weiß vor Staub. Fabius klopfte sich seinen Centuriostab aus Rebenholz beim Gehen gegen den Oberschenkel. Eigentlich hatte er gar nicht mitkommen wollen, aber Gaius brauchte einen Dolmetscher. Auf eine schlecht zu definierende, schuldbewußte Art war er Gaius verpflichtet, denn er hatte ihm Kummer bereitet. Fabius war im Laufe des vergangenen Jahres sehr rasch befördert worden und hatte die Vorteile, die sich daraus ergaben, dazu benutzt, um auch Gaius hinter sich durch die Ränge zu schleifen. Und schuld daran war auch hier wieder dieses merkwürdig dunkle Pflichtgefühl.

Sie hatten das Epipolae-Tor des Euryalus-Forts erreicht, wo sie die syrakusischen Wächter mißtrauisch musterten. Nachdem ihnen Fabius in unbeholfenem Griechisch ihren Auftrag erklärt hatte, durften sie passieren, mußten aber zuvor ihre Waffen am Tor deponieren. Einer der Wachsoldaten begleitete sie in die Stadt hinein. Der Friede war noch ganz neu, und außerdem traute man ihnen nicht, schon gar nicht, wenn es um ein ganz bestimmtes Haus ging, das sie als Ziel angegeben hatten.

Sie überquerten das Kalksteinbuschland des Plateaus, ließen die Hütten des Tycheviertels hinter sich und stiegen von der Anhöhe in die Marmorpracht der Neapolis hinab. Beide warfen einen scheuen Blick zu den Klippen hinüber, die zu ihrer Linken über dem Theater aufragten. Unter dieser Plateaukante lagen die Steinbrüche. Aber ihr Begleiter führte sie durch die Neapolis zur Zitadelle der Ortygia hinauf.

Das Haus, nach dem sie suchten, lag auf der Nordseite der Ortygia, nicht weit von der Seemauer entfernt. Es war ein großes Haus, das man erst vor kurzem frisch bemalt hatte, denn auf der Vorderseite prangte ein leuchtend rot-weißes Muster, das weder von der Sonne ausgebleicht noch vom Staub überzogen war. Der Wachsoldat vom Euryalus klopfte an die makellose Tür.

Gaius Valerius stand auf der sonnigen Eingangsstufe und hörte der Erklärung des Wachsoldaten und den zweifelnden Antworten eines jungen Türhüters zu. Das alles ging in jener rasend schnellen, musikalischen Sprache vor sich, die er nicht verstehen konnte. Er hatte dieses Treffen unbedingt gewollt, aber jetzt wunderte er sich, warum er sich überhaupt die Mühe gemacht hatte. Wegen Marcus. Was hatte Marcus davon? Was hatte irgend jemand davon? Trotzdem klammerte er sich an das kleine Päckchen, das er mitgebracht hatte, und fragte Fabius: »Was soll diese Verzögerung?«

»Der Sklave meint, sein Herr sei bei der Arbeit und möchte dabei nicht gern gestört werden«, antwortete Fabius. Dann warf er eine Bemerkung in das intensive Gespräch zwischen dem Sklavenjungen und dem Wachsoldaten ein. Beide drehten sich um und schauten ihn an. Der Sklave blinzelte, dann zuckte er die Schultern, trat zurück und machte für sie die Tür auf.

»Was hast du gesagt?« erkundigte sich Gaius, während er eine kühle Marmorhalle betrat.

»Daß wir lediglich ein Eigentum seines Herrn zurückgeben möchten«, sagte Fabius.

Der Knabe ging vor ihnen her. Zuerst kamen sie durch eine Säulenhalle, die einen Garten umschloß, der nach der Hitze der Straße grün und kühl wirkte, dann ging es durch einen schmalen Gang in eine zweite Säulenhalle hinein, vorbei an Küche und Garten, bis sie zu einer Werkstatt kamen, die wie ein Teil eines ganz anderen Hauses wirkte. Der Boden bestand aus gestampftem Lehm, und an den Wänden stapelten sich bis oben hin Holzblöcke. Mitten im Raum stand eine mehr als halb mannshohe, unheimliche Holzkiste, die mit Blei beschlagen war. Auf der einen Ecke lag ein Becken mit zwei großen, sauberen Löchern, während sich auf der übrigen Oberfläche Leder-, Holz- und Knochenreste sowie ein Schmiedebalg verteilten. Das Gerät machte einen verlassenen Eindruck, egal, wofür es gedacht war. Die einzige Person im Raum war ein junger Mann, der ganz in der Nähe auf einem niedrigen Schemel kauerte, intensiv in eine Schatulle mit hellem Sand starrte und dabei auf einem Zirkelgelenk herumkaute. Gaius hate ihn zwar schon einmal Flöte spielen hören, hatte aber noch nie sein Gesicht gesehen. Trotzdem wußte er sofort, wer es war: der Zauberer, der die Sandkörner zählen konnte und das Wasser bergauf fließen ließ, die Zusatzarmee von Syrakus, der ehemalige Herr seines Bruders.

»Herr«, sagte der Sklavenjunge mit großem Respekt. Man hatte ihn erst im vorigen Winter gekauft, und er hatte vor seinem neuen Herrn noch Ehrfurcht.

Archimedes hob die Hand, was soviel wie Warte-eine-Minute bedeuten sollte, und starrte weiter auf das Muster im Sand.

Der Junge schaute die Besucher an und zuckte hilflos die Schultern.

Gaius räusperte sich, dann rief er: »Archimedes?«

Archimedes gab eine genuschelte Antwort an seinem Zirkel vorbei, doch dann erstarrte er plötzlich. Mit einem freudigen Lächeln auf dem Gesicht riß er den Kopf hoch. Einen Augenblick sah sich Gaius einem hellbraunen Augenpaar gegenüber, das ihn voller Erwartung anschaute. Dann wurde die Freude schwächer, die Augen nahmen einen verblüfften Ausdruck an.

»Ach«, sagte Archimedes, stand auf und warf noch einmal einen Blick auf seine unterbrochene Berechnung und dann auf die Besucher. Diesmal war die Frage deutlich zu hören.

»Entschuldige uns«, sagte Fabius steif, »ich bin Quintus Fabius, ein Centurio der Zweiten Legion, und das ist Gaius Valerius. Wir sind gekommen, um Archimedes, den Sohn des Phidias, zu sprechen.«

»Du bist der Bruder von Marcus!« rief Archimedes, während er den zweiten Mann musterte. Inzwischen konnte er die familiäre Ähnlichkeit entdecken, die breiten Schultern und die störrische Kinnlinie. Allerdings war Gaius Valerius zierlicher und blonder als sein Bruder. »Du bist mir in meinem Hause willkommen, und ich wünsche dir gute Gesundheit! Als du meinen Namen riefst, dachte ich einen Augenblick, es wäre Marcus. Du klingst genau wie er.«

Gaius starrte ihn an. Als sich Fabius seinem Begleiter zuwandte und übersetzte, war Archimedes überrascht. Irgendwie hatte er erwartet, daß der Bruder von Marcus Griechisch sprechen würde.

Gaius nickte, dann machte er einen Schritt vorwärts und streckte Archimedes eine längliche, schmale Schatulle hin, die in ein schwarzes Tuch gewickelt war. »Ich bin gekommen, um dies zurückzugeben«, sagte er leise. »Ich glaube, es hat dir gehört.«

Archimedes starrte die Schatulle an. Er erkannte ihre Form wieder und wußte gleichzeitig mit kalter, qualvoller Trauer, daß etwas geschehen war, von dem er gehofft hatte, es würde nicht geschehen. Aber es war geschehen und noch dazu vor langer Zeit. Selbst als die Übersetzung beendet war, und Gaius noch einen Schritt vorwärts machte und ihm zum zweiten Mal die Schatulle anbot, nahm er sie nicht.

»Marcus ist tot«, sagte er kategorisch und schaute von der verhüllten Flötenschatulle hoch, direkt in die Augen des Bruders.

Hier gab es nichts mehr zu übersetzen. Gaius nickte.

Archimedes nahm die Flötenschatulle und setzte sich auf seinen Schemel. Zuerst zerrte er an den Knoten herum, die die Hülle festhielten, dann biß er die Kordeln durch und zerriß sie. Er wickelte die Schatulle aus, öffnete sie und nahm seinen Tenoraulos heraus. Das Holz fühlte sich trocken an, und als er an dem Metallring drehte, quietschte er steif. Noch immer steckte ein Rohrblatt im Mundstück. Die Klemme war angelaufen und hatte auf der trockenen, grauen Seite einen grünen Fleck hinterlassen. Er löste die Klemme und zog das Rohrblatt heraus, dann rieb er das Mundstück mit dem Tuch sauber, in das die Schatulle eingewickelt gewesen war. Während seine Hände genau wußten, was sie taten, war sein Herz verwirrt und wie betäubt.

»Ich spiele nicht«, sagte Gaius. »Und ich wollte nicht, daß sie für immer stumm bleibt.«

Archimedes nickte. Er spuckte auf das Mundstück und rieb es nochmals ab, dann legte er das Instrument in seinen Schoß und wischte sich mit dem nackten Arm übers Gesicht. Erst jetzt merkte er, daß er weinte. Sein Blick wanderte zu Gaius zurück. »Dein Bruder war ein außergewöhnlicher Mensch«, sagte er, »ein Mensch von großer Integrität. Ich hatte gehofft, er würde noch leben.«

Gaius verzog vor Schmerz das Gesicht. »Er starb letztes Jahr, am Tag, nachdem ihn dein Volk zurückgegeben hat. Appius Claudius hatte ihn zum *fustuarium* verurteilt.«

Beim letzten Wort zögerte Fabius, er konnte es nicht übersetzen. »Man hat ihn zu Tode geprügelt«, ergänzte er schließlich.

»Hieron hat mir erzählt, daß Marcus den Konsul beleidigt hat«, sagte Archimedes elend. »Er sagte, er hätte noch mit Marcus geredet, bevor er ihn zurückgeschickt hat, und hätte ihn beschworen, jede erdenkliche Lüge zu erzählen, um sein Leben zu retten. Aber im Lügen war Marcus nie sehr gut.«

»Er war ein echter Römer«, stimmte ihm Gaius stolz zu.

Die braunen Augen bohrten sich in seine, verständnislos und zornig. »Ach? Die Leute, die ihn umgebracht haben, haben sich selbst als echte Römer bezeichnet. Wenn sie welche waren, dann war er es nicht.«

»Appius Claudius ist kein Mensch, geschweige denn ein Römer!« rief Gaius erregt.

»So einfach kannst du ihn nicht abtun!« antwortete Archimedes. »Das römische Volk hat ihn gewählt und ist ihm gefolgt. Und jetzt zwingen seine Nachfolger meine Stadt, für einen Krieg zu bezahlen, den er und seine Freunde begonnen und uns aufgezwungen haben, für einen Krieg, der noch nicht vorbei ist. Rom hat ihn nicht verstoßen, und auch du kannst es nicht! Deine Landsleute haben Marcus ermordet. Ihr Götter! Barbaren!«

Gaius zuckte zusammen, während Fabius, der soeben die letzten Bemerkungen übersetzte, lediglich eine verächtliche Miene zog. Der Wachsoldat vom Euryalus war die ganze Zeit hinter ihnen gestanden und hatte die beiden Römer mit gezücktem Speer im Auge behalten. Jetzt grinste er. Archimedes schaute wieder auf die Flöte hinunter und versuchte, sich zu beruhigen. Er betastete das trockene Holz und dachte daran, wie Marcus es gestreichelt hatte. Marcus hatte nie die Zeit gehabt, richtig Flötenspielen zu lernen. Verschwendung, Verschwendung, was für eine törichte Verschwendung!

»Ich habe meinen Bruder geliebt«, sagte Gaius langsam, »und ich wollte...«

Er zögerte. Er wußte nicht, wie er mit diesem Mann reden sollte. Ihm wäre es lieber gewesen, wenn Archimedes der weißbärtige Weise aus seiner Phantasie gewesen wäre. Dann hätte er gewußt, wie er sich verhalten sollte. Dieser junge Mann, dieser Ausländer, der wütend seine Landsleute verdammte, verwirrte ihn und brachte ihn durcheinander. Er mußte wieder an die beiden Stimmen im dunklen Innenhof des Hauses in der Achradina denken: diese hier, rasch, vom Alkohol verzerrt, fragend und befehlend zugleich; und dann die andere Stimme, die jetzt stumm war. Schon damals hätte er nicht sagen können, welche Verbindung zwischen den beiden bestand, welche Emotionen dahintersteckten. Und jetzt wußte er es immer noch nicht. Wieder trat er einen Schritt vor und sank vor der Gestalt auf dem Schemel in die Hocke. Er versuchte, ihm in die Augen zu schauen. Insgeheim war er über die erzwungenen Pausen wütend, denn nach jedem Gedanken mußte er abwarten, bis Fabius seine Worte in verständliche Begriffe umgesetzt hatte. Er sehnte sich nach einer direkten Unterhaltung.

»Ich hatte letztes Jahr nicht viel Zeit, um mit Marcus zu reden«, sagte er. »Ganz kurz während unserer Flucht, und dann noch ein bißchen vor und nach der Gerichtsverhandlung. Trotzdem hat er ein wenig von Ägypten erzählt und von dir und deinem Haushalt und über... über griechische Dinge. Mechanik, Mathematik – alles Dinge, von denen ich nichts verstehe. Ich kenne nur einen Bruchteil, wie er in seinen letzten Lebensjahren war, und wüßte es doch gerne. Ich habe ihn verloren, als er sechzehn war. Beinahe die Hälfte seines Lebens fehlt mir. Bitte, erzähle mir, was du kannst. Ich bitte dich um diesen Gefallen, als Bruder eines Mannes, der dein Sklave war und für den du anscheinend eine gewisse Sympathie empfunden hast.«

Archimedes seufzte. Er betastete noch immer die Flöte. »Was soll ich sagen? Er war, wie du gesagt hast, mein Sklave, und die meiste Zeit, die ich ihn gekannt habe, habe ich ihn einfach als selbstverständlich hingenommen. Man fragt keinen Sklaven, was er denkt oder fühlt, man erwartet von ihm einfach nur, daß er mit seiner Arbeit zurechtkommt. Als ich ungefähr neun Jahre alt war, hat ihn mein Vater gekauft. Wir haben hundertachtzig Drachmen für ihn bezahlt – das war während des Pyrrhuskrieges. Sklaven waren damals billig. Wir hatten zu der Zeit einen Weinberg und brauchten einen Arbeiter, der bei der Weinlese helfen sollte. Außerdem gab es da noch einen Bauernhof. Zum Großteil wurden die Pächter allein damit fertig, aber während der Erntezeit haben wir, wie es sich gehört, zu helfen versucht. Das hat dann alles dein Bruder gemacht und außerdem die schweren Arbeiten im Haus. Gelegentlich hat er auch mal bei den Nachbarn ausgeholfen. Marcus haßte sein Sklavendasein – ich denke, das habe ich immer gewußt –, aber sonst glaube ich nicht, daß er unglücklich war. Er hat bei uns im Hause gelebt, mit mir und meinen Eltern und meiner Schwester und unseren anderen Sklaven. Mein Vater war ein sanftmütiger Mensch und ein guter Herr. Dein Bruder schien nichts gegen seine Arbeit zu haben, und andere Dinge haben ihm sogar Spaß gemacht. Wir haben viel musiziert, und wenn wir in Konzerte und ins Theater gingen, haben wir Marcus meistens zum Tragen der Sachen mitgenommen, weil wir wußten, daß er die Musik gern hat. Genau wie die Maschinen – ja, die hat er auch gemocht. Ich habe sie gebaut, und er hat sich sehr dafür interessiert. Er hat beim Hämmern und Sägen geholfen und hat selbst Vorschläge gemacht: hat mir erklärt, daß der nächste Kran in halber Höhe einen Feststeller bräuchte, und so weiter. Und wenn ich dann herausgefunden hatte, wie das gehen könnte, hat er darüber gelacht. So haben wir allmählich gelernt, uns gegenseitig zu mögen.

Als ich neunzehn war, hat mir mein Vater Marcus gegeben, und dann sind wir beide für drei Jahre nach Alexandria gegangen. Ich war kein guter Herr. Wenn Marcus sagte: ›Herr, wir haben kein Geld mehr‹, dann habe ich nur ›ach, ja‹ gesagt und die Sache vergessen. Er mußte klären, wie wir ohne Geld leben sollten. Er war sehr einfallsreich und immer erstaunlich ehrlich. Wenn er Geld aus meinem Beutel nahm – das mußte er, weil ich ständig vergaß, ihm welches zu geben –, hat er mir immer erklärt wieviel und wofür, auch wenn ich nie darauf geachtet habe. Er hat mich auch immer daran erinnert, wem ich noch Geld schuldig war. Außerdem hat er eigenhändig die Kleidung geflickt und Sandalen gebastelt. Zum Ausgleich für unsere täglichen Gebrauchsgegenstände hat er dann für die Geschäftsleute dies und jenes erledigt. Er hat sich nie beklagt, obwohl ihm Alexandria nicht gefallen hat. Zumindest hatte ich diesen Eindruck. Er hat mir immer zugeredet, wir sollten doch nach Hause gehen. Aber im letzten Jahr habe ich in Ägypten eine Maschine zum Wasserschöpfen entworfen, und da hat er mir einmal erzählt, daß ihm der Bau dieser Maschine mehr Spaß gemacht hätte als alle anderen Arbeiten, die er je getan hat.«

»Die Wasserschnecke«, sagte Gaius.

Bei diesem Wort lächelte Archimedes. Der griechische Begriff brauchte keine Übersetzung. »Es überrascht mich nicht, daß er dir davon erzählt hat. Er hat diese Maschine geliebt. Wir haben sie nicht recht lange gebaut, dann hatte ich die Nase voll davon. Er war deswegen wütend auf mich und hat mir ständig erklärt, wir könnten mit diesen gottverdammten Dingern ein Vermögen machen. Den Sinn von Geometrie hat er nie eingesehen – jedenfalls hat er es mir gegenüber nicht eingestanden.«

»Offensichtlich hat er...« Gaius zögerte. Der Satz »*oft sagen müssen, was du tun sollst*« lag ihm schon auf den Lippen, aber er hatte Angst, ihn zu beleidigen, und sagte statt dessen: »...dir offen seine Meinung gesagt.« Archimedes schnaubte. »Er hat immer offen seine Meinung gesagt. Dafür ist er ja auch gestorben, oder?« Wieder wanderte sein Blick zu der Flöte, dann fuhr er fort: »Als der Krieg ausbrach, kamen wir nach Hause. Er war über den Krieg... *unglücklich*. Wir hatten keine Ahnung, daß er Römer war. Wenn ihn einer gefragt hat, hat er immer behauptet, er wäre Sabiner oder Marser oder Samnite oder sonst etwas, dennoch wußten wir, daß ihn einiges an Rom band. Trotzdem hat er immer wieder geschworen, daß er nie etwas tun würde, was der Stadt oder unserem Hause schaden könnte.« Archimedes hielt inne, dann fügte er hinzu: »Selbstverständlich hätte er Rom freiwillig noch weniger Schaden zugefügt. Und du weißt ja, wie schnell er sich bereit erklärt hat, euch zu helfen. Aber danach hat er immer wieder betont, wie leid es ihm täte, daß er mein Vertrauen mißbraucht hätte. Es hat ihm unendlich weh getan, daß ihr bei eurer Flucht einen Mann getötet habt – einen braven Mann und einen Freund.« Er hob den Kopf und schaute Fabius unvermittelt an. »Wenn du dieser Fabius bist, der in jener Nacht bei ihm war, so sollst du folgendes wissen: Er hat gesagt, es wäre falsch gewesen, daß er dir ein Messer gegeben hat. Und außerdem hat er gesagt, er hätte geglaubt, daß du mich getötet hättest, wenn du gewußt hättest, wer ich bin.«

Fabius erwiderte stumm seinen Blick. Den letzten Zusatz übersetzte er nicht. »Es war unsere Pflicht, wenn möglich zu entfliehen«, sagte er schließlich. »Und was das andere betrifft, ja, ich hätte dich getötet. Wir hatten von deinen Katapultbauten gehört, und ich habe mir schon gedacht, daß du den Römern teuer zu stehen kommen wirst. Wie es ja dann auch war. Wegen dir und deinen Katapulten sind viele Männer tot, und der Friede, den wir erreicht haben, hat uns wenig gebracht. Ich will damit nicht sagen, es sei falsch gewesen, daß du deine Stadt verteidigt hast, aber genauso richtig wäre es gewesen, wenn ich meine verteidigt hätte.«

»Niemand hatte Rom angegriffen«, wies ihn Archimedes kalt zurecht. »Dein Argument stellt den Rüpel auf dieselbe Stufe wie das Opfer, das zurückschlägt. Das ist meiner Meinung nach ein Trugschluß. Genausowenig begreife ich, wie dein Konsul das Todesurteil über einen tapferen und loyalen Mann damit rechtfertigen konnte, daß er lediglich frei seine Meinung geäußert hat.«

Gaius hatte diesem unverständlichen Wortwechsel angespannt zugehört, jetzt räusperte er sich nervös. Fabius übersetzte wieder, ab der Klage gegen den Konsul. Gaius Valerius ließ betreten die Schultern hängen und schaute weg, eine Geste, die Archimedes plötzlich schmerzhaft an seinen Bruder erinnerte.

»Der Konsul war ein schwacher, wütender Mann«, sagte Gaius. »Sobald er herausgefunden hatte, wer Marcus war, hat er ihn verhaften und vor Gericht stellen lassen. Er selbst war Richter und oberster Ankläger in einer Person. Niemand hätte Marcus für den Vorfall bei Asculum zum Tode verurteilt, nicht einmal damals. Zu diesem Zeitpunkt war er sechzehn und erst seit drei Wochen bei der Legion! Aber unser Vater hatte uns beigebracht, harte Strafen zu erwarten, und Marcus ist sich selbst gegenüber immer hart gewesen. Er war überzeugt, daß er den Tod verdient hatte, also war er auch darauf gefaßt. Aber selbst Claudius konnte sich nach so vielen Jahren nicht mehr auf Asculum berufen. Sein Hauptanklagepunkt lautete, Marcus habe den römischen Namen entehrt. Weil er die Sklaverei akzeptiert und weil er gesagt hatte, die Römer hätten Syrakus zu Unrecht angegriffen.«

»Und er wollte nicht lügen und sagen, sie hätten recht gehabt?« fragte Archimedes resigniert.

Gaius nickte matt. »Ich glaube, er hatte es vor, aber als es dann soweit war, wurde er wütend und hat es doch nicht gesagt. Der Konsul hatte ihm auch noch andere üble Dinge unterstellt.«

Als ihn Archimedes mit gerunzelter Stirn anschaute, fuhr Gaius zögernd fort: »Er hätte sich den Griechen als Strichjunge verkauft. König Hieron und, unter anderem, auch dir.« Archimedes lief vor Zorn rot an. Hastig fuhr Gaius fort: »Alles dumme Anschuldigungen, aber seine Wut war der einzige Weg, um sie zu widerlegen. Also ist er wütend geworden und hat nicht gelogen, und dann hat ihn der Konsul zum Tode verurteilt.«

Gaius streckte die Hand nach der Flötenschatulle aus und holte etwas daraus hervor: einen dicken, schwarzen Flakon von der Größe einer Kinderfaust. Er war leer. »Ich war sehr froh, daß er das gehabt hat«, fuhr er ganz leise fort. »Die Legionen wußten, daß Marcus unschuldig war, keiner wollte zuschlagen. Da aber die Prügelstrafe vollzogen werden mußte, hätte alles nur noch länger gedauert. Als sie ihn morgens aus dem Zelt holen wollten, wo sie ihn eingesperrt hatten, war er bereits tot. Er hatte das hier bei sich, das und die Flöte. Beides Geschenke von dir?«

Archimedes schüttelte den Kopf. »Nur die Flöte«, sagte er nüchtern. »*Das da* kam von Hieron. Er hat mir erzählt, daß er es Marcus gegeben hatte, für alle Fälle.«

Gaius schaute ihn verblüfft und zweifelnd an, dann fuhr er mit einem Finger über den Flakonrand. »Ein Geschenk vom König von Syrakus? Dafür bin ich dem König zu Dank verpflichtet. Trotzdem begreife ich nicht, woher König Hieron Marcus gekannt hat und warum er sich die Mühe gemacht hat.«

»Er kannte deinen Bruder durch mich«, antwortete Archimedes. »Außerdem sollte Marcus auf seinen Wunsch hin nach dem Kriege wieder nach Syrakus kommen, um sein Lateindolmetscher zu werden. Das wäre eine gute Stellung gewesen, die sehr gut zu Marcus gepaßt hätte. Hieron hat mir davon erzählt. Deine Nachricht wird auch ihm weh tun.« Archimedes erhob sich, wobei er die Flöte vorsichtig mit beiden Händen festhielt. »Es ist Verschwendung, und nichts als Verschwendung. Ich weiß nicht, was dein Volk der Welt noch antun wird.«

Auch Gaius stand auf und senkte den Kopf mit einer Bewegung, die weder Ja noch Nein bedeutete. »Marcus war ein Römer«, sagte er, »und ich würde dich darum bitten, Herr, daß du auch uns so siehst. Aber ich möchte mich nicht mit dir streiten. Ich bin dir dankbar, daß du so freundlich warst, mit mir zu sprechen, und auch dankbar für die Güte, mit der du meinen Bruder zu seinen Lebzeiten behandelt hast. Er hat dich tief bewundert.«

Archimedes schüttelte zornig den Kopf. »Erst als es zu spät war, habe ich begriffen, wie außergewöhnlich dein Bruder war«, sagte er. »Ich habe mir selbst viel Schuld zuzuschreiben. Hoffentlich tröstet es dich ein wenig, wenn du weißt, daß er sich sogar als Sklave den Respekt seiner Mitmenschen erworben hat.« Er zögerte und versuchte nachzudenken, ob es noch etwas gäbe, was er sagen sollte. Dann fiel ihm ein, daß seine Besucher seit ihrem Lager einen weiten Weg zurückgelegt hatten. Er erkundigte sich, ob sie etwas Wein wollten.

Sie bedankten sich und meinten, sie würden tatsächlich gerne etwas Kaltes zu trinken haben. Als Archimedes in den Hauptteil des Hauses hinübergehen wollte, deutete Fabius auf die bleibeschlagene Kiste mitten in der Werkstatt und fragte unsicher: »Was ist das für eine Maschine? Eine neue Art von Katapult?«

»Das mögen sämtliche Götter und Helden verhüten!« rief Archimedes leidenschaftlich.

Noch nie hatte er von einer Sache so die Nase voll wie von Katapulten. Längst hatte er den Überblick verloren, wie viele er gebaut hatte: Ein-Talenter, Zwei-Talenter, Drei-Talenter, Dreieinhalb-Talenter und Vier-Talenter. Dazu noch Pfeilgeschütze mit besonders großer Reichweite und besonders großen Bolzen. Dagegen waren ihm die Außenarbeiten an den Wehrmauern direkt wie eine Erleichterung vorgekommen. Die häßliche, kleine Überraschung, die er sich zusammen mit Kallippos für jede Belagerungsmaschine ausgedacht hatte, die in die Nähe der Mauer kam, war ihm wie eine Komödie vorgekommen, die im Theater einen Tragödienzyklus beendet. Falls der Krieg weitergehen sollte, gab es noch eine lange Liste von Dingen, die man tun konnte, solange es Zeit und Vorräte erlaubten. Deshalb war er unendlich froh, daß er ihnen entrinnen konnte – wenigstens für kurze Zeit. Er war genauso erleichtert über den Frieden gewesen wie jeder andere in der Stadt. »*Das* ist ein Wasseraulos«, erklärte er Fabius glücklich, »oder besser gesagt, es wird einer sein, sobald ich damit fertig bin.«

»Ein was?« fragte Fabius verwirrt.

Archimedes strahlte. »Eine Wasserorgel. Schau her, erst füllt man den Tank mit Wasser und dann legt man diese Halbkugel hinein.« Er löste das Becken mit den Löchern von der einen Tankkante und hielt es kopfüber in die leere Zisterne. »Und dann führt man von oben einen Schlauch hier in diese Öffnung, und ein zweiter führt dann hier wieder heraus. Diese Öffnung bleibt verschlossen, bis sich auf Tastendruck die Ventile öffnen – die Ventile sind der schlaueste Teil – und man mit Hilfe des Blasebalgs Luft hineinpumpt. Das Wasser drückt die Luft zusammen. Und wenn man sie dann durch die Pfeifen hinausläßt, entsteht ein richtig lauter Ton.« Damit stellte er das Becken wieder auf die Tankkante. »Ich warte noch auf die Pfeifen vom Bronzeschmied.«

»Aber *wozu* ist das gedacht?« fragte Fabius.

»Es ist ein Musikinstrument«, sagte Archimedes verblüfft. »Ich habe doch schon gesagt, daß es ein Wasser*aulos* ist, oder? Meine Frau wünscht sich einen.«

»Ein Musikinstrument!« rief Fabius und schüttelte verwundert den Kopf. »Also hat der Friede den Größten aller Ingenieure so weit geschwächt, daß er nun statt Katapulte zum Vergnügen von Frauen Flöten baut!«

Einen Augenblick starrte ihn Archimedes völlig verständnislos an, dann wurde er wütend. »Geschwächt?« wiederholte er zornbebend. »Katapulte sind dumme, gottverhaßte Holzbrocken, die Steine werfen, um Leute zu töten! Hoffentlich muß ich mein ganzes Leben lang nie mehr eines dieser schmutzigen Geräte anfassen! *Das hier* wird zum Ruhme Apollons und der Musen mit einer Stimme wie Gold singen. *Das hier* ist einem Katapult so haushoch überlegen wie... wie...« Er suchte hilflos nach einem Vergleich, dann deutete er ungeduldig auf den Abakus. »Wie *das da* einem Schwein!«

»Aber ich habe auch keine Ahnung, was das da ist!« sagte Fabius belustigt.

»Eine Berechnung des Verhältnisses zwischen einem Zylindervolumen und einer eingeschlossenen Kugel«, antwortete Archimedes mit kalter Präzision. Er ging darauf zu und betrachtete es stirnrunzelnd. »Oder jedenfalls ein Rechenversuch.« Der Ansatz des Problems und die Lösung dazu hatten sich ihm entzogen.

»Und welchen Nutzen hat das?« fragte Fabius, der ebenfalls herüberkam und die eingeritzten Zeichnungen im Sand anstarrte: endlos mit Buchstaben beschriftete Kugeln und Zylinder; Buchstaben, die an der Seite in unerschöpfliche Rechnungen übergingen, Buchstaben auf Kurven, auf Geraden, auf Gleichungen und Ungleichungen. So viel Intelligenz, dachte er, und alles einfach in die Luft verpufft!

»Das braucht keinen Nutzen zu haben«, erklärte Archimedes, während er noch immer auf sein Diagramm hinunterschaute. In seinem Kopf stieg ein Kreis auf der Achse des Zylinders empor, dessen Höhe mit dem Kreisdurchmesser identisch war, dann drehte er sich im Mittelpunkt um sich selbst und wurde zur Kugel – perfekt, perfekter als alles andere auf der Erde. »Es existiert einfach so.« Er studierte seine Berechnungen und erkannte, daß sie ihn ins Leere führten. Da hob er ein flaches Holzstück auf und strich damit sorgfältig die Sackgasse glatt.

»Was hast du gesagt?« erkundigte sich Gaius auf Lateinisch. Fabius hatte kein Wort von der Wasserorgel übersetzt. Er hatte keine Ahnung, was ein »Ventil« war oder was mit »Luftdruck« gemeint war, und außerdem hegte er den Verdacht, daß es in der lateinischen Sprache dafür keine Wörter gab.

»Die Kiste in der Mitte des Raumes gehört zu einem Musikinstrument«, sagte Fabius. »Ich habe gesagt, von Katapulten zu dem hier wäre es ein trauriger Abstieg. Das hat er als Beleidigung aufgefaßt und gemeint, Musik wäre etwas Edleres als der Krieg, und das hier«, er deutete auf die Sandschatulle, »sei noch edler als alles andere.«

Während die Sackgasse im Sand verschwand, erkannte Archimedes plötzlich den Pfad, der über den sich drehenden Kreis zur Wahrheit führte. Atemlos angelte er mit dem Fuß nach dem Schemel und hob seinen Zirkel auf. »Nur eine Minute«, sagte er zu seinen Besuchern. »Ich habe gerade etwas gesehen. Geht einstweilen ins Haus und trinkt etwas. Ich komme gleich…«

Verblüfft schauten ihn die beiden an, aber er nahm sie schon längst nicht mehr wahr. Der Zirkel hinterließ im Sand präzise Berechnungen, denen seine Augen mit höchster Konzentration und Freude folgten. Zum ersten Mal in seinem Leben spürte Fabius, wie die Fundamente seiner sicheren Überzeugungen ins Wanken gerieten. Dieser Verstand war nicht auf Luft gebaut. Plötzlich war es ganz still geworden, etwas füllte den Raum und ließ ihm die Haare auf den Armen zu Berge stehen. Und dieses Etwas existierte nicht zum Nutzen der Menschen. Schwindelerregend verschob sich der Blickwinkel, und er überlegte, welchen Nutzen wohl er für ein Universum darstellte. Unsäglich verängstigt zog er den Kopf ein und wich zurück.

Als Delia mehrere Stunden später in die Werkstatt kam, saß Archimedes auf dem Boden, hatte den Kopf gegen den Schemel gelehnt und betrachtete liebevoll den Abakus. »Liebster?« sagte sie zärtlich.

Er hob den Kopf und strahlte sie an. »Es beträgt drei zu zwei!« erklärte er ihr.

Sie kam herüber, kniete sich neben ihn und legte ihm einen Arm um die Schultern. Seit Januar waren sie verheiratet, und inzwischen hatte sie allmählich das Gefühl, als ob sie die Verwaltung ihres Besitzes sehr gut bewältigen könne. Aber Geometrie würde sie wohl nie verstehen. »Du meinst das Verhältnis?« fragte sie und versuchte, wenigstens etwas Interesse zu zeigen.

Er nickte und deutete mit der Hand auf das Gewirr aus Rechnungen. »Am Ende ist alles ganz perfekt«, staunte er. »Nach all dem – eine rationale Zahl. So genau, so... perfekt!«

Er war so glücklich, daß sie ihn nur schweren Herzens stören wollte, aber nach einer Weile sagte sie dann doch: »Ich habe gehört, vor kurzem wären zwei Römer hier gewesen. Was haben sie gewollt?«

Das Glücksgefühl verschwand. Aufgeregt blickte er sich um. »Bei den Göttern! Und ich habe gesagt, ich wäre in einer Minute bei ihnen. Sind sie...?«

»Sie sind schon vor längerer Zeit gegangen«, sagte Delia knapp. »Melais hat erzählt, sie hätten mit dir geredet, aber dann wärest du hinter deinem Abakus verschwunden. Also hat er ihnen etwas zu trinken gegeben, und dann sind sie gegangen. Was haben sie gewollt?«

Traurig erzählte er es ihr und zeigte ihr die mißhandelte Flöte. »Gaius Valerius hat zwar nur einiges über seinen Bruder wissen wollen«, fügte er zum Abschluß hinzu, »aber ich habe ihn trotzdem gemocht. Er *war* ganz wie Marcus, sehr offen und ehrenwert. Der andere, Fabius, war ein echter Römer. Er dachte, der Weg von Katapulten zur Musik wäre ein *Abstieg*!« Wütend rieb er an einem Rostfleck auf der Rohrblattklemme herum. »Marcus hat mir einmal erzählt, Musik wäre für die Römer kein Thema, mit dem man sich ernsthaft auseinandersetzen sollte. Er meinte, sein Vater hätte ihn verprügelt, wenn er um Flötenunterricht gebeten hätte. Trotzdem wollte er es lernen, aber sie haben ihm nicht die Gelegenheit dazu gegeben.«

Wieder legte sie den Arm um ihn und dachte dabei an den Sklaven, der damals im dunklen Garten gesessen war und der Musik gelauscht hatte. Sie konnte sich nicht an sein Gesicht erinnern, aber es tat ihr leid, daß er tot war. Am meisten tat es ihr für Archimedes leid, aber ein wenig auch um des Sklaven selbst willen. »Ich bete, daß die Erde leicht auf ihm ruhen möge«, sagte sie.

Er drehte sich zu ihr, legte beide Arme um sie und küßte sie. Danach hielt er sie fest und spürte ihre warme Gestalt an seiner Brust – ein Trost gegen jeden Kummer. Als er bei Hieron um sie angehalten hatte, hatte er nicht gewußt, daß man für eine Frau so empfinden konnte, wie er es jetzt tat. Vom ersten Tag ihrer Ehe an hatte sie ihn erstaunt. Und inzwischen kam es ihm so vor, als wäre sie in all jenen Dingen am besten, wo er versagte, als wäre sie seine zweite Hälfte, wie das zweite Bein eines Zirkels oder ein zweites Flötenpaar.

Selbst im Krieg und während der Belagerung waren sie so glücklich gewesen, sogar trotz aller Katapulte.

Voll Schmerz dachte er an den toten Marcus und wie man ihn

verbrannt hatte. Er dachte an den Rauch, der vom Scheiterhaufen hoch in den Himmel über Syrakus stieg. Vielleicht hatte er ihn sogar gesehen und nicht gewußt, was es war. Er hatte ja sogar zu Lebzeiten Marcus' nicht sehr viel wahrgenommen.

Marcus hatte sein Bestes gegeben, um allen seinen Verpflichtungen ehrenhaft nachzukommen, und er war an ihren Widersprüchen klaglos gestorben. Dagegen stand ihm, der auch kein besserer Mensch war, alles offen, um sich selbst glücklich zu machen. Welche Formel konnte diese Figuren ins Gleichgewicht bringen? Seufzend warf Archimedes einen Blick auf das kleine Rätsel hinunter, das er gelöst hatte – das perfekte Verhältnis, das ihm schon gar nicht mehr so überragend erschien.

Und doch, das Verhältnis war noch immer perfekt. Perfekt und – bekannt. Es blieb als Ganzes in seinem Kopf zurück. Ohne jeden unmittelbaren Nutzen ruhte es in seiner bloßen Existenz. Wie die Seele. Aber im Gegensatz zur Seele hatte man es verstanden.

HISTORISCHE ZEITEN BEI GOLDMANN

Große Persönlichkeiten, gefährliche Abenteuer und magische Riten –
Geschichten aus den Anfängen unserer Zivilisation

43452

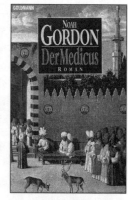

43768

41609

43116

GOLDMANN

TANJA KINKEL

Ihre farbenprächtigen historischen Romane
exklusiv im Goldmann Verlag

9729

41158

42955

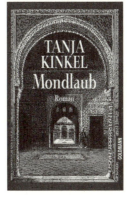

42233

GOLDMANN

Das Gesamtverzeichnis aller lieferbaren Titel erhalten Sie im Buchhandel oder direkt beim Verlag.

Taschenbuch-Bestseller zu Taschenbuchpreisen
– Monat für Monat interessante und fesselnde Titel –

✳

Literatur deutschsprachiger und internationaler Autoren

✳

Unterhaltung, Thriller, Historische Romane
und Anthologien

✳

Aktuelle Sachbücher, Ratgeber, Handbücher
und Nachschlagewerke

✳

Esoterik, Persönliches Wachstum und
Ganzheitliches Heilen

✳

Krimis, Science-Fiction und Fantasy-Literatur

✳

Klassiker mit Anmerkungen, Autoreneditionen
und Werkausgaben

✳

Kalender, Kriminalhörspielkassetten und
Popbiographien

Die ganze Welt des Taschenbuchs

Goldmann Verlag · Neumarkter Str. 18 · 81673 München

Bitte senden Sie mir das neue kostenlose Gesamtverzeichnis

Name: _____

Straße: _____

PLZ / Ort: _____